W0270843

NARRATORI STRANIERI

Dello stesso autore presso Bompiani

Tipi non comuni

TOM HANKS
NASCITA DI UN CAPOLAVORO DEL CINEMA

Traduzione di Alessandro Mari

ROMANZO
BOMPIANI

www.giunti.it
www.bompiani.it

Hanks, Tom, *The Making of Another Major Motion Picture Masterpiece*

First published by Alfred A. Knopf, a division of
Penguin Random House LLC, New York.

Via Bolognese 165, 50139 Firenze – Italia
Via G.B. Pirelli 30, 20124 Milano – Italia

ISBN 978-88-301-0726-7

Prima edizione: ottobre 2023

Per tutti gli attori nel cast
e ogni membro della troupe

ORAZIO:

Udirete allora il racconto
di atti incestuosi, crudeli, ferocissimi;
casi provvidenziali, uccisioni involontarie,
[...] Tutto ciò vi narrerò.

FORTEBRACCIO:

Affrettiamoci ad udirlo;
e siano convocati tutti i grandi per tal racconto.

Amleto, atto V, scena 2

1. ANTEFATTO

Poco più di cinque anni fa una certa Al Mac-Teer, nome che non faceva presagire nulla di buono, mi ha lasciato un messaggio in segreteria da un numero con il prefisso della California. Questa donna dai modi spicci chiedeva di essere richiamata per parlare di un piccolo memoir di cui ero l'autore. Era intitolato *Giù dalle scale per il Paradiso* e raccontava di quando facevo il barista in un localino seminterrato di musica dal vivo negli anni '80. Ai tempi ero anche una specie di giornalista freelance che copriva Pittsburgh, Pennsylvania, e dintorni. Scrivevo pure recensioni di film. Oggi insegno scrittura creativa, letteratura e cinema al College di Belle Arti Mount Chisholm sulle colline del Montana, non lontano da Bozeman, dove si arriva passando per una strada brulla e magnifica. È raro che mi lascino messaggi in segreteria da Los Angeles, California.

"Il mio capo ha letto il suo memoir," ha esordito la signorina Mac-Teer. "Dice che lei scrive quello che lui pensa."

"Il suo capo è un genio," ho detto io, poi le ho chiesto: "Chi è il suo capo?" Quando ha detto che lavorava per Bill Johnson, e che io l'avevo richiamata mentre lei stava andando in macchina da casa a Santa Monica all'ufficio nel palazzo della Capitol Records a Hollywood proprio per una riunione con lui, ho urlato: "Lei lavora per *Bi-Bi-Bi-Bill* JOHNSON? Il regista? Voglio le prove."

Qualche giorno dopo eccomi al telefono con Bi-Bi-Bi-Bill Johnson in persona, a parlare del suo lavoro, cioè di una delle materie che insegno. Quando gli ho detto che avevo visto tutta la sua filmografia mi ha accusato di volerlo confondere. Quando gli ho elencato una sfilza di scene clou dei suoi film mi ha detto di chiudere la bocca. Basta così. Stava "cucinando" una sceneggiatura sul panorama musicale tra gli anni '60 e '70: l'epoca in cui le band si erano evolute – basta outfit coordinati e canzoni di tre minuti adatte alla radio, avanti con le jam session per gli LP e la Jimi Hendrix Experience. Le storie raccolte nel mio libro erano piene di dettagli molto personali. E anche se l'epoca che avevo descritto io era di vent'anni successiva a quella che lui stava "cucinando", dato che il nostro club ospitava gruppi jazz poco noti e cover band dei Depeche Mode, quello che succede nei locali dove si suona dal vivo è senza tempo, universale. Le risse, le droghe, l'amore serio, il sesso senza pensieri, l'amore senza pensieri, il sesso serio, le risate e le urla, chi entra e chi resta fuori: in pratica, a Bill interessava tutta quella liturgia di comportamenti umani, ovvi o impliciti. Così mi ha offerto dei soldi per il libro: i diritti non esclusivi. Voleva dire che se si fosse mai presentata l'occasione avrei potuto vendere i diritti *esclusivi* ad altri. Come no. Comunque ho guadagnato più soldi vendendogli i diritti che vendendo copie del libro.

Poi Bill se n'è andato a girare *Razzi in tasca*, ma non ha smesso di tenersi in contatto con telefonate e lettere scritte a macchina, parecchie: missive sugli argomenti più disparati, i suoi Temi Del Momento. L'Inevitabilità della Guerra. Il jazz è come la matematica? Quali topping si abbinano meglio ai gusti del frozen yogurt? Gli rispondevo con la penna stilografica – la macchina da scrivere, ma dai! – perché in quanto a piccole fissazioni non sono secondo a nessuno.

Ho ricevuto una lettera di una pagina in cui c'era scritto soltanto:

Quali sono i film che odi, quelli che ti fanno uscire dalla sala? Perché?

Bill

Gli ho risposto subito.

Non c'è un solo film che posso dire di odiare. I film sono troppo difficili da fare per darti il diritto di odiare, anche quando sono pallosi. Se un film non è bello sto seduto in poltrona ad aspettare i titoli di coda. A un certo punto finirà. Uscire prima è un peccato mortale.

Credo che al servizio postale statunitense siano serviti due giorni per recapitare la lettera, e dev'essercene voluto un altro per farla arrivare sotto gli occhi di Bill, perché tre giorni dopo ecco una telefonata di Al Mac-Teer. Il suo capo pretendeva che mi fiondassi lì, letteralmente, per guardarlo fare un film. Le vacanze di fine semestre si avvicinavano, io non ero mai stato ad Atlanta e un regista mi invitava ad assistere alla realizzazione di un film. Anche se insegno cinema non ero mai stato su un set. Così ho preso un volo fino a Salt Lake City e poi la coincidenza.

"Tu hai detto una cosa che penso da sempre," se n'è uscito Bill quando sono arrivato sul set di *Razzi in tasca*, nel nulla della sterminata periferia di Atlanta. "Ovvio che certi film non funzionano. Certi film non riescono nel loro intento. Ma chi dice di aver odiato un film riduce un'esperienza umana di condivisione premeditata a un volo notturno da Los Angeles dove non chiudi occhio. Ore di ritardo in partenza, turbolenze che spaventano persino gli assistenti di volo, il tizio dall'altra parte del corridoio che vomita, impossibile servire la cena e alcolici niente, finiti, e sei seduto di fianco a due gemellini con le coliche e atterri troppo tardi per la riunione che avevi in agenda. Questo si può odiare. Invece odiare un film non ha proprio senso. Come si fa a odiare la festa per il nipote della tua ragazza che compie sette anni, o una partita di baseball che è durata undici inning ed è finita 1-0? Si possono odiare una torta e i tempi supplementari nel baseball? L'odio dovremmo riservarlo al fascismo e ai broccoli lessi ormai freddi. La cosa peggiore che chiunque dovrebbe poter dire di un film, specialmente chi come noi prende la Fountain,* è questa: *Be', non è il mio genere, ma tutto*

* La Fountain è Fountain Avenue, una strada di Hollywood. Una volta fu chiesto a Bette Davis di dare un consiglio agli attori che volevano sfondare e lei rispose: "Prendete la Fountain", cioè andate nella direzione opposta di Sunset o Santa Monica Boulevard o Franklin Avenue, le vie più note dello star system.

sommato non era niente male. Parla pure male di un film buttando lì qualche complimento tiepido, ma non dire mai e poi mai che lo odi. Chiunque usi la parola che comincia per 'o' in mia presenza è finito. Andato. Certo, io ho scritto e diretto *Albatross*. Forse sono un po' sensibile."

Sono stato sul set di *Razzi in tasca* per una decina di giorni e poi a Hollywood, durante l'estate, per la noia della Postproduzione. Fare film è complicato, ti fa uscire pazzo, a volte è una faccenda estremamente tecnica, a volte è una faccenda impalpabile e delicata, il mercoledì scorre lento come il miele e il venerdì è tutta una pistola alla tempia per le scadenze. Immaginate un jet che ha bisogno dei fondi bloccati dal Congresso per essere costruito, che è stato progettato da poeti, assemblato da musicisti, supervisionato da manager appena usciti dalla facoltà di economia, e che viene affidato a piloti della domenica afflitti da un deficit di attenzione. Quante possibilità ci sono che un aereo del genere si alzi in volo? In questo consiste *fare un film*, almeno per come l'ho visto fare io agli Skunk Works, una produzione arrembante, non certo colossale.

Non sono stato a lungo sul set di *Una cantina piena di sound*,* il film che poi hanno tratto dal mio libriccino. Peggio per me. Bill mi ha pagato un altro po' quando sono iniziate le riprese, e poi quando il film è uscito: è un uomo generoso. Sono andato alla prima al Telluride Film Festival, dove lui lo ha definito "il nostro film". A gennaio ho preso uno smoking a noleggio e mi sono accomodato a un tavolo in fondo alla sala per quella che allora era la cerimonia di premiazione dei Golden Globe (al Merv Griffin's Beverly Hilton Hotel, la festa hollywoodiana per antonomasia). Quando i colleghi dell'università mi hanno chiesto del mio weekend nel Mondo delle Meraviglie gli ho raccontato che sono tornato in albergo dopo le cinque di mattina, parecchio ubriaco, accompagnato da Al Mac-Teer e nientemeno che Willa Sax – alias Cassandra Rampart – a bordo della sua Cadillac

* Un sorprendente, sconcertante successo dell'era pre-COVID. Bei numeri al botteghino in tutto il mondo, Cina a parte. Le nomination e i sì con la testa dell'Academy degli Oscar sono stati una carezza per l'ego. Nemmeno un premio, ma comunque...

Escalade guidata da un autista. Non c'era altro modo per riassumere l'esperienza in termini comprensibili. Willa *Sex*? Ma va'! Ho dovuto fornirgli le prove, mostrando la foto che aveva postato lei su Facebook: eccomi con Al Mac-Teer a sganasciarmi dalle risate in compagnia di una delle donne più belle del mondo e di quel brutto muso della sua guardia del corpo.

Il COVID-19 aveva già diviso il nostro Paese tra mascherina sì e mascherina no, e aveva ridotto il mio lavoro alle lezioni online. Poi è arrivata la faida Vax/No-Vax. Quando Al Mac-Teer mi ha chiamato invitandomi a raggiungere lei, Bill e la sua allegra brigata per assistere all'intera realizzazione del suo nuovo film, pensavo che girare un film non fosse più legale né possibile. Ma il suo capo aveva "una cosa tra le mani" che sembrava avesse "il via libera" se fatta secondo i "protocolli di categoria". Ero stato invitato a "unirmi all'Unità" dall'inizio del cosiddetto Cash Flow – cioè dall'istante in cui arrivano i soldi – fino al Doppiaggio finale.

"Avrai un badge con il tuo nome," mi ha spiegato. "Sarai uno dei membri della troupe e ti faranno il test due volte alla settimana. Non ti paghiamo, però mangi gratis e la Internet d'albergo a scrocco non è niente male." Al ha aggiunto, senza giri di parole: "Saresti un vero cretino a dire di no."

Ho chiesto a Bill Johnson perché permetteva a un intruso come il sottoscritto di osservare da vicino ciò che spesso viene trattato come un progetto top secret, con badge e luci rosse intermittenti e cartelli che avvertono che QUESTO SET È OFF LIMITS. NON SONO AMMESSI VISITATORI SENZA L'APPROVAZIONE DEL DIRETTORE DI PRODUZIONE.

Bill ha riso. "Quello è solo per intimidire i civili."

Una sera sul set, dopo l'ennesima giornata di riprese, estenuante ma ordinaria, davanti a un frozen yogurt di YouGo FroYo, Bill mi ha detto: "I giornalisti, almeno i più pigri, cercano sempre di spiegare come si fanno i film, come se esistesse una formula segreta che abbiamo brevettato, o un protocollo, come per un piano di volo di un viaggio andata e ritorno sulla luna. *Come le è venuta in mente la ragazza con il vestito marrone a pois che sa fischiare così? Quando le è venuta in mente l'ultima indimenticabile immagine di quei merli sull'antenna* TV, *e come ha fatto a trovare dei merli ammaestrati? Perché questo film ha avuto successo, mi chiedono, mentre quell'altro è stato un flop? Perché ha fatto* Frozen Yogurt a Gogo *invece di* Moochie sputa yogurt? A quel punto io do un'occhiata all'orologio e dico: 'Accidenti! Sono in ritardo per la riunione con il marketing,' e l'intervista è finita. Queste sono persone che guardano l'aurora boreale come se qualcuno l'avesse disegnata e montata. Se vedessero come noi orfani del cinema facciamo il nostro lavoro si annoierebbero a morte e resterebbero parecchio delusi."

Io non mi sono mai annoiato. Delusione? Poter gironzolare sul set di un film? *Un fico secco!**

Sul set di un film, nell'Ufficio di Produzione e in fase di Postproduzione ci sono sempre chiacchiere interessanti all'orizzonte, perché gran parte del cinema si fa aspettando. La domanda *Tu come sei finito nel giro?* dà la stura a ore e ore di storie molto personali e inverosimili, ciascuna delle quali meriterebbe un libro a sé.

Quando l'ho detto ad Al, è saltata fuori l'idea di scrivere un libro su come si fa un film. Dal mio punto di vista. Sarei stato testimone della fase creativa, degli attriti, della tensione che il progetto ti mette addosso prima di mandarti fuori di testa dal divertimento – e se ci avessi scritto su un libro e poi l'avessi addirittura pubblicato? Il suo capo si sarebbe infuriato all'idea? Mi avrebbe cacciato dal set?

"Oh, cowboy," ha detto lei. "Secondo te perché sei qui?"

Spero di non essermi mai fatto notare: raccontare in prima persona la realizzazione di un film come *Guerriera insonne: La forgia dell'Incendiario* sarebbe egocentrico tanto quanto raccontare la battaglia di Okinawa dal punto di vista esclusivo del reporter ("Temevo che la sabbia, madida del sangue dei Marines morti, s'infilasse nella macchina da scrivere..."). Sono in debito con tutti coloro che si sono aperti con me nel corso dei mesi, anche se io me ne stavo solo lì a guardare mentre loro lavoravano. Hanno condiviso non solo quello che fanno, ma chi sono. Se

* Shakespeare, *Otello*, atto I, scena 3. Iago a Roderigo.

nelle pagine trovate i loro nomi – altri invece non ci sono – vuol dire che hanno dato un'occhiata a quel che ho scritto e poi hanno approvato le modifiche richieste. Molti li ho interpellati più volte, per chiarirmi le idee su ciò che credevo di aver visto e su ciò che mi avevano confidato a proposito dei loro lunghi viaggi personali lungo Fountain Avenue.*

I film vivono per sempre. Così come i personaggi dei libri. Fondere le due cose nelle pagine che seguono potrebbe essere l'impresa di un pazzo, di uno che passa la vita a cercare un ago in un pagliaio. Non odiate il prodotto finale. Consideratelo *niente male*.

Joe Shaw
College di Belle Arti
Mount Chisholm, Montana

* Due gruppi dell'Unità hanno chiesto di non essere mai citati in questo libro: le controfigure degli attori, che sperano di diventare attori di primo piano e di non restare etichettati come controfigure. E gli assistenti personali, coloro che si occupano degli alti ranghi tra gli attori principali. Il loro anonimato è sacrosanto, perché se i loro nomi e mansioni fossero resi pubblici la loro vita sarebbe un inferno. Lasciatemi dire però che ho visto quanto e quante ore lavorano, e la professionalità con cui si smazzano le montagne di assurdità con cui hanno a che fare. È gente a cui si vuol bene.

Quanto segue è tratto da una storia vera.
I personaggi e gli eventi sono stati modificati
ai fini della narrazione.

UN ALTRO FRANCHISE

"Che ci sarebbe di male in un altro franchise?" chiese Fred Schiller, dell'Agenzia Fred Schiller, noto come l'Istigatore. Era salito sull'ennesimo volo diretto ad Albuquerque per una cena con il suo illustre cliente Bill Johnson. Al solito, si erano dati appuntamento da Los Poblanos, uno dei migliori ristoranti della città.

Era il luglio del 2017 e Bill stava per imbarcarsi nelle riprese di *Una cantina piena di sound*, di cui aveva firmato anche la sceneggiatura. Come da tradizione, cliente e agente si incontravano per discutere di ciò che sarebbe accaduto dopo il film: quello sguardo rivolto al futuro che mantiene l'inerzia positiva delle rispettive carriere. Non si parlò del film ma solo di nuovi progetti.

"I franchise sono micidiali," disse Bill, che la sapeva lunga in proposito. Per eguagliare con *Scorci di Eden* la qualità e il successo di *I confini dell'Eden* prima e di *Le Tenebre dell'Eden* poi, tutti e tre "scritti e diretti da", aveva dovuto reggere una pressione simile a quella che serve per tenersi stretta una carica politica. All'ultimo giorno di riprese di *Scorci*, Bill aveva ormai perso venticinque chili, al mattino non si radeva più pur di risparmiare tempo, ogni sera buttava giù tre pastiglie di ZzzQuil per dormire ed era sopravvissuto alle ultime due settimane di riprese a furia di tripli espressi. Una volta Bill ha scritto questa frase con la sua Smith-Corona Sterling del 1939: FARE FILM È UNO SPASSO COME

NON CE N'È. Eppure nel finire l'ultimo capitolo di *Eden* non si era divertito per niente: la saga gli aveva portato via quasi due anni di vita. Con tre decenni di film all'attivo, e per l'invidia di molti, Bill era ben piazzato nella lista dei vincenti, a parte un paio di film mediocri al botteghino e un fiasco totale.* Ormai lavorava esclusivamente su materiale tutto suo, rifiutando le grandi produzioni che avrebbero potuto rimpinguare le sue casse e rendere più felice l'Istigatore con il suo 10 per cento. Finora *Una cantina piena di sound* era stato relativamente piacevole da scrivere, una vera rottura di palle in fase di pre-produzione e un grande punto interrogativo per quanto riguardava le riprese.

Ma visto che *Razzi in tasca* aveva resuscitato Bill dal disastro di *Albatross*, l'Istigatore aveva capito che il regista era in forma smagliante e voleva che restasse così.

"I franchise sono come padroni crudeli. Io non voglio lavorare per un padrone crudele," disse Bill. "A me non piace diventare il padrone crudele, a parte nelle riunioni con quelli del marketing."

"Il pubblico ha un'infinità di opzioni se vuole l'intrattenimento," disse Fred davanti a un piatto di medaglioni di vitello d'allevamento estensivo e carciofi a chilometro zero. "Hanno bisogno di un buon motivo per sborsare i soldi per il biglietto. Bill Johnson è un buon motivo. Un franchise di supereroi è quello che funziona adesso, come i western negli anni '50 e '60 e i film d'azione negli anni '80. I fan del Comic-Con vanno a vedere *tutto*."

"Anche solo per odiarlo. Chiedilo a Lazlo Shiviski."** Bill si appoggiò allo schienale. "A me piacciono gli antieroi imperfetti e tormentati."

"La Marvel ti darebbe il prossimo Thor."

"Digli che mi Thormento dal dispiacere, ma no."

* *Albatross*: un nome, un programma.

** Lazlo Shiviski era stato scuoiato vivo per il *Quadrante. Il Cacciatore*, quarto capitolo della saga del Quadrante. Secondo Bill il film era grandioso, eccezionale, eppure qualcosa aveva fatto arrabbiare i fan, che lo avevano massacrato senza risparmiare il regista. Nello stesso anno in cui Bill aveva preso parte alla stagione dei premi con *Terra desolante*, Lazlo era in lizza con *Luna e Sweet*, ma tutti e due persero contro Lisa Pauline Tate, che partiva già vincitrice con il suo favoloso *La scappatoia*.

"La D.C. ti farebbe scegliere quello che ti pare dalla loro scuderia."

"Batman, gli X-Men, il Ragazzo-Ragno, il Gigante Verde, Lady Ti-Spacco-il-Culo... Non vedi che il mercato è saturo?"

"La Dynamo ti scaricherebbe una camionata di soldi sul vialetto di casa se dici di sì a uno dei loro film Ultra."

"Supereroi che salvano la galassia e gattini bloccati sugli alberi. Mh-hm." Bill finì il suo cocktail, un Blue Sky, tanto ghiaccio e niente cannuccia. "Non sono contrario al genere, solo ai cliché. Signori del male di altre galassie che però parlano la nostra lingua. Ragazzi e ragazze super che vogliono baciarsi e invece niente. Intere città rase al suolo e mai che si veda un cadavere." Bill fece un cenno al cameriere e indicò il bicchiere per chiedere un altro Blue Sky. "E Pat mi stressa per farmi fare un film d'amore.* Un film per lei."

"E cos'ha di male quest'idea?"

"Le storie d'amore dipendono da due cose. La ragazza, il ragazzo e perché hanno bisogno l'uno dell'altra. Tre cose."

"Il mondo sta aspettando un altro film di Bill Johnson," disse l'Istigatore.

"Si intitolerà *Una cantina piena di sound* e arriverà nei migliori cinema tra dodici mesi, più o meno."

"Il futuro non è l'anno prossimo. È fra tre anni."

"Ci penso." Questo è sempre stato il processo creativo di Bill. Avrebbe trovato nuove fonti d'ispirazione e una volta scoccata l'idea l'avrebbe trasformata in un altro grande capolavoro del cinema.

* La dottoressa Patrice Johnson, l'amore di Bill.

2. FONTI D'ISPIRAZIONE

1947

BOB FALLS

La mattina del 7 luglio il sole, un disco perfetto in un nudo cielo senza nuvole, iniziava ad arroventare Lone Butte, 5.417 abitanti secondo i dati ufficiali, una cittadina californiana della North Valley non lontana dalla capitale Sacramento, a meno di un giorno di macchina da Oakland e un po' più distante da quella Babilonia che era San Francisco. Nel caldo dell'estate, con temperature che stazionavano sui 37 gradi, Lone Butte era più simile a una piccola città del Kansas o del Nebraska o dell'Ohio, dell'Iowa o dell'Indiana, almeno per indole e ritmo. Pochi tra gli abitanti avevano scelto di vivere lì, molti se n'erano andati senza più fare ritorno. Certo, la cittadina era il capoluogo della contea, ma solo perché si trovava sul fiume Big Iron Bend, la principale rotta commerciale durante la corsa all'oro. Nel 1947 a Lone Butte non c'era neanche la stazione del treno.*

Come buona parte dei bambini della sua età, Robby Andersen, che l'11 settembre avrebbe compiuto cinque anni, salutava ogni mattina con un buongiorno, in particolare le torride giornate estive che gli facevano pregustare altre ventiquattr'ore di vita dolce e spensierata. Avrebbe iniziato la scuola materna dopo le vacanze per il Labor Day, ma conosceva già l'alfabeto e

* I treni si fermavano nella vicina Wells, un semplice binario di raccordo. La prima vera stazione era a Chico, a un'ora di macchina.

suo padre gli aveva spiegato la differenza tra lettere maiuscole e minuscole. Quindi se avesse dovuto scrivere *vita* la V lui l'avrebbe scritta maiuscola.

Sapeva che ogni mattina, tanto per cominciare, doveva fare il letto, poi la cacca. Poi, prima di scendere di sotto, si toglieva il pigiama e si metteva i vestiti per giocare. Suo padre usciva per andare al negozio prima che la madre mettesse davanti al figlio la colazione: di solito pane tostato, latte e un frutto, spesso le susine raccolte dagli alberi in giardino. Robby avrebbe voluto assaggiare il caffè, per scoprire perché i grandi non facevano che berlo, ma gli ripetevano sempre che era troppo piccolo. Ogni mattina aveva dei compiti da sbrigare: mettere i piatti della colazione sul bancone, controllare se il secchio dell'immondizia doveva essere svuotato, dare una bella ramazzata al pavimento della veranda sul retro e poi, fuori, spazzare anche i gradini che scendevano sul vialetto di ghiaia; e poi c'erano quei quattro alberi di susine. Finito di fare quello che doveva tirava fuori i pastelli, le matite colorate, i libri da colorare e il blocco da disegno e, sdraiato sul tappeto in soggiorno, si perdeva a trasformare in immagini qualsiasi cosa gli passasse per la testa.

Chiunque vedesse i disegni di Robby – capolavori, malgrado la sua età – non poteva fare a meno di riconoscere un talento naturale, un istinto per le proporzioni, lo spazio e il movimento. Nei disegni si coglieva anche un senso di abbandono, e gioia. Il bambino disegnava perché si divertiva.

Quasi tutti i giorni, alle dieci in punto, Robby riponeva l'attrezzatura e i disegni in un cassetto del mobile in soggiorno – il credenzino – e usciva dalla porta della veranda. Aveva imparato a non farla sbattere anche se era una porta a molla. Al di là dei susini c'era una siepe bassa con una minuscola fessura, un passaggio di cui Robby si serviva per entrare nel cortile della famiglia Burns, dove si trovavano altri quattro alberi di susine. Il confine tra le due proprietà aveva diviso quello che un tempo era un piccolo frutteto. La figlia dei Burns, Jill Burns, aveva già sei anni ed era la migliore amica che Robby Andersen avesse mai avuto. I due giocavano insieme quasi ogni giorno, senza che il piede equino di Jill desse loro pensiero o li ostacolasse. All'ora di pranzo Jill andava a mangiare a casa di Robby: una routine concordata dai genitori. Dopodiché i due si tenevano occupati fino alle tre, ora della merenda, quando avevano il permesso di accendere la radio per ascoltare i programmi per bambini. Alle quattro Jill riattraversava il varco nella siepe per tornare a casa sua.

* * *

La madre di Robby, Lulu Andersen, aveva perfezionato questa routine d'accordo con la signora Burns, e le piaceva, perché le permetteva di ingranare lentamente in vista della lunga giornata di lavoro lavoro lavoro. Le sue mattinate erano tranquille, a differenza di quelle di tante amiche, tutte madri (ancora) giovani con mariti che andavano al lavoro e un regime di incombenze che non dava mai tregua tra la casa e l'educazione dei pargoli. Lavoro, lavoro, lavoro e ancora lavoro. Alcune di quelle donne stavano crescendo dei mostri, piccoli demoni, invece Lulu ringraziava il cielo – e la routine che aveva messo a punto – sia per Robby che si teneva occupato con i pastelli sia per la piccola Nora, che da neonata aveva sofferto parecchio di coliche ma tra due giorni avrebbe compiuto un anno. Sembrava che Nora si stesse trasformando in una versione femminile del fratello maggiore, un bimbo felice e sereno. Chi altri, a Lone Butte, aveva due bambini che davano così pochi problemi?

Lucille Mavis Falls fu chiamata Lulu fin dall'inizio, quando suo padre posò per la prima volta gli occhi su di lei ed esclamò dall'altra parte del vetro del reparto maternità: "Che luce di bambina!" Più di vent'anni dopo, il 18 gennaio 1942, Lulu Falls era diventata Lulu Andersen: erano passate poche settimane da quando i giapponesi avevano bombardato Pearl Harbor e la seconda guerra mondiale aveva spietatamente e definitivamente stretto l'America nella sua morsa. Ogni notte, per scongiurare l'imminente attacco aereo, in California staccavano la corrente a tutte le case, comprese quelle di Lone Butte, nell'eventualità che i paesini rurali della North Valley diventassero un obiettivo per le bombe nemiche.

Il marito di Lulu, Ernie Andersen, era uno della mezza dozzina di fidanzati che lei aveva avuto al liceo, anche se lui frequentava la scuola cattolica San Filippo Neri – lei era una *yankee*, da scuola pubblica e presbiteriana. Ernie lavorava alla stazione di rifornimento Flying A, tra Main e Grant Street e, con il tempo, Lulu si era ritrovata a farsi avanti per andare a fare il pieno alla Chevrolet di famiglia e far controllare l'olio a Ernie. Una cosa tira l'altra e, per dirla con Lulu: "Questo è quanto." Tra i ragazzi di Lone Butte, Ernie era il più divertente anche se all'occorrenza sapeva essere un giovane serio, un vero figlio della sua epoca. E poi, oh, aveva certi occhi...

Quando la Germania nazista aveva invaso la Polonia ed era stata dichiarata la guerra, Ernie prese a dire seriamente di voler andare in Canada per diventare pilota nella divisione canadese della Royal Air Force, ma suo padre lo dissuase perché "ci sono già un sacco di ragazzotti canadesi per quello". Lui era sicuro che gli Stati Uniti, quando necessario, sarebbero entrati in guerra per "cominciare a dare il nostro contributo". Ma, impaziente di far parte della storia che dilagava nei cinegiornali in bianco e nero proiettati nelle sale cinematografiche, Ernie si arruolò nell'Aeronautica militare degli Stati Uniti nel giugno del 1941, per prepararsi a pilotare gli aerei americani. Per volere del destino, di Dio o di san Filippo Neri, una forma di daltonismo gli precluse la scuola di volo. Ma Ernie aveva comunque una predisposizione per tutte le cose meccaniche, e con il suo arruolamento contribuì a mantenere in volo gli aerei dell'Aeronautica, pronti per la guerra. Fu spedito in un aerodromo in Texas, un posto che nelle molte, moltissime lettere a Lulu lui chiamava Campo Disperazione.

Pearl Harbor fu attaccata il 7 dicembre 1941. La notte del 10 gennaio 1942, alle 23:17, il treno California Limited si fermò allo snodo ferroviario di Welles per caricare i passeggeri diretti a Los Angeles. Lulu era fra loro, e viaggiò per l'intera notte e per gran parte del giorno seguente facendo tutte le fermate del Limited. Alla stazione di Los Angeles per poco non perse il Texas Special. Dopo aver percorso quello che le sembrò un milione di miglia, in due notti di semisonno con il corpo tutto annodato, si trasferì sul Katy Special per un altro mezzo milione di miglia. Poi un autobus tutto gelo e spifferi la scaricò davanti al cancello principale del Campo Disperazione, dove Ernie la stava aspettando con un mazzo di quelli che secondo lui erano lupini selvatici. Non lo erano, ma a Lulu non importava.

Per undici notti il letto di una Internet d'albergo da un dollaro a notte regalò a Lulu e a Ernie – nelle sue ore di libera uscita – il miglior sesso della loro vita. Finalmente non dovevano più armeggiare sul sedile posteriore di un'auto, su una coperta nel boschetto di eucalipti o nel buio dei giardini in riva al fiume Little Iron Bend. I due ardevano della passione che trabocca dai cuori dei giovani quando, separati dal tempo, dalla distanza e da uno sconvolgimento globale, smettono di essere giovani. Durante il giorno Ernie aveva i suoi doveri da assolvere, ma la sera lui e Lulu si scolavano birre ghiacciate e ballavano sul semplice *honky-tonk* texano suonato da una ruvida band. Poi si godevano un po' di cibo messicano alla buona, innaffiato con altra birra. Nella quarta notte di passione, nudi tra le lenzuola impregnate di sudore, avvolti dal buio della stanza d'albergo e con una sola altra ora a disposizione prima che lui dovesse rientrare alla base, parlarono di matrimonio, decisero, lo fissarono. "E questo è quanto." La cerimonia si tenne nella cappella della base militare con un cappellano dell'esercito e testimoni che Ernie conosceva e Lulu no. Fuori infuriava una grandinata texana, chicchi grandi come noccioli di pesca.

Ernie aveva iniziato a fumare le Lucky Strike e così iniziò anche Lulu, per avere qualcosa da fare nel viaggio di ritorno da Campo Disperazione mentre rientrava a Lone Butte da donna sposata con un marito nell'esercito. Quando Ernie fu mandato alla base dei bombardieri B-17 di Long Island, a New York, escogitarono un piano per far arrivare Lulu sulla costa orientale, ma intanto i viaggi in treno per i civili avevano subito restrizioni, in particolare per le donne incinte che soffrivano da settimane di nausee mattutine. Ernie e altra gente dell'aviazione vennero trasportati in Inghilterra a bordo di B-17 nuovi di zecca, senza armi né sedili, sorvolando la Groenlandia e poi l'Irlanda. Viaggiarono nella fusoliera spoglia del bombardiere, un ambiente non pressurizzato né riscaldato. Malgrado i vestiti imbottiti e le parecchie coperte di lana, durante la trasvolata Ernie provò un freddo che non avrebbe più provato. Non si sentì mai di poter dire di aver visto la Groenlandia, anche se erano rimasti a terra per due giorni proprio lì, a causa delle tempeste di ghiaccio, del vento e di una coltre di nuvole minacciose.

Quando la guerra finì, suo figlio Robby aveva due anni e per il Dipartimento della Guerra questo equivaleva a dodici punti nelle liste di smobilitazione: così Ernie fu congedato prima dei militari senza figli. Gli servì una settimana per attraversare l'America del dopoguerra, tornare a Lone Butte e fare il miglior sesso della sua vita da civile.

* * *

Così com'era arrivato, il 4 luglio 1947 era già passato. Ernie aveva partecipato alla parata, ancora una volta sul carro dell'Aviazione con il bombardiere bimotore di cartapesta, nella vecchia uniforme che non gli stringeva ancora come invece stringeva sui fianchi, sul petto e sulle cosce di tanti altri veterani in corteo. Lulu e i bambini l'avevano salutato dal metro di marciapiede che si erano accaparrati davanti all'emporio Clark's con la vetrina agghindata degli stessi festoni e bandiere a quarantotto stelle appesi in tutta l'America. La festa per i 171 anni dal primo Giorno dell'Indipendenza era andata avanti fino a sera, con 38 gradi e mezzo. La parata, il barbecue della Internet di Commercio con la gara di torte e il concerto della banda, e poi le ore in attesa del buio per i fuochi d'artificio; alla fine gli adulti rimasti sobri erano esausti, quelli che avevano bevuto erano ubriachi, i bambini erano agitatissimi e Lulu era cotta. La piccola Nora aveva vomitato maccheroni e purea di barbabietole. Robby era caduto in una delle pozze sulla riva del fiume Little Iron Bend proprio come l'anno prima. Tre giorni più tardi, Lulu Falls Andersen era ancora cotta.

Quel giorno Ernie era caracollato fuori di buon mattino per andare al negozio. Robby stava già disegnando, Nora era nel seggiolone a sbriciolare cracker e mangiarne qualche pezzetto. I piatti della colazione erano stati lavati e messi ad asciugare nello scolapiatti di legno accanto al lavandino. Le zanzariere e le finestre erano spalancate e i grandi alberi – sicomori di novant'anni – facevano ombra sul prato davanti e un'aria fresca e profumata soffiava per casa grazie alle semplici leggi della fisica.*

Sul fornello c'era una caffettiera di pyrex e, presi una tazza e un piattino di porcellana Blue Willow, Lulu si versò una seconda tazza di caffè Maxwell House – la tazza del vero piacere. "Vieni dalla mamma," disse al caffè, aggiungendo tre schizzi di latte condensato. Grazie a quel latte, che aveva persino una mascotte, la Mucca Elsie, il caffè di Lulu diventò di una bella tinta beige. E un cucchiaino di zucchero diede finalmente senso alla vita. Ernie preferiva il caffè nero e forte: era di quello che si era nutrito in guerra, addirittura attribuendo a "joe" – tanti lo chiamavano così – il merito di aver sconfitto le potenze dell'Asse. Una broda del genere poteva sciogliere una tazza di porcellana e divorarsi il cucchiaino nel giro di un'ora.

"Robby," disse Lulu. "Mi porti il giornale, per favore?" Il bambino era così immerso nei suoi colori che bisognava sempre chiamarlo due volte. "Robby? Il giornale, per favore."

"Subito!" gridò lui. "L'avevo quasi dimenticato!"

"Strilla come un'aquila," disse Lulu tra sé e sé, poi sorseggiò il Maxwell House numero due. Ahhhh.

Lulu sentì la porta d'ingresso aprirsi, e poi richiudersi, dopodiché Robby si affacciò in cucina sfogliando il giornale. "Posso prendere i fumetti, mamma?" Nell'ultimo anno era passato da *mami* a *mamma*, un passaggio da bambino a ragazzino che aveva provocato un minuscolo strappo nel cuore di Lulu.

"Ma certo." I fumetti si trovavano nella penultima pagina della sezione Cultura e Costume, e con quelli in mano Robby tornò subito ai pastelli e ai fogli da disegno in soggiorno, dove

* Dovevano passare ancora anni prima che l'aria condizionata facesse il suo ingresso in casa Andersen, o nelle case del mondo. Alla fine, ma questo avvenne nel 1954, Ernie installò sul tetto un condizionatore ad acqua che spingeva una colonna d'aria refrigerata direttamente in corridoio.

avrebbe ricopiato e colorato le strisce di *Blondie*, *Barney Google* e *Dick Tracy* senza curarsi dei dialoghi nei balloon perché non sapeva ancora leggere.

Il *Lone Butte Herald* era il giornale del mattino, pubblicato e stampato proprio lì in città, nell'ex edificio della Merchants Bank. Lulu preferiva il *Valley Daily Press* perché aveva anche articoli nazionali, non solo locali, però arrivava nel pomeriggio da Redding, su a nord, quando Lulu non aveva più tempo per il giornale. La bambina si svegliava dal pisolino e c'era la casa da sistemare, e la cena da preparare.*

Avendo l'*Herald* tutto per sé, Lulu poteva sfogliarlo come più le piaceva, dalla fine all'inizio: dalla sezione Cultura e Costume a parte i fumetti (lettere dei lettori, palinsesti radio, parole crociate) alla cronaca (notizie locali e necrologi), per finire con la prima sezione: gli editoriali e le lettere al direttore di pagina 6. Lulu aveva fatto le superiori con il codirettore dell'*Herald*, Tommy Werther (in seconda lo chiamavano L'Inutile), che aveva combattuto la guerra dalla scrivania di un arsenale della Marina a Vallejo. Il suo editoriale di quella mattina deplorava il comportamento dei veterani indolenti che, malgrado le opportunità offerte dalla Carta dei Diritti dei veterani, non studiavano né lavoravano né si assumevano le responsabilità di una cittadinanza attiva, scegliendo invece una vita di teppismo e illegalità. Lulu perse interesse dopo due paragrafi e mezzo.

Le pagine 5, 4, 3 e 2 erano quasi solo pubblicità che strillavano a caratteri cubitali: Saldi Estivi! Prezzi stracciati! MATERASSI FUORI TUTTO! E poi, accanto, c'erano articoli di secondo piano e la prosecuzione di quelli a pagina 1. Alla fine, quando, chiuso il

* Ernie invece leggeva il *Daily Press*, con calma, dalla prima all'ultima pagina, alla fine della sua giornata di lavoro, una volta rincasato dal negozio, le scarpe con il rinforzo d'acciaio in punta abbandonate sul pavimento accanto alla poltrona reclinabile, la La-Z-Boy, i piedi nei calzini, bevendo due lattine di birra Hamm's, una dopo l'altra, per riflettere sullo stato del Mondo Libero. Chiudeva il giornale nel momento preciso in cui Robby finiva di apparecchiare – forchette, coltelli, tovaglioli e cucchiai –, nel momento preciso in cui Lulu metteva la cena in tavola. Prima che un televisore entrasse in casa Andersen sarebbero passati altri nove anni, e allora Stella, la terza figlia, chiacchierona e autoritaria già a sei anni, avrebbe voluto sempre cambiare canale.

giornale, arrivò ai titoli in prima pagina, Lulu si ritrovò davanti uno scatto sgranato, quadrato, distribuito su due colonne, che ritraeva suo fratello Bob Falls.

* * *

La didascalia non specificava l'identità, ma Lulu conosceva il suo fratellino: il naso grosso, quel dente sbilenco in mezzo al sorriso, la nuca a forma di punto interrogativo. Erano particolari che Lulu aveva avuto sotto agli occhi per gran parte della sua vita, e per tutta la vita di lui. La fotografia era stata scattata di notte e immortalava Bob Falls in una posa strafottente, nel vivido contrasto del flash: sbracato sul sedile grande di una moto sul cavalletto, i jeans col risvoltino, la maglietta bianca, gli stivali sul manubrio. Teneva una bottiglia di birra per mano. E attorno c'erano altre bottiglie e lattine sparpagliate come soldatini morti sul marciapiede e in un canale di scolo.

Il titolo sul giornale recitava: *Gang di fuorilegge s'impadronisce della città*. La didascalia: "Un delinquente ubriaco. Un finesettimana criminale. Foto Associated Press."

Bob era ingrassato. Negli ultimi cinque anni era stato chissà dove, ma a vederlo così invecchiato ne sembravano passati di più. Gli occhi erano grevi, le palpebre a mezz'asta. Aveva il doppio mento e la barba sfatta.

L'articolo andava avanti per sei paragrafi in prima pagina e proseguiva a pagina 4, accanto alla pubblicità di Patterson Elettrodomestici che offriva pagamenti a rate – concentrandosi su quella, prima Lulu non aveva fatto caso all'articolo.* Adesso invece lesse tutto sui due giorni di "scontri" provocati dall'arrivo di una "gang di fuorilegge" in motocicletta che aveva messo a "ferro e fuoco" la cittadina di Hobartha per un giorno e una notte. Hobartha si trovava a sud, 279 miglia di Highway 99 e altre 59 miglia verso l'interno.

* Lulu ed Ernie avevano discusso della possibilità di comprare un nuovo frigorifero Norge versando l'acconto e di tenere il vecchio Hastings in veranda per gli avanzi.

Lulu lesse e rilesse, passando furiosamente in rassegna le singole pagine in cerca di un *Bob Falls* tra i caratteri a stampa, ma nessuno dei teppisti era menzionato per nome. Lesse di scazzottate, finestre rotte, birra a fiumi, rombo di motori in gara sulla strada principale di Hobartha alle quattro del mattino. C'erano dei virgolettati del capo della polizia, di un barbiere, della signora di un negozio di vestiti, del custode di una stazione di servizio e di molti cittadini terrorizzati: veri e propri racconti dell'orrore. Solo l'arrivo di una pattuglia della polizia aveva riportato l'ordine. Qualcuno era stato arrestato, qualcuno era fuggito sgasando via prima dell'alba.

E il fratello di Lucille Falls Andersen? Era riuscito a scappare oppure era rinchiuso in cella a Hobartha? Un attimo e – nella mente di Lulu – Bob Falls era dietro le sbarre, su una panca dura e spoglia, con una scodella di latta piena di zuppa. (Perché una scodella di latta? Perché proprio la zuppa?)

Lulu andò al telefono nell'ingresso portando con sé il giornale. Si sedette al tavolino e compose il numero di Emmy Kaye Silvers Powell. E-K e Lulu si conoscevano da quando erano bambine, da quando i Silvers si erano trasferiti accanto alla vecchia casa dei Falls, in Webster Road, nel 1928. E-K e i suoi fratelli maggiori, i gemelli Larry e Wallace, erano stati dei punti di riferimento per Lulu e Bob, malgrado i coniugi Falls non si fossero mai abituati ad avere degli ebrei come vicini di casa. Il massimo dell'osservanza religiosa dei Silvers era organizzare il cenone per la Pasqua ebraica (Lulu e Bob erano ospiti regolari al Seder) e facevano persino l'albero di Natale (senza il Bambinello nella mangiatoia). E però nei rapporti con E-K e la sua famiglia i genitori di Lulu si limitavano a una semplice cordialità da buon vicinato, una freddezza che però si sciolse quando Larry fu ucciso a Guadalcanal e, mesi dopo, quando il bombardiere B-24 Liberator con Wallace a bordo finì vaporizzato da qualche parte nei cieli sopra l'Olanda occupata dai nazisti, tramutandosi in una pioggia di metallo e carne. A coronamento di quel periodo orribile, il padre di Lulu – Robert Falls Sr. – ebbe un ictus, seguito presto da un infarto letale. Il temperamento fragile della signora Falls la portò a richiudersi su se stessa come un tavolino pieghevole e a trascorrere i suoi ultimi giorni impaurita e confusa, convinta che il marito stesse per rientrare dalla porta di casa da un momento all'altro. La polmonite che la colpì alla fine del '43 le tolse la vita in ventisei giorni. Ma come spesso accade a questo mondo, successero anche cose buone: Claude Brainard acquistò la tipografia dei Falls a un ottimo prezzo, Ernie andò in guerra senza mai avvicinarsi al pericolo, il piccolo Robby superò incolume le malattie dell'infanzia. E però Bob, il fratellino di Lulu, faceva il Marine da qualche parte nel Pacifico mentre lei era da sola a Lone Butte con un bambino. Se era stato il caffè nero a sconfiggere l'Asse, insomma, le Lucky Strike e l'amicizia tra Lulu e E-K avevano salvato due vite sul fronte interno.

Poche persone in città avevano più di un telefono in casa, e di solito quell'unico apparecchio si trovava vicino alla porta d'ingresso. Doveva squillare un po', dunque, prima che qualcuno arrivasse a rispondere. Ma E-K cercava sempre di tirare su la cornetta al più presto per non svegliare il marito George che faceva il turno di notte alla fabbrica di lampadine Westinghouse. Era sua abitudine rincasare all'alba e mettersi a leggere per poi addormentarsi sul divano in salotto, non lontano dal telefono.

"Pronto?" sussurrò E-K.

"Hai visto il giornale di stamattina?" sussurrò a sua volta Lulu nella cornetta di bachelite, anche se non correva il rischio di svegliare nessuno.

"No, Lu. Noi prendiamo il *Daily Press*. George fa i cruci-puzzle prima di andare in fabbrica."

"Oh, cavolo. Allora non hai visto."

"Visto cosa?"

"La prima pagina dell'*Herald*," sussurrò Lulu. "C'è la foto di Bob."

"Bob chi?"

"Mio fratello."

Era una notizia che non poteva essere sussurrata. "Tuo fratello? Santo cielo! E per quale motivo?"

"Oh, E-K." Le parole le si fermarono in gola. "È terribile..."

"Aspetta, tesoro," disse E-K con un filo di voce. "Vado dai vicini. I Saperstein leggono l'*Herald*. Do un'occhiata e ti richiamo subito."

Lulu riattaccò e cercò nell'elenco telefonico la Western Union, che aveva cambiato numero da quando si era trasferita in un ufficio nella hall del nuovo Golden Eagle Hotel. Simon Kowall rispose al secondo squillo con il suo solito: "WES... tern Union?"

Simon aveva imparato il codice Morse facendo il segnalatore nell'esercito. Tornato a Lone Butte, era entrato nell'ufficio della Western Union ancora in uniforme per chiedere lavoro ed era stato assunto su due piedi. Fu felice di battere con il dito un telegramma al Dipartimento di Polizia di Hobartha su richiesta di Lulu: SE ROBERT FALLS È IN STATO DI ARRESTO SI PREGA DI CONTATTARE LULU LONE BUTTE. "Fanno trenta centesimi, Lucille, la prossima volta che passi in città," disse.

Lulu non si accorse che il piccolo Rob si era alzato dal tappeto in soggiorno e adesso si trovava sulla soglia. "Cosa vuol dire in stato di arresto, mamma?"

Il telefono esplose in un RIIIING! Prima di rispondere, Lulu sorrise al suo bravo bambino. "Scommetto che Jill ti sta aspettando. Perché non vai a giocare?"

"Non sono ancora le dieci."

"Manca poco," RRRINNGG! "Vai a giocare, dai." Robby si dileguò come un soffio di vento.

RRRI... "Santo cielo, che mi prenda un colpo se questo non è Bob." E-K non sussurrava più. "Ho il giornale in mano. È diventato una specie di furfante?"

"Non ne ho la minima idea." Lulu si sedette al tavolino del telefono e prese distrattamente in mano la matita accanto al bloc-notes. "Ho mandato un telegramma."

"A chi?"

"Alla polizia di là." Come d'abitudine, Lulu iniziò a tracciare una sfilza di *X* incolonnate che alla fine avrebbero riempito il foglio: uno scarabocchiare ansioso. "Forse qualcuno dovrebbe pagargli la cauzione per tirarlo fuori."

"Stai lì, Lu. Preparo qualcosa da lasciare a George quando si sveglia e vengo lì. Ci facciamo una bella fumata, io e te." E-K fumava. Molto. Sigarette Viceroy.

Lulu sentì montare un'improvvisa voglia di riempirsi i polmoni di Lucky Strike. Dopo una lunga e violenta infezione di streptococco l'inverno prima, Ernie aveva smesso di fumare, così aveva smesso anche lei. Ma teneva un pacchetto nascosto nella scatola da cucito. Lo tirava fuori ogni volta che veniva E-K.

Andò in Internet. Aveva già disfatto il letto. Suo marito sudava nel sonno, tanto da inzuppare il pigiama e da costringere Lulu a cambiare le lenzuola ogni mattina. Nella sua metà dell'armadio, sul ripiano in alto, rovistò fra i maglioni invernali ben piegati e alcune borse zeppe di tutte quelle piccole cose che non si buttano mai finché non trovò la vecchia cappelliera dove custodiva le lettere. Quelle di Ernie – decine e decine di pagine scritte con arguzia e piene di astrusi dettagli sui suoi doveri gravosi, sul desiderio che "tutto questo" finisse, risalenti ai tempi di Campo Disperazione – le teneva tutte insieme annodate con lo spago. Le lettere delle vecchie amiche – le ragazze che si erano sposate e se n'erano andate o che se n'erano andate e basta – formavano pile di varia grandezza tenute insieme da elastici ormai allentati. In ricordo della giovinezza, Lulu conservava anche le lettere standard degli MGM Studios di Hollywood in risposta alle sue lettere da ammiratrice dirette a Franchot Tone: non se ne sbarazzava per ricordarsi di quanto era stata sciocca a illudersi che una star del cinema avrebbe aperto i messaggi di una ragazza di Lone Butte. E che le avrebbe addirittura risposto.

Nei cinque anni trascorsi da quando si era arruolato, suo fratello Robert aveva scritto a Lulu solo otto volte, e quelle lettere ingiallivano contro il bordo della cappelliera, con una graffetta arrugginita a separarle dalle altre; sei risalivano al periodo del servizio militare, due erano state scritte dopo il VJ Day.*

Lulu si sedette sul letto e tirò fuori il vangelo della guerra secondo Bob Falls. La prima lettera, maggio 1942, era stata spedita

* Victory Japan, la vittoria sul Giappone, accadde il 15 agosto 1945. La vittoria in Europa, Victory Europe, era avvenuta l'8 maggio 1945.

dalla base di San Diego, un insieme di scarabocchi e sbavature su carta intestata del Corpo dei Marines degli Stati Uniti.

> Lulu,
> c'è stato un incidente con il camion e mi sono ammaccato un po'. Ero dietro, quindi mi è andata meglio che ad altri; uno dei compagni è quasi morto. Una decina sono finiti in infermeria. Non mi sono rotto niente, a parte il polso, che nelle radiografie sembra filo spinato. Tenere la penna fa un male cane. Ho anche un buco nell'intestino, quindi per un po' mi toccherà solo roba liquida. Posso camminare, ma devo andarci piano. Per il Corpo dei Marines dovrò stare a riposo qualche tempo, ma sono ancora di loro proprietà. Mi sa che lo zio Sam non ha intenzione di mollarmi. C'è un tizio qui che ha gli orecchioni, non scherzo. Gli fa malissimo. Anche lui è ancora in servizio. Spero che Ernie stia bene. Avrei dovuto arruolarmi nell'aviazione come lui. Hai sposato un tipo sveglio.
>
> Ti voglio tanto bene,
> Bob

* * *

Da ragazzo Bob Falls non era timido. Era uno che ascoltava, tutto qui. Finché gli altri parlavano lui non si alzava da tavola. Quando toccava sparecchiare, aiutava la madre e Lulu ascoltandole chiacchierare mentre lavavano, asciugavano e mettevano via. Leggeva solo i libri imposti dalla scuola. Quando andava al cinema si limitava a giudizi come "non male" o "dai, carino", di rado si spingeva oltre. Lasciava che fossero gli altri a disquisire sull'eroismo della Primula rossa o sulla voce graffiante di Bette Davis. Quando Lulu definì *Gli ammutinati del Bounty* un capolavoro, annuì educatamente.

Aveva solo nove anni quando suo padre ingrandì la tipografia Falls fino a farne un'attività di tutto rispetto, ma imparò subito a usare i macchinari e a stampare il numero richiesto di volantini, inviti, opuscoli della chiesa. A dodici anni andava in negozio quasi tutti i giorni dopo la scuola, e il sabato, perciò il padre iniziò giustamente a pagargli uno stipendio di due, quattro, cinque dollari alla settimana, ma lui non spendeva quasi niente, metteva tutto da parte in una vecchia scatola di sigari, a cui ne seguirono altre due. Per tutte le superiori Bob ebbe una sola ragazza, Elaine Gamellgaard, una giovane donna sicura di sé che già dalla seconda settimana del primo corso di latino aveva saldamente preso le redini della relazione. Elaine trovò il modo di far svuotare a Bob le sue scatole di sigari in cambio della vecchia Ford del fratello ("Quel catorcio?" l'aveva messo in guardia Lulu). Bob era riuscito a rimettere in moto quell'ammasso di bulloni grondante olio prima di avere la patente. Girava una battuta che Bob aveva sentito di sicuro, senza però commentarla mai: diceva che per fortuna i musi gialli* avevano bombardato Pearl Harbor, altrimenti Elaine Gamellgaard sarebbe diventata la signora Falls il giorno dopo il diploma e mamma entro Natale, se non entro Halloween.

Però Bob non si presentò alla consegna del diploma di maturità con Elaine Gamellgaard o con un'altra ragazza. Compì diciotto anni il primo febbraio, si arruolò nei Marines il giorno dopo aver spento le candeline, diede a Elaine un rapido bacio che non conteneva alcuna promessa e partì per il campo di addestramento subito dopo Pasqua. Piantata in asso, la signorina Gamellgaard reagì con aplomb – nel settembre dello stesso anno acchiappò Vernon Cederborg e si trasferì a Pocatello, Idaho. Vernon aveva un problema cardiaco che lo rendeva non idoneo al servizio militare, ma fece la sua parte insegnando idraulica ai macchinisti della Marina e nel dopoguerra tirò su la sua impresa e cinque figlie.

* * *

Mentre il soldato semplice Robert A. Falls – matricola #O-457229 – si ristabiliva dopo la perforazione dell'intestino

* Una nota sull'utilizzo di questo insulto razziale per definire il nemico. Al tempo della guerra, "musi gialli" era un'espressione a cui si ricorreva persino nei titoli di giornali. E non mancavano altri insulti razziali perché il linguaggio comune di allora era un ricettacolo di ignoranza e pregiudizi, privo di scrupoli. L'uso di questi insulti nelle pagine che seguono serve a restituire fedelmente quel passato, non il presente: oggi abbiamo imparato la lezione. Al tempo, comunque, di solito i tedeschi venivano chiamati nazisti. Non, per dire, crucchi o mangiacrauti.

e la frattura del polso, i Marines suoi parigrado completarono l'addestramento, anche all'uso delle armi, e vennero spediti ad affrontare le forze giapponesi a Guadalcanal, un luogo che nessuno aveva mai sentito nominare.* Ci vollero settimane perché Bob guarisse dalle ferite e tornasse al campo per l'addestramento. Come arma gli fu assegnato un lanciafiamme M2-2, e dovette imparare come e quando utilizzarlo prima di essere imbarcato insieme agli altri Marines per navigare a ovest, verso una destinazione ignota, dove sarebbe stato solo un altro Fottuto Novellino che aspetta la sua occasione per uccidere il nemico.

Ogni settimana, finché durò la guerra, Lulu spediva al fratello una lettera, un biglietto, un pacchetto – insomma, qualcosa, indirizzandolo all'ufficio postale militare di San Francisco. Da lì, in qualche modo, la posta arrivava a Bob. Ernie si trovava in Inghilterra, ma Lulu non aveva la minima idea di dove si trovasse suo fratello: sapeva solo che Bob era di stanza nel TGP, il Teatro di Guerra del Pacifico.

Sei delle risposte inviate da Bob viaggiarono via V-mail – V di Vittoria – e ciascuna era un breve miracolo di immaginazione, tecnologia e logistica. Chissà dove nel Pacifico, Bob Falls e tutti gli altri militari prendevano una penna messa a disposizione dal governo e staccavano un singolo foglio dai blocchi di carta messi a disposizione dal governo per scrivere una lettera a casa. Tutti sapevano bene di non poter scrivere dove si trovavano, dove erano diretti e nemmeno i nomi dei loro ufficiali, perché la censura militare avrebbe CENSURATO informazioni sensibili e top secret; Bob Falls si era arruolato nei Marines per combattere al fronte, mentre altri servivano il Paese leggendo le sue V-mail con il solo obiettivo di oscurare parole come *Nuova Caledonia*, *Incrociatore Wardell* e *Tenente Colonnello Sydney Planke*. A Bob non importava più di tanto che in un singolo foglio V-mail una lettera ci stesse a malapena. Certo, lui scriveva in un corsivo sbilenco e sproporzionato che occupava parecchio spazio, ma riusciva a farci stare tutto ciò che aveva da dire; o almeno tutto ciò che era consentito.

Il foglio scritto a mano veniva fotografato, poi rimpicciolito fino a diventare grande come un'unghia, e infine inserito in

* In alcune mappe era indicata come Gaudalcan-*nar*.

una bobina di microfilm che conteneva moltissime altre lettere. Gli aerei trasportavano migliaia di queste bobine, con dentro un milione di V-mail, attraverso l'oceano Pacifico. Dopodiché in America i microfilm venivano sviluppati e le lettere venivano ingrandite fino a raggiungere la metà delle loro dimensioni originali.* Ricevere una riconoscibilissima V-mail – con l'indirizzo di genitori, mogli, fidanzate o di Lulu Andersen a occhieggiare dalla finestrella trasparente della busta – era già un evento di per sé. E con la sua sproporzione, la calligrafia di Bob facilitava la lettura, mentre una grafia più minuta poteva rendere una V-mail indecifrabile.

Lulu sparse le lettere di Bob sul materasso nudo davanti a sé. Impiegò più tempo a toglierle dalle buste che a leggerle.

26/12, '42

Ehi Lu,
sono stato in un posto per un po', ora sono qui. Non posso dirti dove è "qui". Potrei anche essere su Marte. Guardiamo film all'aperto. In tutto questo tempo l'unico muso giallo che ho visto è Charlie Chan. Gli altri ne hanno visti parecchi prima del mio arrivo. Sai che se fossi in Marina invece che nei Marines mi darebbero il gelato? L'ho scoperto solo adesso. Per ora tutto bene, ma i musi gialli potrebbero avere altre idee in testa. Ahah. Buon anno nuovo. Bob

17 maggio '43

Ehi Lu,
buon compleanno. Ancora non ci credo che ho un nipote che si chiama come me. Scommetto che Ernie ci sta dando dentro. Certi giorni farei di tutto per essere su uno dei suoi aeroplani e

* Immaginate lo spreco di materiali, carburante e personale se si fossero dovute recapitare lettere di dimensioni normali. Chiunque si sia inventato il sistema V-mail era un genio.

riposarmi i piedi. CENSURATO CENSURATO CENSURATO CENSURATO. *La notte qui è bellissimo. Zero musi gialli ma tantissime stelle. I ragazzi dicono che la guerra è ancora lunga, non faremo fagotto prima del '48. Altri dicono che nessuno va a casa prima del '51. Per allora sarò troppo vecchio o sarò generale. Ahah. Bob*

dicembre '43

Ehi Lu,
forse leggerai della mia unità sui giornali, e di come i musi gialli si sono difesi bene. Non pensare neanche per un secondo che ce la siamo vista davvero brutta. Anzi, ora ce la passiamo alla grande, sigarette gratis e Coca-Cola. È arrivata una band di sole ragazze e hanno messo su uno spettacolo. Metà dei ragazzi hanno chiesto alla sassofonista di sposarli. Io aspetto la trombettista. Ah ah. Bob

4 agosto '44

Ehi Lu,
ho ricevuto le foto. Il piccolo Bob sembra un vero cowboy. Quand'è che hai iniziato a fumare? A volte è l'unica cosa che facciamo da queste parti. I musi gialli ci hanno tenuti occupati per un po', ma adesso siamo tornati al campo e dormiamo parecchio. CENSURATO CENSURATO CENSURATO CENSURATO CENSURATO *Mi manca guidare. Sogno la mia Ford. Mi sa che sono* innamorato. *Ah ah. Bob*

dicembre 1944

Ehi Lu,
spero che abbiate passato un buon Natale e un bel Capodanno. Io sono tornato in un posto che non posso dire, ma non fa differenza. Un amico è riuscito a fare il pane di mais nella gavetta, e per noi è stato come mangiare una torta. Non so bene che altro dire. Bob

2 ottobre 1945

Lulu,
finalmente in Giappone. Come ha fatto questa gente a fare così tanti guai? Perché non si sono fermati prima? Qui ci sono tanti bambini e tante donne anziane. Gli uomini li abbiamo sistemati noi. Il V-J Day? Ci crederò quando sarò a casa. Bob*

Un giorno del 1946 Bob Falls marciò giù dalla passerella della nave militare *Tressent* insieme a un centinaio di altri Marines. E dopo aver finalmente rimesso piede in *terra americana*, presto fu spogliato dell'uniforme indossata per mezzo decennio e congedato. Le date precise di questi singoli eventi che gli cambiarono la vita Bob le tenne per sé. Dilapidò quasi tutto ciò che aveva guadagnato nell'esercito per una motocicletta Indian Four Inline del 1941. E alcuni ex commilitoni fecero lo stesso, comprando motociclette di altre marche, modelli anteguerra o residuati. Iniziarono a girare per la California del sud e oltre, vivendo da nomadi come durante la guerra, in attesa di un motivo per spostarsi verso il prossimo campo, la prossima città, la prossima battaglia.

Lulu non ne sapeva niente ma poi ricevette l'ultima lettera. Stavolta non era una V-mail ma una lettera normale, infilata in una busta marrone con l'immagine di una tenda indiana stampigliata sul lembo di chiusura. Veniva da Albuquerque, New Mexico. Le parole erano scritte a grandezza naturale, stavolta, e fiorivano sulla carta in un inchiostro verde scuro.

Natale 1946

Ehi Lu,
spero che tu, Ernie e il piccolo Bob passiate un felice Natale. Io sono ad Albuquerque, N. Mex. Ci siamo arrivati con la Route 66. Sai come si dice, no? Non è nuovo e non è il Messico. C'è un lavoro che mi aspetta in Texas. Metti questi nel salvadanaio del piccolo Bob. E buon anno nuovo. Il grande Bob.

In allegato c'erano due banconote da un dollaro.

* Dopo la resa del Giappone, l'unità di Bob fu stanziata a Nagasaki, su cui era stata lanciata la bomba atomica il 9 agosto 1945.

* * *

La foto del suo fratellino che campeggiava sull'*Herald* di quella mattina era il primo segnale di vita ricevuto da Lulu dopo i dollari nella busta indiana per Natale. Il luglio prima gli aveva scritto all'unico indirizzo che aveva, quello dell'ufficio postale militare, per dargli la notizia della nascita di Nora: un biglietto rosa con l'annuncio, una lettera e una piccola foto quadrata della bimba con la madre. Bob non li aveva mai visti.

"Ehilà-à?" E-K entrò in cucina e mise su il caffè mentre Lulu prendeva la bambina dalla culla nella nicchia che avrebbe dovuto ospitare la macchina da cucire. Uscirono sul portico, all'ombra dei sicomori, e si accomodarono al vecchio tavolo sulle sedie nuove.

"Dammi quello zuccherino," disse E-K prendendo Nora in braccio, con la prima di molte Lucky Strike tra le labbra. Anche Lulu ne accese una e inspirò come aveva fatto durante la guerra, quando le sigarette avevano smesso di essere un vezzo ed erano diventate una medicina: aveva fumato per alleviare lo stress, la paura e l'ansia di tre anni di notti buie.

"Che gli è preso a Bob?" chiese E-K, passando le dita tra gli adorabili riccioli di Nora. "Certi soldati anche se sono tornati non riescono a tenersi un lavoro e neppure a dormire di notte. Certi finiscono negli istituti psichiatrici. L'ho letto sul *Saturday Evening Post*."

"Bob non era un soldato. Era un Marine." Lulu versò altro caffè, e ci aggiunse la sua dose di zucchero e latte condensato. "Magari gli è presa la nevrosi da guerra..."

"È sempre stato un mistero. Quando eravamo piccoli aveva sempre gli occhi aperti e la bocca chiusa, come se avesse un segreto da nascondere. Te l'aveva detto che si era preso una moto?"

"Ti ho fatto leggere tutto quello che mi ha scritto." Lulu le aveva mostrato le otto lettere di Bob. "Non sapevo niente. E se lui o la polizia non si fanno sentire le domande sono tutto quello che ho."

Quando Robby e Jill Burns si presentarono a casa dopo aver giocato dai Burns, le donne avevano quasi finito il pacchetto di Lucky.

"Santo cielo. È ora di pranzo!" Lulu spense quel che restava della sigaretta, sperando che Robby non l'avesse vista fumare.

* * *

Ernie rincasò dal negozio poco dopo le quattro e trovò il *Daily Press* ad aspettarlo sulla poltrona. Nel giornale del pomeriggio c'era un articolo dedicato alla banda di motociclisti che aveva portato scompiglio nella tranquilla cittadina di Hobartha, ma non era corredato di foto, né di Bob Falls né di altri delinquenti. Quando Robby e Jill uscirono a giocare a guardie e ladri nel piccolo frutteto, Ernie si era già tolto gli scarponi e si rilassava in poltrona con Nora sulle gambe, facendole il solletico e le vocine – *Chi è questa piccoletta? Chi è lo scricciolo che mi sta in braccio?* Nora rideva, in estasi. Portando a Ernie la prima lattina di birra già aperta, Lulu gli diede anche la prima pagina dell'*Herald* del mattino.

"Vedi qualcosa di familiare?" chiese.

Ernie era confuso. Era tornato da meno di mezz'ora e la moglie lo stava già tempestando di domande. Ma poi vide quello che Lulu voleva che vedesse.

"Dio Santo!" Nora rise di nuovo per la faccia buffa di papà.

Mentre Lulu preparava la cena, chiamando Robby per apparecchiare come sempre, Ernie lesse cos'era accaduto a Hobartha: i disordini e gli scontri con la polizia. A cena i genitori non ne fecero parola e comunque parlarono poco, cosa che non sfuggì a Robby. Alla fine sua madre rimase seduta più a lungo del solito, con i piatti sporchi ancora in tavola. Suo padre le chiese di E-K e del marito, e disse che era ingiusto che un uomo fosse costretto a lavorare tutta la notte per mantenere la famiglia e che lui non avrebbe mai accettato uno stipendio dalla Westinghouse. Robby non si alzò da tavola, rimase ad ascoltare le chiacchiere dei genitori e tutto ciò che non veniva detto nelle lunghe pause di silenzio, finché la madre si lasciò andare a un sospiro e iniziò a sparecchiare. Non ci fu bisogno che qualcuno dicesse a Robby di raccogliere le forchette, i coltelli e i cucchiai.

"Almeno il giornale non fa il suo nome," disse Ernie a bassa voce mentre prendeva Nora dal seggiolone e se la rimetteva sulle gambe. "Magari non verrà a saperlo nessuno."

Il 9 luglio Nora compì il suo primo anno di vita, e tutti gli amici di famiglia che avevano già dei figli vennero per vedere la piccola combinare un disastro con la sua unica candelina e con la grande torta al limone ricoperta di glassa bianca. Lulu aspettava ancora notizie da Bob, ma il telefono non squillava mai e non arrivò nessun telegramma da Simon Kowall della Western Union.

Dopo un'altra settimana senza risposta, Lulu e E-K si rividero un paio di volte, l'una a casa dell'altra. Fumarono troppo e a poco a poco passarono in rassegna gli argomenti disponibili nel pieno di quell'estate del 1947. Un altro negro che giocava a baseball. Le Nazioni Unite stavano traslocando da San Francisco a New York. Una giovane messicana era annegata nel fiume Little Iron Bend. Phyllis Metcalf si era ossigenata i capelli e andava in giro a farli vedere. Harold Pye Jr. si era rotto una gamba durante gli allenamenti di football della squadra della scuola e non sarebbe più stato lo stesso. Il fatto fu trattato con la stessa serietà riservata al fratello Henry Pye, a cui era stato amputato un piede per congelamento dopo la Battaglia del Bulge. I due erano stati delle promesse sportive, atleti di talento, perciò le loro tragiche storie finirono sulle prime pagine di entrambi i quotidiani locali.

Poi Bob Falls si presentò a Lone Butte.

* * *

Prima di pranzo, il piccolo Robby era a giocare in veranda. Voleva fare Superman e così si era annodato al collo – da solo – un asciugamano a righe blu. Ma visto che non svolazzava come un vero supermantello, il bambino era indispettito. Correva in cerchio nel tentativo di alzarsi in volo come l'Uomo d'Acciaio. Niente da fare.

Giocava da solo perché era martedì. Di martedì Jill Burns aveva appuntamento dal medico, una seduta di terapia per il piede equino. Detestava andarci perché era una faccenda dolorosa. Ma le persone erano simpatiche, c'erano anche dei grandi che facevano esercizi simili ai suoi, reduci di guerra senza le gambe o con i moncherini al posto delle braccia. Erano uomini dalla battuta pronta, dicevano cose divertenti che facevano ridere Jill anche se a volte non le capiva bene. Ogni martedì la trattavano proprio come una di loro, come un'amica: "Ecco il generale Jill!" dicevano. Nessuno in clinica la chiamava la piccola storpia come facevano molti adulti di Lone Butte.

La madre di Robby era in casa, stava pulendo in soggiorno con la scopa elettrica, un nuovo modello comprato da Patterson Elettrodomestici. La radio era sintonizzata su un programma di Radio KHSL, *Musical prima di pranzo*, e Lulu canticchiava i successi di Broadway. In veranda, "Superman" si lanciò dal gradino più alto, dritto sul prato, e finalmente il suo mantello si gonfiò come desiderava, persino troppo, tanto da attorcigliarsi attorno alla testa. Di sicuro non era così che un supereroe sarebbe atterrato su una scena del crimine.

Fu in quel momento che una Indian Four Inline passò davanti a casa: il motore riempì l'aria con quel suo gutturale *rom-bom-bom-bom-bom*. Mentre cercava una casa dove non era mai stato, il motociclista riconobbe il numero civico – 114 Elm – e vide anche il volo di Robby dalla veranda. Così rallentò e, dopo una morbida inversione a U, si riavvicinò fino a fermarsi tra i sicomori gemelli che facevano ombra alla casa.

Bob Falls indossava pesanti jeans da lavoro e stivali ingrigiti dal tempo. Aveva anche una giacca di pelle corta. Somigliava a quelle che Robby aveva visto nelle foto della guerra addosso a suo padre e agli altri in Inghilterra, quando si mettevano in posa come una squadra di baseball, inginocchiati o in piedi davanti ai bombardieri. Alcuni di quei militari portavano occhiali da sole, invece il motociclista aveva un paio di occhialoni da moto e un cappello con una piccola visiera. Dopo essersi liberato di entrambi si passò le dita fra i capelli, che avevano bisogno di una lavata e una pettinata.

"Ciao, Superman," disse Bob Falls. "Sei qui di passaggio?"

"Non sono davvero Superman," disse Robby Andersen. "Faccio solo finta."

"Ah," disse Bob, scendendo di sella. "Immagino che Superman sia più alto. Allora tu devi essere Robby."

"Il mio vero nome è Robert." Per alcuni adulti sembrava che la differenza fosse importante. "Robby è un soprannome."

"Per un bel po' a me mi hanno chiamato Bobby, ma Robby mai," disse Bob, abbassando il cavalletto prima di slacciare e togliere la giacca. La appese al manubrio. "Ti ho visto in un paio di foto che mi ha mandato la tua mamma. Io sono tuo zio."

Robby sapeva che sua madre aveva un fratello che era stato in guerra. Lo aveva visto in fotografia. Ma questo motociclista con l'orlo dei jeans arrotolato e la maglietta bianca era un estraneo. "Sei il fratello di mia mamma?"

"Già." Bob tirò fuori una Chesterfield dal pacchetto e poi fece scattare lo Zippo che teneva in una piccola fondina alla cintura. Con la sigaretta accesa tra le dita, allungò braccia e spalle fino ai rami degli alberi, stiracchiandosi con un sonoro *aaaaaaahhhh*. Poi prese una lunga boccata.

"Non fai cinque anni tra poco?" disse, buttando fuori il fumo insieme alle parole.

"Già." Robby decise lì per lì che "già" sarebbe stata una parola che avrebbe usato parecchio.

"BOB!" Lulu si precipitò fuori spalancando la porta della zanzariera, che sbatté alle sue spalle. In una delle pause di *Musical prima di pranzo* aveva sentito la voce di un uomo ed era uscita a indagare. Non aveva mai pianto davanti a Robby, ma corse in lacrime verso l'uomo con la motocicletta e lo strinse come per non cadere.

E in quella giornata accaddero altre cose che Robby non aveva mai visto succedere. Papà tornò dal negozio in anticipo, inchiodò con la macchina sulla ghiaia del vialetto sul retro e poi salì sulla veranda di corsa. "Dov'è?" gridò, mentre la porta rinculava alle sue spalle. Strinse la mano a Zio Bob con forza, senza lasciarla più andare. I due si scambiarono qualche pacca dandosi sulla voce. Poi, insieme a mamma Lulu, tutti e tre si sedettero al tavolo di legno in giardino con delle lattine di Hamm's, tra gli alberi di susine. La mamma. Che beve una Hamm's. Prima di cena. Che giornata!

Quando il ragazzo dei giornali lanciò il *Daily Press* sul pavimento del portico, Robby corse a prenderlo per suo padre eppure nessuno lo sfogliò, nessuno lesse. Papà e Zio Bob non la smettevano di chiacchierare e di scolarsi Hamm's. La mamma era già in cucina a preparare la cena con Nora in braccio: pannocchie e hamburger. Robby recuperò i colori e i fogli e si sedette al tavolo a disegnare una motocicletta mentre ascoltava i discorsi dei grandi.

"Oh, ci hanno tenuto al fresco per qualche giorno," disse Zio Bob. "Abbiamo smaltito la sbronza e pagato la multa, e ci siamo scusati: 'Perbacco, non volevamo.' I giornali hanno fatto più casino di noi."

"Però l'avete spaventata a morte quella gente, con tutto quel bordello," disse papà. Robby si chiese se doveva dire alla mamma che papà aveva detto una parolaccia.

"Abbiamo rotto una finestra o due. Io no. E uno del posto ha tirato un paio di pugni, e poi è successo quel che è successo."

"Ma come ci sei finito in una banda?"

"Non siamo una banda," rise Zio Bob. "Ogni tanto ce ne freghiamo delle regole. Sono quasi tutti dei bravi ragazzi, gli ex Marines almeno."

Robby entrò per prendere alcuni pastelli a cui rifare la punta con il temperino avvitato al muro della veranda. Suo padre l'aveva fissato lì apposta per lui, a un metro e mezzo d'altezza, perché Robby potesse azionare la manovella senza bisogno di una sedia. Poi tornò nel piccolo frutteto a disegnare e ascoltare parole come "sistemarsi", "cilindrata", "Nagasaki", "sussidi per i veterani", "sciopero delle ferrovie". Suo padre e Zio Bob stapparono altre birre e quando la mamma annunciò "È ora della pappa!" con un risolino tutti e due portarono con sé le lattine a tavola.

Zio Bob mangiò parlando e ridendo. Aggiunse un po' di salsa Heinz 57 sull'hamburger e non smise di bere. Era seduto di traverso di fronte a Ernie, raccontava storie di quando era un ragazzino a Lone Butte e faceva domande su persone che Robby non aveva mai sentito nominare. Quando Lulu insistette perché il fratello prendesse Nora in braccio Bob la accontentò, ma non era a suo agio. Sentiva di dover fare attenzione a ogni movimento.

"Non si rompe, sai, Bob," disse Lulu. "Immagina che sia un cucciolo."

Allora Bob grattò la nipote dietro le orecchie. Nora, in braccio a un uomo che non aveva mai visto e di cui non conosceva l'odore, mise su un'espressione di vacua attesa. "Posso darle un biscotto?" Poteva. Lo fece. Nora se lo tenne in mano.

La conversazione si spostò su come andava il negozio di Ernie, che subito offrì un posto a Bob visto che c'è sempre bisogno di lavoratori capaci. Bob lo fermò. Non gli servivano soldi, e poi non era proprio un tipo da bottega. Dal lavoro in Texas aveva imparato che non andava d'accordo con i superiori. Meglio picchiare un secondino che timbrare il cartellino, scherzò. Lulu preparò il caffè per accompagnare il dessert: anguria con un pizzico di sale. Bob sorseggiò una tazza fumando le sue Chesterfield. Lasciò che il nipote tenesse in mano il suo Zippo su cui era inciso lo stemma dei Marines – l'aquila, il globo e l'ancora – e anche una parola che Robby non riusciva a leggere.[*] Al bambino piaceva lo scatto che faceva l'accendino aprendosi e richiudendosi. Restarono a tavola per un'infinità di tempo, o così parve a Robby, che alla fine abbandonò le posate dov'erano e andò di là e si stese sul tappeto a disegnare. Gli uomini parlavano ancora e Zio Bob continuava a fumare, buttando indietro la testa per non far andare il fumo negli occhi della piccola.

Ormai era buio quando sussurrò: "Guardatela un po', è andata." Fece un cenno del mento per indicare Nora, addormentata con la guancia sul suo petto, la bocca leggermente aperta – c'era una piccola macchia di saliva sulla maglietta bianca. "L'ho annoiata tanto da stenderla."

Ernie rise. Lulu prese in braccio la figlia e disse al piccolo Robby che era ora di fare il bagno. Gli uomini si offrirono volontari per sparecchiare e lavare i piatti.

Poi, dopo il bagno e prima di andare a letto, Zio Bob mostrò al nipote come trasformare il divano del soggiorno in una branda con lenzuola e coperte. Zio Bob era davvero di buonumore:

* *Tarawa.*

sollevò Robby di peso e lo tenne sulle braccia per farlo volare in giro per il salotto. Per poco non tirò giù una lampada, per poco non inciampò nella poltrona di Ernie. Concluse quella baraonda con una cosa chiamata "atterraggio verticale". Salendo in Internet per mettersi sotto le coperte, Robby si sedette di nascosto sul gradino in cima alle scale ad ascoltare i grandi in salotto. Erano le 10.30 quando Lulu andò a letto e trovò suo figlio appisolato lì sulle scale. Lo portò nella sua stanza senza svegliarlo. Di sotto gli uomini rimasero svegli quasi fino all'una di notte, poi Ernie disse che era ora di dormire.

* * *

L'orologio della radio segnava le 7:02 del mattino, ecco perché Robby si sarebbe aspettato di vedere lo zio in piedi: i grandi si alzano sempre presto. Invece il relitto del Grande Bob giaceva ancora addormentato sulla branda-divano. Sul tavolino c'erano tre lattine di Hamm's vuote e ammaccate.

A quell'ora Ernie avrebbe già dovuto essere per strada, diretto al negozio come suo solito, ma l'improvviso ritorno del cognato aveva mandato all'aria la routine mattutina. Era ancora al tavolo della cucina con la quarta tazza di caffè nero e un piatto di uova all'occhio di bue praticamente intatte, e stava dicendo a Lulu: "... c'erano quasi solo i nostri, a controllare il cielo, quando è atterrato a Saipan..." Non appena Robby entrò in cucina, sua madre fece un cenno con la testa e la conversazione si interruppe.

"Lo Zio Bob sta ancora dormendo," disse Robby. "Resta qui da noi?"

"Oh, Gesù," disse Ernie, e si alzò portando alle labbra l'ultimo sorso di caffè. "Facciamo piano, che lo zio ha ancora bisogno di dormire, ok?" Ernie arruffò i capelli del figlio, uscì dalla porta della veranda e mise in moto la Packard. Nel tempo che gli ci volle per fare manovra e uscire dal vialetto di ghiaia, Lulu fece colazione con una fetta di pane tostato freddo e un bicchiere di latte.

Mentre lo zio dormiva di là, Robby tirò fuori i fogli e le matite e si mise a disegnare al tavolo della cucina senza fare rumore. E anche sua madre lavò i piatti adagio, attenta a non disturbare. Alle dieci in punto, Robby attraversò la siepe per andare a giocare da Jill. Riempirono dei secchi d'acqua da un rubinetto in giardino e la gettarono qui e là facendo finta di spegnere un incendio. Adoravano bagnarsi e rinfrescarsi nelle calde mattine d'agosto.

Alla fine, quando rientrarono per pranzo, lo Zio Bob era fresco di doccia ed era seduto al tavolo della colazione con un accappatoio di Ernie addosso, il caffè in una tazza di porcellana Blue Willow, una Chesterfield accesa in mano e l'*Herald* aperto davanti.

Alzò gli occhi e, trovandosi di fronte una persona nuova, chiese: "Tu chi sei?"

"Abito qui vicino," disse la bambina.

"Questa è la risposta a un'altra domanda," ribatté Bob Falls.

"Si chiama Jill," disse Robby.

Lo sguardo di Bob non poté fare a meno di scivolare giù fino al piede difettoso della bambina, senza però indugiare troppo. "Bene, Jill-che-abita-qui-vicino, mi dispiace che tu debba vedermi in questo stato mentre finisco la mia tazza di joe. Appena mi si calma la testa e inizio a sentire il gusto del caffè vado a vestirmi."

"Anche mio papà beve il caffè," disse Jill. "Lui lo chiama java."

Lulu, con Nora in braccio, stava preparando due panini burro e marmellata. "Vi va di mangiare davanti alla radio?"

"Davvero?" Era la prima volta che a Robby veniva concesso di pranzare in un posto che non fosse il tavolo della cucina o quello per la cena! Lui e Jill mangiarono sul tappeto in salotto, con i tovaglioli come tovagliette, ascoltando un programma di quiz su KHSL. La madre di Robby fece la limonata e portò dei quadratini di torta al caffè da mangiare con le mani. Poi mise Nora a pancia in giù su una copertina lì accanto, le diede due cucchiai di legno per giocare e così i tre bambini si tennero occupati per un'oretta.

Quando Bob, finalmente ritrovato il sapore del caffè, passò dal soggiorno per andare a cambiarsi, la radio stava trasmettendo un programma dove le donne parlavano di faccende domestiche. Lulu stendeva in giardino i vestiti del fratello appena lavati,

Robby e Jill si erano messi a disegnare e colorare. Jill era contenta delle sue figure stilizzate, delle casette con le pareti, le porte e le finestre rettangolari e un triangolo al posto del tetto. Usava pastelli dai colori vivaci, senza preoccuparsi che fossero quelli giusti.

A confronto i disegni di Robby erano roba da professionisti: fogli e fogli di radio da polso di Dick Tracy, aeroplani che volavano nel cielo insieme a – ebbene sì – Superman e camion dei pompieri che spegnevano un palazzo in fiamme.

Lo Zio Bob si fermò a guardarli dall'alto, le mani nelle tasche dell'accappatoio di Ernie.

"Voi ragazzi avete quella cosa che si chiama talento," disse. E indicando le fiamme del pericolosissimo incendio di Robby aggiunse: "Sembrano vere." Poi andò in bagno a vestirsi.

Quando Lulu portò Nora a fare un sonnellino, Jill tornò a casa riattraversando la siepe. Allora Robby prese i fumetti dal giornale del mattino e per la durata di due programmi radio restò seduto con lo Zio Bob e gli mostrò come ricopiare le strisce di fumetti a mano libera. Bob continuava a bere caffè-joe-java, a fumare Chesterfield, a guardare le facce tratteggiate a pastello e le scene a matita. Lulu lasciò un posacenere sul tavolino di fronte al divano perché Bob smettesse di usare il piattino da caffè Blue Willow. Poi si sedette sulla poltrona da lettura come faceva di rado, quella con i braccioli e lo schienale a forma di conchiglia. Per un po' i tre parlarono di disegni, di cartoni animati e del costo dei fumetti in edicola.

"Ti ricordi di Lowell Strueller?" chiese Lulu. Lowell aveva frequentato lo stesso liceo di Bob, un anno avanti a lui. Si era arruolato in Marina il lunedì dopo l'attacco di Pearl Harbor. "Ha l'edicola dell'emporio Clark's."

"Ah sì?" disse Bob. "Ha sempre sognato in grande." Alla radio passava una pubblicità del sapone per piatti Palmolive. "A che ora torna Ernie?"

"Mancano ancora due ore," disse Lulu raccogliendo le tazze vuote: la sua, quella del fratello e il piattino usato come posacenere.

"Penso che mi toglierò dai piedi per un po'. Robby, vuoi fare un giro?"

"Sulla tua moto?" Robby si stava già immaginando in sella, aggrappato al manubrio con il vento in faccia a settanta chilometri all'ora. "Certo!"

Lulu era sbigottita. "Bob! No!"

"Sotto i trenta all'ora, giuro, giusto un giretto in città."

"Assolutamente no!"

"E dai," disse Bob alzandosi. "Non sarà mica più pericoloso di quando usavamo i canali di scolo come scivoli." Nei giorni di pioggia, da bambini, Lulu e Bob e tutti quelli abbastanza coraggiosi e spericolati sfrecciavano giù dai canali del pendio accanto a Webster Road, sul sedere oppure in piedi, come sui pattini. C'erano stati capitomboli, lividi e gomiti informicolati, ma nessuno si era mai rotto niente.

"Ho detto assolutamente no!"

Lo Zio Bob guardò il nipote. "Tua mamma dice assolutamente no, ragazzo. Che cosa dobbiamo fare?"

* * *

Seduto tra le gambe dello Zio Bob sulla spaziosa sella di pelle, Robby non arrivava al manubrio e così, per tenersi in equilibrio, dovette aggrapparsi al serbatoio. Fedele alla parola data, e con somma delusione di Robby, lo Zio Bob andò pianissimo. Però fece salire i giri del motore perché il bambino sentisse il ruggito, quella musica vibrante di pistoni e catene e ingranaggi del grosso marchingegno su cui erano seduti. Con una sterzata morbida, inclinandosi in curva, sembrava di essere sulle giostre.

"Andiamo in centro," urlò Bob all'orecchio del nipote. Fecero il giro di Lone Butte passando davanti all'alimentari Wentley, alla scuola di Robby, alla biblioteca pubblica, alle chiese di San Filippo Neri, di San Paolo e dell'Assemblea di Dio. Mentre attraversavano il ponte sul Big Iron Bend, Bob disse: "Quando ero ragazzino venivo qui a fare i tuffi."

Robby credeva di non avere abbastanza coraggio per saltare da un ponte tanto alto in un fiume tanto freddo. "Quanti anni avevi?" urlò nel vento.

"La tua età, più o meno. Mi faceva sentire Superman!" Poi lo Zio Bob aggiunse: "Non dire a tua mamma che te l'ho raccontato!"

Evitarono di sfilare davanti al municipio e al tribunale della contea e al commissariato di polizia che affacciava sulla stessa piazza. Davanti allo State Theater, una sala cinematografica degna del suo nome, lo Zio Bob rallentò per ammirare la facciata maestosa e la gigantesca pensilina sopra l'ingresso.

"È nuovo," disse.

"C'è stato un grosso incendio e poi hanno costruito il nuovo State," lo informò Robby. Lo State Theater era stato inaugurato più di un anno prima, con la proiezione di un film che a Robby non era permesso di vedere.*

"Un incendio, eh?" Il primo State, l'originale, era stato costruito nel 1908. "Io e tua mamma ci abbiamo visto parecchi film. *Via col vento. Gli ammutinati del Bounty*." La programmazione in quel giorno d'agosto prevedeva *L'ora del perdono* con Van Johnson, un cartone animato di Daffy Duck, un reportage di viaggio sulle meraviglie del Canada e un cinegiornale. Non era esagerato dire che chiunque a Lone Butte andava al cinema almeno una volta alla settimana per vedere tutti i film proiettati in quella sala sfarzosa. Solo l'arrivo della televisione fece registrare un netto calo nelle vendite di biglietti del sabato sera per colpa di Sid Caesar.

Su Main Street facevano quasi quaranta gradi, la gente era rintanata in casa e il traffico era quasi inesistente, come la domenica. Da Pierce Street Bob svoltò a destra per spingersi fino all'estremità nord di Main Street, dove il Chicken Shack Dinner House era ancora chiuso, in attesa dell'apertura delle 17:00. Davanti a loro si distendeva il cuore rettilineo di Lone Butte: poco più di sei chilometri da un capo all'altro. Ci sarebbero voluti altri tre anni prima di vedere un semaforo tra la Buchannan e la Main, però c'era già uno stop, che Bob ignorò, visto che procedeva a passo d'uomo.

"Ci siamo appena fumati uno stop," disse all'orecchio del nipote.

* *La dalia azzurra* con Alan Ladd.

Oltrepassarono il Golden Eagle Hotel da un lato della strada e l'Associazione Coltivatori di Mandorle dall'altro. E anche la stazione degli autobus di fronte ai grandi magazzini Burton. Poi si lasciarono alle spalle Patterson elettrodomestici e la concessionaria Butte. Nell'isolato dopo la Madison c'erano il negozio di scarpe Red Hen, la ferramenta Ordt, Lone Butte Dischi e una boutique per signore. Dall'altro lato invece c'erano la stazione di servizio Flying A, il vecchio ufficio della Western Union ormai sfitto e una vecchia "taverna" chiamata Il Capanno.

Definire Il Capanno una taverna era fargli un gran complimento. In realtà si trattava di un bar. C'era un'insegna al neon a forma di bicchiere da cocktail e le finestre, troppo strette e troppo alte per poter sbirciare dentro, erano ricoperte di pubblicità della birra Hamm's e Blue Label. La grande porta di legno si apriva sul buio, lasciando a stento intravedere l'interno.

Sul marciapiede davanti al Capanno c'erano quattro motociclette issate sui cavalletti laterali. Era ovvio anche per Robby che non si trattava di moto della polizia. Erano molto più simili a quella dello Zio Bob, ciascuna con un suo particolare manubrio, una varietà di parti cromate e serbatoi di colore diverso. Una era del colore di quelle prodotte durante la guerra, verde oliva.

Mentre passavano davanti al bar, Bob le riconobbe a una a una. Appartenevano a Hal, Doggit e Butch, tre ex Marines, e a Kirkland, veterano della Marina. Avevano tutti preso parte alla scorribanda di Hobartha, e Butch e Kirkland avevano anche spartito la prigione di Hobartha con Bob.

Bob accostò davanti all'emporio Clark's, spense il motore della sua Indian Four e depose Robby sul marciapiede. Quell'improvviso silenzio rimbombò nelle orecchie del bambino. Dato che lo zio gli aveva promesso una Coca-Cola e un fumetto a sua scelta, Robby si precipitò nel negozio, ma Bob non lo seguì subito. Prima rimase a osservare per un po' il quartetto di motociclette davanti al Capanno.

"Tu non sarai mica Bob Falls?" Dallo sgabello vicino alla cassa, Lowell Strueller capì al volo. "Di sicuro assomigli a Bob Falls." L'edicolante girò intorno al bancone per stringere la mano a Bob e dargli una pacca sulla spalla, con una familiarità tale da far pensare a Robby che i due dovevano essere stati buoni amici.

"L'avevo sentito dire che 'sto posto è tuo," disse Bob. "Conosci mio nipote?"

"Certo che sì," disse Lowell accovacciandosi davanti a Robby per stringergli la mano. "Come va, campione? La mamma e il papà stanno bene?" Robby annuì e Lowell si rialzò. "Dove diavolo sei stato, Bob? È bello rivederti."

Lowell Strueller aveva venticinque anni, un anno più di Bob Falls. Prima della guerra nessuno dei due si era mai allontanato più di tanto da Lone Butte. Dalla fine delle superiori, invece, Lowell era stato prima a San Francisco e poi nell'oceano Pacifico. A bordo di un cacciatorpediniere, aveva assistito da lontano ai bombardamenti e poi all'invasione di certe isole in mano ai giapponesi, puntini minuscoli su grandissime mappe. E negli ultimi mesi della guerra la sua nave era stata scelta come bersaglio da un kamikaze. Il pilota giapponese aveva mirato al fianco della nave, proprio a metà, appena sopra il livello dell'acqua, e l'impatto era stato talmente brutale da aprire un buco da tribordo a babordo. Era un miracolo che Lowell non fosse rimasto ucciso come i diciassette marinai inceneriti dall'esplosione. Era un miracolo che la nave non si fosse spezzata in due inabissandosi con tutto l'equipaggio. Era un miracolo che i frammenti aguzzi e roventi della paratia d'acciaio, nessuno più grande di un pollice, non si fossero conficcati nella spina dorsale, nel cuore o negli occhi di Lowell, ma solo nel didietro e nelle cosce, e che le schegge più grandi, delle dimensioni di un ferro di cavallo, lo avessero risparmiato. Lowell era il tipo che ama parlare spesso della fortuna che gli è toccata, di come si è fatto beffe della morte. Aveva perfezionato il racconto di questa storia miracolosa nel gennaio del 1946, durante il viaggio in autostop per tornare a Lone Butte dalla base della Marina di San Diego; e l'aveva ripetuta a tutti gli automobilisti che si fermavano per dargli un passaggio.

Anche Bob Falls aveva visto con i suoi occhi la linea dell'orizzonte nell'oceano Pacifico e alcune delle isole-puntino segnate sulle mappe. Alcune sembravano dei paradisi terrestri malgrado tutta quella pioggia. Altre sembravano inferni accerchiati dai coralli, con giungle ataviche in così tante sfumature di verde da oscurare l'azzurro del cielo e del mare, imbrattate dal rosso del sangue fresco e dal nero di quello rappreso, e appestate dall'odore di polvere da sparo che si fondeva con il fetore della bile, delle interiora e della carne umana in decomposizione. Quelli che prima apparivano come puntini all'orizzonte si ingrandivano via via che lui e gli altri Marines si avvicinavano, finché le scialuppe di legno non si incagliavano e bisognava guadagnare la riva avanzando a piedi nell'acqua, veloci quanto lo permetteva il peso dell'equipaggiamento e delle armi, ma spronati dall'istinto e dalle paure: Tarawa nel novembre 1943, Saipan nel giugno 1944 e più tardi Tinian. Comunque Bob era sbarcato a Okinawa solo dopo gli altri Marines a cui erano toccati i combattimenti delle prime settimane di invasione. Nella tarda primavera del 1945 c'erano molti soldati giapponesi a difendere Okinawa, ma quando la Floating Reserve Force di Bob attraccò, le probabilità di non restare ucciso in azione erano più a suo favore che contro.

Il piccolo Robby non fece caso alla conversazione tra Bob e Lowell. Ad attirare la sua attenzione erano gli espositori e gli scaffali carichi di fumetti con le copertine colorate che sfoggiavano supereroi, donne preoccupate che si guardavano alle spalle e anatre parlanti. I fumetti erano tutti allineati e pronti per la vendita, alcuni al prezzo di un nichelino, altri, gli albi più spessi e meglio stampati, a dieci centesimi. C'erano cowboy e truffatori, ragazzini che se la ridevano stipati in una vecchia macchina, aerei da combattimento che sfrecciavano e uno strambo soldato con l'uniforme in disordine che ballava con uno spazzolone.

Sulla copertina di un fumetto di guerra c'era un Marine con l'elmetto che usciva dall'acqua su una spiaggia di palme, circondato da esplosioni ipnotiche. Sullo sfondo c'erano alcune navi e dei mezzi da sbarco zeppi di uomini in avvicinamento. Il Marine stringeva i denti con determinazione, il fucile in una mano, e con l'altra faceva segno ai soldati che uscivano dalle onde alle sue spalle. Robby non era ancora in grado di leggere le parole stampate a grossi caratteri neri, troppi per lui.

Prese il fumetto dallo scaffale e diede un'occhiata alla prima pagina. C'erano parole stampate nitide, in tanti riquadri, che accompagnavano il disegno in miniatura della faccia e della testa di un Marine con la barba incolta che sembrava raccontare la storia di una battaglia. Poi c'erano altri Marines accovacciati dentro le buche che sparavano con mitragliatrici e fucili. Una minuscola figura tirava una granata, allungandosi come un giocatore di baseball che sta per lanciare e mandare a segno uno strike. Dietro c'era un Marine con un grosso aggeggio sulla schiena che somigliava a una delle saldatrici del negozio del padre di Robby: un serbatoio con un tubo collegato a una stranissima pistola. Il Marine si faceva avanti mentre un getto di fiamme liquide – rosse, arancioni e gialle – usciva dalla pistola formando un arco sempre più grande che finiva nel rogo di una palma.

"Ehi, guarda." Da sopra la spalla di Robby, lo Zio Bob indicò il Marine che sparava il getto di fuoco. "Quello sono io."

Bob diede delle monetine (da cinquanta centesimi) al nipote e gli lasciò scegliere i fumetti che voleva. Lowell Strueller batté tutto sul registratore di cassa: *L'Uomo Mascherato*, *La piccola Dot*, *Storie del Triple Q Ranch*, *Pico de Paperis* ed EROI IN AZIONE. Bob e il piccolo Robby si sedettero sugli sgabelli del bancone. Erano due dei tre clienti a quell'ora: il terzo era un vecchio che leggeva un libro e mangiava zuppa di vongole all'altra estremità del bancone. Robby non toccava ancora il pavimento ma dondolava i piedi spargendo tutti i fumetti davanti a sé. Lowell gli diede la bevanda più fantastica che gli avessero mai concesso: una Coca-Cola con lo sciroppo alla vaniglia dal sapore dolce e denso, come un budino liquido. Se fosse andato da Clark's con sua mamma lei glielo avrebbe mai permesso?

"Bob, caffè?" chiese Lowell. Aspettando di averne una tazza piena, Bob Falls prese uno dei fumetti – *EROI IN AZIONE* – e studiò la copertina. Poi lo aprì.

Non c'era un solo disegno che raccontasse esplicitamente di Marines morti in azione, colpiti da pallottole, fatti saltare in aria o trafitti da schegge di piombo che gli avrebbero fatto perdere gli arti: un orrore del genere era vietato nei fumetti per bambini.

Ma Bob lo vide comunque tutto davanti a sé. Sperimentò di nuovo la furia e il caos della battaglia nella giungla. Sentì l'odore del combustibile liquido del lanciafiamme e quello degli alberi ardenti e della carne umana. Il suo cuore prese a battere forte e una striscia di sudore gli inumidì la maglietta in mezzo alla schiena. Smise di leggere prima di arrivare all'ultima pagina. Non vide come andava a finire la battaglia, la conclusione di EROI IN AZIONE. Chiuse il fumetto e lo fece scivolare verso il nipote.

Serrò gli occhi per un istante, poi accese una sigaretta aspirando il fumo con forza, veloce. Lanciò un'occhiata fuori dalla vetrina: la sua Indian Four sul cavalletto, Main Street, un lembo di cielo sopra gli edifici dall'altra parte della strada. Il crepuscolo si avvicinava, la luce virava verso le tonalità più scure e ambrate del pomeriggio. Per qualche secondo Bob se n'era andato molto lontano, lontanissimo, dimenticandosi persino del piccolo Robby sullo sgabello accanto.

Che cazzo ci faccio qui in questa cazzo di Lone Butte e in questo cazzo di emporio?

Si girò verso il nipote. "Sei a posto con i compiti, Robby?"

"Compiti?" Robby non sapeva cosa voleva dire, e guardò lo zio scendere dallo sgabello e andare verso l'ingresso.

"Lowell, tieni d'occhio tu questo campione per me?"

"Con me starà una meraviglia," disse Lowell. "Vero, ometto?"

Robby annuì, in bocca la cannuccia che funzionava perfettamente come erogatore di Coca-Cola al gusto di gelato.

"Grazie." Bob uscì, superò la moto parcheggiata e si allontanò verso il Capanno.

* * *

Robby Andersen avrebbe ricordato per sempre alcuni momenti del lungo pomeriggio d'agosto in cui lo Zio Bob lo lasciò al bancone di Clark's. Sfogliò e risfogliò i fumetti che aveva davanti studiando i disegni e i colori, soffermandosi sulle pubblicità per i piccoli lettori, sulle facce buffe del professor Pico de Paperis e dei suoi alunni dello stagno, sui cavalli e sugli altri animali del ranch

Triple Q e sulla semplicità dei disegni della Piccola Dot. Si chiese quanto ci sarebbe voluto, una volta cominciato l'asilo, per imparare a leggere. Forse allora avrebbe capito *L'Uomo Mascherato.*

Dedicò gran parte del tempo a esaminare le tavole di *EROI IN AZIONE*, impressionato dalla minuziosa rappresentazione di eventi veri: erano quasi come le fotografie nelle riviste. Avrebbe voluto saper disegnare con la stessa accuratezza, con la stessa fedeltà, i carri armati e le jeep che rombavano e si inclinavano nella corsa, i tronchi spezzati delle palme, le raffiche delle mitragliatrici e il movimento delle baionette che squarciavano, gli elmetti e gli occhi dei Marines che combattevano, le fessure sottili delle piccole fortificazioni dove si nascondeva il nemico giapponese.

Nonostante non sapesse leggere, cosa logica alla sua età, Robby riusciva a cogliere il senso della storia come fosse la trama di un vecchio film muto: i Marines combattevano con coraggio dalla spiaggia e nella giungla. Le bombe gli cadevano addosso. Molti venivano uccisi e rimanevano feriti. I soldati giapponesi sparavano con le mitragliatrici da un forte di cemento, intrappolando gli americani dentro le buche e dietro i tronchi caduti. Gli americani lanciavano piccole bombe contro le aperture del forte di cemento, ma i soldati giapponesi continuavano a sparare senza subire danni. Il Marine con il serbatoio da saldatore sulla schiena, quello che sparava fuoco – "Quello sono io" aveva detto lo Zio Bob –, strisciava nella sabbia e nella giungla, rischiando più volte di essere colpito, finché arrivava vicino al forte di cemento, più vicino di ogni altro Marine. Una tavola del fumetto immortalava quel Marine, lo zio di Robby, accovacciato con la tanica sulla schiena e una fiammella della sua arma speciale che si accendeva. La scintilla faceva *clic-clic-clic*. Nella vignetta dopo, lo Zio Bob aveva una sigaretta tra i denti, ancora spenta. Nella vignetta dopo ancora, che occupava metà della pagina, lo Zio Bob era saltato fuori dal nascondiglio sparando un enorme getto di fiamme arancioni, gialle e rosso cremisi, una cometa che bruciava e si riversava nell'apertura del bunker nemico. Il disegno era così realistico che a Robby sembrava di sentire il calore delle fiamme.

Doveva ancora compiere cinque anni, e non avrebbe saputo dire quanto tempo aveva trascorso al bancone con le bibite. La moto dello Zio Bob era ancora parcheggiata fuori. I clienti andavano e venivano. Una cameriera di nome Marnie sostituì Lowell Strueller al bancone poco prima delle 17:00, ora in cui lui avrebbe dovuto staccare. Era uscito più volte sul marciapiede a guardare su e giù per Main Street, sperando di vedere Bob che tornava a prendere il nipote. Dopo aver scambiato qualche sussurro con Marnie, Lowell disse a Robby di stare tranquillo, che sarebbe tornato subito, che forse sapeva dove era andato lo zio.

Lowell non era uno che beveva. Era entrato al Capanno una volta sola, a bersi la birra gratis che gli avevano promesso dopo il ritorno dalla guerra. Da allora erano passati quasi due anni.

Le moto allineate davanti al Capanno erano simili a quella su cui era arrivato Bob Falls con il piccolo Andersen tra le gambe. Dall'interno veniva la musica del jukebox e qualche brandello di conversazione. Quando Lowell entrò, passando dalla luce del sole al buio della sala, gli ci volle un po' per mettere a fuoco. Per un attimo non riuscì a vedere nulla.

"Bob Falls? Sei qui?" Lowell riuscì a distinguere alcune figure al bancone, altre al tavolo da biliardo.

"Chi lo cerca?" disse una voce sconosciuta in tono di sfida.

"Sto cercando Bob Falls," disse Lowell. "È venuto qui?" Alla fine Lowell riuscì a individuare i quattro motociclisti, vestiti con logori abiti da lavoro e grossi stivali di pelle. Erano gli unici clienti del Capanno. Due stavano giocando a biliardo, a Palla 8, e giravano intorno al tavolo impugnando le stecche come armi. Altri due erano al bar, uno seduto e l'altro in piedi, con il barista di fronte, appoggiato a braccia incrociate contro lo scaffale degli alcolici.

"Sì, Lowell, sono qui." Era seduto su uno sgabello, in un angolo buio vicino al tavolo da biliardo. Accanto a lui, su un tavolino alla sua stessa altezza, c'era un bicchiere di birra mezzo vuoto. Anche Bob aveva una stecca in mano, la puntellava a terra come un bastone da passeggio. Se i giocatori al tavolo erano tre, forse non stavano giocando a Palla 8. Doveva essere una partita di Cutthroat. "Cosa posso fare per te?"

"Il bambino, torni a riprendertelo?" chiese Lowell.

La voce con quel tono di sfida gracchiò di nuovo. "Il bambino? Sei diventato papà e non ce l'hai mai detto?" Gli uomini con gli stivali si sbellicarono. Il barista rise di gusto.

Anche Bob rise. Poi mandò giù la seconda metà della sua pilsner e infine disse a Lowell: "Gli dai un'altra bibita, per favore, capo? Arrivo tra poco."

I quattro uomini e il barista attaccarono a cantare una canzone di chiesa, *In the Sweet By-and-By* – un coro mal riuscito. Lowell li sentì ridere mentre si riaffacciava nel sole calante di Main Street.

Invece di riempire Robby di bibite gassate, Marnie gli aveva preparato un bicchiere di latte e Ovomaltina, che a Robby stava pure bene anche se onestamente avrebbe preferito essere a casa e non più all'emporio. Voleva che lo zio lo venisse a prendere, che lo facesse sedere sulla grande sella della sua moto rombante e lo portasse di nuovo in giro per le strade di Lone Butte, magari passando per la vecchia casa in rovina che si diceva fosse un orfanotrofio infestato dai fantasmi (nessuna delle due cose era vera) e per il cantiere dove i grossi autoarticolati stavano scaricando enormi travi d'acciaio.

Lowell rientrò, passò davanti al bancone e andò dritto verso il retro, dietro il bancone della farmacia, fino al telefono. Fece il numero del servizio pubblico, per parlare con il commissariato di polizia vicino al tribunale della contea. Riferì che al Capanno c'erano alcuni soggetti poco raccomandabili che bevevano e chiese se, considerati i fatti accaduti a nord, potevano mandare qualcuno a invitarli ad andarsene. Alla richiesta di qualche dettaglio in più, Lowell parlò delle motociclette. Al poliziotto all'altro capo del telefono non servì altro.

"Uno di loro è Bob Falls," riferì Lowell al poliziotto. "È uno di qui." Lowell riagganciò, felice di aver agito da buon cittadino, e riemerse da dietro il bancone della farmacia.

"Robby, lo sai dove abiti?" chiese.

"Ehm..." Robby bevve l'ultimo sorso di Ovomaltina con la cannuccia. "Elm Street centoquattordici."

"Ti porto a casa."

"Cos'è successo allo zio?" chiese Marnie.

Lowell alzò gli occhi al cielo e scosse la testa: *non davanti al bambino*. "Andiamo, campione," disse a Robby.

"Grazie, signorina Marnie," disse Robby, calandosi giù dallo sgabello.

"Non c'è di che. Non ti dimenticare i fumetti." Marnie li impilò tutti e cinque per consegnarli all'educato bambino degli Andersen.

Lowell lo guidò nel retro, attraverso il magazzino zeppo di scatole e scaffali di merce e il ripostiglio con gli stracci e i secchi per le pulizie. Fuori dalla pesante porta di metallo con sopra la scritta CONSEGNE era parcheggiata la Chrysler anteguerra di Lowell.

Robby salì a bordo e si sedette sul sedile del passeggero. Per tutto il tragitto rispose all'incessante raffica di domande solo con dei "sì" e degli "uh-uhm". Gli piaceva il baseball? Non vedeva l'ora di andare a scuola?

Ernie era a casa e stava leggendo il *Daily Press* sulla sua poltrona, scalzo, quando Lowell accompagnò Robby fin sulla porta. Spiegò i come e i perché di quel pomeriggio ed Ernie lo ringraziò di aver riportato il figlio, ma la faccenda non gli piacque per niente, nemmeno un po'.

Pochi minuti dopo squillò il telefono. E-K cercava Lulu. La voce di un incidente al Capanno si stava spargendo rapidamente: ad alcuni teppisti era stato intimato di lasciare la città al più presto.

Uno di loro, che sosteneva di essere uno di qui tornato per far visita alla famiglia, aveva sferrato un pugno a uno dei "fottuti stronzi con il distintivo". I cinque delinquenti, uno dei quali aveva parcheggiato la moto davanti all'emporio Clark's, erano stati scortati fino al confine nord della città. Tutti i dipartimenti di polizia fino a Redding erano stati avvisati ed erano in allerta: una banda di motociclisti avrebbe potuto presentarsi e creare problemi.

Per il resto della vita Robby avrebbe ricordato il pianto della madre al telefono e l'espressione sul suo viso mentre finiva di cucinare costolette di maiale, patate dolci, insalata di maccheroni e crostata di albicocche, il banchetto che aveva preparato per il fratellino. Avrebbe ricordato lo sguardo incupito e arrabbiato del padre a tavola. "In città lo verranno a sapere tutti," ripeté Ernie più volte durante la cena.

Prima di fare il bagno, Robby vide sua madre prendere la branda dello Zio Bob dal divano – le lenzuola piegate, la coperta, il cuscino – e metterla nella cesta dei panni sporchi.

* * *

Quell'autunno Robby imparò a leggere a poco a poco – aveva cominciato a frequentare l'asilo subito dopo il Labor Day. Il suo abbecedario ufficioso era la storia dello Zio Bob raccontata da EROI IN AZIONE. All'inizio certe parole non le capiva, ma ben presto (già in seconda elementare) le imparò tutte, come imparò l'intera saga di "Quello con il lanciafiamme". Conservò quel fumetto, e tutti gli altri che si mise a comprare, dapprima sugli scaffali della sua cameretta, poi in piccoli bauli economici e infine dentro tante scatole di cartone, così tante che dovette traslocarle nell'angusta soffitta di Elm Street 114, vicino al baule che suo padre aveva ricevuto dall'Aviazione ai tempi della guerra. Durante un temporale assai violento che fece straripare il fiume e chiudere le scuole l'acqua s'infiltrò in soffitta da una falla del tetto, e ad assorbirla quasi tutta fu la carta dei fumetti nelle scatole di cartone. Robby s'incaricò personalmente di gettare via le scatole spoltigliate e il loro contenuto, senza alcun rimpianto. Dopotutto si trattava solo di fumetti da quattro soldi.*

Robby continuò a disegnare per tutta l'infanzia, e oltre. Fu lo studente più dotato dei corsi d'arte della sua scuola media, la Adams Junior High, e poi della sua scuola superiore, la Union High. Ogni estate partecipava alla fiera della contea e vinceva dei nastri blu. Nel 1957 un suo acquerello dove alcuni bambini si tuffavano dal ponte nel fiume Big Iron Bend venne selezionato per rappresentare Lone Butte alla fiera statale di Sacramento e vinse il Premio del Governatore. Entrambi i giornali locali misero

* Mantenuta in perfette condizioni, oggi la collezione varrebbe tra i trenta e i cinquantamila dollari.

la foto di Robby in prima pagina e per qualche settimana in città ebbe la fama del RAGAZZO ILLUSTRE ARTISTA DI LONE BUTTE.

Dopo la visita dello Zio Bob, per quel che restava dell'estate, alcune strane sensazioni colorarono i giorni del piccolo Robby. Gli sembrava di avere un nuovo paio di occhi, capaci di notare dettagli del mondo che prima non aveva mai visto. A soli cinque anni si accorse che il sole calava sempre prima, rendendo la luce che filtrava attraverso i platani davanti a casa più morbida, *più calda*, se questa era la parola adatta: meno bianca, più giallo-arancio, un colore che si chiamava ambra. Si accorse che i susini del piccolo frutteto dietro casa stavano perdendo i frutti, che i rami si spogliavano sempre di più ogni settimana. Si accorse degli sguardi lunghi e silenziosi della madre fuori dalla finestra della cucina, e della nuova abitudine della piccola Nora: cantarsi canzoncine da sola, senza nessuno a incitarla.

Robby continuò a dedicarsi alla sua arte, ma non solo per divertirsi: piuttosto era perché sentiva il bisogno di non lasciar scappare i pensieri che aveva in testa, di fare il disegno *giusto*, di trovare forme e figure e colori in grado di raccontare una storia che doveva ancora imparare.

Si aspettava che lo zio facesse ritorno a Lone Butte. Ci sperò per il suo compleanno a settembre e poi per la serata del rientro a scuola dopo le vacanze d'autunno, per il compleanno di suo padre il 26 ottobre, per la cena del Ringraziamento. Ma Bob Falls non venne più.

OND CLUB
UMETTI
AMERICA
STORIE DI UOMINI CHE HANNO VINTO LA GUERRA!
10¢
PDC
. 19
EROI
IN AZIONE
FORZA, PAPPEMOLLI! ABBIAMO UN LAVORO DA FARE!
questo numero: QUELLO CON IL LANCIAFIAMME • LA MIA
EZZ'ORA DI TERRORE • DA SOLO NEL TURNO DI GUARDIA

BAMBINI! VENDETE IL GAZZETTINO!
Il giornale per bambini come TE!
TUTTE le notizie importanti della settimana
DA TUTTO IL MONDO! Sport! Cultura! Divertimento!
Un'intera pagina di GIOCHI SPECIALI in ogni numero!
SCRIVICI SUBITO E INIZIA
a raccogliere abbonamenti
e a consegnare
IL GAZZETTINO
nel tuo quartiere e nella tua città
per vincere questi imperdibili premi:
IL GAZZETTINO
IL GAZZETTINO
Bambole
Macchinine, aerei, trenini
Servizi da tè
Radio fai-da-te
Kit di utensili per il cuoio
Bici da ragazzo
Bici da ragazza
Mini macchina da cucire
Baule pieno di soldatini
Set di penne e matite
Set dell'Esercito – furgoni, jeep, cannoni, carri armati
Set dell'Aviazione – caccia, bombardieri, razzi
Set della Marina – incrociatori, cacciatorpedinieri, sottomarini
Telescopio
Set da infermiera – stetoscopio giocattolo, siringa ipodermica, lente d'ingrandimento
Microscopio
Mini macchina da scrivere
Set per pirografia
Set da piccolo chimico
Kit di magia
Acquario
Set scacchi/dama
Armonica
Banjo
Chitarra
"Corso di piano!"
Piccola fisarmonica
Ferri da maglia
Piccolo giradischi
Gioielli per travestimenti
E MOLTO ALTRO!
Mandaci la tua candidatura:
IL GAZZETTINO
114 Elm Street, Omaha, Nebrask
Nome
Indirizzo
Città
Stato

MI CHIAMO BOB LATHAM. ERO UN MARINE. CERTO, NE ERO FIERO, MA A VOLTE AVEVO ANCHE PAURA. COME NELLA NOSTRA PRIMA BATTAGLIA, QUANDO SIAMO SBARCATI SU UN'ISOLA PER RIPULIRLA DAI MUSI G-. NEL MIO BATTAGLIONE AVEVO UN RUOLO SPECIALE, ERO SEMPRE IN AZIONE PERCHÉ AVEVO UN MODO SPECIALE DI UCCIDERE IL NEMICO. IO ERO...
QUELLO CON IL LANCIAFIAMME!
NESSUNO DI NOI AVEVA DORMITO.
APEVAMO BENE COSA CI ASPETTAVA..."
"NON POTEVANO IMPEDIRCI DI PRENDERCI LA SPIAGGIA..."

"LA PRIMA LINEA ERA POCO DOPO IL BORDO DELLA GIUNGLA..."
"ERO NERVOSO, COSÌ HO DATO FUOCO A UN PO' DI ALBERI PER FAR CAPIRE AI NEMICI CHE ERO LÌ..."
LATHAM! APRI UN VARCO E STAI PRONTO! PRESTO AVREMO BISOGNO DI TE!
"ASPETTAI DIETRO UN ALBERO MENTRE LA BATTAGLIA INFURIAVA INTORNO A ME..."
"POTEVO SOLO PREMERE L'INNESCO A VUOTO..."
CLICK-CLICK-CLICK...
"QUANDO INIZIARONO A RIPORTARE INDIETRO I FERITI CAPII CHE LA SQUADRA SI ERA BLOCCATA..."

"ERO CARICO, ASPETTAVO
SOLO CHE MI DICESSERO
DI PROCEDERE, E POI
SENTII L'ORDINE..."
CI SERVE UN LANCIAFIAMME QUI, SUBITO!
"LA SQUADRA AVEVA TROVATO
UN BUNKER NEMICO..."
PING!
ORO ERANO AL SICURO
ETRO UN MURO DI CEMENTO.
FACEVANO FUOCO A VOLONTÀ!"
RAT-A-TAT!
RAT-A-TAT!
CI TENGONO SOTTO TIRO, LATHAM. AVVICINATI PIÙ CHE PUOI E CUOCILI PER BENE!
OK, SERGENTE...
3

"IL BUNKER ERA A UNA TRENTINA DI METRI, MA POTEVO FARCELA."
"ARRIVAI COSÌ VICINO DA SENTIRLI URLARE E RICARICARE LE MITRAGLIATRICI."
MUORI, MARINE!
BANZAI!
"CON L'ADDESTRAMENTO AVEVO IMPARATO A USARE LA MIA ARMA IN MODI DIVERSI."
UNA GRANDE SFERA DI FUOCO PUÒ ACCECARE IL NEMICO E COSTRINGERLO A RETROCEDERE.
ROOOAR!
UN GETTO DI FUOCO LIQUIDO SI PUÒ PUNTARE CONTRO UN OBIETTIVO PRECISO PER OTTENERE IL MASSIMO EFFETTO. È FACILE COME CONTARE FINO A 10.
"BEN NASCOSTO, POTEVO CONTARE SULL'EFFETTO SORPRESA, ALMENO PER UN ATTIMO."
VALVOLA DEL LANCIAFIAMME
"FALLO, LATHAM. BRUCIALI TUTTI!"

CLICK-
CLICK-
CLICK...
AAAHH!
それはどこから来ましたか?*
WHA-VOOSHHH!
* "E QUESTO DA DOVE ARRIVA?!" (GIAPPONESE)
"NON MI SERVIVA ALTRO..."
SICURA TOLTA, INNESCO PRONTO.
LIBERAI IL FUOCO E LI SPEDII ALL'INFERNO..."
1... 2... 3... 4 ...
5... 6... 7... 8...
9... 10...

"QUEI #@%5 ERANO MORTI PER IL LORO IMPERATORE..."
"NELLE SETTIMANE SEGUENTI MI CHIAMARONO SPESSO..."
"I NEMICI SI NASCONDEVANO IN OGNI ANGOLO DELL'ISOLA."
"MA IO LI STANAVO CON LE MIE FIAMME..."
"ERA IL MIO LAVORO: ERO QUELLO CON IL LANCIAFIAMME..."
IL SOLDATO SCELTO ROBERT LATHAM DEI MARINES FU INSIGNITO DELLA MEDAGLIA DI BRONZO AL VALOR
E ORA LA PROSSIMA STORIA DI... EROI IN AZIONE...

1971

TREV-VORR

Robby Andersen poteva sostenere a pieno titolo di aver partecipato a quello spettacolo dell'orrore che fu il concerto rock gratis all'Altamont Motor Speedway, e per giunta senza neppure riuscire a sentire Santana o i Flying Burrito Brothers e nemmeno il gruppo di punta, i Rolling Stones, giusto per citare alcuni dei nomi in cartellone. Quello che si aspettavano lui e le altre migliaia di fan era di vivere una seconda Woodstock, un'altra intera giornata e un'intera nottata di Pace, Amore e Musica. In realtà quel che toccò a Robby e al suo gruppo di compari fattoni furono chilometri e chilometri di coda in auto, una sfacchinata a piedi lunga un giorno, e poi ore e ore di pena, scocciature e pisciate in pubblico. Quando infine riuscirono a intravedere il palco non restava più niente se non la crescente tensione dell'aria. E stavano morendo di fame. Perciò si fecero un'altra sfacchinata per tornare là dove avevano lasciato la Fiat di Robby e fecero dietrofront per fermarsi solo in un Denny's a Castro Valley. Sì, si erano persi Crosby, Stills, Nash & Young, ma almeno avevano evitato le risse e i morti di cui lessero sui giornali l'indomani mattina. Sono cose che succedono quando si ingaggia una banda di motociclisti come servizio di sicurezza.*

* Tre anni e mezzo prima, Robby aveva avuto la fortuna di assistere all'ultimo concerto dei Beatles, arrivando a piedi all'ingresso e comprando il biglietto per un posto a sedere in un Candlestick Park mezzo vuoto.

Qualsiasi cosa ci fosse stata nell'aria, nell'acqua o nelle droghe di San Francisco, nel gennaio del 1971 era già bell'e che svanita. La cosiddetta *summer of love*, l'estate dell'amore, era stata spazzata via da disagi e malcontento sociale, a cominciare dalla guerra in Vietnam, un paese grande più o meno come la California dall'altra parte del Pacifico. Sempre di più, sempre più spesso, i notiziari parlavano di rivolte, di proteste (e di contromanifestazioni nazionaliste tipo "Ama l'America o vattene"), di pietre lanciate assai più spesso dei fiori, di sbirri e maiali da fare fuori, del servizio militare che era diritto disertare, di altri morti in Vietnam e di altri cadaveri: quattro studenti universitari uccisi in una sparatoria in Ohio. Eppure tra i pochi segnali positivi all'inizio del nuovo decennio c'era almeno il fatto che non erano più stati assassinati presidenti e loro parenti. Il 1970 aveva fatto registrare 365 giorni di precarietà e rabbia e divisione sociale: c'erano famiglie che non si erano più sedute allo stesso tavolo per la cena del Ringraziamento, che non avevano più aperto i regali di Natale insieme da quando Nixon si era preso la Casa Bianca.

Non andò così per gli Andersen superstiti. Sia per il Ringraziamento che per Natale, Nora prese un volo da Los Angeles a Oakland, dove Robby la recuperò con la sua Fiat per affrontare insieme la strada fino a Lone Butte: risero per tutto il tragitto, sui ponti e in mezzo al traffico, andando a trovare la madre e la sorellina Stella a Franzel Meadows, un nuovo complesso di casette a schiera dignitose ma molto a buon mercato. A Robby mancava la vecchia casa in città, mancava a tutti, ma considerato che papà era morto da dieci anni e che mamma non era più la Lulu di una volta, la casa al 114 di Elm Street era uno spreco di spazio oltre che una fatica da mantenere. E questo diceva molto di quel che era diventata Lone Butte. La fabbrica di lampade Westinghouse aveva ridotto i dipendenti e c'era un solo posto dove comprare scarpe. L'emporio Clark's offriva un menù limitato a colazione e pranzo. La gente doveva andare a Chico per comprare i regali di Natale. Lo State Theater proiettava "film per adulti" il venerdì sera, mettendo a disposizione degli avventori una specie di occhiali 3D di cartone con una lente rossa e una blu. I treni non si fermavano più a Welles, ma lungo l'autostrada, diciassette miglia a ovest, c'erano due stazioni di servizio e un mucchio di nuovi fast food: McDonald's, Arctic Circle, Kreme Palace e Lord Butley's Fish & Chips Shoppe. Per i due Andersen più che un paese a cui fare ritorno Lone Butte era ormai una freccia su un cartello di uscita in autostrada.

Robby si era trasferito da tempo nella Bay Area, a tre ore e mezza di distanza in Fiat.

Aveva frequentato l'Istituto di Belle Arti della California e insegnato disegno, pittura e ceramica nelle scuole pubbliche di Berkeley e al dipartimento dei parchi urbani di Oakland. Aveva lavorato da freelance per case di produzione e compagnie teatrali, era andato a vivere con una donna a San Francisco, nel quartiere Haight, e con un'altra nella Noe Valley; durante gli anni del divertimento, aveva fumato una tonnellata di erba alle partite di baseball dei Giants e degli Oakland A's. Il baseball e lo sballo andavano meravigliosamente d'accordo. Tutto andava meravigliosamente bene quando Robby era fatto. Quando i suoi coetanei avevano iniziato a farsi di altre droghe più pesanti – allucinogeni, narcotici e stimolanti che creano dipendenza – Robby si era chiesto perché. L'erba era semplicemente fantastica.

Prima dell'assassinio di Kennedy – John Fitzgerald, non Robert Francis – aveva provato ad arruolarsi, ma la Guardia Costiera lo aveva dichiarato non idoneo per via di una malattia cardiaca congenita che non sapeva nemmeno di avere. All'inizio del 1971 la leva e il Vietnam non erano un suo problema, e a ventotto anni trovò il lavoro migliore del pianeta dopo aver dipinto il frigorifero di una ragazza di San Mateo che frequentava. Marca Kenmore, era bianco, e Robby lo trasformò in un televisore che trasmetteva *Il Mago di* Oz, con le scimmie volanti che uscivano dallo schermo e la scritta ARRENDITI, DOROTHY nel cielo, che era lo sportello del freezer. La sua inventiva fu apprezzata e Zelko, un collega artista, gli chiese di andare a disegnare con lui per Kool Katz Komix.

* * *

La sede dei fumetti Kool Katz si trovava in un ex negozio di aspirapolveri a Oakland, su Telegraph Avenue, ed era un vero e proprio crocevia. Le Black Panthers ci andavano per utilizzare il ciclostile e le stampanti offset gratis. E alcuni fan dei fumetti erano celebrità che passavano di lì per staccare un po'. Tra di loro c'erano un ricevitore della squadra di football Oakland Raiders, alcuni musicisti di gruppi come i Loading Zone e i Traffic, e il milionario che aveva aperto un canale televisivo a San Jose solo per trasmettere i film di mostri del finesettimana. Robby iniziò a firmarsi con uno pseudonimo – TREV-VORR – per diventare un vero artista della matita, del pennino e dell'inchiostro.* Ma chiunque arrivasse cercando uno dei due – Robby o TREV-VORR – rimaneva deluso perché i suoi colleghi erano sempre pronti a dire, a seconda delle necessità, che Robby Andersen quel giorno non c'era, oppure che TREV-VORR non si era fatto vedere. Molti dei Kool Katz stavano cercando di tenersi lontani da qualcuno, da certe circostanze sfortunate, dai trascorsi scomodi o da qualcosa che minacciava il loro futuro. C'erano parecchi stramboidi che vagando in Telegraph Avenue si affacciavano nello studio. Alcuni facevano ridere, alcuni erano molto impegnati politicamente o molto polemici, alcuni sballati o strafatti a seconda della droga. E alcuni erano poliziotti della narcotici sotto copertura, magnificamente incapaci di passare inosservati. C'era un interruttore per accendere la lampadina blu sopra la porta d'ingresso ogni volta che la polizia si faceva vedere. Così chi aveva della roba addosso, o chi voleva semplicemente evitare la crème de la crème di Oakland, veniva tempestivamente avvisato. Nessun piedipiatti aveva mai capito il trucco. Nessun Kool Kat era mai stato beccato, almeno non lì.

Nello studio quasi tutti erano fatti o avevano voglia di farsi. La musica di radio KSAN-FM suonava a tutte le ore, mentre lo staff dei fumettari e i visitatori ridevano, mangiavano e fumavano. Robby/TREV-VORR si sedeva alla sua scrivania da disegno e si metteva all'opera. Altri si occupavano di descrivere il contenuto

* Il soprannome TREV-VORR fu scelto in onore del piccolo terrier bianco del proprietario del quartier generale dei Kool Katz. La povera bestiola fu investita da un'auto sulla Telegraph. Lo studio osservò il lutto.

di ogni vignetta e dei testi dei fumetti: Robby trasformava tutto in vere e proprie storie a fumetti grazie alla sua penna, al suo inchiostro e alla sua fottuta genialità. Alcuni titoli avevano avuto successo, tutti erano sovversivi, alcuni praticamente pornografia. TREV-VORR disegnava e Kool Katz pagava con assegni che si trasformavano in Kascate di Kash.

Molte delle donne che si presentavano allo studio restavano proprio per TREV-VORR, ammaliate dalla sua aria tranquilla, dallo sguardo profondo e da quelle mani che riuscivano fluidamente a mettere su carta una cosa minuscola come l'occhio di una formica oppure una gigantesca come l'intero universo.

"Sei l'unico vero artista che abbia mai conosciuto," gli disse una ragazza di nome Beth, cresciuta a Hayward, che prima di scoprire l'erba era stata una studentessa del secondo anno all'Istituto di Belle Arti. Beth fece di TREV-VORR la sua anima gemella, e della sua felicità un lavoro a cui si dedicava a tempo pieno. Rimediò un appartamento in collina, che dietro aveva una veranda da cui si vedevano i tre ponti che abbracciavano la baia.* Beth non si era mai sentita così completa, così innamorata di un luogo, di un'anima, come nei cinque mesi passati insieme a quell'uomo chiamato TREV-VORR. Poi, un sabato qualunque, cambiò il suo nome in Pandora e si trasferì nei boschi vicino al fiume Russian con un ragazzo che produceva da solo la sua LSD. Robby perse Pandora, ma si tenne il suo vaso: l'appartamento, la veranda sul retro, la vista sui tre ponti.

In un giorno feriale qualunque di gennaio, Robby stava fumando una canna mentre andava al lavoro – le crepe nei finestrini della Fiat risucchiavano via la cappa di fumo – e parcheggiò sulla Telegraph senza preoccuparsi di chiudere le portiere. Non essendoci la radio né alcunché di valore non c'era nessun motivo di scassinare quella berlina squadrata. Niente da sgraffignare, insomma. Se l'auto fosse stata rubata, anzi, Robby si sarebbe beccato l'assicurazione e si sarebbe dispiaciuto per l'idiota che si era preso una Fiat con quasi ottantamila chilometri.

* Il San Mateo, il San Francisco-Oakland e, quando era sereno, il Golden Gate.

Erano le tre del pomeriggio passate e la lampadina blu sulla porta d'ingresso era spenta quando Robby trovò sulla scrivania da disegno una lettera voluminosa. Era indirizzata sia al Robby in carne e ossa sia al suo *nom de plume* da artista.

Robby Andersen
AKA *Trev-vorr il Grande*
1447 Telegraph Avenue
Oakland Calif.

"Trev-vorr il Grande" era il soprannome usato da Stella Andersen per prendersi gioco del *nom de plume* del suo fratellone. Il bollo postale, impresso sopra tre francobolli da sei centesimi per la posta prioritaria, diceva Lone Butte, Calif. Un singolo foglio con la calligrafia di Stella spiegava le ragioni della seconda lettera allegata: una busta sigillata ancora chiusa.

Robby,
guarda cos'è arrivato al vecchio indirizzo. Quelli dell'ufficio postale sapevano che era per noi e ce l'hanno portata. Il fratello della mamma, Bob, ha scritto sia a lei che a te, così, dal nulla. Ho letto la lettera alla mamma ma non sono sicura che abbia capito. Per un po' ha pensato che le leggessi una lettera da parte tua. Questo tizio ne ha passate tante e in qualche modo si vuole scusare con lei.
Io l'ho mai conosciuto lo Zio Bob? Forse da neonata? È venuto al funerale di papà?
*Il mese prossimo porto la mamma in città, per prendermi una pausa da Lone-*BUCO-DI-CULO. *Ci vediamo con calma a pranzo? Magari a Chinatown? Solo se la mamma se la sente di fare il viaggio. Nora ha detto che cercherà di prendere un volo in giornata.*
NESSUNA PRESSIONE

Ti voglio bene,
Stella-del-Cielo

La lettera dello Zio Bob era stata spedita da Rio Rancho, in New Mexico, con dodici centesimi di francobolli. Nello spazio per l'indirizzo del mittente c'era un adesivo piccolo e stretto, di quelli che si trovano nei cataloghi per corrispondenza: *Mr & Mrs R. Falls*, con una minuscola bandiera americana. L'indirizzo del destinatario era scritto a macchina su un'etichetta adesiva appiccicata sulla busta, di dimensioni medie:

ROBBY ANDERSEN
114 ELM STREET
LONE BUTTE, CALIFORNIA
SI PREGA DI INOLTRARE SE NECESSARIO

Robby/*TREV-VORR* soppesò la lettera, così spessa, mentre l'immagine dello Zio Bob gli balenava in mente. Il fatto che avesse fumato aiutava: ecco suo padre e lo Zio Bob seduti in cortile sotto i susini, nella vecchia casa di Elm Street, a bere lattine di birra che il piccolo gentile Robby apriva loro passando l'apribottiglie sotto la linguetta. Suo padre, assurdamente giovane e in forma, si puntellava sui gomiti e teneva gli occhi sul cognato. Bob Falls, in jeans, stivali e maglietta bianca, era abbandonato contro lo schienale della sedia e fumava una sigaretta, una divinità vagabonda venuta dal Valhalla. Al tavolo da disegno, Robby si sforzò di ricordare i dettagli degli scarponi – quelli da lavoro di suo padre, con la punta d'acciaio, e gli stivali di suo zio, con cinghie e fibbie per andare in moto. E cercò di ricordare i sontuosi alberi di susine protesi verso il cielo senza nuvole, e le lattine strette in quelle mani forti. *TREV-VORR* prese in mano una matita a mina morbida e disegnò le sagome gemelle dei due uomini che ridevano e accendevano sigarette con uno Zippo.

Dopo aver ricreato la figura e il piglio dello zio in cinque pagine di schizzi, Robby si ricordò della lettera e la aprì con il temperino che teneva sul tavolo per fare la punta alle matite.

I fogli ripiegati erano stati battuti su una vecchia macchina da scrivere, le parole impresse sulla carta con determinazione, e con estrema cura, e con quello che sembrava un nastro d'inchiostro nuovo di zecca. I caratteri presentavano irregolarità ripetute: le T maiuscole erano sfocate, tutte le S erano un po' più in basso rispetto al resto della riga, le M erano rettangoli pieni d'inchiostro nero. L'interlinea tra le righe era singola, le parole affastellate entro i margini. Quella lettera aveva un peso.

Natale 1970

Caro Robby,
ti devo questa lettera da molto tempo...

* * *

Ora del 1959 Bob Falls era rimasto solo.

Qualche anno prima alcuni dei suoi compari si erano arruolati di nuovo, stavolta con destinazione Corea, per tornare a essere Marines, per navigare ancora nel Pacifico e fare fuori altri asiatici. Nell'estate del 1950 Bob aveva preso in considerazione l'idea di ripresentarsi al fronte, anche solo per aiutare ad addestrare i Marines a cui poi sarebbe toccato uccidere. Avrebbe avuto una paga regolare, un po' migliore rispetto a quella che scroccava da reduce. Poi Kirkland si prese una brutta coltellata in una rissa a Eugene e uscì dall'ospedale solo dopo la quarta operazione al polmone. Doggit si prese una sbandata per una ragazza a Susanville e non volle più andarsene. A Bob quella storia non andava giù: lei era sposata con uno dell'aeronautica, uno che stava in Corea. Ma Doggit era innamorato e così Bob, Butch e Hal lo lasciarono lì e partirono per Reno, la più Grande Piccola Città per vagabondi, ossia per tanti uomini e tantissime donne che aspettavano le sei settimane di residenza obbligatorie prima di poter ottenere il divorzio. E chi l'avrebbe mai detto? Nella caffetteria del Mapes Hotel Casino, Hal conobbe una cameriera a cui mancava solo un mese per diventare ex moglie. Le tenne compagnia fino all'ufficializzazione dei documenti dove si certificava che lei non aveva colpe.

Bob accettò un impiego da lavapiatti per mettere in tasca un po' di soldi, poi lui e Butch ripresero le moto e puntarono a sud, fermandosi dove diavolo gli pareva. Nel '53 incontrarono altri ragazzi come loro, fecero un pezzo di strada insieme, se la spassarono, si cacciarono nei guai qua e là, dopodiché ognuno per conto suo. Nel '54 Bob ebbe qualche screzio con la legge, che lo costrinse a restare lontano dalla strada: si fece sei mesi in un campo di lavoro, a scavare strade tagliafuoco nella Angeles Crest National Forest. Lo Stato pagava venti centesimi l'ora, quindi alla fine mise insieme quasi 250 dollari.

Nel '56 la città di Needles era in subbuglio: alcune delle bande ufficiali avevano iniziato a rivendicare le proprie zone, e spesso sui giornali si leggevano titoli come GUERRA PER IL TERRITORIO TRA GANG DI MOTOCICLISTI. Quando queste scazzottate si tramutarono in sparatorie dove qualcuno ci restava secco, Bob non ne volle più sapere e si tolse di torno. Per fortuna. A Baker, un idiota su una Harley aveva ucciso due agenti della stradale e da quel momento chiunque girasse in sella a una moto era un sospettato.

Nel 1958 Bob Falls iniziò a viaggiare da solo e a bere più di quanto dovesse: di giorno birra, di sera qualunque cosa, spesso solo altra birra. Nei finesettimana aveva un posto letto assicurato in una cella per ubriachi di qualunque commissariato della California. Si fece tre mesi in una prigione della contea per aggressione di primo grado: non solo aveva colpito uno sceriffo, ma gli aveva anche spaccato la mascella, a quel poppante!* Oh, a Indio aveva anche fracassato la moto, e nell'incidente si era fratturato l'anca. Così nel 1959 Bob Falls si trascinava in giro lentamente e girava in sella a una Harley Davidson Panhead, ex modello della polizia, che aveva rimediato per quattro soldi a un'asta perché la forcella anteriore era danneggiata.

La birra a Flagstaff, Arizona, era fredda, morbida e consolante come quella di qualunque altro posto, perciò Bob rimase in città più del previsto, fino alla seconda settimana di agosto. Gli era giunta voce di un lavoro a Gallup, qualcosa che aveva a che fare con un'impresa che costruiva tetti. Non gli sarebbe dispiaciuta un'entrata fissa e il New Mexico gli era sempre piaciuto, così si decise ad andare. Purtroppo non riuscì mai a oltrepassare i confini di Flagstaff. Era come se una specie di forza di gravità lo trattenesse lì. Srotolava il sacco a pelo in un campo dietro una chiesa avventista e faceva in modo di non essere nei paraggi durante la

* Lo sceriffo aveva effettivamente ventitré anni.

messa. Iniziò a frequentare la gente che si ritrovava in un posto chiamato Fireside, perlopiù altri veterani con un lavoro fisso che trasformavano lo stipendio in caraffe di Black Label, di Hamm's o di Falstaff. E così di rado toccava il gruzzoletto sempre più scarso arrotolato nei jeans (o la mazzetta che teneva nello stivale). Una sera però certi poliziotti entrarono al Fireside perché un tassista sosteneva che uno dei clienti non gli aveva pagato la corsa. Bob Falls, ormai diventato esperto nell'arte di evitare gli stronzi con il distintivo, se la svignò dal locale senza farsi notare. Dormì per un'ultima notte come ospite invisibile dei cristiani del Settimo giorno, e a quel punto rimase solo un pasto da finire con qualche tazza di caffè a separarlo da una cavalcata verso est sulla Route 66. Sperava di arrivare a Gallup fermandosi solo per il pieno, una pisciata, una birra e una notte sotto le stelle.

* * *

La caffetteria era un locale moderno, con sedute rivestite in vinile rosso, e ciascun tavolo aveva il suo jukebox grande come un barattolo di biscotti. Era l'ora di punta della colazione e Bob aveva preso posto al bancone, da solo. Bastava la sua faccia per tenere libere le due sedie ai lati. La cameriera avrebbe potuto essere sua madre. Era una donna che si limitava a fare il suo lavoro, cioè dare da mangiare a quella specie di centauro dagli occhi arrossati nella speranza che magari le lasciasse qualche spicciolo di mancia. Magari, se gli avesse versato abbastanza caffè, avrebbe anche perso quel suo puzzo di birra.

Bob aveva ordinato una bistecca e tre uova all'occhio di bue, patatine fritte e quattro fette di pane bianco tostato da tuffare nei tuorli, una gran colazione. E siccome aveva anche voglia di qualcosa di dolce, invece dei pancake scelse un waffle per riempire quei buchetti quadrati con una montagna di burro e una spruzzata di sciroppo. Bevve due bicchieroni di succo d'arancia concentrato e fece in modo di avere sempre la tazza di caffè piena. Masticava lentamente, ascoltando la selezione del jukebox trasmessa da altoparlanti invisibili e metallici – *Running Bear* di Johnny Preston passò due volte. Nel frattempo osservava i clienti agli altri tavoli: famiglie in viaggio con i figli piccoli e le suocere, rappresentanti di ferramenta Johnny Square o bottegai, tre braccianti di chissà quale ranch che mangiavano con il cappello in testa. Bob rifletté sulla vita di queste persone e per un istante invidiò la loro routine, le aspettative che a fine giornata potevano dire di aver soddisfatto. Nelle loro esistenze c'era ordine. Struttura.

La cameriera gli tolse i piatti vuoti ma gli lasciò la tazza del caffè. Bob prese lo Zippo dei Marines con l'aquila e l'ancora e accese una delle Chesterfield che gli rimanevano. Per un po' restò lì a fumare facendosi riempire la tazza anche se il caffè non gli piaceva e non gli serviva granché. Stava solo aspettando di digerire la colazione e di andare in bagno prima di rimettersi in strada, davanti a sé solo la Route 66 nel suo viaggio solitario verso est.

Si concentrò su una famiglia: tre bambini, una nonnina, un padre capellone con una moglie che somigliava un po' a Ingrid Bergman. Prima di mangiare tutti chinarono il capo e giunsero le mani per pregare come si deve, mentre il padre diceva qualcosa che fu inghiottito dal baccano della caffetteria. Al termine della preghiera tutti scandirono un "amen", anche i più piccoli. Poi Ingrid Bergman tagliò i pancake per i bambini e tutti attaccarono a mangiare.

"Amen," disse Bob fra sé e sé, pronto a ripartire. Lasciò cinquanta centesimi di mancia perché sapeva che le molte cameriere con cui era andato a letto vivevano più di mance che dello stipendio.

Alla cassa scoprì che gli restavano solo ventiquattro dollari e qualche spicciolo. E aveva anche finito le sigarette.

Inserì venticinque centesimi nel distributore automatico all'ingresso, tirò la manopola e pescò un pacchetto di Chesterfield dal vassoio. Alzandosi, all'altezza degli occhi notò una bacheca tappezzata di biglietti da visita, avvisi di oggetti smarriti, cartoline con battute divertenti e freddure, messaggi privati, offerte. L'avviso di un CUCCIOLO SMARRITO era di un mese fa. A questo punto o il cagnetto era stato ritrovato o si era trasferito lassù, oltre le montagne, nell'allevamento paradiso. Accanto all'avviso c'era un opuscolo fresco d'affissione: SAI CHE DIO TI AMA? VUOI CONOSCERE IL SUO DISEGNO PER TE? LEGGI E SCOPRI LA BUONA NOVELLA!

Sopra l'opuscolo religioso era infilzato un piccolo biglietto.

Cercasi lavapiatti
Paga buona $$
Chiama *ANGEL* MEsa 2-1414

Bob aveva già fatto il lavapiatti al Mapes di Reno e in altri posti. Il lavoro in sé, acqua e calore, non gli dispiaceva, ma soprattutto apprezzava che le uniche persone che parlano con i lavapiatti sono gli altri lavapiatti.

Gli altri si limitano a dire quel che c'è da fare e poi ti lasciano in pace. A Bob piaceva essere lasciato in pace, essere ignorato come i negri e i messicani per cui fare i lavapiatti era un'occupazione stabile. I pasti erano gratis, quindi il salario da cercatore di perle di Bob poteva andare tutto in birra, benzina, una stanza da qualche parte e donne che avevano bisogno di stare con uno come lui per un po'. A forza di lavare piatti ci si poteva riempire le tasche di contanti, e si poteva lasciare il lavoro e le donne quando si voleva. Facile. Bob ripensò alla fatica da operaio costruttore di tetti che lo aspettava a Gallup, dove avrebbe lavorato all'aperto battendo chiodi, sollevando tegole o coppi, spalmando catrame caldo. Nella sua testa c'era qualcosa che gli diceva che un lavoro al chiuso poteva essere una buona idea, almeno per un po'.

La cabina telefonica del locale aveva una porta pieghevole che garantiva un po' di privacy e che quand'era chiusa attivava la luce all'interno. Le telefonate costavano un nichelino e c'era una piccola mensola di metallo per prendere appunti. Bob infilò nella fessura una moneta da cinque centesimi con l'effigie di una testa d'indiano, la sentì cadere e il telefono fece *cling cling*. La linea era libera ma di là non sembrava ci fosse nessuno, e dopo l'ennesimo squillo Bob fu tentato di riprendersi il nichelino e di rimettersi in sella verso i tetti di Gallup.

"Sì?" rispose invece una donna con un leggero accento, forse messicano o di qualche tribù indiana.

"Cercate ancora un lavapiatti?" chiese Bob.

"Cosa?" fece lei. "Apriamo alle quattro."

"Ho qui un annuncio che dice che vi serve un lavapiatti."

"Ah." La donna al telefono non aggiunse altro.

"Allora? Vi serve?" Bob credette di sentire la donna bere un sorso di qualcosa. "Posso parlare con Angel?"

"Ho bisogno di un lavapiatti, sì. Puoi iniziare oggi?"

"Posso iniziare subito."

"Fino alle quattro siamo chiusi. Vieni alle tre. Ti pago un dollaro l'ora, però hai anche le mance."

"I pasti sono compresi?"

"Sì, ma il bere no. La Pepsi si paga. Ci vediamo alle tre. Non prima."

"Alle tre. Ok. Ma ci vediamo dove?"

"Vieni qui."

"Qui dove?"

"Non ci conosci?"

"Ho letto il numero sull'annuncio. MEsa 2-1414."

"Sei un vagabondo? Se sei un vagabondo lascia stare."

"Vagabondo?"

"Sei qui di passaggio, vero? Lascia stare. Vattene."

"Aspetta," disse Bob. Non sapeva bene perché non le aveva ancora attaccato in faccia e non era già sulla sua Panhead, più povero di cinque centesimi.

"Posso parlare con Angel?"

"Sono io," disse Angel, cioè la donna.

Lei non aveva la più pallida idea di chi fosse Bob Falls, e lui voleva mettere subito in chiaro le cose.

"Non sono un vagabondo. Sono un lavapiatti. È semplice."

"Non prendo vagabondi."

"Non sono un vagabondo."

"E allora cosa sei?"

"Angel, sono un lavapiatti professionista. Lavo anche pentole e padelle, pirofile e ciotole."

"Devi anche passare lo straccio alla fine. O resti almeno un mese o non inizi proprio."

"Va bene." Il motivo per cui Bob Falls accettò quel lavoro su due piedi sarebbe rimasto per sempre un mistero. Però ebbe la sensazione di aver ritrovato un po' di equilibrio, come se il fatto di impegnarsi a rimanere un mese nello stesso posto – Flagstaff – fosse la decisione più istintiva che avesse preso in molto, molto tempo.

"Un mese. Un dollaro all'ora," gli disse ancora Angel. "Vieni alle tre al Dough Bun Guy."

"Dove si trova?"

"Sulla 66 di fronte all'uomo gigante con in mano un grande pneumatico." Angel riattaccò.

* * *

A Bob ci vollero alcune ore per trovare un posto dove stare – un piccolo motel senza piscina, che nessuna famiglia in transito avrebbe preso in considerazione, perché chi viaggia con marmocchi al seguito vuole sempre la piscina. Sborsando quindici dollari in anticipo Bob rimase quasi a secco, solo con due banconote da un dollaro e qualche spicciolo, ma a volte essere prudenti non paga. Fece una doccia calda e lavò alcuni vestiti sporchi nel lavandino. Si mise i pantaloni più puliti che aveva e si pulì gli stivali con un asciugamano bagnato.

Alle 2:30 risalì la Route 66 finché non s'imbatté nel gigante e nel suo pneumatico gigante: somigliava al leggendario taglialegna Paul Bunyan ma sventolava una gomma vulcanizzata. Bob non riuscì a individuare un negozio di ciambelle, una panetteria o un chiosco di hot-dog che si chiamasse Dough Bun Guy. Di fronte al gigante però c'era un ristorante con un'insegna che pareva scritta in giapponese. Oh, un momento... DUPON GAI – ZUPPE E SPAGHETTI CINESI. *Dough Bun Guy*. Bob aveva preso fischi per fiaschi, e scoppiò a ridere. Stava per fare il lavapiatti in un ristorante cinese. Va be'.

Parcheggiò all'ombra del gigante, dall'altra parte della strada, e attraversò approfittando di una pausa nel traffico. Non voleva saltare dalla sella dritto al Dupon Gai – ZUPPE E SPAGHETTI CINESI – con il rischio di passare per il membro di una gang come succedeva spesso. Quando pensò che si fossero fatte le tre (non portava l'orologio), provò ad aprire la porta, che però era chiusa a chiave, quindi bussò sulla vetrina. La luce del pomeriggio si rifletteva sui vetri, e lui non vedeva altro che il proprio riflesso che si riparava gli occhi con la mano. Dopo un po' riuscì a distinguere una figura che attraversava la sala, poi sentì una porta interna aprirsi e le chiavi girare nella serratura della porta esterna, quella che aveva cercato di aprire.

Quando la porta si aprì, si trovò faccia a faccia con una donna cinese che lo scrutava come per controllare che non fosse un cattivo affare.

"Tu sei il lavapiatti?" Ecco l'accento, pensò Bob. Non messicano né navajo. Cinese.

"Sì. Sono qui per vedere Angel."

La donna gli fece strada all'interno.

Il locale era tutto rosso e oro. Alle pareti c'erano tre calendari cinesi con paesaggi marini colorati, montagne e draghi accanto ai mesi. C'erano anche due foto parecchio grandi, una del Golden Gate e l'altra di una via di Chinatown – GRANT STREET, secondo l'insegna stradale.

Un vecchio cinese in divisa bianca da cuoco era seduto a un tavolo e beveva del tè da una tazza piccolissima senza manico, e tra un sorso e l'altro fumava una Camel senza filtro. C'erano anche due camerieri in giacca rossa, che non erano né cinesi né giovani. Uno era sicuramente messicano, l'altro di una tribù del Sud-Ovest, e stavano impilando piatti e ciotole.

"Sono l'unico bianco che lavora qui?" chiese Bob.

Angel si fermò girando sui tacchi. "Oh, merda. Mi servi come mi serve un colpo in testa." Tornò all'ingresso e spalancò la porta. "Fuori. Via." Si mise di lato per far passare Bob, perché smammasse.

"Ma vi serve un lavapiatti," disse Bob.

"Non tu. Vattene."

"Oh, ma dai." Bob si accorse di avere un tono implorante,

una novità per lui. "Non volevo offendere nessuno." In effetti non era sua intenzione.

"Il posto è già preso." Angel lanciò un'occhiata ai messicani, come a dire di tenersi pronti a sbattere fuori il barbone. Sembrava che l'avessero già fatto.

"Mi dispiace." Bob si sentì arrossire per l'imbarazzo. Stava chiedendo scusa, ma non sapeva per cosa. Questa Angel lo faceva sentire come uno che ha sbagliato la fila, come uno che ha sbagliato a compilare i moduli.

Angel era ferma sulla soglia e lo squadrava di nuovo. Alla vista degli stivali da centauro, appena puliti con un asciugamano bagnato, scosse la testa. "Sei qui per lavorare o per creare problemi? Perché di problemi ne ho già abbastanza."

"Non voglio creare problemi. Anzi, voglio risolverli." Bob sorrideva, altra novità per lui.

Angel non sembrava convinta. "Qui non si beve. Dopo la chiusura fai quello che vuoi. Qui no." Angel lasciò andare la porta, che si richiuse, e passò davanti a Bob puntando alla porta della cucina, a sinistra della grande foto di Grant Street. Il vecchio cuoco scrutò Bob che gli sfilava davanti e bevve un sorso di tè. Nel frattempo i camerieri separavano le forchette dai cucchiai.

La cucina era minuscola ma aveva il forno e i fornelli, grandi tegami rotondi appesi a ganci, un lavello profondo di acciaio inossidabile, un piano da lavoro. Una cucina da ristorante. La postazione del lavapiatti si trovava al di là di una griglia di scolo e consisteva in un doppio lavello.

"Come ti chiami?"

"Bob Falls. E lei è Angel Dough-Bun Guy?"

"Dupon Gai è il modo giusto di dire Grant Street, quella di San Francisco. Io sono Angel Lum. Quello in sala è mio padre. Chiamalo Signor Lum. Eddie e Luis stanno ai tavoli. Poi ti faranno vedere come rifornire le postazioni. Tu pulisci i piatti e gli arnesi. Sheila e Maria sono le vere cameriere. Spero per loro che arrivino presto. Dividono le mance con i ragazzi e con te. Qualche dollaro a testa, se va bene. Mangiamo prima di aprire." Angel Lum fece per uscire dalla cucina, ma si fermò. "È meglio che impari alla svelta,

Bob Falls. Sei davvero l'unico bianco che lavora qui. Per te, Eddie non è un Grande Capo, e Luis non è un amigo. E usa una parola diversa da Sheila e vedi cosa ti succede. Con Maria è meglio che non ti avvicini neanche finché non è lei a dirlo. Non ha un debole per i bianchi. Qui il capo sono io. Sono dura. Sono giusta. Ma se chiami me o mio padre in qualsiasi altro modo che non sia Angel o Signor Lum ti taglio quel tuo cazzo bianco e lo butto sulla Route 66." Detto questo, Angel uscì lasciando che la porta rinculasse alle sue spalle.

"Gesù," si disse Bob, ma non aveva in mente il Signore e neppure una preghiera.

* * *

Ai tempi del Mapes, uno dei cuochi responsabili dei piatti veloci, un negro di nome Lucky Bill Johnson,* aveva iniziato da lavapiatti e spiegò a Bob che la cosa più importante nel mestiere di lavapiatti è usare acqua più calda possibile. L'acqua bollente avrebbe reso il lavoro più facile, perché bisognava strofinare di meno, ma anche più duro, perché bisognava sopportare il calore, e non tutti ce la facevano. Al Mapes avevano le lavastoviglie, delle Hobart professionali. Ma pentole e padelle andavano lavate e sfregate a mano, con le pagliette d'acciaio. E l'acqua ustionante come la lava faceva gran parte del lavoro. Bob scoprì di riuscire a sopportarla.

Il Dupon Gai non aveva una Hobart, perciò Bob lavava a mano ogni singolo piatto, ciotola, posata e tutto l'armamentario di Angel Lum con acqua calda, molto calda. Teneva i due lavelli sempre pieni, uno di una brodaglia fumante e saponosa, l'altro di acqua limpida e bollente come una sorgente sulfurea. Faceva viaggiare un gran carico di piatti, vassoi e ciotole che trasportava dallo sgocciolatoio all'uscita della cucina per Eddie e Luis. Teneva in ammollo le posate in un secchio di metallo pieno della stessa acqua brutalmente calda ed efficace prima di spostare tutto nel lavello con il sapone,

* Nessuna parentela con il regista.

dove sfregava ogni forchetta, coltello, cucchiaio e i buffi mestoli di porcellana per le zuppe con uno straccio ruvido, uno per volta.

Aveva anche dei momenti di tranquillità, dove non c'era una sola cosa sporca nella sua postazione. C'erano lavapiatti che lasciavano sempre qualche piatto usato nel lavello, da recuperare quando il capo arrivava in cucina per sembrare occupati, ma Bob era della stessa scuola di Lucky Bill Johnson: quando tutto è pulito, pausa sigaretta.

Il signor Lum non parlava una sola parola d'inglese, o quasi. Essendo nato in Cina, parlava il cantonese. Era un gran cuoco, il vecchio, anche se la cucina cinese per Bob iniziava e finiva con il chop suey. Invece il signor Lum era capace di fare certe cose con il pollo che Bob se le sognava, e il suo modo di cucinare il maiale superava di gran lunga qualunque braciola o costoletta avesse mai mangiato. Il chop suey era bandito dal pranzo del personale delle 15:00. E peraltro non era neppure un piatto davvero cinese. A pranzo però c'erano i noodle – lo mein, anzi – conditi con varie salse. La verità è che il signor Lum cucinava meglio per cameriere, camerieri e lavapiatti che per i clienti abituali, i bianchi.

Ecco un'altra cosa che Bob imparò al Dupon Gai: di solito lui metteva il ketchup sul riso, e così fece anche lì finché a un certo punto Angel non poté più tollerarne la vista. Suggerì a Bob di insaporire il riso con il contenuto delle bottigliette di vetro che c'erano su ogni tavolo.

"Non mi piace la spremuta di scarafaggio." Bob aveva assaggiato la salsa di soia a Nagasaki dopo la guerra: sapeva di trementina.

Angel si appoggiò allo schienale della sedia per lanciargli un'occhiataccia, poi disse qualcosa al padre in cantonese. A Bob non piacque.

"È salsa di soia, Bob," disse Angel. "Non fare il *ban cat.** Probabilmente ne hai usata troppa. Gli americani lo fanno sempre. E poi questa è salsa di soia cinese."

"È diversa?"

* Stupido cazzone, in cantonese.

"Certo," disse Angel, afferrando la bottiglietta e spruzzando un getto di nero sulla ciotola di riso bianco appena tostato. "Mangia. Il ketchup sul riso è una scemenza."

"A me piace il ketchup," disse Bob. Quando assaggiò il riso con la spremuta di scarafaggio cinese, però, trovò che sapidità e sapore non erano niente male. "È buono," ammise. "Cosa cambia dalla salsa che ho mangiato in Giappone?"

Invece di rispondergli, Angel rise ad alta voce per la prima volta da quando Bob aveva accettato il lavoro. Tradusse in cantonese per il padre. Anche il signor Lum rise. Bob non capì.

Per consuetudine, il giovedì sera al Dupon Gai era diventata la Serata dei Cinesi perché la piccola comunità asiatica di Flagstaff si ritrovava tutta a mangiare lì, insieme alla gente del posto che non era in grado di riconoscere e apprezzare il vero cibo cinese. Chiacchieravano a gran voce con Angel, e ridevano ancora più sguaiatamente tra loro. Bob non aveva idea che a Flagstaff, Arizona, vivessero dei cinesi, eppure il ristorante si riempiva sempre, e i clienti ordinavano piatti fuori menù preparati dal signor Lum per l'occasione. Il giovedì sera Bob lavava più bacchette che forchette.

Poco prima di una delle Serate dei Cinesi, mentre il ristorante era ancora chiuso, il signor Lum era in cucina e agitava un coltello rivolgendosi a Bob in cantonese e indicandogli la mezza dozzina di polli interi sul tagliere. Bob si asciugò le mani e prese il coltello del signor Lum dal manico. Con un altro coltello, il signor Lum recuperò un pollo e mostrò come lo voleva porzionato. Il coltello di Bob era affilatissimo, come il pugnale Ka-Bar ai tempi dei Marines, e con quello si sforzò di imitare il vecchio, taglio dopo taglio. In pochi minuti tutti i polli erano disossati e ridotti in cubetti o a pezzi, pronti per qualsiasi piatto il signor Lum avesse in mente. Il vecchio sembrò soddisfatto e per farlo sapere a Bob uscì e tornò con due bottiglie di Pepsi-Cola del distributore, una per ciascuno. Il giovedì sera seguente il signor Lum fece vedere a Bob come tagliare le verdure con un'enorme mannaia. C'era un trucco per rendere l'operazione rapidissima. Da allora, e non solo di giovedì, il signor Lum fece disossare, tagliare o affettare qualcosa a Bob.

Una volta, un mercoledì, Angel entrò in cucina, vide Bob al tagliere che preparava una dadolata di maiale e scoppiò a ridere. "Ma guardati, Bob." Scosse la testa. "Davvero, guardati."

Delle cameriere, Sheila era la più gentile, forse perché aveva parecchi figli e i turni al Dupon Gai erano per lei una specie di tregua. A Maria, Bob non era mai piaciuto davvero, però non mancava mai di dargli la sua parte di mancia. Eddie e Luis uscivano insieme a Bob dopo la chiusura per una birra al Buena Vista: il locale restava aperto fino a tardi, per tutti i lavoratori della ristorazione di Flagstaff, dunque attirava gente tra la più eterogenea con cui Bob avesse mai spartito da bere. I suoi compari centauri erano tutti bianchi. I Marines erano tutti bianchi. Solo in prigione, o quando aveva lavorato in cucina, si era ritrovato a mangiare, lavorare, dormire, giocare a carte e occasionalmente fare a pugni con persone di colore.

Bob andava al Buena Vista tutte le sere dopo il lavoro. Poi, verso le tre del mattino, tornava nella sua stanza al motel con una confezione da sei di Falstaff ghiacciate, e le beveva tutte mentre diventavano calde perché non aveva il frigo. Spesso Bob salutava l'alba con una birra calda.

Alle tre del pomeriggio si presentava al Dupon Gai, parcheggiando la moto sul retro, e si prendeva un caffè. Per l'ora di apertura tutte le postazioni avevano l'occorrente, il signor Lum aveva pentole e wok puliti, Angel aveva ricontrollato tutto – dalle bottigliette di salsa di soia al cestino dei biscotti della fortuna – e Bob aveva sudato gran parte delle birre della sera prima.

"Bevi troppo," gli disse Angel Lum in un venerdì sera particolarmente movimentato. Era arrivata in cucina per blaterare in cantonese con il padre, che non sembrò contento di quel che aveva sentito. "Sento la puzza che hai addosso da qui."

"Sono licenziato?" chiese Bob, che non era di buonumore.

"No. Ma puzzi."

Angel pagava Bob in contanti la domenica sera, quando chiudevano prima delle dieci, dopo che le famiglie vestite a festa per la Scorpacciata della Domenica avevano scartato i biscotti della fortuna ed erano tornate a casa. Contanti significava niente tasse, niente assegni o banche.

Per ottobre le finanze di Bob raggiunsero livelli mai toccati prima. Bob era impaccato di soldi. Si era messo con una donna conosciuta al Buena Vista che si faceva chiamare Kitty-Bee. Kitty-Bee era un po' matta, il tipo di ragazza a cui piacciono i motociclisti. Anche lei, come Bob, amava le Falstaff ghiacciate. A letto, gli saltava addosso con una voglia ruvida e appagante, poi dormiva come un sasso finché lui non andava al lavoro. A Fort Worth, Texas, Kitty-Bee aveva uno da cui si teneva alla larga, un ex o un marito vero, per questo si nascondeva a Flagstaff. Bob non le chiese mai se avesse figli, ma sembrava il tipo.

Nessuno a Flagstaff mangiava chop suey di lunedì, che dunque era il giorno libero. Bob e Kitty-Bee giravano in moto quell'angoletto di Arizona: lei amava la velocità e la sensazione di tenersi aggrappata a un uomo, a volte cantava canzoni di Patsy Cline nell'orecchio di Bob mentre andavano a ottanta all'ora.

Un martedì Bob arrivò al lavoro che non si sentiva bene: il giorno prima con Kitty-Bee aveva bevuto più birre del solito. Il personale stava mangiando a un tavolo con un grande vassoio girevole al centro. Bob si fece bastare del caffè, e non disse molto, ma poi Angel gli si sedette accanto con una teiera e due tazze minuscole. Il signor Lum prese posto di fronte a lui, per poter guardare sia la figlia che il lavapiatti.

"Ti ho visto con una donna, Bob," disse Angel, versandosi un tè.

"Quando?"

"Ieri. Seduta dietro di te, in moto, che ti teneva stretto. Ti ho suonato il clacson, ma tu non hai guardato. Lei invece sì."

"Dove?"

"In città. Ti ho suonato."

"Non ho sentito."

"Lei sì. Chi è?"

"Si chiama Charlotte. È la capo bibliotecaria della biblioteca più grande di questa città. Nonché la figlia del governatore."

Angel rise di gusto e parlò in cantonese al padre. Anche lui rise, a modo suo, e disse qualcosa ad Angel che la fece ridere di nuovo.

"Che cosa ha detto il nonnetto?" Bob aveva cominciato da una settimana a chiamarlo così.

"Non capiresti." Angel prese un sorso di tè. "Anche a lei piace la birra?"

"No. Suo padre è contrario. Faccio io per lei."

"Perché bevi così tanto, Bob?"

"Perché vendi chop suey a Flagstaff?"

"Mio padre aveva letto della diga di Hoover e così siamo venuti a visitarla. E anche il Grand Canyon. Mia madre e le mie sorelle hanno detto: 'Be', li abbiamo visti' e sono tornate a San Francisco. Chinatown è piccola. Qui il cielo è immenso. A noi è piaciuto. Flagstaff e il deserto ci fanno bene alle ossa. Tieni, prova questo." Angel versò il tè nell'altra minuscola tazza. Bob lo assaggiò pur di non mettersi a discutere. Era amaro. Con un po' di zucchero poteva anche andar bene. "Da dove vieni, Bob? Dov'è che sei venuto su così?"

"Lone Butte ce l'hai presente?" Bob accese una Chesterfield. Ne offrì una anche al nonnetto. Angel non fumava.

"Dov'è?"

"Se lanci un sasso da Frisco e fai un tiro di qualche centinaio di chilometri, prendi in pieno la città dove sono nato."

"In California?"

"Sì, risalendo un po' la valle."

"San Francisco la conosci?"

"Ci sono stato un paio di volte, per vedere certi amici e tenermi alla larga da certa altra gente poco amichevole."

"Non sei passato di lì quando sei partito per la guerra?"

"No. Partito e tornato da San Diego."

"Ai tempi della guerra le navi attraccavano e io andavo al porto con mia sorella a vedere i marinai che scendevano con addosso quei pantaloni stretti davanti con i tredici bottoni. Avevano tutti un'erezione. Si vedeva." Angel rise coprendosi la bocca. "Degli alzabandiera! Quei ragazzi erano così *faat haau*."*

"Io ero un Marine." Bob era un po' imbarazzato nel sentire Angel parlare così davanti al nonnetto.

* Arrapati, in cantonese.

"Mio fratello era in marina. Era assistente di bordo, poi è diventato un segnalatore." Angel non disse altro su quella storia del fratello. Sorseggiò il suo tè. Riempì ancora la tazza di Bob. Adesso sembrava meno amaro. Lo zucchero avrebbe rovinato il sapore.

Il signor Lum disse qualcosa in cantonese. Angel non rispose. Poi chiese: "Quando mi farai fare un giro sulla tua moto, Bob?"

"Davvero? Vuoi fare un giro?"

"Perché no? Mi aggrapperò a te," disse Angel, alzandosi e prendendo la teiera, le tazze e le scodelle. "Un giro sulla tua moto mi sembra divertente."

"Sei tu il capo. Dimmi quando," disse Bob Falls.

"Lunedì. Il prossimo giorno libero," disse Angel Lum.

***

Natale 1970

Caro Robby,

ti devo questa lettera da molto tempo.

So che tuo papà è morto e avrei dovuto scriverti quando è successo. Avrei dovuto scrivere anche a tua mamma. Le tue sorelle non le ho mai conosciute davvero, ma con voi due dovevo farmi vivo tempo fa. L'ultima volta che ti ho visto eri un bambino, oggi sarai grande. Se sei sposato, spero che lei sia una ragazza fantastica. Se non lo sei, spero che tu conosca parecchie ragazze fantastiche. Ah ah.

Io sono sposato da più di dieci anni. Mia moglie è di San Francisco ed è cresciuta a Chinatown. L'ho conosciuta nel suo ristorante in Arizona. Mi ha insegnato un paio di cose e ora abbiamo un ristorante ad Albuquerque, il Gold Dragon. Facciamo dei bei soldi. È uno dei migliori ristoranti di Albuquerque e uno dei pochissimi posti dove si mangia bene cucina cinese. Lei si occupa del locale. Io lavoro in cucina. Quindi sì, ho sposato il capo.

L'ultima volta che ti ho visto la guerra era finita da poco. E io ero proprio incasinato. Bevevo, cosa che mi riusciva bene e che ho fatto a lungo. Non bevo più dal 17 maggio 1962. Una volta alla settimana vado agli incontri con altri come me. È stata la guerra a incasinare molti di noi, non siamo sempre stati così. Siamo cresciuti come ragazzi normali, e poi siamo cambiati, come un pezzo di legno che non viene lavorato a dovere. Questa però non è una scusa valida per essere sparito. Tu eri un bambino e io avrei dovuto comportarmi da adulto, ma non sapevo come fare, o come fare lo zio, o come decidere di restare in un posto, o tenermi lontano dai guai. E mentre tu crescevi, io mi sono ficcato in un mucchio di guai. Angel ha detto che quando mi ha incontrato l'unica cosa in ordine che avevo erano gli stivali, sempre puliti. Angel è mia moglie, cioè tua zia. Non le ho mai parlato di te finché non ci siamo sposati.

Non ricordo granché dell'ultima volta che ci siamo visti a Lone Butte. Mi pare che ci siamo fatti un giro e che abbiamo preso qualche milkshake giù da Clark's. Tua sorella era piccola e l'ho fatta saltellare sulle ginocchia mentre tu eri tutto impegnato a colorare e disegnare e poi mi facevi vedere. Ricordo che tua madre mi ha detto che dovevo smettere di andare in giro e decidermi a rimanere in un posto, se non in paese da qualche altra parte. Ovviamente non l'ho fatto.

Spero che non ti abbiano spedito in Vietnam, e questo dice quanto mi sono tenuto informato sulla famiglia. Non so se ti hanno estratto o no. Non guardo i telegiornali per colpa del Vietnam. Lo so cos'è la guerra. Anche se vinceremo, la vittoria non potrà mai valere ciò che fa a un uomo. Alcuni dei ragazzi che frequento mi dicono che chi parla così non è un patriota, ma questo lo dicono loro, e il Vietnam non è come Pearl Harbor. Se sei stato arruolato spero che ti abbiano messo a proiettare film alla base invece che a combattere nella giungla. Mi ricordo di te bambino, e pensarti in Vietnam è semplicemente terribile. Un giorno ho visto in TV un'unità di Marines che bruciava un villaggio. Quando io ero un Marine ho bruciato molti villaggi. Vederlo in televisione non mi ha fatto dormire per una settimana. Se ho mai corso il rischio di ricominciare a bere quello è stato il momento. Angel, mia moglie, mi ha chiesto perché mi dava tanto fastidio, ma non sono riuscito a spiegarglielo: mi faceva venire in mente troppe cose che avevo visto e fatto sotto le armi.

Anch'io, come quasi tutti i ragazzi, ho ancora gli incubi, ma almeno so da dove arrivano. Mi tormentano, vanno e vengono, e lo faranno per il resto della mia vita. Non vorrei che mi credessi un vecchio catorcio, però. Non sono così. Adesso sono l'uomo

più fortunato del mondo. Non ho figli, ma Angel ha un milione di nipoti e uno dei suoi fratelli si è trasferito ad Albuquerque, quindi li vediamo spesso. Ti ricordi che avevo la moto quando sono venuto a Lone Butte? Ce l'ho ancora. Mi piace andare in moto con mia moglie stretta a me. Mi piace il mio lavoro, ormai sono un bravo cuoco, e mi farebbe piacere se ci venissi a trovare un giorno. Se decidi di farlo sappi che trovare il Gold Dragon è facile. È su Central Avenue, in pieno centro, sulla Route 66, e tutti conoscono il nostro locale. Ti faremo mangiare bene.
Voglio che tu sappia che mi dispiace di avervi abbandonati, però, tu e gli altri. Ho fatto un bel po' di errori nella vita, ma il peggiore è stato quello di non esserti stato vicino. Non posso recuperare per magia il tempo perduto o buttar lì qualche giustificazione che magari tu saresti pure disposto ad ascoltare. Non ho scuse per essere scomparso, e l'unica cosa che conta è che l'ho fatto. Non ho intenzione di venire a Lone Butte o di presentarmi alla tua porta, quindi non ti preoccupare, non sono un vecchio strambo che ti darà il tormento. Spero che tu possa comunque capire che so cosa ho fatto e cosa non ho fatto. Che tu possa accettare il mistero di come entrambi siamo finiti dove siamo ma possiamo sempre guardare avanti.
Vieni a trovarci, se ti va.

Ancora tuo zio,
Bob

***

A Robby/TREV-VORR tornò in mente un servizio televisivo su un'unità di Marines in perlustrazione nella giungla vietnamita. Era strafatto quando l'aveva visto, e siccome lo era anche adesso, nei suoi ricordi il filmato era granuloso e contrastato: un villaggio in bianco e nero, capanne dai tetti di paglia che sembravano una scenografia realizzata ad arte, cortili, i Marines che apparivano come giganti tra i vietnamiti non civilizzati. Ma gli americani così possenti ed enormi, con gli elmetti e le armi, e quel tizio con lo zaino radio che parlava nella cornetta, in realtà erano solo dei ragazzini che facevano i duri, che fumavano per nascondere la noia, l'infelicità, il terrore che traspariva dagli occhi, dalla postura dei corpi. Robby a ventinove anni era più vecchio di loro, persino dell'ufficiale che abbaiava ordini. Avevano tutti l'aria sfinita. Uno dei tanti avvicinò lo Zippo al bordo di paglia di uno dei tetti e gli diede fuoco. Altri fecero lo stesso con i loro accendini. Avevano ricevuto l'ordine di bruciare il villaggio.

La fiamma degli Zippo non riusciva ad appiccare l'incendio abbastanza in fretta, così un Marine con un lanciafiamme sulla schiena ricoprì di fuoco gelatinoso tutto il tetto di una capanna, e poi di un'altra. Dalla canna della sua arma ricadevano grumose palle di fuoco che bruciavano a terra autoalimentandosi, crepitanti. La naturalezza con cui il soldato eseguiva il compito gli dava l'aspetto del ragazzo costretto a sbrigare una faccenda domestica il sabato mattina, tipo pulire le lame del tosaerba mentre i suoi amici sono alla piscina comunale a provarci con le ragazze. In pochi secondi i Marines scatenarono una vera furia di fiamme. Erano circondati dal fumo nero, immersi in una nuvola di sostanze chimiche in combustione, mentre le donne vietnamite, i vecchi e i bambini piangevano e urlavano. Nel giro di poco il napalm pressurizzato, quel prodotto industriale contenuto nel serbatoio del lanciafiamme, trasformò il villaggio bagnato dalla pioggia in un inferno sulla Terra.

* * *

Durante la guerra Bob Falls – lo Zio Bob – era stato il soldato armato di lanciafiamme, anche se aveva solo diciannove anni. Robby non aveva mai dimenticato le parole che Zio Bob aveva pronunciato mentre dava un'occhiata a un fumetto sulla seconda guerra mondiale, una storia di Marines accerchiati e poi salvati da un loro compagno, un soldato con il lanciafiamme: "Quello sono io." Se ricordava il fumetto non era soltanto perché glielo aveva comprato lo Zio Bob, ma perché ne aveva tratto ispirazione per disegnare quello che secondo la sua immaginazione Zio Bob aveva fatto con il lanciafiamme, un'arma molto più interessante e forte del *ratta-tà-ratta-tà* di una mitragliatrice o del *ka-boom* di un bazooka. Il *ruuuggito* del lanciafiamme portatile M2-2 di

Zio Bob lo tramutava in un supereroe dall'aria torva, deciso a battersi per la giustizia. Zio Bob non era mai stato un adolescente annoiato e terrorizzato con l'elmetto, non lo avevano incaricato di annientare una fattoria sputando palle di fuoco gelificato. Bob Falls era stato il Marine che aveva salvato tutti quanti.

TREV-VORR iniziò a disegnare la storia in quel momento, un'epopea che riusciva già a vedere, suddivisa in tre sezioni. Abbozzò alcune pagine, le buttò via, ricominciò, poi si concesse del tempo per riflettere e precisare le immagini. Quando ebbe delineato l'intera storia con un numero sufficiente di pagine le mostrò a uno dei collaboratori, tale Barbour, chiedendogli cosa ne pensava.

"Non lo so, bello," disse Barbour grattandosi la barba. In un certo senso Barbour era il capo-sceneggiatore di alcuni titoli. Si era inventato il personaggio di S'poo, un'imitazione di Spock di Star Trek che al posto delle orecchie appuntite aveva due peni. S'poo era un bestseller, uno dei fumetti più popolari della Kool Katz Komics. "Prova ad aggiungerci qualcosa di divertente."

La mattina dopo Robby aveva completato tutte le tavole del prossimo fumetto underground di TREV-VORR: *La leggenda dell'Incendiario*.

"Perché vuoi fare un fumetto su dei baby assassini?" gli chiese Sky, una delle ragazze dello studio, che poi smise di rivolgergli la parola. Tutti i presenti avevano già letto il nuovo lavoro di TREV-VORR, e l'opinione più diffusa era che *La leggenda dell'Incendiario* non fosse abbastanza divertente, abbastanza provocatorio, che non raccontasse abbastanza l'immoralità della guerra. C'entrava poco con il Vietnam, e le tavole finali erano indegne! Quello non era un fumetto da Kool Katz! Avrebbe dovuto venderlo a un editore del sistema, come un numero vecchia scuola di Superman o di Lanterna Verde, e incassare l'assegno. O meglio ancora, disfarsi di quella merda. Bruciarla.

"Come se l'America avesse bisogno di roba così," disse Avery, una delle disegnatrici.

"Non lo so," ribadì Barbour.

"Come ti è venuta in mente una roba tanto crudele?" chiese Zelko.

TREV-VORR non sapeva se si trattasse di un complimento o di una critica. L'unica fan dichiarata di *La leggenda dell'Incendiario* era Annie Peeke, che inchiostrava il lettering per molti dei disegnatori. Suo fratello era stato arruolato nel 1968 e spedito in Vietnam per rafforzare i contingenti militari dopo l'offensiva del Tet, ed era stato ucciso nel febbraio del 1969. Disse che il fumetto suo fratello l'avrebbe fatto ridere.

In ogni caso, alla fine i Kool Katz mandarono in stampa *La leggenda dell'Incendiario* firmata da TREV-VORR e il fumetto ebbe successo. Per un paio di settimane arrivarono ordini per posta da tutta l'America, a raffica. Alcuni volumi venivano rispediti indietro ridotti a brandelli, altri con una svastica su ogni pagina a pennarello rosso. TREV-VORR ricevette lettere piene di odio da fan che stentavano a credere che il creatore di *Big Belly the Kop* e *The Trasshhee Family* avesse sfornato un tributo ai militari. Uno scrisse: "Tanto valeva fare una roba tipo Gomer Pyle?!" In alcune lettere, messa giù in termini molto diversi, tornava la stessa domanda fatta da Zelko: "Come ti è venuta in mente una roba così crudele?"

KOOL KATZ KOMIX
KOOL KATZ KOMIX & TREV-VORR
50 CENT SOLO PER ADULTI!
LA LEGGENDA DELL'
NCENDIARIO
COLONNELLO ROMBODICULO
IL CAPITANO
V.C.
NELLA STORIA AMERICANA PIÙ DI UN RAGAZZO SI È FORGIATO
GRAZIE ALLO SPASSO DELLA... GUERRA!
LEGGI TUTTO QUELLO CHE C'È DA SAPERE QUI
NELLA LEGGENDA DELL'INCENDIARIO DI K.K.KOMIX!

LA LEGGENDA DELL' INCENDIARIO
MUSI G%*# OVUNQUE, CAPITANO! NON POSSIAMO RESISTERE A LUNGO!
AL DI LÀ DELL'OCEANO, IN UNA FORESTA PLUVIALE FATTA NAZIONE, SU UN MONTE CHIAMATO COLLINA 163, UN GRUPPO DI RAGAZZI AMERICANI È NEI GUAI.
FAI UN GIRO DI MICCIA* ATTORNO AGLI ALBERI E APRI UNA LZ**!
*MICCIA: MICCIA ESPLOSIVA
LZ: ZONA DI ATTERRAGGIO PER CHOPPER*
***CHOPPER: ELICOTTERI.
E DAI, ARRANGIATI UN PO'!
FOOM!
TANGO FOXTROT HOTEL MIKE! UNITÀ BRAVO X-RAY CHIEDE EVAC DA 1-6-3! LZ SOTTO FUOCO NEMICO! RIPETO LZ SOTTO FUOCO NEMICO!
I CAZZO DI CHARLIE HANNO L'ARTIGLIERIA, SIGNORE!
CI RESTERÒ SECCO, SIGNORE?
KA-BOOM!
NE VEDO CENTINAIA, CAPITANO! SI RADUNANO PER ATTACCARE LE NOSTRE POSIZIONI!
ECCO CHE ARRIVA LA NOSTRA EVAC! APRITE IL FUOCO, RAGAZZI!
HO FINITO LE MUNIZIONI!
KA-FOOM!
NON POSSONO ATTERRARE! LA LZ È UN INFERNO!

WOOSH!
EHI, LA LORO ARTIGLIERIA SE N'È ANDATA!
!
QUALCUNO LI HA PRESI DI SPALLE COL LANCIAFIAMME!
TUTTI SUI CHOPPER, RAGAZZI!
QUEI MUSI G%*# STANNO FRIGGENDO! CHI ABBIAMO LAGGIÙ?
NESSUNO DEI NOSTRI, SIGNORE!
AHHH!
AHHHHHHH!
CE L'ABBIAMO FATTA, DA NON CREDERCI!
QUELLO CHI DIAVOLO È?
SALVE, LETTORE. SONO IL COLONNELLO ED "TIPRENDOACALCI" ROMBODICULO, E QUELLO CHE HAI VISTO È DAVVERO SUCCESSO IN VIETNAM.
NESSUNO SA DA DOV'È USCITO QUEL LANCIAFIAMME, MA NOI DELLE OPERAZIONI TOP-SECRET GLI ABBIAMO DATO UN NOME: INCENDIARIO!
L'ABBIAMO CHIAMATO COSÌ PERCHÉ È UN SOPRANNOME FICHISSIMO, E POI SERGENTE FIAMMIFERO O MAGGIORE SCALDACULO ERANO GIÀ PRESI.
POSSO AGGIUNGERE CHE NON È STATA LA PRIMA VOLTA CHE L'INCENDIARIO È COMPARSO PER SALVARE LA VITA ALLE TRUPPE AMERICANE INTRAPPOLATE DAL NEMICO UCCIDENDO SOLDATI ASIATICI.
PERCHÉ VE LO DICO SOLO ADESSO? PERCHÉ QUI COMANDO IO!
MOLTI NON RICORDANO LA GUERRA IN COREA, CHE UFFICIALMENTE NON ERA UNA GUERRA...

FACEVA COSÌ FREDDO CHE LA BENZINA SI CONGELAVA NEI SERBATOI DEI MEZZI. LE RUOTE NON GIRAVANO. LE ARMI NON SPARAVANO. NEL MOMENTO PEGGIORE...
STANNO ARRIVANDO I COMUNISTI, CAPITANO!
IN PIEDI, SOLDATI! PARE CHE CE NE ANDIAMO.
HANNO CHIUSO IL PASSAGGIO! SIAMO CIRCONDATI!
SE NON RIUSCITE A SCAVARE UNA BUCA CERCATE UN MASSO PER NASCONDERVI! NON CI ARRENDEREMO AI COMUNISTI!
ARRIVA IL NEMICO!
SE SOLO POTESSIMO APRIRCI UNA STRADA!
RRROAR! RRROAR!
COSA? UNO DEI NOSTRI JET HA SGANCIATO UN MISSILE?
NOSSIGNO GUARDI
?!
IL PASSAGGIO È LIBERO!
MUOVIAMOCI, SOLDATI!

HANNO DATO FUOCO AI OMUNISTI! È UN MIRACOLO, SIGNORE!
GUARDI, SIGNORE! QUALCUNO ATTACCA IL NEMICO DALLE SUE RETROVIE!
FINIRANNO BELLI FRITTI!
UN SOLDATO A SCATTATO UNA FOTO!
SÌ, È VERO. ALCUNE FOTO DIMOSTRANO CHE I NOSTRI, INTRAPPOLATI DAL NEMICO COLOR LIMONE, SI SONO SALVATI PERCHÉ IL MISTERIOSO INCENDIARIO HA APERTO UNA VIA DI FUGA.
DA DOVE VENIVA QUESTO EROE? E COME? LA NOSTRA INTELLIGENCE, GRAZIE AL SUPER COMPUTER ELETTRONICO MILITARE OPERATIVO (S.C.E.M.O.), CREDE DI AVERLO SCOPERTO.
LA VECCHIA GUERRA NUMERO DOS! MAMMA E PAPÀ NE PARLANO SEMPRE.
PENSIAMO CHE L'INCENDIARIO FOSSE IL CAPORALE LATHAM ROBERT FALLSGOOD, UN MARINE LANCIAFIAMME DISPERSO IN BATTAGLIA SULL'ISOLA NO-BIKINI.
SI ERA DISTINTO NELL'ANNIENTAMENTO DEI F$#! GIAPPO NELLE BATTAGLIE DI:
PRUDI-CULI
GRAT-TATOWA
KUKU-BONGO
E VILLA-BOUQUET.
MA SULL'ISOLA NO-BIKINI SPARÌ.
LA VEDI QUELLA FESSURA?
SISSIGNORE.

IL NEMICO È LÀ DENTRO ED È IMPOSSIBILE PASSARE DA DIETRO. IDEE, FALLSGOOD?
CHE NE DICE SE LI FRIGGO PER BENE?
BRAVO.
FALLSGOOD SPARÒ LE FIAMME IN QUELLA FERITOIA, E QUESTO È QUANTO.
!?!
E L'INCENDIARIO USÒ LA SUA ARMA IN UNA DECINA DI ALTRE OCCASIONI.
MESSA AL SICURO L'ISOLA, IL PLOTONE TORNÒ ALLA SPIAGGIA PER UN PASTO CALDO E QUALCHE CIAMBELLA...
PUZZO TANTISSIMO. SPERO CHE LE INFERMIERE LO SOPPORTINO!
MA UN CECCHINO NEMICO VENNE FUORI DA UNA BUCA.
IN ONORE DEL MIO IMPERATORE E DELLA MI BELLA A NAGASAKI DEVO COMBATTERE QUESTI CANI AMERICANI FINO ALLA MORTE O SONO UN CRETINO DISONORATO...

EL SUO MIRINO FINÌ L'INCENDIARIO,
. SUO SERBATOIO, IL SUO TUBO...
BLAM!
IL PROIETTILE COLPÌ IL PUNTO PIÙ DELICATO DEL LANCIAFIAMME PORTATILE M2-2.
PING!
MA CHE...?
WHOOSH... FLICK...
KABLAM!
E FU COSÌ CHE, NEL MOMENTO DELLA VITTORIA, IL CAPORALE FALLSGOOD EVAPORÒ.
O FORSE NO...?
UN AEREO IN CIELO... 9 AGOSTO 1945.
N UNA CASA FATTA DI CARTA DI RISO UNA DONNA GUARDA LA FOTO DEL SUO AMATO SOLDATO...
ERO CHE ITO SIA OPRAVVISSUTO SULL'ISOLA NO-BIKINI. MI MANCA TANTO...
MA... COS'È QUELLA LUCE?

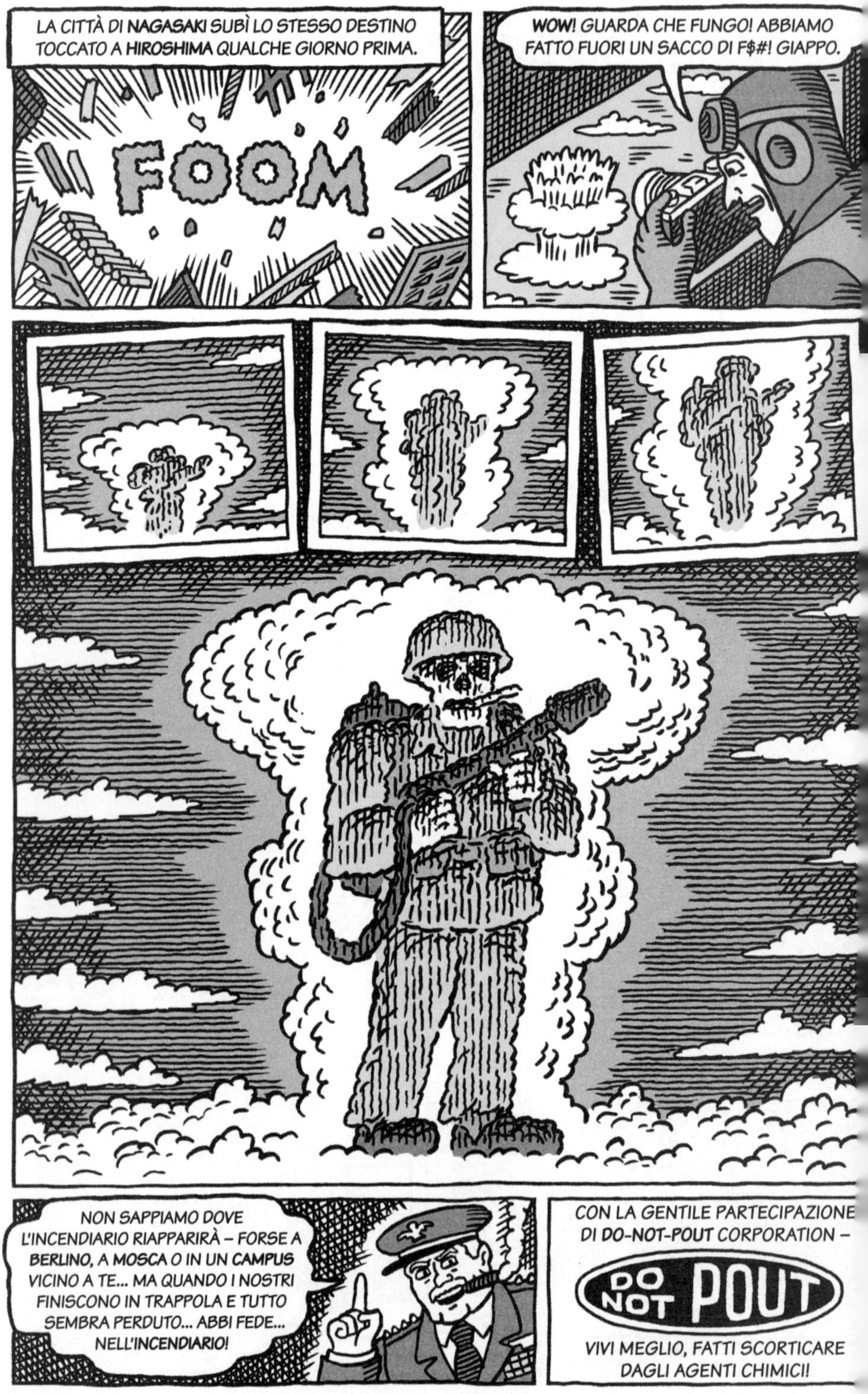

LA CITTÀ DI NAGASAKI SUBÌ LO STESSO DESTINO TOCCATO A HIROSHIMA QUALCHE GIORNO PRIMA.
FOOM
WOW! GUARDA CHE FUNGO! ABBIAMO FATTO FUORI UN SACCO DI F$#! GIAPPO.
NON SAPPIAMO DOVE L'INCENDIARIO RIAPPARIRÀ – FORSE A BERLINO, A MOSCA O IN UN CAMPUS VICINO A TE... MA QUANDO I NOSTRI FINISCONO IN TRAPPOLA E TUTTO SEMBRA PERDUTO... ABBI FEDE... NELL'INCENDIARIO!
CON LA GENTILE PARTECIPAZIONE DI DO-NOT-POUT CORPORATION –
DO NOT POUT
VIVI MEGLIO, FATTI SCORTICARE DAGLI AGENTI CHIMICI!

3. L'INFERNO DELLO SVILUPPO

2020

BILL JOHNSON

DRIN!! DRIN! Drin... d-rin... dri...

Ecco il timer da cucina. I venticinque minuti erano andati.

Bill Johnson aveva i prossimi cinque per sé, così si allontanò dal tavolo speciale a cui scriveva, poco più basso di una scrivania o di un tavolo da pranzo, l'altezza giusta per digitare sulla vecchia macchina da scrivere. Aveva comprato quella macchina da scrivere decenni prima, e il tavolo qualche anno più tardi. Uscì di casa nella fresca aria mattutina del deserto del New Mexico per ammirare la sterminata volta celeste. Non erano ancora le 7. Dall'altro lato della strada, sul campo da golf, un gruppetto di quattro golfisti era già pronto ad affrontare il percorso di buche. Bill li riconobbe – nella cittadina universitaria di Socorro si conoscevano tutti – e fece loro un fischio, salutandoli con la mano. Il quartetto ricambiò.

Bill Johnson non è un agente assicurativo o il vicepresidente di un'azienda di telemarketing, né il Bill Johnson consigliere comunale o il direttore dell'Applebee's oppure il miglior studente dell'anno 2019 alla Skyline High School. Non è BJ l'informatico del quarto piano, e nessuno si può permettere di chiamarlo BJ. Non è l'ortodontista della East Valley Wellness Corporation o il padre di famiglia della porta accanto che, da bravo mormone, accumula in garage prodotti in scatola, acqua in bottiglia, zuppe disidratate e casse di Sprite. Tutti quei Bill Johnson sono brave persone, probabilmente, con un'esistenza circoscritta ai comodi confini dei loro banalissimi nomi americani.

Questo Bill Johnson, l'uomo che scrive con una Smith-Corona Sterling d'epoca su un tavolo fatto su misura, è il Bill Johnson che scrive e dirige i suoi film. Alcuni lo hanno persino definito un genio. Chi lo conosce bene, però, preferisce la parola *eccentrico*. E in quel momento Bill Johnson il regista era nel limbo tra un progetto e l'altro, creativamente alla deriva.

Davanti a casa Bill vide il fulvo gatto soriano dei Pinedo, che stavano un paio di case più in là. Era incredibile che fosse ancora vivo, che fosse sopravvissuto al caldo, ai falchi, ai coyote e ai cani randagi che vagavano per la città. Bill non era tipo da animali domestici, ma vedere quel gatto fulvo passeggiare costeggiando la recinzione gli dava un senso di tranquillità: lo rassicurava sul fatto che l'ultima variante del COVID non stava uccidendo ogni singola creatura di Dio.

"Qui, micio micio," chiamò, schioccando dolcemente le dita. Il gatto lo ignorò. Allora invece di accarezzarlo Bill si a l l u n g ò stiracchiando mani e braccia, dalle spalle, dando l'impressione che il collo si allungasse, quasi fosse una giraffa di gomma. Fece dei respiri profondi, guardò l'orologio per controllare se i cinque minuti erano passati e rientrò.

Dopo essersi preparato un altro espresso doppio con una spruzzata di Ovomaltina prese di nuovo posto al tavolo da lavoro, davanti alla Sterling...

Se trovassi del materiale a cui ispirarmi, un personaggio o due nel mezzo di una crisi, potrei usare quello. Mannaggia... Se non fosse che fare film è uno spasso come non ce n'è, mi accontenterei di colpire quelle piccole pasticche bianche che chiamano palline da golf. Ma poi a giocare troppo mi sentirei in colpa. Quando mi metto a lavorare ascolto Chimes of Freedom di Dylan e capisco

Rileggendo, Bill si rese conto di aver trascorso venticinque minuti a lagnarsi su carta: il suo era il flusso di coscienza di un lagnoso. A chi sarebbe mai fregato qualcosa di questi suoi problemi?

La giornata alla Smith-Corona si concluse lì. Bill tirò fuori – *brrr-zac* – la pagina dal carrello della macchina da scrivere e la ficcò nel cassetto, insieme a tutte le altre missive scritte sotto timer ogni mattina. Quando il cassetto si riempiva fino a scoppiare, Bill traslocava le sue riflessioni nella cesta di legno sullo scaffale in garage, dove anni di carte dattilografate erano pronte per l'archivio o per il camino.

Bill recuperò le mazze da golf nell'armadio e uscì. S'incamminò verso il campo per colpire qualche pasticca bianca prima che facesse troppo caldo.

* * *

La routine lavorativa di prima prevedeva che Bill si sedesse a scrivere e scrivere e scrivere tipo Jack Kerouac sotto amfetamina, restando chino sui tasti per una sfilza di ore, finché se ne usciva con una storia da urlo oppure gettava la macchina da scrivere dalla finestra in preda alla frustrazione. Troppo spesso nelle sue divagazioni perdeva la cognizione del tempo e ogni senso della logica, ritrovandosi con pagine e pagine di assurdità totali. Certi altri giorni invece rimaneva alla macchina da scrivere per ore senza cavarne nulla, un pensiero che fosse uno, l'immaginazione in stallo, una pagina orfana di parole nel carrello della macchina da scrivere, in una condizione di stasi cosmica. Eppure con autodisciplina si costringeva a *restare alla macchina da scrivere*, cascasse... il... mondo. Scrivi. Qualsiasi cosa. `FARE FILM È UNO SPASSO COME NON CE N'È`. L'elenco telefonico, il giuramento di fedeltà alla bandiera degli Stati Uniti, i testi delle canzoni di Springsteen: `Spanish Johnny drove in from the underworld last night with bruised arms and broken rhythm and a beat-up old Buick but dressed just like dynamite...`

Da questo travaglio in qualche modo nascevano le sue sceneggiature.

Ma non era più il tontolone di un tempo. Dall'inizio del Resta-seduto-Lì versione pandemia nulla che avesse una qualche rilevanza tematica era stato prodotto da quel suo cervello tutto pepe e trasferito su carta da quei martelletti per parole della tastiera QWERTY. Neppure un'intestazione di scena o un *cut to*. Nelle sessioni da venticinque minuti cronometrati non veniva fuori un dialogo, una misera pagina di sceneggiatura, un tema, una storia. Nei recenti panni di diarista Bill riusciva a evitare l'annebbiamento e la fatica di stare alla macchina da scrivere a qualunque costo. E nei panni di sceneggiatore? Faceva schifo. Perciò attraversava la strada trascinandosi dietro la sacca da golf fino al campo, per tirare qualche pallina e migliorare il gioco corto, i colpi a correre, il putt, giusto tre o quattro buche senza intralciare chi giocava segnando il punteggio.

Si era dato al golf solo dopo aver incontrato la dottoressa Pat Johnson (nessuna parentela) ed essersi trasferito a Socorro, non era un esperto nell'arte di dare secche frustate alle palline. Aveva deciso di vivere ad Albuquerque qualche anno prima, dopo averci girato dei film* ed essersi innamorato del caldo secco, degli orizzonti sconfinati, dei suoi quindicimila anni di storia tribale. Trasferendosi a Socorro aveva rinunciato alla casa in collina con vista sulla città, ma ci tornava ogni volta che gli saliva la voglia di mangiare in ristoranti più raffinati, di rivedere i suoi amici poeti/artisti/idraulici/manovali, di sedersi nelle sale delle scommesse sportive nei casinò dei nativi (per guardare la gente, mica lo sport), di curiosare nei mercatini delle pulci e nei centri d'antiquariato di Central Avenue, sulla storica Route 66.

Molto tempo fa Bill aveva giurato di non regalare più nulla che non fosse di seconda mano, usato, cioè altruista nei confronti dell'ambiente. Più cose vecchie comprava e regalava, meno discariche avrebbero sfregiato il pianeta Terra. Per questo i suoi erano regali speciali, spesso unici, e a volte decisamente fuori luogo. Una radio AM di quarantasette anni fa che si accendeva ancora non era considerata un bel regalo da tutti.

* *Imperion*. 2002. 637 milioni di dollari di incasso nel mondo. E *Albatross*: un bagno di sangue. Oggi entrambi disponibili in streaming su Visionbox.

Bill andava a caccia di vecchi boccali da root beer ed elettrodomestici tipo macchine del caffè ancora funzionanti, un dittafono Ricoh a minicassette in ottimo stato, LP in condizioni tra le più disparate, vecchi giornaletti da un centesimo e riviste d'epoca come *Mad* e *Hot Rod Cartoons*, persino fumetti vintage. Le riviste erano un regalo perfetto per ogni occasione. Bill aveva due scatole portadocumenti zeppe di veri e propri tesori.*

Uno dei grandi mercati delle pulci di Albuquerque si trovava sulla via principale. Si chiamava Roots 66 ed era di proprietà di Frank e Diedre McHale. Lì Bill aveva rimediato il suo primo set da golf. Le mazze usate sono un classico dei mercatini delle pulci e dei negozi di cianfrusaglie, e il Roots 66 ne aveva bidoni interi, e aveva anche le sacche per trasportarle. Bill aveva scelto mazze Ping che un tempo sarebbero costate un occhio della testa: adesso un intero set veniva via per 50 dollari.

"Hai mai giocato a golf in vita tua?" gli chiese Frank McHale.

"No. L'ho visto in TV."

"Queste mazze non sono della tua taglia."

"Le mazze funzionano a taglie?"

"Sì, come i pantaloni. Tu sei troppo alto per queste." Bill aveva seguito Frank fra le tante bancarelle che offrivano set e attrezzature. Cercarono le mazze giuste per la sua figura allampanata. Frank conosceva il golf e così, nei corridoi del Roots 66, fece vedere a Bill come impugnare le mazze e come mettere i piedi, facendo attenzione a non colpire le vetrine col backswing. C'era un set di mazze Wilson quasi perfetto per Bill.

"Ogni volta che vengo qui è sempre la solita storia," disse Bill mentre Frank batteva l'importo in cassa e prendeva nota dei numeri degli articoli per il rivenditore. "Non c'è mai niente di nuovo."

Bill lasciò Roots 66 con le mazze giuste in una borsa di finta pelle arancione che faceva venire le lacrime agli occhi e una busta

* L'Istigatore gli aveva inviato un po' di materiale dagli studios che producevano film di supereroi, sperando che Bill si innamorasse di un titolo, di una supersaga. Erano fumetti e graphic novel, vecchi e nuovi. A Bill interessavano fino a un certo punto. Li metteva nelle scatole dei documenti.

di plastica zeppa di palline usate. Doveva solamente comprare i tee, prendere una o due lezioni e, appena avesse raggiunto un livello che potesse giustificare l'investimento per un set di mazze su misura, Frank lo avrebbe messo in contatto con un tizio del Sandia Resort & Casino. A meno che non perdesse del tutto la ragione, Bill Johnson non avrebbe mai sborsato un soldo per delle mazze su misura. Perciò è strano che fosse così eccitato quando la dottoressa Pat Johnson, come regalo per il loro primo Natale insieme come Johnson & Johnson, gli fece proprio quel regalo.

* * *

Bill aveva sempre avuto solo e soltanto un agente: l'Istigatore, alias Fred Schiller dell'Agenzia Fred Schiller.

Nel passato di Fred c'erano un ufficetto da quattro soldi e tre clienti da rappresentare, due dei quali in cerca di lavoro. Il terzo faceva l'autore nella redazione di una sitcom da trentanove episodi per la ABC. Fred era ai margini dello showbiz, insomma. Ma un mezzogiorno, nel suo ufficio a Wilshire, vicino a La Brea, senza telefonate da fare o a cui rispondere, Fred frugò nel cassetto della posta indesiderata e ci trovò una busta di carta da pacchi parecchio pesante. La portò giù al bar nell'atrio del palazzo.

Davanti a una Coca aprì la busta e sfilò la sceneggiatura battuta a macchina di un certo Bill Johnson. Fred Schiller aveva appena estratto il numero vincente alla lotteria della sagra di paese.

La sceneggiatura era davvero troppo lunga ma teneva sulle spine divertendo.* Per il resto del pomeriggio, e nei due giorni seguenti, Fred non fece che comporre il numero di telefono riportato sul frontespizio della sceneggiatura, nella speranza di parlare con tale Bill Johnson. Nessuno rispose, mai. Bill lavorava di notte, perciò di giorno dormiva togliendo la suoneria del telefono di casa, ignaro del fatto che quando aveva passato l'aspirapolvere l'ultima volta, oops, aveva staccato la segreteria telefonica. Alla fine, quando riuscì a contattarlo, Fred esordì dicendogli:

* Era intitolata *Insegui la calma* – 179 pagine!

"Parlo con Bill Johnson lo sceneggiatore? Qui è Fred Schiller dell'agenzia Fred Schiller."

"Ah, bentrovato, Fred Schiller," disse Bill, fresco di doccia e con le chiappe all'aria. "Sono proprio io, Bill Johnson."

"Ho letto la sceneggiatura che hai mandato." Fred fece una pausa. "E in una sceneggiatura se il talento ce l'hai si vede."

"Non sono così sicuro, ma va bene," disse Bill.

"Voglio essere il tuo agente. Non hai ancora un agente, vero?"

"Non ce l'ho. Se vuoi puoi essere il mio agente."

"Perfetto. È un giorno fortunato per tutti e due. Sarò sincero, però. Nessuno comprerà mai *Insegui la calma*."

"Sono un po' confuso. Perché vuoi fare il mio agente, allora? Non era una giornata fortunata per tutti e due?"

"Ci hai messo troppe scene, troppi personaggi, troppe pagine con troppo poco conflitto. La struttura è illogica, e quel che dovrebbe succedere a pagina trenta succede a pagina quarantadue."

"È voluto," disse Bill. "Voglio infrangere le regole."

"Non puoi infrangere le regole se prima non le hai seguite. La tua prossima sceneggiatura sarà scritta secondo le regole. La prima stesura. E anche la seconda. La terza stesura sarà favolosa e sono sicuro che insieme istigheremo tutti quanti. Sei d'accordo?"

"Fred," disse Bill, ormai asciutto dalla testa ai piedi. "Istighiamo."

Bill dovette arrivare a sette stesure di *Anche le stenografe possono essere eroi* prima che Fred Schiller mantenesse la promessa e cominciasse a istigare. Sette stesure prima che ciò che doveva succedere a pagina 30 succedesse effettivamente a pagina 30.

Nessuna delle grandi case di produzione era interessata al lavoro di Bill Johnson. Più di un responsabile dello sviluppo definì la sua opera "dattilografia". Pochi risposero alle telefonate di Fred Schiller e ancora meno lessero la sceneggiatura. Però Schiller tenne fede alla parola data.

Per prima cosa si mise a corteggiare un tizio che aveva fatto fortuna con le grucce, un milionario intenzionato a entrare nel cinema. La via più breve per farlo, gli consigliò Fred, era acquistare i diritti di una buona storia e, guarda caso, Fred era in possesso di una copia della settima stesura di una sceneggiatura firmata da Bill Johnson. L'uomo delle grucce la opzionò senza pensarci due volte.*

La seconda mossa di Fred fu convincere il magnate delle grucce che l'altro modo sicuro per entrare nell'industria cinematografica era diventare un finanziatore. Quindi indovinate chi ci mise subito i suoi soldi?

Al terzo posto c'era poi la questione della regia: la sceneggiatura di Bill Johnson era audace ma il budget sarebbe stato risicato, risicato, risicato. I registi con una certa esperienza disposti a lavorare con le mani legate erano oggettivamente pochi, e infatti nessuno accettò.

Ma un giovane appena uscito dal corso biennale di Produzione dell'American Film Institute, Clyde Van Atta, elaborò un piano per girare il film in soli diciassette giorni. Clyde aveva un amico che si era diplomato da poco al corso di Fotografia dell'AFI, un operatore di nome Stanley Arthur Ming, capace di girare senza girarci troppo attorno.

L'Istigatore fece arrivare la sceneggiatura nelle mani di Maria Cross, che stava per diventare la *Magica* Maria Cross, una di quelle attrici in grado di riconoscere un vero ruolo da protagonista quando lo leggeva. Maria Cross si buttò a capofitto nella sceneggiatura, ma c'era un problema: aveva firmato per una grande produzione in Canada. Quei diciassette giorni di riprese dovevano iniziare il prima possibile.

Con una finestra di tempo tanto ridotta e senza regista, l'Istigatore suggerì al Signore delle Grucce che forse il regista avrebbe potuto essere Bill. "Se prendo un esordiente, gli pago uno stipendio da esordiente," disse il Finanziatore.

"Non pagarlo proprio," propose l'Istigatore. Se Bill non avesse preso alcun compenso, barattando lo stipendio con una percentuale degli incassi, non ci avrebbero guadagnato tutti?

Ci guadagnarono tutti.

Il primo film, ribattezzato *La dattilografa*, era proprio un buon film. Al botteghino fu un successo e fece guadagnare al

* Per 5000 dollari. Un mucchio di soldi per un esordiente. Un mucchio di soldi per chiunque.

produttore di grucce una piccola fortuna (che andò in fumo nella successiva nonché ultima sua avventura nel cinema). Bill si mise in tasca i primi veri soldi della sua vita, entrò nella Guild dei Registi d'America, e la filosofia dell'espansione lo condusse a ovest, su Fountain Avenue.

Bill scrisse e diresse un altro film (*Charlie chi?*), e un altro (*I boss della Nova*), e un altro ancora (il primo capitolo della trilogia *Eden*). E anche se le principali agenzie tentarono di soffiarlo a Fred Schiller, l'Istigatore rimase al suo posto. Il sodalizio faceva invidia a tutta la città.

L'Istigatore si occupò della carriera di Bill con mano salda e nel frattempo gli tenne la mano nei momenti difficili nel privato: il primo matrimonio (un fottuto disastro), il divorzio (niente figli quindi niente mantenimento, ma più della metà del conto in banca), e tutti i giorni nel mezzo, fatti di bagordi e libertinaggio e abuso di sostanze, più una denuncia per guida in stato di ebbrezza passata in sordina, e poi il secondo matrimonio con una donna madre di due figli – a Bill piacevano quei bambini – che fu bello finché non lo fu più. Il secondo divorzio gli costò ancora più soldi. Se si fosse premurato di stipulare un accordo prematrimoniale si sarebbe potuto permettere un jet privato. In fuga dalla costa (e dalle sue donne e sostanze), Bill scelse l'arido e incantevole New Mexico. Poteva ancora permettersi l'appartamento con tre camere da letto nel Wilshire Corridor di Los Angeles, ma cercava di evitare la città, a meno che non stesse lavorando a un progetto. Una volta al mese l'Istigatore prendeva un volo per Albuquerque e incontrava il suo cliente per una full immersion che iniziava nel pomeriggio e si protraeva fino a cena, per pianificare e programmare il futuro professionale di Bill Johnson.

La sede della Optional Enterprises a Hollywood attraverso il servizio postale e la FedEx riforniva Bill di un vasto campionario di fumetti, graphic novel e sinossi delle opere di fantascienza e fantasy in circolazione: materiali che richiedevano un tempo di lettura minore rispetto alle sceneggiature e agli estratti. Bill leggeva abbastanza da farsi un'idea, ma non si soffermò mai su niente in particolare, a parte un titolo della Dynamo poco venduto e anche meno noto, *Agenti del Cambiamento*. Parlava di un gruppo di superstrambi tormentati, tutti Ultraqualcosa, tutti anime inquiete. Il Corvo spaventava con il suo aspetto. Il Principe d'Inverno era algido. Pietra era incapace di esprimere i sentimenti. Bill si disinteressò a questi personaggi maschili, tutti cavalli perdenti; invece le donne – Maggiore Orsa che non riusciva a sorridere, ed Eve La Guerriera, alias Guerriera Insonne perché non riusciva a dormire – erano toste. Loro sì. Non che Bill sapesse cosa farsene.

Dopo la stagione dei premi, che Bill sopportò senza vincere nulla,* ecco l'epidemia di COVID-19. Lo showbiz per come lo si conosceva smise di esistere per parecchio tempo. L'America e il mondo se la videro brutta diverse volte, e anche la cittadina universitaria di Socorro dove Bill viveva d'amore e d'accordo con la dottoressa Johnson. Ma se pensate che con il nuovo coronavirus in circolazione avere un dottore in casa fosse un vantaggio, forse state pensando al tipo di dottore sbagliato.

* * *

La prima volta che Bill Johnson vide la dottoressa Patrice Johnson (nessuna parentela) si trovavano su un volo del mattino da Albuquerque a Los Angeles: lui aveva delle riunioni alla Optional Enterprises, lei doveva partecipare a un simposio all'UCLA. Non si conoscevano, ma tra loro scattò qualcosa. Il volo era mezzo vuoto. Bill era un tizio allampanato con l'aria di uno sicuro di sé e un guardaroba stile western che non temeva il confronto con quello di un qualunque manovale: ricordava proprio lo stile dell'autentico mandriano da ranch. I pantaloni erano jeans finto-vecchio, gli stivali non erano troppo alla moda e la fibbia della cintura non sfoggiava neanche un turchese. E poi era piuttosto alto. Patrice somigliava a un'icona del cinema francese,

* In lizza da sceneggiatore e da regista con *Una cantina piena di sound*, che perse anche nelle categorie Miglior mixaggio, Miglior editing degli effetti sonori, Migliori costumi, Miglior Direzione Artistica e Miglior canzone originale. Un disastro su tutta la linea.

Catherine Deneuve con i capelli raccolti in trecce castigate, solo che lei aveva qualche centimetro in più e aveva passato molto più tempo sotto il sole del New Mexico. Non usciva mai con uomini che non fossero allampanati e più alti di lei. A Bill piacevano le donne con le trecce e con il collo abbronzato.

Fuori dall'aeroporto di Los Angeles, mentre aspettavano un Uber sullo stesso marciapiede, non scambiarono una parola, poi furono accompagnati ai rispettivi appuntamenti nella Città degli Angeli (o degli Angoli, come la chiamava Bill). Due giorni più tardi, sul volo della sera per Albuquerque, Bill era già seduto quando, poco prima della chiusura del portellone, un'imbarazzata Patrice entrò all'ultimo, trascinando il trolley e cercando il suo posto lato corridoio, a un sedile di distanza da quello di Bill lato finestrino. Patrice aveva ancora la targhetta magnetica con il nome sul risvolto della giacca, DOTT.SSA PATRICK JOHNSON – NMIMT, ed ebbe qualche problema a far entrare il trolley nella cappelliera.

"Mi offrirei di aiutarla, dottoressa," disse Bill. "Ma non sono sicuro di quale sia il protocollo."

"Ho fatto," disse Patrice lasciandosi cadere sul sedile. Si sistemò, tolse le scarpe e allacciò la cintura. "Ehi. Ti ho visto sull'aereo due giorni fa."

"Anch'io ti ho vista," disse Bill. Indicò la targhetta. "Ho un fratello che si chiama Patrick Johnson, lui però non è un dottore."

"Eh già," disse Patrice. "Qualcuno non ha fatto ricontrollare i badge."

"Bill Johnson." Lui tese la mano e lei la strinse.

"Patrice," disse lei togliendosi la targhetta per infilarla in tasca.

"Sei un medico?" chiese lui.

"Scienze della Terra."

"E... se il pilota chiede: 'C'è un dottore a bordo?'"

"Speriamo che ce ne sia uno," disse Patrice.

"Che cosa diavolo era quell'accrocco di lettere sulla targhetta, Patrick, cioè Patrice?"

"New Mexico Institute of Mining and Technology. NMIMT. Minerali e tecnologia. È dove insegno."

"Minerali, tecnologia o tutto?"

"Insegno tutto ciò che è importante sapere. E faccio ricerca. E tu invece sei mica Bill Johnson il regista, per caso?"

Gooonnng!

Nella testa di Bill Johnson questo fu il suono. "Come ti viene in mente?"

"Si dà il caso che il tuo nome sia lo stesso del regista. Lui va e viene da Hollywood. Ho sentito dire che Bill Johnson il regista vive a Santa Fe. Ho fatto un tentativo. Se non sei quel Bill Johnson, nessun problema."

"Sei la prima persona che me lo chiede in aereo," disse Bill. "Non vivo a Santa Fe, è una città al rallentatore, per me. Preferisco Albuquerque. E sì, sono quel Bill Johnson."

"Davvero?" Se Bill avesse mai potuto intrufolarsi nella testa di Patrice, avrebbe sentito un suono molto simile al suo *gooonnng*! "Ho visto qualche tuo film."

"Voglio ben sperare."

"Li affitto dal Redbox fuori da Walmart. Gli *Eden* me li sono guardati tutti di fila quando ho preso la tonsillite."

"Affittati. Da un Redbox. Per quanto, un dollaro a sera?"

"*Tre* dollari. La trilogia. Devi esserti divertito a fare quei film."

"Divertito? Fare quei film mi ha quasi ucciso. Tu di che tipo di ricerca ti occupi?"

"Se non sai niente di scienze della Terra i miei articoli per te sono scritti in sanscrito."

"Quanti articoli hai scritto?"

"Non abbastanza. Lavoro nel mondo accademico: o si pubblica o si muore."

"Diavolo, il racket del mio mondo funziona uguale."

Dopo il decollo Patrice gli offrì una birra del carrello delle bevande. Per sé scelse del vino rosso in un bicchiere di plastica. Chiacchierarono fino all'arrivo ad Albuquerque – novanta minuti che sembrarono molti meno – e si sedettero uno accanto all'altra sulla navetta per il parcheggio dell'aeroporto, senza alcuna fretta di smettere con le chiacchiere malgrado l'ora tarda e il buio. L'autobus li scaricò al parcheggio: lei con la sua valigia a rotelle, lui con la sua borsa a tracolla di cuoio consumato.

Bill non era uno sciocco. Se non avesse lasciato intendere che aveva voglia di un altro po' di tempo insieme, lei gli sarebbe scivolata via tra minerali e detriti; non avrebbe più sentito quel *gooonnng*! Chiederle il numero di telefono era una mossa da studentello. Chiederle di farsi un bicchiere in città era una battuta da squallido uomo d'affari. Non che Bill stesse cercando di ridefinire la sua vita, una vita fatta di autosufficienza, nessun legame o bisogno da soddisfare o da giustificare, cazzeggio, storie e sceneggiature da scrivere, film da girare in posti come Malta oppure Orange, California, pagato bene per il suo lavoro. Poteva abbandonarsi alla corrente oppure no, era lui a scegliere. Per questo non stava cercando una compagna. La dottoressa Patrice Johnson era una donna affascinante che faceva saltare in aria le rocce per il bene dell'ambiente e per coltivare cibi migliori. Non gli aveva fatto domande sui film, a parte quello girato ad Albuquerque: qual era il titolo?* Non sapeva nulla di nomination o premi di gradimento del pubblico, perché per lei il business dello spettacolo era qualcosa da affittare da Redbox quando si è malati. Scienze della Terra era un corso che Bill non aveva mai frequentato, eppure ne avevano parlato senza sosta per due ore... quante volte poteva mai capitare una cosa *così* con una spilungona bella come la dottoressa Johnson? E poi, ehi, *gooonnng*!

"Quindi... come ti ritrovo?" Bill glielo chiese come se le stesse chiedendo l'ora.

Patrice non era una sciocca. La sua vita non aveva bisogno di un uomo. L'ultima volta che aveva corso il rischio con un uomo (sposato) era finita in un gran casino, che l'aveva marchiata con la lettera scarlatta. Eppure non era contraria alla possibilità di scambiare altre due parole con questo Bill Johnson, interessante e allampanato, che portava stivali non troppo alla moda. Senza di lui seduto tra lei e il finestrino il volo di ritorno si sarebbe ridotto a un rapido bicchiere di vino della compagnia aerea e a un sonnellino

* Bill le parlò di *Imperion*. Non menzionò *Albatross*.

da seduta. Con lui novanta minuti erano sembrati troppo pochi. Rispondergli lasciando aperta una possibilità equivaleva a un tacito accordo di rivedersi prima o poi. Maledizione. *Gooonnng*!

Patrice tirò fuori il telefono, cliccò sull'icona Foto e scorse alcune immagini di carbonati ignei finché non ritrovò lo scatto che la ritraeva sulla soglia della sua roulotte Jayco. Era stato uno studente a scattare mentre si trovavano sul campo a prelevare campioni di gesso per analizzare i livelli di umidità. Indossava jeans tagliati, scarpe da trekking e una felpa con la zip dell'NMIMT, e stava bevendo una birra dopo una lunga e calda giornata di ricerca. Patrice Johnson sapeva bene che quegli shorts lasciavano scoperto un paio di gambe davvero niente male.

"Abito appena fuori dal campus, in centro. Gira un paio di volte a sinistra finché non ti ritrovi sul lato sud del campo da golf. Non puoi perderti." Gli mostrò la foto della Jayco. "Casa mia è l'unica con una roulotte nel vialetto. Di giorno sono al lavoro, ma ci metto pochissimo per tornare a casa."

A Bill non erano sfuggite le sue gambe. Le indicazioni non sembravano difficili da seguire.

"E se la Jayco non è nel vialetto?"

"Allora vuol dire che sto facendo ricerca sul campo."

"Ma io non capirò qual è casa tua."

"E allora torna quando riesci a capirlo."

Gooonnng! Maledizione.

Al volante verso la sua casa in collina, con quella vista spettacolare su Albuquerque di notte, Bill era divertito. Era come se la sua vita stesse imitando quelle vite che si era sempre sforzato di immaginare con il cinema, dove si incontrano belle donne nella casualità dei posti assegnati in aereo con targhette che dicono nomi sbagliati.

Al volante sull'autostrada buia di ritorno a Socorro, più sveglia che mai dopo quel volo serale per Albuquerque, Patrice pensò a quanto fosse comodo il fatto che se mai si fosse sposata questo Bill Johnson non avrebbe dovuto cambiare cognome.

* * *

La città di Socorro, in New Mexico, si trova all'incirca a centotrenta chilometri da Albuquerque, a sud sull'interstatale 25. Bill non c'era mai stato. La mappa di Google suggeriva di godersi il panorama della riserva naturale di Sevilleta e poi di rallentare vicino alle città di Polvadera, Lemitar ed Escondida. Bill arrivò al limitare di Socorro in poco più di un'ora, spinto dai cavalli della sua Dodge Charger rossa con il regolatore di velocità impostato sui 120 chilometri e dal brivido di vedere la dottoressa Patrice Johnson nel suo habitat. Percorse la via commerciale più importante, California Street, per farsi una mappa mentale della città, individuare il Walmart con il Redbox da quattro soldi e scovare una caffetteria nell'eventualità che questa spedizione in solitaria andasse a rotoli. Per tornare ad Albuquerque alla svelta avrebbe avuto bisogno di un po' di carica. A quanto ne sapeva, Patrice Johnson poteva anche chiamare la polizia, come se lui fosse uno stalker squilibrato che si presentava alla sua porta.

Esplorata Socorro da un capo all'altro, Bill seguì i cartelli per il New Mexico Institute of Mining & Technology, che gli fu facile trovare senza altre indicazioni. Il campus era in centro, e nel centro del campus c'era un campo da golf ben curato, un bel verde circondato dal deserto del New Mexico. Dopo qualche svolta, costeggiando i fairway del campo, avvistò una roulotte Jayco parcheggiata in un vialetto. Il quartiere era bello, senza dubbio ci abitavano alcuni dei cervelloni che insegnavano scienze all'università: quelli della facoltà più rinomata, tutti professori di rocce e tecnologia.

Suonò il campanello senza ottenere risposta. La dottoressa Johnson non era in casa. E allora...

Bill fece dietrofront per recuperare dalla Dodge un vecchio volantino di *Scorci di Eden* con scritto sopra il suo nome... se l'era portato in caso di necessità. Di ritorno a casa – se questa era davvero casa sua e quella era davvero la sua Jayco e non, per dire, un'elaborata messinscena per depistare un idiota incontrato in aereo che ci aveva provato con lei per un'ora e mezza – la dottoressa Johnson avrebbe trovato questo foglietto infilato sotto la porta.

Scorci di Eden
Bill Johnson

Tutto qui. Senza niente di scritto.

Per perdere tempo, Bill tornò su California Street e si fermò in un locale di cucina messicana moderna (prese i peperoncini verdi) e bevve Arnold Palmer – limonata e tè freddo insieme – a ciclo continuo, anche se non era ancora ora di pranzo. Quando la gente cominciò a presentarsi per mangiare, lui rimase là a trascrivere gli appunti registrati con il dittafono Ricoh, a scribacchiare pensieri su un taccuino e meditare sul prossimo film.*

Poco dopo le 14:30, Bill tornò alla casa con la Jayco nel vialetto e scoprì che al momento di comprare un'auto la dottoressa Johnson aveva fatto una scelta infelice: guidava una Ford Bronco bianca come quella di O. J. Simpson. Il volantino era sparito da sotto la porta, quindi doveva essere in casa, si disse Bill. Sempre che quella fosse casa sua.

Stavolta, suonato il campanello, avvertì dei passi all'interno, poi la porta si schiuse ed eccola. Le trecce non c'erano più: i capelli, sciolti e spazzolati e voluminosi, le scendevano fin sotto le spalle baciate dal sole, tenuti in ordine da una bandana annodata in cima alla testa.

"Mi hai trovata," disse la dottoressa Johnson.

Come fecero a rimanere in piedi mentre si davano il primo bacio è un mistero. Che botta che fu.

Poche ore dopo lei aveva indosso soltanto una vestaglia trasparente azzurro cielo. Lui si era rinfilato i pantaloni. Entrambi erano in cucina, scalzi. Lei gli mostrò come fare il miglior caffè del mondo con la sua ECM Synchronika di fabbricazione tedesca. Se metti caso si fosse alzato prima di lei al mattino, avrebbe dovuto macinare i chicchi, riempire il serbatoio, procedere alla regolazione di manometri, leve, tubi: non era certo una macchina del caffè da un tasto e via. La terza mattina Bill padroneggiava

* Stava ideando una storia dal titolo provvisorio *Giù in un postaccio*, che fortunatamente fu cambiato in *Terra desolante*.

già il procedimento e le preparò un doppio espresso perfetto. Lei aggiunse mezzo cucchiaino di Ovomaltina. Adorava il malto al cioccolato.*

* * *

I due non si preoccuparono di sposarsi. Ovviamente, essendo Bill e Pat Johnson, tutti li credevano già marito e moglie. Bill vendette la casa di Albuquerque. La loro vita a Socorro scorreva tranquilla ma ricca d'impegni. Lui aveva in testa qualche film da ideare e da scrivere, e Quel Gioco Scemo ma Divertente da Giocare lo aspettava dall'altro lato della strada. Talvolta Bill attraversava anche due volte al giorno, al mattino presto prima del caldo o nel tardo pomeriggio con il sole basso all'orizzonte. Pat ci dava dentro con lezioni e ricerche, ma tornava a casa per pranzo e sesso.

Quando Pat lavorava sul campo, agganciava la Jayco alla Bronco-Stile-O.J. Simpson e stava via per giorni interi. Quando Bill girava un film si assentava per tutto il periodo delle riprese, ma le separazioni facevano più bene che male alla relazione. Se il telefono prendeva, lei sul campo e lui sul set stavano sempre in contatto. Si scrivevano criptici messaggi e lunghe e-mail che andavano e venivano nell'etere. Lo scambio di foto era continuo. Bill teneva sempre una lettera già cominciata nel carrello della Sterling e, quando si faceva prendere dalle emozioni, andava avanti per pagine e pagine, e poi spediva tutto via posta alla DOTT. P. JOHNSON – ROULOTTE JAYCO NEL VIALETTO – SOCORRO, NEW MEXICO, 87801. Ogni singola lettera arrivò a destinazione. Se Bill si trovava a Los Angeles per la Post-produzione, Pat lo raggiungeva in aereo, oppure era lui a volare da lei. E dopo ogni separazione le espressioni sincronizzate di affetto che si dedicavano erano superbe come gli espressi della Synchronika.

* Nell'infanzia a Gallup, per farle prendere lo scuolabus in tempo, i genitori di Patrice scioglievano nella sua tazza di Ovomaltina una minuscola quantità di caffè istantaneo. Ogni anno la quantità aumentava. E alle medie ormai Patrice metteva l'Ovomaltina direttamente nel caffè.

Una mattina la dottoressa Johnson partì per ispezionare i sedimenti portati in superficie dall'improvvisa esondazione di un torrente vicino a Pie Town. Bill la salutò con uno slancio di Synchronika e poi cercò di assemblare una specie di burrito con peperoncini verdi, finendo per mangiarlo dalla padella. Lavorò per i suoi venticinque minuti alla Sterling, nient'altro che pensieri a casaccio:

TIC-TOC, TIC-TOC, TIC-TOC, TIC-TOC…
Optional Entreprises
Edificio Capitol Records 1750 Vine Hollywood
Bill Johnson
Le mie riprese ideali?
Come quelle di UCPDS. (Perché girare certi film è come fare una crociera e girarne altri è come combattere dentro una gabbia?)
Niente pioggia. Niente lavoro dopo l'una di notte. Ok. Le 2.
Cast piccolo.
Location piccola (negli States)
Caldo: no mutande di lana.
Franchise.
Supereroe.
Niente spazio. Niente viaggi nel tempo. Niente tiranni malvagi.
Niente mantelli.
Niente nomi stupidi. Nomi veri.
Va bene, forse nomi in codice.
DC. Marvel. Dynamo. ???
Inventarne uno? (un sacco di lavoro per quello.)

Dopo il DRIN!! DRIN! *Drin… d-rin… dri…* Bill recuperò il suo splendido set di mazze Ping su misura e andò a fare qualche buca. Come sempre portò con sé il dittafono, infilato in una tasca della solita brutta sacca da golf arancione.

Su un par 4 svirgolò ogni swing, gli ci vollero nove colpi per chiudere la buca; se avesse tenuto il punteggio c'era da chiuderla lì.

Con il sole che risaliva il cielo, si fermò a bere all'ombra, su una panchina coperta, poi gli venne in mente un pensiero, prese il dittafono e schiacciò il tasto REC.

"Un film con un sacco di esterni giorno. Riprese davvero concrete. Grandi spazi. Un sacco di cielo. Tutti gli interni hanno grandi finestre sul mondo esterno."

STOP

REC

"Quasi tutta la storia si svolge all'aperto. Un bel sole. Giornate calde."

STOP

REC

"Forse quella tipa Ultra, quella che non riesce a dormire? Ha quelle visioni."

STOP

REC

"Chiedi in ufficio il nome di quel personaggio della Dynamo. Sonno-qualcosa?"

STOP

REC

"Un capitolo del tutto nuovo di una saga già consolidata. Nuovo e migliore. Sì..."

STOP

REC

(C'è un momento di silenzio nella registrazione, Bill sta pensando e basta.)

STOP

Bill piazzò una pallina Titleist 4 sul tee, fece qualche swing di prova e si mise in posizione.

Con un movimento di backswing tutto scatti e i fianchi aperti diede alla pasticca bianca una frustata poderosa! Il colpo piegò da una parte, poi dall'altra, e finì ai margini del fairway. Bill rinfilò il driver nella sacca arancione e gli venne in mente un'altra cosa.

REC

"Un lui e una lei, si vogliono ma si odiano."

STOP

Ok, basta con il golf, faceva già troppo caldo. Bill rimise il dittafono nella sacca, recuperò la sua Titleist 4 dal fairway, attraversò il campo, attraversò la strada e rientrò in casa.

Digitò il numero di Al Mac-Teer a Los Angeles.

"Sì?" rispose lei immediatamente. Sembrava che stesse usando il vivavoce della macchina, forse era diretta in ufficio, cioè al palazzo della Capitol Records.

"C'è una super-ragazza alla Dynamo. Un'Ultra. Come si chiama?"

"Vuoi dire uno degli Agenti del Cambiamento?"

"Non so. Sonno-qualcosa. La ragazza che non riesce a dormire."

"Ah. La Guerriera Insonne, Eve. Alla Dynamo non riescono a capire cosa farci. È da un po' che ci provano."

"Va bene. Grazie." Riattaccò senza aggiungere altro.

Lei fece lo stesso.

Bill trafficò con le valvole della Synchronika della famiglia Johnson per farsi un'altra tazza di stimolante, poi tagliò una mela e la mise in una ciotola.

Su uno scaffale, sepolta da altro materiale mandato da Al, c'era una copia di *Agenti del Cambiamento* della Dynamo. Bill rilesse quel fumetto tutto azione mentre mangiava e beveva qualcosa. Non gli andava affatto a genio come avevano scelto di ritrarre Eve la Guerriera. Non ricordava che la trasformazione in Ultra di Eve fosse stata causata da una specie di raggio spaziale che l'aveva colpita mentre faceva l'astronauta in esplorazione sulla luna. Nei fumetti il fatto che non dormisse mai era una cosa positiva, tanto quanto gli altri poteri che aveva acquisito: la levitazione, le visioni e un udito ultrafine.

"Ma dai," disse Bill tra sé e sé. "Così non c'è partita."

TIC-TOC, TIC-TOC, TIC-TOC

Questa Eve, la Guerriera...

Qual è il suo stato d'animo/mentale? Quello di tutti: CONFUSO.

Cosa le manca? UN SENSO. CERTEZZE. SERENITÀ.

Che cosa cerca? Quello che cercano tutti: AMORE. PACE. SICUREZZA.

Da cosa scappa? Quello da cui scappano tutti: SOLITUDINE. RESPONSABILITÀ!

Qual è la cosa di cui ha più bisogno in questo momento? FARSI UNA BELLA DORMITA.

Se ce la fa lei a trovare queste cose, POSSIAMO FARCELA ANCHE NOI.

Quindi...

SBARAZZARSI DI: Luna/Astronauta/Colpita da quel raggio...

Alieni di altre galassie o reami di fantasia...

Amico maschio...

Gli altri ULTRA e AGENTI DEL CAMBIAMENTO. Tenerli per dopo, se il franchise funziona - forse come FLASHBACK per il capitolo sulle origini di Eve?

La storia di Eve

Lei ci è NATA, così. Già da neonata i suoi genitori non riuscivano a farla addormentare: si alzava levitando dalla culla, ma con il sorriso, sembrava felice, quindi Mamma e Papà non erano spaventati dai suoi poteri. Era una bimba tranquilla. La cosa più simile al dormire che le riusciva era rovesciare gli occhi all'indietro per qualche secondo; in realtà, in quei momenti aveva delle visioni.

Famiglia allargata - un Nonno vicino?

Da bambina era velocissima. Al parco giochi si appendeva alle sbarre con la forza e l'agilità di un gorilla.

Le Visioni sono il suo Potere Empatico. Non sono né fantasie né ricordi. Può sentire le persone in difficoltà, percepire il loro dolore a chilometri di distanza. Sa leggere nel pensiero - per esempio quando sua madre cerca le foglie di alloro in cucina. Eve è una bambina, non sa

ancora leggere e non sa che cosa sia una foglia di alloro, eppure, avvertendo il bisogno di sua madre, trova il barattolo con su scritto "Foglie di alloro".

Ce ne sono altri come lei. Da qualche parte.

Non è un'eroina a tempo pieno, non ha un'identità segreta, interviene solo quando serve; è una salvatrice sempre reperibile. È solo una giovane donna con un fardello straordinario.

Nonno in sedia a rotelle?

Riesce a percepire la presenza del MALE. E le fa paura...

Rivelazione cinematografica dei suoi "Poteri" - un Fremito Empatico la spinge a usare la sua forza/velocità - salva qualcuno in grave pericolo (rapito?). Inorridita dal MALE...

Se attira l'attenzione rischia di essere scoperta, ostracizzata: si nasconde. Mamma e papà la tengono al SICURO. Sono Ultra anche loro? Sono stati Ultra anche loro?

Quando arriva l'AMORE, tutto comincia con uno scontro.

Ha le trecce

Setting

DRIN!! DRIN! Drin... d-ri... d-r . .

"La ragazza ce l'abbiamo," disse Bill alla macchina da scrivere. "Ora mi serve il ragazzo." Bill si rimise in piedi e si stiracchiò. Poi si preparò un altro espresso. Per cinque minuti si tenne al riparo dalle idee che gli montavano in testa come una marea. Si sentiva come il comandante di un veliero in mare aperto, il forte vento in poppa e le vele spiegate, sospinto verso longitudini ancora inesplorate da attraversare. Sapeva già cosa avrebbe scritto tra poco.

La città è il suo paradiso, il suo "Eden", lì è al sicuro...

O forse no?

Ma avrebbe scritto tutto tra cinque minuti. Aveva cinque minuti.

Il timer da cucina era stato un buon affare, invece i cinque dollari per la scatola di fumetti e riviste erano stati uno spreco. Aveva pagato per un mucchio di pagine che non si tenevano insieme, tutte sparpagliate. Aveva cercato di sfogliare qui e là, se non altro per nostalgia delle pubblicità dei giocattoli da ordinare via posta e per il concorso a premi riservato a chi vendeva *Il Gazzettino, il giornale delle famiglie americane!* Si era già sbarazzato dei numeri incompleti, delle pagine danneggiate dall'acqua, di quelle strappate. Aveva iniziato dalle cose in cima alla scatola spingendosi sempre più giù, finché qualche settimana prima si era arreso. Ma in quel momento, per passare il tempo nella pausa imposta dal timer, tirò giù la scatola dallo scaffale e frugò tra ciò che era rimasto, pronto a buttare tutto nella spazzatura.

C'erano altre pagine sciolte, una copertina strappata di *Casper un fantasma per amico*, ristampe di *Archie* e *Jughead* e, piegate a metà nel senso della lunghezza, cinque o sei pagine molto vecchie tenute insieme da un'unica graffetta arrugginita.

Quel fumetto era senza copertina, quindi non c'era modo di risalire al titolo o alla casa editrice. La carta era friabile, tanto era vecchia. Le illustrazioni e le tavole erano uniformi, tutte molto semplici, dunque non si trattava di un fumetto contemporaneo, ma di una storia della seconda guerra mondiale che parlava di soldati che combattevano contro i giapponesi in un'isola senza nome, con un narratore il cui volto compariva quasi sempre nell'angolo in alto a sinistra. Aveva l'espressione tormentata. Ed esausta.

"Nessuno di noi aveva dormito. Sapevamo bene cosa ci aspettava..."

I mezzi da sbarco si facevano largo tra le onde.

"Non potevano impedirci di prenderci la spiaggia..."

I soldati morivano a destra e a manca in mezzo alle esplosioni.

Il narratore era rannicchiato in una trincea su una spiaggia. Non era un soldato come gli altri, armati di mitragliatrice o bazooka. Aveva una tanica e un armamentario di tubi sulla schiena. Intorno a lui la battaglia infuriava. I soldati sparavano e venivano feriti.

"Ero carico, aspettavo solo che mi dicessero di procedere, e poi sentii l'ordine..."

"CI SERVE UN LANCIAFIAMME QUI, SUBITO!"

Il narratore era quello con il lanciafiamme. Registrava quell'ordine con gli occhi, poi si metteva in piedi vincendo la paura, la stanchezza, il peso dell'arma. Sull'ugello del lanciafiamme si accendeva una fiammella.

Le tavole che seguivano erano maledettamente avvincenti, e anche molto serie. Non c'era traccia di supereroi che dicevano "accipicchia!" né di cattivi da "Sei caduto nelle mie grinfie". Al contrario, le tavole catturavano l'orrore del combattimento ravvicinato, la violenza, il ruggito del lanciafiamme che provocava morti atroci, disumane. E c'era l'animo indurito del narratore, il suo fardello, mentre gli ordinavano:

"Fallo, Latham! Bruciali tutti!"

Di questo particolare fumetto Bill avrebbe davvero voluto avere anche le pagine mancanti. Peccato.

Sfogliò il resto delle riviste nella scatola da cinque dollari. Un vecchio numero di *Mad* aveva in copertina Alfred E. Neuman in tuta spaziale. Bill lo mise da parte per leggerlo più tardi. Più sotto c'era un altro fumetto masticato dai topi, con tutte le pagine ma con la copertina strappata, che usato aveva forse fruttato venticinque centesimi. Bill aveva già conosciuto i cosiddetti fumetti underground, andavano prima che diventasse adolescente. Perlopiù erano irriverenti. Alcuni erano sovversivi, ma in maniera infantile. Altri ancora erano vere e proprie opere d'arte. Questo era della Kool Katz Komix.

La leggenda dell'Incendiario. Sulla copertina c'era scritto: "Nella storia americana più di un ragazzo si è forgiato nello spasso della... guerra!"

L'idea di ragazzi forgiati... modellati come blocchi di legno di pino... su un tornio... come gli avevano insegnato al corso base di falegnameria delle scuole medie.

Passati i cinque minuti, Bill tornò dentro e prese il dizionario che teneva sempre a portata di mano. Voleva cercare *Tornio*, poi ripensò alla copertina del fumetto e andò alla lettera *F*, poi *Fo*, poi *Forgia*. Si sedette alla macchina da scrivere, la Sterling, ci infilò dentro uno dei fogli immacolati che teneva sulla scrivania e impostò venticinque minuti sul timer.

TIC-TOC, TIC-TOC, TIC-TOC

"Forgia: operazione, lavoro del forgiare, mediante pressioni dinamiche o continue."

DISSOLVENZA...

Era nella furia della scrittura quando sentì...

DRIN!! DRIN! Drin... d-ri... d-r . .

Bill si alzò. Uscì di casa e si fermò sul vialetto, dove di solito si trovava la Jayco. Scrutò il cielo azzurro. Lassù alcune nuvole andavano a est. Passeggiò avanti e indietro, poi in cerchio. Il gatto fulvo dei Pinedo sbucò con passo felpato da dietro la casa, mantenendosi dentro la striscia d'ombra ai piedi del muro.

"Be', guarda un po' chi c'è, micio micio," disse Bill. Il gatto non rispose.

Bill tornò dentro. Recuperò il telefono e schiacciò il tasto di chiamata rapida per Al Mac-Teer.

"Sì?" Era in ufficio.

"Ho una cosa," disse Bill.

"Oh, cavolo. Cosa?"

"Quella roba della Ultra Guerriera insonne. Che piani ha la Dynamo?"

"Ricevuto."

La telefonata si concluse così.

AL MAC-TEER

Aspettò che la chiamata si facesse strada fra le interferenze del Wi-Fi, consapevole che se fosse finita nella casella vocale allora voleva dire che Bill era nel bel mezzo di uno swing sul campo da golf dall'altro lato della strada, in quel deserto, ad arrostirsi sotto il sole di metà mattina. Come facevano a tenere così verde quell'erba?

Per educazione Al aveva aspettato che scattasse l'orario d'ufficio dello showbiz. Chiunque lavorasse davvero in Fountain Avenue, infatti, era in piedi dalle 6:15 o dalle 5:15, alcuni persino dalle 4:15, anche solo per accogliere l'istruttore di pilates. Erano le 9:02 quando Al aveva fatto la prima delle due telefonate a proposito della questione che Bill Johnson aveva tramutato in uno dei promemoria mentali di Al. Le era bastato accennare qualcosa agli assistenti all'altro capo della linea. Le due persone che cercava avevano richiamato all'istante. E l'unico messaggio di testo inviato a proposito della questione aveva ricevuto una risposta ancora più immediata. Alle 10:17, fuso orario di Bill Johnson, Al gli comunicò il responso.

"Sì?" Non si avvertiva alcuno sferragliare di mazze da golf, Bill non stava litigando con le sue Wilson.

"La Dynamo l'ha venduta alla Hawkeye," disse Al.

"Ricevuto." Bill riattaccò.

Otto parole in tre secondi, uno scambio che avrebbe annodato i loro destini per i prossimi venti mesi.

Bill Johnson, sua Benevola Signoria, aveva cambiato la vita di Al in modo radicale. E lei aveva reso più sostenibile la sua. Anni prima, Bill le aveva giustamente suggerito di mettere da parte il nome di battesimo, Allicia (pronunciato Al-ai-SII-a), per farsi chiamare Al, diretto e maschile. Così chi non la conosceva di persona era portato a credere che si trattasse di un uomo, e Al aveva subito dato prova di essere così competente, così assertiva, così tosta che mai nessuno si azzardò a non richiamarla in un amen, sempre. È questa l'unità di misura del potere a Fountain Avenue: essere richiamati, e subito. Per aver commesso l'errore di inserire il nome di Al Mac-Teer nella lista delle chiamate non-urgenti, un discreto numero di dirigenti/agenti/avvocati erano stati retrocessi e il loro posto auto era finito nell'angolo più remoto e buio del garage. Chiunque fosse tanto sciocco da lasciarla fra le chiamate da fare a fine giornata, il 99,2% delle quali finiva direttamente nella casella vocale o smaltito dai tirocinanti ancora al lavoro, veniva triturato.

"Sono Al," esordiva lei rispondendo a una chiamata tra le 18:12 e le 19:29.

"Ah, salve signora Mac-Teer," farfugliava sorpreso quel giovane impiegato. "C'è NOME DELL'IDIOTA DI TURNO in linea."

"Sul serio? Mi richiama adesso? Passami NOME DELL'IDIOTA DI TURNO." Dopodiché seguiva una durissima lezione per NOME DELL'IDIOTA DI TURNO. Ecco perché nessuno si azzardava a inserirla tra le chiamate non-urgenti.

Al e il suo capo non dicevano mai *Ciao* o *Sono io* quando rispondevano alle rispettive telefonate. I saluti erano una perdita di tempo. Tutte le informazioni di cui avevano bisogno erano contenute nel tono e nel modo in cui veniva pronunciata la parola *Sì*. I convenevoli – *Come va? Che succede? Dove sei? Quel ristorante vale la pena? Sei andato dalla tua famiglia questo weekend?* – erano riservati alle relazioni personali o a quelle d'affari, cioè alle alleanze necessarie per risalire la catena alimentare dello showbiz. Per i più giovani i convenevoli servivano a rimorchiare.

Chi aveva amici – o, più precisamente, tempo per le amicizie – poteva concedersi telefonate intere fatte di convenevoli. Per Al e Bill invece il tempo non doveva andare sprecato, come i soldi quando si gioca d'azzardo.

"Sì?" aveva detto Bill.

"La Dynamo l'ha venduta alla Hawkeye."

Parole incomprensibili per chi non è dello showbiz, come un messaggio in codice venuto dallo spazio in tempo di guerra: *"Sì?"... "Delta Pugile Calzascarpe Pacchi di Root Beer."*

"Ricevuto."

Che cosa diavolo vuol dire?

Ma se sei un membro dell'Academy, uno con la tessera di una Guild o di un sindacato dello spettacolo, un assistente/associato, un runner, uno sceneggiatore, una maestranza, un programmatore SPFX,* un disegnatore di storyboard, un creatore di contenuti alle prime armi o un veterano in pensione nella casa di riposo del cinema a Woodland Hills con una carriera decennale alle spalle, ecco, in quelle otto parole criptiche riconosci il peso e il valore di un'informazione riservata alle alte sfere.

La Dynamo l'ha venduta alla Hawkeye.

Vediamo di decrittare.

La *Dynamo* è lo studio di produzione cinematografico Dynamo, che ha creato l'universo Dynamo di film interconnessi: il mondo degli *Eroi Ultra* e il franchise *Agenti del Cambiamento*.

Hawkeye è una piattaforma di streaming che al momento è difficile dire se sia un successo clamoroso o un castello di carta che non fa soldi. Per 7,99 dollari al mese gli abbonati possono vedere una selezione di film e spettacoli senza pubblicità: "Guarda quel che vuoi, quando vuoi, con Hawkeye!" Il servizio è in diretta concorrenza con, be', una manciata di altre piattaforme streaming come Apple TV+, Netflix, Amazon, Hulu, Disney+, HBO Max, Peacock, VisionBox, EnterWorks, Bee, KosMos e WinCast di Oprah Winfrey, e MUCH dal Canada. La vulgata è che le piattaforme basate su abbonamenti abbiano un sacco di soldi, ma che

* Effetti speciali.

li stiano sperperando come secchi di latte lanciati su una stalla in fiamme.

Venduta significa che una cosa posseduta da qualcuno, cioè l'idea di un film che la Dynamo stava sviluppando, è diventata proprietà di qualcun altro, cioè di Hawkeye.

E quella *l'* – elle apostrofo – è la cosa posseduta, cioè la Guerriera Insonne, il personaggio al centro di un ipotetico film con una fase di sviluppo assai travagliata. Parecchi sceneggiatori, da soli o in team, avevano infatti provato a chiudere una sceneggiatura di *La Guerriera insonne*: pagati profumatamente per dare spessore al personaggio di Eve la Guerriera, e per scrivere un film dedicato a lei, avevano però fallito. Nessuno era riuscito a trovare la formula magica in grado di salvare quel film dall'Inferno dello Sviluppo, e di fargli così avere la luce verde. *Guerriera insonne* era rimasto scritto sulla lavagna dei progetti Dynamo per tre anni, ma adesso, come tanti altri progetti di tutta Fountain Avenue, era vittima delle contingenze imposte dal COVID-19 e dalla quantità eccessiva di blockbuster in produzione. Fin qui lo sviluppo di *Guerriera insonne* era già costato una montagna di soldi, e nulla faceva pensare che ne sarebbe venuta fuori una miniera d'oro – il primo capitolo di una saga Ultra, la nascita di nuova *Agente del Cambiamento*.* E piuttosto che sborsare altre cifre astronomiche per realizzare e distribuire *Guerriera insonne*, perché considerate le variabili e i rischi sarebbe stato come giocare a dadi, quelli della Dynamo avevano accettato la proposta economica di Hawkeye. E se la piattaforma fosse davvero riuscita a fare il film, *Guerriera insonne* non sarebbe mai arrivato nelle sale cinematografiche. Il suo pubblico non avrebbe dovuto trovare-un-parcheggio-comprare-un-biglietto-prendersi-popcorn-bibite-stringhe-di-liquirizia-e-sedersi-in-una-sala-tra-centinaia-di-altri-spettatori. No. *Guerriera insonne* sarebbe arrivato direttamente via streaming

* Gli *Agenti del Cambiamento* erano nati come un super trio di Ultra: Rhino, Leone Marino e Maggiore Orsa. Dopo quel primo film di successo erano nati gli altri Ultra. Costellazione e Corvo erano stati accolti come Agenti del Cambiamento degni di questo nome, mentre di Multi-Man o Messaggero è meglio non parlare.

nelle case degli abbonati, che avrebbero potuto gustarselo in mutande, sprofondati in poltrona.

* * *

Il frozen yogurt era il motivo per cui Allicia Mac-Teer si trovava alle dipendenze di Bill Johnson. Nel 2006 lei portava una targhetta con il nome sulla camicia e lavorava alla reception del Garden Suites Inn all'aeroporto di Richmond, in Virginia. L'aeroporto distava quasi un'ora dalla città, però c'era il servizio navetta a chiamata: prima dell'arrivo di Uber, Lyft o PONY, ovviamente. Allora i telefoni cellulari non erano che semplici telefoni in grado di spedire e ricevere rudimentali messaggi di testo di cui solo i giovani della generazione X sapevano servirsi con una qualche precisione o facilità. Non erano ancora strumenti muniti di fotocamere (tranne che in Asia), non ci navigavi in rete, non ci trovavi al volo i credits di un film su IMDb – anche perché nessuno era ancora abituato a cercare IMDb sul web.

Bill Johnson alloggiava nella suite 4114, che affacciava sul cosiddetto *garden* su cui affacciavano tutte le altre suite, e aveva l'aria di un tizio parecchio impegnato, distratto. Allicia non poteva sapere che Bill era arrivato in Virginia per i tre mesi di Pre--produzione del film *Niente domande* (*niente bugie*). E ignorava che dietro *La dattilografa*, *Charlie chi?* e *I Confini dell'Eden* ci fosse proprio lui. Così come ignorava che quel Bill Johnson aveva vinto il premio del pubblico a Cannes per *I boss della Nova*. Per lei Bill Johnson era solo un uomo impegnato che doveva tagliarsi i capelli e che se voleva cavarsela a Richmond e dintorni doveva trovare dei vestiti più consoni a un repubblicano. Non era solo, e le persone che lo accompagnavano parlavano per lui. Non gli avrebbe fatto male sorridere un po' di più.

Allicia Mac-Teer era stata addestrata al sorriso, ed era brava. Si era proposta al programma Diversity in Management del Garden Suites perché non voleva più indossare l'uniforme del Chick-&-Tender, anche se, come gran parte degli americani, adorava mangiare Chick-&-Tender. Dopo quasi sette mesi di lavoro alla finestrella del drive-thru, Allicia si era licenziata, si era iscritta al programma e aveva iniziato la sua avventura in reception, con addosso l'elegante divisa verde del Garden Suites: casacca, camicetta, gonna, tacchi, foulard. Per chi non spiccava certo di intelligenza nell'hotel lei non era altro che la "nuova ragazza nera": la distinguevano così dalle "altre ragazze nere". Allicia si diede da fare malgrado tutto per rendersi indispensabile, offrendosi di sostituire chiunque, in qualsiasi momento e per qualsiasi motivo. In quel Garden Suites Inn, Allicia Mac-Teer era la risposta a domande tipo: *Chi è in grado di risolvere questa grana? Chi sarà il responsabile della reception fra tre anni?*

In qualità di responsabile dei check-in notturni, nel frattempo, era stata istruita, addestrata e convinta a occuparsi del comfort, della qualità, della soddisfazione di tutti gli Ospiti (con la O maiuscola) del Garden Suites. E se Allicia se ne occupava con apparente serenità era perché nel suo corso di studi – cinque semestri, università pubblica – aveva seguito il corso Business 147, Gestione del Tempo: il metodo *L.I.S.T.eN*.

L.I.S.T.eN – Let it settle, then enact.

Ascolta, aspetta, poi agisci.

Per evitare di esagerare con note e promemoria scritti, Allicia aveva imparato a immaginare cinque promemoria mentali: uno per dito, mai uno di più, ciascuno con un singolo compito specifico assegnato. Cinque promemoria facili da ricordare, da visualizzare. Appena un compito veniva portato a termine, il promemoria finiva accartocciato come fosse di carta, addio, ne rimanevano solo quattro. Certo, poi arrivavano nuovi compiti e nuovi promemoria, ma grazie al metodo *L.I.S.T.eN* non ci si ritrovava mai con più di cinque compiti per le mani, o in testa. E se alla fine di una giornata di lavoro restavano promemoria non ancora completati, Allicia li annotava in un quaderno con su scritto DOMANI per occuparsene appunto l'indomani.

L.I.S.T.eN. – Ascolta, aspetta, poi agisci.

Se un ospite del Garden Suites si lamentava perché tra gli snack offerti nell'area accoglienza della hall non c'erano gli Special K, Allicia gli faceva trovare un po' di confezioni monodose di cereali

Kellogg's già l'indomani, insieme a confezioni di Grape-Nuts, All Bran e svariati prodotti di riso, grano e mais. Se veniva a sapere che un cliente appassionato di sport moriva dalla voglia di assistere a una partita di calcio inglese, Allicia si assicurava che il canale dove poterla vedere fosse inserito nella lista di quelli disponibili; e quando l'Aston Villa era sceso in campo contro il Manchester City in Premier League, ecco la diretta sul canale 556.

Bill Johnson era rientrato al Garden Suites dopo le 21:00. Il suo entourage alloggiava al suo stesso piano: la signora Candace Mills e il signor Clyde Van Atta, mentre un produttore esecutivo, il signor John Madrid, stava al piano inferiore. Avevano la faccia di chi ha passato tutto il giorno in giro per Richmond a bordo di uno scomodo furgone: quel modello Ford che li aveva appena scaricati davanti all'ingresso.* Tutti avevano uno zaino o una tracolla. Il signor Van Atta parlava con un cellulare a conchiglia StarTac, la signora Mills era attaccata al suo Nokia e aveva una grossa valigia e una borsa di tela da cui facevano capolino dei ferri da maglia e una matassa, il signor Madrid sembrava uno senza un solo amico al mondo. Mentre salivano in ascensore, Bill Johnson si lasciò scappare queste parole: "Ucciderei per un frozen yogurt con un po' di granella colorata." Poi le porte dell'ascensore si chiusero.

Ad Allicia non sfuggirono quelle parole: un ospite aveva espresso una necessità, desiderava un frozen yogurt. Allicia ascoltò, aspettò, poi agì.

L'area accoglienza nella hall, che adesso era allestita per la sera dopo esserlo stata per mezzogiorno e per il mattino, offriva una selezione di bevande e snack e dolcetti leggeri per una dolce notte, ma frozen yogurt no. Il negozio di frozen yogurt più vicino si trovava al Four-Square, il piccolo centro commerciale vicino all'ingresso dell'interstatale 64, e si chiamava L'antica bottega del gelato.

All'Antica bottega c'era un macchinario che sputava fuori due gusti di frozen yogurt, cioccolato e vaniglia, o un mix di

* In effetti erano andati a caccia di location e spazi per gli uffici di produzione a Chickahominy Shores, Colonial Williamsburg, Mechanicsville e Bon Air. Era stata una giornata molto lunga.

entrambi, e nell'assortimento di topping non mancava la granella di zuccherini colorati. Ogni tanto, staccando dal lavoro, Allicia andava a prendersi una coppetta di sorbetto al lampone, perciò conosceva il nome della ragazza di turno a quell'ora: T'naiah.

Tre minuti dopo, eccola al telefono con T'naiah: promise dieci dollari a chi fosse riuscito a consegnarle tre bicchieroni di frozen yogurt (uno alla vaniglia, uno al cioccolato, uno con tutt'e due i gusti), con della granella di zucchero a parte, prima che il frozen yogurt uscito dal frigo tornasse allo suo stato originale di poltiglia. Le fu recapitato tutto da T'naiah in persona, con il frozen yogurt nelle vaschette di polistirolo per il takeaway e i granelli di zucchero in un contenitore a parte, tutto ancora intatto. Aveva aggiunto dei cucchiai di plastica e dei tovaglioli di carta con il logo fiorito dell'Antica bottega del gelato.

T'naiah non chiese nulla ad Allicia per il dessert, perché gli eventuali ammanchi di prodotto a causa di "perdite durante la manutenzione della macchina" le venivano perdonati, però intascò i dieci dollari promessi da Allicia, che poi furono messi sul conto della stanza 4114 di Bill Johnson.

"Duke?" Allicia chiamò il suo collega della hall, quello incaricato di pulire, di spostare le auto all'occorrenza, di guidare lo shuttle per l'aeroporto. Aveva un debole per lei.

"Eh?"

"Portalo al signor Johnson della 4114." Allicia gli porse il sacchetto dell'Antica bottega. Duke lo prese e infilò le scale per eseguire.

Allicia compose il numero 7-4114 sul telefono della reception.

Bill Johnson rispose al cordless sul comodino. "Sì?"

"Signor Johnson, buonasera, sono Allicia della reception. Spero che stia passando una piacevole serata," disse come da copione.

"Non mi lamento."

"Mi sono permessa di mandarle su qualcosa, spero che non sia troppo tardi. Duke dovrebbe arrivare a momenti."

"Stanno bussando proprio adesso. È Duke?"

"Sicuramente. Buona serata, signor Johnson."

Chiudere le telefonate con gli ospiti il più in fretta possibile non era una cosa che Allicia aveva imparato nel programma Diversity in Management, era solo il suo modo di fare. "L'alacrità è efficienza," recita il metodo L.I.S.T.eN. Allicia stava già scrivendo su carta intestata Garden Suites Inn l'indirizzo dell'Antica bottega del gelato, per lasciarlo a Bill Johnson nel caso ne avesse avuto bisogno in futuro, quando il telefono squillò. Era la Internet 4114.

"Sì, signor Johnson, come posso aiutarla?"

"Per caso lei è chiaroveggente?" chiese Bill Johnson.

"No, signor Johnson. Vengo da una famiglia di cristiani battisti."

"Perché mi ha mandato questo frozen yogurt?"

"L'ho sentita esprimere questo desiderio."

"Davvero? Non ricordo di averlo detto. Ricordo solo di averlo pensato."

"Stava salendo in ascensore insieme al signor Van Atta, al signor Madrid e alla signora Mills."

"E gli zuccherini? Mi ha sentito dire anche degli zuccherini?"

"Esatto. Spero che vadano bene."

"Della granella di zuccherini colorati non mi posso lamentare," rise Bill Johnson.

"Come si chiama?"

"Allicia."

"Ok, Alice. Un punto per lei. Mi gusterò una generosa porzione di questo latticino freddo e di caramelline come se fosse il mio ultimo pasto prima di essere giustiziato. Andrei al Creatore con il sorriso sulle labbra."

"Oh, spero che non succeda. Siamo lieti di averla come nostro ospite."

"Ha imparato a memoria tutte le battute, non c'è dubbio. Per la prossima volta: preferisco la vaniglia. Solo vaniglia. Buonanotte." Bill Johnson riattaccò. Allicia prese mentalmente nota – *Vaniglia* – e poi immaginò il promemoria che veniva accartocciato e buttato nel cestino.

Il giorno dopo fece un turno e mezzo per coprire Sheila Potts che aveva un intervento di chirurgia orale. A mezzogiorno trovò ad attenderla una busta sigillata. All'interno c'era un segnalibro lungo e rigido della Optional Enterprises con DACE MILLS stampato in basso. Era perfetto per scriverci sopra qualcosa, e infatti c'era scritto:

Alice,
quella dei frozen yogurt e degli zuccherini. Potresti chiamarmi al cellulare?
Quando vuoi.

Dace

"Dace" era la signora Candace Mills: suite 4111. Aveva lasciato un numero di telefono, che Alice compose. Segreteria telefonica. Allicia lasciò questo messaggio: "Signora Mills, sono Allicia del Garden Suites Inn, la sto richiamando come ha chiesto. Riproverò più tardi oppure può richiamarmi lei quando preferisce. Grazie mille."

Cinque ore dopo il numero apparve sul display del telefono della reception.

"Signora Mills, sono Allicia. Come posso esserle utile?"

"Potrebbe trovare il modo di far prendere meglio i telefonini in questo dannato stato?" disse la signora Mills.

"Ah, certo," disse Allicia con il più professionale dei toni. "In alcune zone la ricezione è discontinua."

"Sono ancora *sotto copertura*,* quindi se cade la linea ci parliamo stasera quando rimetto piede in quel tuo hotel tanto carino?"

"Certamente, come preferisce."

"Quello che preferisco non c'entra niente con... mi senti? Mi senti? Pronto? Che caz..."

* * *

Dace Mills se ne stava su uno sgabello di uno dei tavoli più alti dell'area accoglienza allestita per la sera e si gustava una coppetta media di gelato alla menta con gocce di cioccolato dell'Antica bottega. La borsa di tela con il lavoro a maglia era sullo sgabello

* *In ricognizione*, nel gergo di Fountain Avenue.

di fronte, vicino a una borsa di cuoio piena fino a scoppiare. Era rientrata in albergo pochi minuti prima, insieme a Bill Johnson, Clyde Van Atta e all'impopolare John Madrid, con la faccia di chi ha trascorso la giornata su una barca a vela troppo piccola in un mare troppo mosso, tra raffiche di vento e sole a picco. Avevano fatto una sosta all'Antica bottega: gli uomini erano saliti in ascensore con i loro dolcetti della buonanotte. Sfilando davanti alla reception, Bill Johnson aveva salutato Allicia agitando il bicchierone di frozen yogurt vaniglia e zuccherini colorati, con una cucchiaiata in bocca.

Appena Allicia ebbe un momento libero andò all'area accoglienza, prese una bustina dal distributore di plexiglass e si preparò una tisana alle erbe in uno di quei bicchieri ATTENZIONE SCOTTA! del Garden Suites.

"È un buon momento per due parole, signorina Mills?" chiese.

"Uooi sedelti?" Dace aveva la bocca piena di gelato verde, quindi ripeté la domanda. "Puoi sederti?"

"Sì, posso," le disse Allicia. "Ma stanno per arrivare degli ospiti e non sarebbe educato non farmi trovare pronta ad accoglierli."

"'Na butta mplethhione." Dace lasciò che un'altra cucchiaiata di cioccolato alla menta le si sciogliesse in bocca e ripeté: "Una brutta impressione."

"Come posso esserle utile, signora Mills?"

"Dace. Abbreviazione di Candace." Piantò il cucchiaio nel gelato che restava e posò la coppetta sul sottile piano di legno, allontanandola da sé. "Questa è una coppetta media? Secondo me è più all-you-can-eat."

Allicia sorrise e sorseggiò la sua brodaglia calda alle erbe.

"Allicia, sono in questo albergo da meno di settantadue ore e tu sei già riuscita a semplificarmi la vita."

"Mi fa piacere." Allicia non mentiva.

"A volte il mio capo è un teppistello esigente. È capitato spesso che alle dieci di sera mi chiedesse un frozen yogurt proprio mentre mi stavo per infilare sotto la doccia dopo una lunga giornata."

"È stato un piacere esservi d'aiuto, davvero."

"Una volta, nel Sud della Francia, in Côte d'Azur, avevamo appena fatto festa con champagne e moules-frites e bottiglie di vino e... ho già detto champagne?"

"Sembra divertente."

"Oh, Alice, non puoi capire. Mi sono portata in Internet un tipo francese, si faceva chiamare Tipò! L'autista! Mi sentivo audace quella sera." Inconsapevolmente, le sue mani avevano ritrovato la coppetta e Dace stava gustando un'altra cucchiaiata. Lasciò sciogliere il gelato lentamente per poi masticare le scaglie di cioccolato. "Comunque io e Tipò ci stiamo conoscendo con un po' di *bum-bum-bum* quando squilla il telefono: è il mio capo. Mi fa: 'Trovami un posto dove hanno dei coltellini svizzeri.' Erano le quattro del mattino. E sai che cosa gli ho detto dopo aver ripreso fiato, visto che io e Tipò stavamo facendo *bum-bum*?"

"Posso solo immaginare," disse Allicia. Questa Dace Mills le piaceva.

"Ho detto: 'Certo, capo. Quando ci vuoi andare?' Dopo colazione, fa lui. E sei ore dopo è in una coltelleria francese ad aprire coltelli Buck e a saggiare il filo delle lame. Ha scelto sei coltelli a serramanico. Regali di Natale, ha detto. Mi ha detto di occuparmi del conto, dei documenti per scaricare l'IVA, di impacchettare le armi e spedirle negli Stati Uniti." Dace si mise in bocca un altro po' di gelato. "E he ne hensi d' sta stooia?"

Allicia non sapeva che cosa pensare della saga dei coltelli francesi. Lanciò un'occhiata all'ingresso, nel caso che fossero spuntati gli ospiti in arrivo. "Dopo cos'è successo," disse. "Con Tipò."

Dace rise e mandò giù. "Oh, mi sono occupata di lui. Per un bel po'. E poi non l'ho più rivisto, ed è stato perfetto così. A chi serve un francese nella vita? Basta," disse, allontanando per la seconda volta la coppetta. "Quindi..."

Allicia entrò in modalità gestione esecutiva, con promemoria mentali pronti all'uso.

"Diciamo che mi servono dei coltellini svizzeri, subito. Che faccio?"

"Stasera?"

"Domani mattina presto."

Ascolta, aspetta, poi agisci: "Articoli per Campeggio Caccia e Pesca. Centro commerciale Rebel. Il negozio non si trova nel centro commerciale, è all'angolo. Se mi dà qualche indicazione posso farvi portare dei campioni per risparmiarvi il viaggio. Diciamo una decina?"

"Wow." Dace Mills si appoggiò allo schienale dello sgabello e con un occhio chiuso si mise a studiare questa Allicia del Garden Suites Inn.

"Così, su due piedi e senza esitazione. Dico sul serio. Wow."

"Sta cercando coltellini, veri e propri coltelli, modelli multifunzionali tipo Leatherman o coltellini svizzeri?"

"Alice, qualunque-sia-il-tuo-cognome..." disse Dace.

"Mac-Teer. Allicia Mac-Teer."

"Ally Mac-T..." Dace scosse la testa e la guardò negli occhi. "Sei contenta di lavorare nel settore alberghiero?"

"Molto. L'azienda offre buone opportunità di carriera. Potrei farmi trasferire in altri Garden Suites, in Florida o persino alle Bahamas. Stanno aprendo alberghi in Europa. Francoforte. Rispetto al lavoro che avevo non c'è paragone." Il ricordo della sua uniforme al Chick-&-Tender la fece rabbrividire sotto la casacca verde del Garden Suites. "Oh, cavolo. Devo tornare al banco. Mi ha fatto piacere questa chiacchierata, Dace."

Dace scese dallo sgabello e fece per prendere la coppetta di gelato alla menta ormai sciolto, ma Allicia la anticipò e la buttò nel cestino dei rifiuti RICICLABILI insieme al suo bicchiere. Dace raccolse le due borse, quella di cuoio e quella di tela, e si avviò con Allicia verso la reception.

"Sai che stiamo per andarcene?" disse Dace.

"Quando tornerete a Richmond spero che alloggerete ancora da noi, è stato un piacere servirvi."

"Oh, non ce ne andremo da Richmond. Resteremo qui per mesi." Dace non era diretta agli ascensori. "E io voglio che tu lavori per me."

Allicia registrò quelle parole. Ascolta, aspetta... non ci riuscì. "Mi scusi?"

"Tu sei una di quelle persone che valgono tanto oro quanto pesano. Nel tuo caso ci metto anche qualche pietra preziosa. Tu. Risolvi. Problemi. Rapida e indolore. Con prontezza. Senza indugi, senza lavartene le mani con frasi tipo 'La metto in contatto con qualcun altro che non sono io.' Dagli zuccherini colorati ai coltellini svizzeri, così, come schioccare le dita. Tu spacchi i culi."

Allicia si lasciò scappare un sorriso e scosse la testa, come se non volesse credere a quello che usciva dalla bocca di Dace Mills della suite 4111. La donna esagerava con i complimenti. Tutte queste chiacchiere potevano essere il preambolo di *Ti va di andare a bere qualcosa e parlare del tuo futuro? Ho del whiskey single malt su da me.* Gliele dicevano spesso, cose del genere, raggelanti. Qualunque uomo ci provasse così diventava un predatore senza rimorsi, un nemico. E pure ogni donna.

"Che ne dici?"

"Signora Mills. Non per essere scortese, ma di cosa stiamo parlando?" Allicia intendeva dire: "Smettila di prendermi in giro, devo tornare al lavoro."

"Sai che cosa facciamo, noi?"

Le suite della signora Mills e del resto della comitiva erano state prenotate dalla Optional Enterprises. E qualunque cosa facesse la Optional Enterprises ad Allicia non interessava. Producevano lattine di alluminio? Investivano in proprietà immobiliari? Cercavano piccole gelaterie da trasformare in un franchising?

"No," disse Allicia.

"Noi facciamo film," le disse Dace.

Ascolta, aspetta, poi agisci.

* * *

La mattina dopo, al ristorante L'ora dei Waffle, pochi passi dal Garden Suites Inn, ebbe luogo il secondo incontro tra Allicia Mac-Teer e Dace Mills.

"Credo di aver perso due chili sudando," disse Dace prima di mandare giù l'enorme bicchiere di succo d'arancia che Allicia le aveva ordinato nell'attesa: non era una vera spremuta, ma era molto freddo e molto arancione. "Dio mio, che umidità, sono fradicia. Mi sarei dovuta portare un cambio."

Allicia, arrivata in anticipo, aveva preso posto al tavolino da due con le sedie fissate al pavimento. Il succo di frutta era stato bevuto, il caffè stava arrivando, insieme a una colazione completa. Allicia era tutt'orecchi. E considerato il possibile tsunami di informazioni in arrivo, i soliti cinque promemoria mentali non sarebbero bastati. Ecco perché aveva portato un quaderno immacolato e una penna con il numero di telefono del Garden Suites.

Non le avevano mai offerto un impiego, mai una volta nella vita. I lavori le arrivavano solo se faceva domanda. Lo stipendio era sempre stato *Questo è quello che ti paghiamo* e non era mai stato la cifra che sperava: a stento le permetteva di sopravvivere. Ma l'incontro con questa Dace? All'Ora dei Waffle? Era un segno inaspettato del destino, come in una storia. Anzi, come in un film.

Fare un film? Allicia se lo ripeteva dalla sera prima. *Qui a Richmond? Davvero? I film non si fanno a Hollywood o in Tunisia? Di sicuro al mare o alle Hawaii, ma non qui. A New York o in posti che somigliano a New York. Richmond non somiglia a New York. E io che ruolo potrei mai avere nella realizzazione di un film? Non so niente di...*

"Metti via carta e penna," disse Dace mentre una cameriera in uniforme con la targhetta Junelle veniva a versare il caffè. Dace aggiunse due monodosi di panna a ridotto contenuto di grassi e, a malincuore, del dolcificante Sweet 'N Low. Al primo sorso fece una smorfia. "Ok. È tremendo. Ma è comunque caffeina, quindi..." Bevve un altro sorso.

"Ho ordinato dei waffle con uova, pancetta e fiocchi di latte," disse Allicia. "La cucina qui è piuttosto semplice."

"Mangiare waffle a colazione è come iniziare la mattina con una torta di compleanno," disse Dace.

"Quand'ero piccola in questo locale ci venivamo a fare colazione la domenica dopo la messa," disse Allicia. "Al liceo ci venivamo sul tardi e ci restavamo finché ci cacciavano per il troppo casino."

"Raccontami della scuola," disse Candace. "Fra parentesi questa è la parte del nostro incontro in cui chiacchieriamo e basta. Non sei sotto esame. Quando arriva da mangiare andiamo al sodo. Hai mai marinato la scuola? Saltato lezioni e cose del genere?"

Allicia ebbe un'esitazione di un nanosecondo mentre pensava a cosa dire dei tempi della scuola. La quinta elementare, a dieci anni, era stata un incubo. Stava crescendo a Baltimora e un giorno i ragazzi più grandi che abitavano nel quartiere le avevano insegnato a inalare fumo e l'avevano fatta sballare. Poi le avevano fatto delle cose terribili, a quella bambina, e l'avevano lasciata da sola a vagare per strada a chilometri da casa. C'era stato bisogno di un ricovero in ospedale perché le avevano fatto molto, molto male. Era spaventata e confusa. C'era stata una sfilza di poliziotte, donne dei servizi sociali e medici che volevano parlare con lei. Poi suo fratello fu arrestato per aver picchiato a sangue uno degli aggressori e per averne ferito gravemente un altro. Erano coinvolti anche dei suoi parenti alla lontana. Fu trovata droga, furono trovate armi e, insomma, il mondo andò in pezzi. Per il resto dell'anno Allicia non andò a scuola e finì in affido almeno finché gli zii la accolsero a casa loro lì a Richmond, dove non conosceva nessuno tranne i due cugini più grandi, Darrell e Micha. Ripeté la quinta elementare chiusa nel mutismo più assoluto. Parlava esclusivamente a casa. Anche la domenica, a messa, non apriva bocca. La mandarono in una scuola speciale e le fecero passare molte ore in compagnia di una donna chiamata dottoressa Faith – era il nome, non il cognome – che amava leggere libri e parlare delle storie che raccontavano. Per un bel po' Allicia non parlò neanche con la dottoressa Faith. Andavano in cucina e facevano la pizza in silenzio. Ad Allicia piaceva preparare le pizze, le piacevano le istruzioni da seguire alla lettera. Quando aveva tredici anni suo zio morì di diabete. Darrell si arruolò nei Marines. Micha si trasferì in Florida, lasciando Allicia a vivere da sola con la zia e spesso a farsi tormentare dagli incubi più orribili che una ragazza possa fare. Adesso andava al liceo dove c'erano ragazzi (e, nel quartiere, alcuni uomini) che avevano già dato prova di essere predatori spietati. Il suo primo lavoro fu fare le pulizie per Domestiche d'America, ma si licenziò non appena le capitò di lavorare per un tizio sposato che quando lei si presentò a casa per il turno era rimasto lì invece di andarsene. L'aveva seguita dovunque, facendole troppe domande personali, e le propose di sedersi con lui a bere qualcosa dopo aver finito con i bagni. Allicia fece domanda da Burger Circus (nessuna posizione aperta) e da Chick-&-Tender (iniziò part-time), frequentò il college pubblico e si occupò della zia prima che si trasferisse in Florida per stare con Micha. Allicia evitava i fidanzati (nessuno la faceva sentire al sicuro) e ogni tanto andava a trovare la dottoressa Faith. L'università e il Chick-&-Tender riempivano la sua vita. In entrambi i mondi teneva perlopiù la bocca chiusa.

"A scuola ero silenziosa," furono le parole scelte da Allicia per spiegare tutto questo a Dace.

"Io andavo al liceo come una gallina va nel pollaio: era un posto ed era là che dovevo stare, e ci stavo," disse Dace. Poi arrivò la cameriera con la colazione. "C'è voluto quasi troppo poco."

"Spero che vi piaccia," disse Junelle.

"Guarda che bel misto di pastella, burro e sciroppo. È alto quasi un centimetro. Glicemia, preparati. Ti faccio un giuramento, Alice: questa è la mia ultima colazione a base di waffle nello stato della Virginia."

Dopo essersi ripiegata in bocca una fetta di pancetta, Dace attaccò con un monologo che durò quasi un'ora, almeno secondo l'orologio dell'Ora dei Waffle sopra il bancone. Prendere appunti era inutile, spiegò, perché non esisteva un elenco di cose da fare, un ordine del giorno, niente "da fare" o "da non fare". Quello che Allicia dovette sorbirsi fu più simile a un sermone sulla vita che a un colloquio di lavoro, una vera e propria improvvisazione filosofica densa di riflessioni e domande retoriche sulla natura umana. Candace le parlò di giocatori di baseball che scendono in campo e di astronomi che scrutano il cosmo come se in qualche modo avessero a che fare con la realizzazione di un film. Parlò di muse e di orari di volo, dei misteri della creazione, degli accidenti della genialità. Parlò di bilanciamenti, stregonerie, dimenticanza, e di una cosa chiamata procrastinazione. Raccontò storie di "fuochi fatui", di "cadute in disgrazia" e della "hybris dei talenti mediocri". Disse che le riprese dei film iniziano sempre il mercoledì perché tutti abbiano tre giorni per dimostrare le proprie capacità. Gli incompetenti vengono licenziati il venerdì sera e sostituiti il lunedì. Diceva che per quanto ti impegni a costruire un ponte, il fiume non sarà mai tuo. Che Jacques Cousteau aveva contribuito a inventare le immersioni subacquee.

Dace aveva qualcosa che ricordava la dottoressa Faith. Ad Allicia piaceva ascoltarla.

"Sei confusa, te lo leggo negli occhi, Alice," disse Dace. "Non cercare di capire subito tutto." Le raccontò della volta che durante una produzione aveva passato un'intera giornata a imparare a fare la maglia, attività che secondo lei la aiutava a preservare la sanità mentale malgrado il suo lavoro da manicomio. Una caratterista ingaggiata per quel giorno era infatti rimasta chiusa in una tripla* per ore, perché stavano girando delle scene in cui lei non si vedeva. Dace aveva bussato alla sottile porta della roulotte per appianare eventuali lamentele sulla Convocazione** fissata così di buon'ora.

L'attrice, sulla settantina, era serena e pacifica, non avrebbe potuto essere più cortese, reclusa in quel loculo spartano, profumato di gel sanitario. Faceva una sciarpa a maglia con un gomitolo blu marino.

"Posso portarle qualcosa?" le chiese Dace.

"Un tè freddo sarebbe perfetto," disse la signora.

"Sono d'accordo!" Dace ordinò via radio due tè con ghiaccio per il Membro Cast numero 37.

Pochi minuti dopo un assistente alla regia si presentò con due lattine di tè freddo alla pesca e del ghiaccio in un bicchiere di plastica. Dace si sedette sui gradini della roulotte e si godette il tè in compagnia della Numero 37: chiacchierarono di tutto,

* Una roulotte con tre camerini separati.

** L'ora entro cui devono presentarsi tutti, l'inizio ufficiale della giornata, sia a livello di orario che di retribuzione.

tranne del fatto che l'attrice era lì da tutto il giorno e non aveva ancora lavorato.

"Oh, mi pagano per aspettare, tesoro. Io recito gratis," disse la donna.*

"Cosa sta facendo?" chiese Dace, e la domanda innescò dapprima la descrizione della sciarpa che la donna stava sferruzzando per una nipote a Boston, e poi un trattato sulle qualità terapeutiche e calmanti di fare vestiti a mano, dell'avere sempre da fare, di essere impegnati in qualcosa che non fosse il lavoro. Il pensiero di potersi dedicare a un'attività, oltre che al suo folle carico di lavoro, non aveva mai sfiorato Dace. Non aveva tempo per altro, una giornata aveva solo un numero preciso – ed estenuante – di ore. Come potevano dei gomitoli e un paio di ferri da maglia aggiungere qualcosa alla qualità delle sue giornate? Eppure, dannazione, la vecchia Numero 37 emanava l'essenza stessa della serenità.

La Numero 37 si chiamava Sage Kingsolver. Era un'attrice professionista da quando aveva recitato una sola battuta nel 1960, in *La battaglia di Alamo* diretto nientemeno che da John Wayne. Nei tre giorni seguenti, Sage insegnò a Dace a lavorare a maglia, e Dace si assicurò che l'attrice restasse sull'ordine del giorno per l'intera settimana. Per tre battute in due scene brevi, Sage guadagnò più del previsto e fu liberata solo al Fine Lavori delle 21:58 di quel venerdì, quando regalò a Dace dei ferri, dei gomitoli e una borsa di tela per portare tutto con sé. Dace trascorse il weekend lavorando a maglia la sua prima sciarpa. Il film era *Charlie chi?*, Sage Kingsolver è morta nel sonno quattro anni fa e la sua foto è apparsa nel tributo *In Memoriam* ai SAG Awards.

"Il mestiere s'impara camminando lungo Fountain Avenue," disse Dace ad Allicia. "Come dicono nella marina canadese, 'Non c'è una vita come questa'." Aveva finito il waffle, un boccone per volta nelle pause tra un punto saliente e l'altro dei suoi aneddoti. "L'ho mangiato tutto. Prevedo che tra mezz'ora

* È un vecchio adagio dei set cinematografici, attribuito a personaggi come Orson Welles, Jason Robards, Olivia de Havilland e Julie "Catwoman" Newmar.

dormirò come una bambina. Quindi..." Dace si ripulì la bocca e finì anche la tazza di caffeina. "Ally Baba, che ne pensi di tutto quel che ho detto?"

Allicia pendeva dalle sue labbra. L'istinto le diceva che non doveva mostrarsi né irriverente né esitante, qualunque cosa avesse risposto. Lei e Dace non erano due ragazze uscite per spettegolare un po', nuove amiche che avevano scoperto di avere in comune molto più delle ovaie. Davanti ai waffle, Dace aveva cosparso di petali un lavoro che in realtà era tutto una spina: un lavoro turbolento e stressante, fatto di esseri umani vulnerabili, ciascuno con le sue crepe e le sue insicurezze, con carriere che alternavano pressioni continue a momenti cruciali. Allicia si chiese perché nell'industria cinematografica tutti non preservassero la propria sanità mentale lavorando a maglia. Si concesse un momento non tanto per escogitare una qualche risposta che non sarebbe comunque suonata abbastanza intelligente ma per circoscrivere un vocabolario, per catturare la gestalt di tutto quel che aveva sentito dire a Dace.

Dace aveva gli occhi fissi su di lei, la testa inclinata, carica di aspettative: la risposta di Allicia avrebbe potuto essere quella giusta oppure le avrebbe fatto capire di aver appesantito inutilmente il suo apparato digerente o, ipotesi ancora peggiore, di aver perso tempo.

"Dimmi una o due impressioni," le ordinò.

Allicia ci rifletté per altri due secondi. *Bang*. "Fare film significa risolvere più problemi di quelli che crei." Allicia notò il sopracciglio destro di Dace: stava disegnando un arco di speranza. *Pow*. "Non è roba da femminucce."

Dace annuì. "Ben detto, ben detto davvero."

***

Allicia diede al Garden Suites Inn una settimana di preavviso, e in quella settimana addestrò la ragazza che l'avrebbe sostituita, T'naiah, che soddisfaceva i requisiti per il programma Diversity in Management. Scrisse a tutti i suoi superiori e alla sede centrale, ringraziandoli per la fiducia accordata e per tutto ciò che aveva imparato lavorando per la Garden Suites Inn Corporation of America.

Un lunedì mattina le presentarono Clyde Van Atta che, in qualità di aiuto regista, era complice e compagno di Dace, oltre che suo pari. La qualifica ufficiale di Dace era Produttrice. "Pensi di avere le carte in regola per questo lavoro, vero?" le chiese Clyde, con un sorriso davvero low-budget. "In questo momento a Los Angeles c'è gente che dorme in macchina nella speranza di avere la stessa occasione che offriamo a te. Lo sai, vero?" Allicia rimase di sasso, ma a salvarla fu un urlo di Dace: "Lascia in pace la ragazza! Sali sul furgone, Clyde!" Prima di partire *sotto copertura*, Dace consegnò ad Allicia un cellulare Nokia con un paio di numeri già salvati: quelli di Dace Mills e Clyde Van Atta. Con il passare del tempo in quell'estensione del suo orecchio sarebbero finiti ventotto numeri per le chiamate rapide, ognuno dei quali era anche scritto nel quaderno che Allicia portava nella borsa a tracolla.

"È ora di farti avanti e darci dentro, Alice. Bang! Pow!" disse Dace salendo nel minivan per lasciare che Allicia si facesse avanti.

Il primo problema che Allicia fu chiamata a risolvere fu portare Dace, Bill Johnson e Clyde Van Atta via da quella topaia del Garden Suites Inn.*

* * *

Il film che stavano per girare era *Niente domande (niente bugie)*. E il titolo non diceva granché ad Allicia. Avrebbe anche potuto intitolarsi *Le scimmie non sono animali domestici* o *I folletti del Paese Perdinci*. Non aveva letto la sceneggiatura, e per averne una copia dovette aspettare settimane, ma intanto la rifornirono di biglietti da visita con OPTIONAL ENTERPRISES scritto in alto

* E John Madrid? Tornò a Los Angeles, alle sue funzioni di produttore esecutivo degli studios. Era vero che non piaceva a nessuno, perché... era il produttore esecutivo assegnato al film dagli studios. E ogni volta che fece ritorno per assolvere alle sue funzioni alloggiò al Garden Suites Inn.

e il suo nome in basso (ALLICE MCTEER), le diedero una scrivania tutta sua fuori dall'ufficio di Dace Mills e le affidarono il compito di preparare il caffè proprio come piaceva a Dace. L'Ufficio Produzione si trovava in una strada senza uscita di Mechanicsville che si chiamava Vicolo Dieci Birilli perché una volta quella era la sede centrale nonché lo stabilimento produttivo di una società di attrezzature da bowling. Allicia Mac-Teer (e non Allice McTeer, accidenti!) aveva dato una mano a ripulire il posto e ad attrezzarlo con mobili da ufficio e cartoleria, penne e carta ed evidenziatori colorati, linee telefoniche, stampanti, carta, prolunghe e limitatori di sovratensione, lavagne di sughero e puntine, lavagne bianche con pennarelli e cancellini, buste da lettera di ogni dimensione, pinzatrici e graffette, sedie e tavoli pieghevoli, macchine per il caffè americano, macchine per l'espresso, miscele e capsule, frigorifero e microonde, cucchiai, coltelli, forchette, piatti e tazze usa e getta, tagliere e coltello seghettato, un elenco con i numeri dell'ospedale, del commissariato, della clinica odontoiatrica, del negozio di alimentari, della farmacia, del veterinario, del cinema, della gastronomia e dell'autofficina più vicini, nonché il numero verde della Prevenzione Suicidi. Nel suo primo giorno di lavoro, che coincise con l'inizio ufficiale della Pre-produzione, detta Prep, Allicia dovette parlare con agenti immobiliari, proprietari assenti e gestori di appartamenti per programmare le visite ai posti da prendere in affitto. Dovette trovare, approvare e riservare gli alloggi per alcuni dei capi reparto che sarebbero arrivati da ogni parte. Scovò una villetta d'epoca rimodernata per Bill Johnson, il posticino ideale per i lunghi mesi di Prep, riprese e Post-produzione, dato che era a un tiro di schioppo dall'Ufficio Produzione. Non appena Dace la vide, però, la reclamò per sé. "Questo posto ha il mio nome scritto sopra!" disse lanciando la borsa con la maglia su un divano ultraimbottito con fodera a motivi vegetali. "Metti *el jefe* nella fabbrica di sigarette."

Intendeva il loft che prima della ristrutturazione era stato un magazzino di tabacco. Il proprietario aveva installato un impianto stereo all'avanguardia per il 1979, e c'era un'intera parete di vinili d'epoca ben catalogati. Bill Johnson se ne innamorò, e si vantò del fatto che quando si concedeva una pausa da *Niente domande* (*niente bugie*) non accendeva mai il televisore: metteva su un disco e scopriva cose mai ascoltate prime, tipo *Impara il Cha-Cha a casa tua con Sal Diego!*

Alcuni reparti avevano iniziato i lavori da prima che Allicia fosse assunta, e questo per lei fu una sorpresa. Chi si occupava delle Location, per esempio, si trovava a Richmond da un mese. Logistica & Trasporti aveva già preso accordi con un sindacato di autisti locale. Gli altri reparti si sistemarono in ordine sparso negli uffici e nei cubicoli di Vicolo Dieci Birilli: Assistenti alla regia, Casting, Fotografia, Suono, Direzione artistica, Effetti speciali, Costruzioni, Viaggi, Contabilità. Quando il reparto Ricettività fu operativo, capitanato da una certa Mary Beech, Allicia non fu più coinvolta nella ricerca degli alloggi: quello era il territorio di MB. Però si guadagnò la sua eterna simpatia riuscendo a ottenere una tariffa conveniente per la crew al Garden Suites Inn con una sola telefonata. Fu una grande vittoria per ND(NB): soldi risparmiati e un problema in meno da risolvere per MB! Dopo un solo promemoria mentale accartocciato, Allicia era già diventata la fuoriclasse, sempre e comunque attiva e reperibile 24 ore su 24.

Negli undici mesi seguenti Allicia risolse rompicapi e alleggerì pressioni, appianò gli intoppi e le buche come fa un acquazzone passeggero. Si assicurò che non mancasse mai l'acqua in bottiglia, fredda o a temperatura ambiente. Faceva prenotazioni di ogni sorta: ristoranti, tour in elicottero, biglietti per il cinema. Essendo della Virginia, prestava ascolto alle lamentele e teneva sotto controllo le remore degli abitanti secondo cui "quella troupe cinematografica" dava troppo fastidio! Mettendoci venti dollari di tasca sua, convinse un ragazzo a fare meno baccano con il tosaerba durante le riprese del mattino, e nel pomeriggio gli portò un ghiacciolo del catering. Dace la chiamava venti volte al giorno con domande e ordini: Quanto ci vuole per far installare un condizionatore alle finestre? Sai guidare con il cambio manuale? Sal Diego (Bill Johnson) non ha gradito la pizza di ieri sera: la crosta era troppo spessa e la salsa troppo pomodorosa, trova qualcuno che faccia la pizza napoletana. I compiti di Allicia non erano diversi da quelli svolti con la divisa verde del Garden Suites, ma non le lasciavano tregua, erano un flusso costante, e tutto doveva essere fatto *per ieri*. I problemi da risolvere per lei erano come equazioni: coltelli a serramanico x frozen yogurt + granella alla terza. Ne aveva qualche tornaconto in termini di stile di vita: poteva indossare scarpe comode e da Logistica & Trasporti le avevano preso a noleggio una Jeep nuova per rimpiazzare la sua Tercel pidocchiosa, e questo voleva dire che Allicia non avrebbe più dovuto tenere conto di chilometri e benzina per i rimborsi. Quando lavorava fuori dall'Ufficio Produzione, un autista del sindacato faceva il pieno alla Jeep e la portava a lavare.

Da quel primo lunedì della prima settimana di Prep, Allicia iniziò a capire che cosa un film pretende da coloro che ci lavorano, a cominciare dalle ricognizioni. Le ricognizioni erano estenuanti giornate in furgone con i posti tutti occupati dai responsabili di reparto, e una volta giunti a destinazione tutti si riversavano fuori come da una macchina di clown, dandosi sulla voce, sparpagliandosi in direzioni diverse, esaminando il perimetro, gli edifici, gli alberi, il negozio di liquori dall'altro lato della strada, le linee dell'alta tensione all'orizzonte, finché, ispezionato tutto a dovere, si riammucchiavano nel furgone e si attaccavano al telefono tutti immediatamente, strillando per farsi sentire nel baccano, mentre l'autista partiva per la prossima destinazione. Certi giorni riuscivano a visitare dodici siti con cinquanta minuti di pausa pranzo a base di cibo cinese o barbecue o cotolette di pollo in ristoranti che toccava ad Allicia scovare. Quando la ricognizione giungeva finalmente al termine e si tornava a Vicolo Dieci Birilli, i responsabili di reparto, senza concedersi pause se non una tappa in bagno o nella sala snack, si mettevano all'opera trasmettendo tutto ciò che era stato appreso e deciso nelle ultime dieci ore e 204 chilometri. Nei giorni di ricognizione Allicia provava una lieve nostalgia per il vecchio lavoro alla reception con l'aria condizionata e la divisa verde Garden Suites.

Ma tutto cambiò quando, dopo settimane, un tardo venerdì sera Allicia si ritrovò da Dace a bere margarita con i piedi scalzi e ripassare il programma del weekend: c'era l'evento con la Commissione Cinema della Virginia, c'erano la riunione con il reparto Effetti Speciali e quella con Trucco e Capelli, c'era una riunione sulla sicurezza con gli Assistenti Regia e, quella sera, per chi era interessato, una proiezione di *Miracolo a Milano* di De Sica, il precursore del classico *Ladri di biciclette*, su iniziativa di Bill Johnson. Domenica invece ci sarebbe stata una partita di football da vedere insieme in uno degli hotel della troupe. (Indovinate quale? Allicia chiese a T'naiah di preparare alette di pollo.) Rimettendo in funzione il frullatore per un altro po' di margarita, Dace chiese ad Allicia cosa ne pensava della sceneggiatura di *Niente domande* (*niente bugie*).

"Non saprei," rispose Allicia.

"Non è la risposta che mi aspettavo, Alli Galli," disse Dace rovesciando altra granita alcolica nei bicchieri e riempiendoli fino all'orlo. "Al di fuori del nostro sancta sanctorum, a chiunque te lo chieda tu devi dire che la sceneggiatura è favolosa, ricca d'invenzioni, una sorpresa continua, tutto un oh e ah. Ma se siamo tra noi e c'è di mezzo l'alcol, allora niente peli sulla lingua. Fa schifo? È robaccia? Una sceneggiatura nella media? Prevedibile? Roba già sentita? Oppure..." Dace mandò giù il margarita talmente in fretta che le si congelò il cervello. Iniziò a darsi dei colpetti sulla fronte. "Credi che stiamo facendo un altro grande capolavoro del cinema?"

"Manda indietro la lingua, verso la gola, riscalda il transito sinusale," suggerì Allicia.

Dace ci provò. "Ogh-ghei," disse. "Oh, chissà come ha funzionato. Allora... sputa il rospo. La sceneggiatura. Pollice su o pollice giù?"

"Non ne ho idea." Allicia sorseggiò il margarita.

"Perché non vuoi darmi la tua opinione?"

"Non ho letto la sceneggiatura."

"E perché diavolo non l'hai fatto?"

"Posso?"

"Stai facendo questo film!"

"Nessuno mi ha dato una copia. Quelle che ho visto hanno tutte un numero sopra. Sono assegnate. Ho dato un'occhiata solo a qualche pagina mentre eravamo in giro con il furgone per le ricognizioni, e anche nell'Ufficio Produzione. I nomi stampati in grande sono tutti oscurati come se fosse un documento riservato."

"Oh, perdindirindina. Si fa così perché una copia della sceneggiatura può sempre andare persa per colpa di qualche cretino o finire rubata da una spia di qualche agenzia. O magari qualcuno la fa arrivare di nascosto all'Associazione della Stampa Estera di Hollywood prima che noi gli mandiamo la versione ufficiale e definitiva." Dace lasciò il bicchiere di margarita mezzo vuoto sul tavolino – ne avrebbe bevuto sicuramente un terzo – e andò nella seconda Internet da letto della casa, che aveva trasformato in ufficio. Allicia sentì la stampante del computer che entrava in funzione, e dopo qualche secondo *drrz-fiu-drrz-fiu-ddrz-fiu* ecco le pagine.

Dace tornò nella zona giorno dopo aver fatto un salto all'isola della cucina per recuperare il resto dell'elisir verde. "Avrai la tua copia tra un paio di minuti. Lo leggerai stasera. E domani mattina ne parliamo appena sveglie. Questo invece lo facciamo fuori," disse, riempiendo di nuovi i bicchieri. Nel frullatore restava ancora mezzo centimetro di margarita e Dace lo bevve da lì, posando le labbra sul beccuccio. Lo fece fuori come promesso. E quando fu costretta a darsi qualche colpetto sulla fronte, Allicia le ricordò di spingere indietro la lingua.

* * *

Una volta presa un po' di dimestichezza con l'impaginazione e le diciture tecniche di una sceneggiatura, leggerne una è come vedere un film in lingua straniera con i sottotitoli: a un certo punto ci si dimentica della traduzione e si vede il film come se fosse scritto su una pagina. La sceneggiatura di *Niente domande (niente bugie)* era come il film che stava prendendo forma sullo schermo, ma con differenze sostanziali che la rendevano più interessante. Questo perché le sceneggiature di Bill Johnson erano più dei canovacci: indicazioni generali per scene che, nascendo nella sua mente, assumevano poi concretezza e dettagli solo durante i mesi di riunioni con la produzione e di battibecchi con i capi reparto, con un po' di spazio per l'improvvisazione nella Giornata sul Set.* Il risultato di questo processo veniva immortalato dalle cineprese e poi rilavorato in fase di montaggio. I momenti clou, come lo scontro fra i tre camion, in sceneggiatura c'erano già: se non lo scrivi poi non si fa. Però Bill aggiungeva sempre qualcosa al volo, grazie alle illuminazioni che gli venivano la notte prima delle riprese o in macchina mentre raggiungeva il set. E se un attore aveva un'idea degna di questo nome che dava più intensità a una scena, l'idea entrava nella Sceneggiatura Definitiva.

La copia che lesse Allicia – d'un fiato, malgrado lo stordimento provocato da tutta quella tequila con lime e triple sec – non raccontava di come l'AGENTE DEL TESORO ABBOTT THORPE (interpretato da Ross McCoy) avesse imparato il cha-cha-cha ascoltando un vecchio 33 giri nel suo brutto appartamento. Ma quando il Presidente degli Stati Uniti chiama Thorpe a mezzanotte, la puntina si solleva dal vinile e Thorpe risponde a metà di un passo di cha-cha-cha. Bill aveva aggiunto quel particolare del cha-cha-cha nella Giornata sul Set, proponendo l'idea a McCoy la mattina stessa, davanti a caffè e muffin nella roulotte Trucco e Capelli. McCoy non si era ancora svegliato del tutto quando Bill era piombato nella roulotte, ed ebbe qualche difficoltà a figurarsi quello che stava dicendo il regista. Ma poi l'idea gli piacque.**

"Allora, ecco che cosa penso della sceneggiatura," esordì Allicia. Lei e Dace erano nella sala snack. Dace stava tagliando

* Cioè la Giornata di riprese della scena in questione.

** All'epoca Ross McCoy era in ascesa a Fountain Avenue. Allicia lo trovò bellissimo, sì, ma anche parecchio *cane*. Ci provò con lei in maniera piuttosto determinata. Cosa che a lei non piacque affatto. Cosa che accese ancora di più le brame di Ross. Nel mondo di oggi lo avrebbero accusato di molestie sessuali. E la stessa accusa avrebbe travolto tre membri della troupe che non risparmiarono ad Al commenti e contatti sconvenienti.

un bagel, o almeno così glielo avevano venduto lì a Richmond. Allicia stava schiumando un po' di panna con una primitiva macchina per cappuccino Viva!

"Non qui, Boccalarga," disse Dace. "Nel mio ufficio, con la porta chiusa." A quel punto della Prep, il sabato si cominciava presto a lavorare.

L'ufficio di Dace si affacciava sul parcheggio di Vicolo Dieci Birilli e la visuale dalla finestra era parzialmente ostruita da tre tristi palme bisognose di cure.

"Allora, che ne pensi?" chiese Dace mentre Allicia si chiudeva la porta alle spalle. "Su questa cosa noi ci mettiamo i nostri nomi."

Allicia si sedette. "Be', la storia è quello che dovrebbe essere un film. Avvincente. Emozionante."

"Un thriller che toglie il respiro?" Dace sorseggiò la tazza di caffeina preparata da Allicia.

"Se lo dici tu. Politica e spionaggio, agenti del Tesoro che combattono i cattivi. Non sapevo che ci fossero agenti del Tesoro con questo compito, ma me la sono bevuta. Mi aspettavo che KANE fosse la talpa. Se fosse stato lui avrei pensato: 'Wow, era ovvio.' Invece non è lui e questa cosa mi è piaciuta. La scena di sesso con l'AGENTE ZED invece è ridicola."

"Dovrebbe essere sexy."

"Fare l'amore in una stalla abbandonata durante un temporale? Con i vestiti bagnati? Con i ragni e le schegge e il fieno zuppo di pioggia? Ma chi lo farebbe davvero?"

"Tutti, nei film. Sempre." Dace leccò il burro d'arachidi con pezzi croccanti che era colato dal bagel finendole sul dito. "E l'agente Zed potrebbe essere interpretato da Ginny Pope-Eisler.* Lo studio vorrà vederla nuda mentre finge di fare sesso sul fieno. Anche la troupe vorrà vederla nuda. La sua controfigura farà qualche soldo."

"Mi piace che Abbott Thorpe salvi il mondo, però nessuno lo sa e nessuno lo saprà mai, e quando lui se ne torna in quell'appar-

* Ginny Pope-Eisler non trovò un accordo con la produzione, quindi passò la mano. Alla fine l'AGENTE ZED fu interpretata da Maria Cross, come sapete una scelta che fece infuriare Ginny non appena lo venne a sapere.

tamento schifoso, al suo noiosissimo lavoro, non ha neppure il numero di telefono dell'agente Zed. Non ha niente per dimostrare quello che è successo. E questo fa venire a galla il tema."

"Il tema? Sentiamo un po'. Che opinione ti sei fatta?"

"Chi protegge la nostra libertà è uno sconosciuto, un soldato senza nome, sono uomini e donne che in cambio non hanno fama, ricchezza, riconoscimenti. È un'amara riflessione sulla contemporaneità."

Dace si appoggiò al rigido cuscino lombare della sedia affittata insieme alla scrivania. Con il tempo quel dolore l'avrebbe paralizzata. "Ci hai trovato davvero tutto questo nella sceneggiatura?"

"Be', non viene mai detto esplicitamente, ma si legge tra le righe."

"Quando avrà scoperto il tuo nome Bill Johnson ti adorerà. Ma io e te non siamo qui per crogiolarci nei sottotesti. Lavoriamo in Produzione. Ci occupiamo di problemi. Come la semplice aritmetica: al ritmo di due pagine al giorno quanto dureranno le riprese?"

Allicia ci pensò su prima di ricordare con esattezza quante pagine aveva la sceneggiatura. 127. "Settantatré giorni e mezzo."

"Ahia." Dace si era di nuovo appoggiata al cuscino lombare. "Questo coso fa male."

"Alzati," le disse Allicia. Quando Dace si alzò, Allicia fece girare la sedia e trovò la manopola che regolava la durezza dello schienale.

Dace disse: "Con sessantatré giorni di riprese sforiamo il budget di un milione e duecentomila dollari, e questo farà finire il capo nei guai."

"Prova adesso," disse Allicia facendosi da parte, affinché Dace potesse sedersi.

"Mille volte meglio!" Adesso la sedia era comoda come la prima classe della British Airways.

"Vuoi che te la alzi un po'?"

"Non serve." Dace diede un altro morso al bagel e bevve un altro sorso di caffè. "Allora..." disse masticando, "abbiamo budget a sufficienza per cinquantacinque giorni di riprese. Se finiamo le riprese il cinquantaduesimo giorno, al capo daranno del *maestro*. Gli faranno una parata su Fountain Avenue e per i prossimi cinque anni, o per tre film, sarà lui a dettare le regole. A meno che, ovviamente, il film non vada male. In quel caso è spacciato. Gli toccheranno tutti quegli sguardi pieni di pietà, la gente che cerca di evitarlo. Ma diciamo che *Niente domande del cazzo* (*alle tue zie*) incassa settecentocinquanta milioni di dollari e viene salutato come una pietra miliare nella storia del cinema: allora Bill potrebbe anche aver impiegato novantanove giorni più altre due settimane di riprese aggiuntive per finire il film e a nessuno fregherà nulla. Gli faranno comunque una parata."

"Quindi..." Allicia aveva preso l'abitudine di lasciare in sospeso l'inizio di una frase. "Girando due pagine al giorno i conti non tornano?

"Girare due pagine al giorno è una bugia. Certi giorni è già un miracolo se riusciamo a girare un ottavo di pagina: l'attore ha l'influenza, gli arnesi non funzionano, la macchina da presa fa cilecca. Per quanto uno ci provi, certi giorni non c'è verso. Siamo in ritardo sulla tabella di marcia? Forse. Ma il giorno dopo un dialogo in movimento di sette pagine viene girato prima di pranzo, e il pomeriggio restano solo da girare gli inserti della Seconda Unità e gli arrivi in automobile. Siamo in anticipo sulla tabella di marcia? Forse. Ecco perché questo lavoro NEPP.*" Dace bevve un sorso di caffè. "E le scene notturne? La pioggia?"

"Preludio atmosferico alle necessarie scene di sesso, suppongo."

"Vero. Ma da girare? Un girone infernale. Ci vorrà una settimana. Orario di Convocazione: lunedì alle cinque e quarantacinque del pomeriggio, e si va avanti finché non sorge il sole martedì mattina. Dodici ore dopo siamo di nuovo al lavoro, con il ritmo circadiano sballato. Mercoledì siamo decrepiti. All'alba di sabato saremo zombie. E la pioggia? Servono gocce grosse come ceci per far piovere in un film. Servono camion cisterna, idranti, irrigatori a poggia. Ci vuole una gru per sollevare i tubi a 30 metri d'altezza

* Non È Per Poppanti.

e bisogna manovrare tutto con i tiranti, che è come manovrare un dirigibile. E così all'esaurimento aggiungiamo il freddo e il bagnato. Mettiti addosso qualcosa che ti eviti di prendere l'influenza, se possibile."

"Ci sarò anch'io?"

"Oh, mia Piccola Alice: tu non sfuggirai alle Riprese Notturne."

Il cellulare di Dace emise un bip. "Ehi, Yogi." Yogi era Yorgos Kakanis, il tirocinante della Guild dei Registi d'America che si vestiva come se vivesse nella sua auto. "Ok. Arrivo." Chiuse la telefonata e si rialzò dalla sedia a noleggio, ora comodissima. "I ragazzi del Commissione Cinema sono arrivati. Ti presenterò come una del posto che abbiamo assunto, capito? Quindi non dire 'cazzo'."

* * *

Nell'ultima settimana di Prep, a soli sei giorni dall'inizio delle riprese, Allicia si ritrovò seduta alle spalle di Dace nel grande assembramento di tavoli disposti a quadrato per la tanto attesa Prima Lettura Integrale della sceneggiatura. La sala era piena, c'erano volute altre sedie ma qualcuno dovette comunque restare in piedi. Allicia imparò che la Prima Lettura Integrale è un evento importante. John Madrid era arrivato insieme ad altri produttori degli studios per rivendicare la proprietà del film. I reparti erano tutti rappresentati. Furono coinvolti quanti più membri del cast possibile, anche chi non lavorava da settimane. Ross McCoy e Maria Cross aggiunsero qualche gemito e qualche grugnito alla Scena di Sesso nella Stalla Abbandonata. Risero tutti. Alcuni si eccitarono. Chi aveva già girato un film sapeva bene che la Prima Lettura Integrale è il punto di non ritorno. Tranne, ovviamente, per chi viene licenziato.

Allicia fu travolta dal momento, era senza fiato: qualcosa che non aveva mai sperimentato stava per accadere, e lei era lì sia in qualità di testimone che di partecipante. Era lì per dare il suo contributo alla realizzazione di un film. Il suo corpo era tutto un formicolio. Smarrì un po' della sua solita padronanza, a livello fisiologico e spirituale. Aveva la sensazione che una parte di sé stesse abbandonando il corpo per salire sempre più su nella sala, lì nell'Ufficio Produzione di Vicolo Dieci Birilli. Quella versione spettrale di lei, sospesa lassù, vedeva non solo la Allicia in carne e ossa ma tutti gli altri, seduti insieme a lei intorno al quadrato di tavoli, sotto le luci fluorescenti, mentre Bill Johnson leggeva le indicazioni di regia e gli attori leggevano le battute con vari gradi di sicurezza e partecipazione. Quando la versione spettrale di Allicia sentì Bill Johnson dire "Fade to Black. Titoli di coda", l'Allicia Mac-Teer in carne e ossa aveva gli occhi umidi e applaudiva. Si sentiva *al sicuro*.

Tornata in sé, si sentì esausta. Lo fu per tutto il weekend, per tutto il lunedì e il martedì prima delle riprese. Mercoledì mattina era al parcheggio scelto come Campo Base cinquantadue minuti prima della Convocazione Tecnica delle 7:00. Dace arrivò alle 6:33. Ed entrambe erano sul set alle 9:26 per il primo ciak del film – scena 42, ciak 1. Bill Johnson gridò "Azione!" e Ross McCoy, nei panni dell'agente Abbott Thorpe, sbucò di corsa da un vicolo, attraversò la strada e si infilò in un altro vicolo. La prima scena di un film dovrebbe sempre essere poco impegnativa. Perché? Perché lo diceva Dace. Come tutti i profani, Allicia credeva che le prime riprese sarebbero coincise con la prima scena del film, cioè che il film venisse girato nell'ordine in cui poi il pubblico avrebbe visto le scene. Giorno 1, scena 1. Aveva senso, no? Ma un film non si fa col buonsenso. Spesso a dettare l'ordine in cui girare le scene sono le location o gli orari degli attori, o altre ragioni di opportunità o economiche.

Le riprese della Prima Unità furono un'esperienza fuori dal tempo fatta di stanchezza, panico, confusione e pianti controbilanciati da grandi risate. Ci furono momenti emozionanti a cui assistere (volete sapere come è stato girato lo scontro tra camion? Hanno preso dei camion e li hanno fatti schiantare per davvero!), attività di gruppo (un torneo di poker nella fattoria affittata da Ross McCoy, dove Allicia perse tutti i sessanta dollari con cui si era seduta al tavolo e Ross mostrò per la prima volta il suo comportamento da *cane*) e un diverbio sul set tra un Uomo

Verde* e uno del posto che era stato assunto come Macchinista malgrado la poca esperienza finì quasi in rissa. Clyde Van Atta diede una dimostrazione della sua Tecnica di Controllo Sul Set e fu in grado di calmare gli animi: anzi, tutto si risolse con grandi strette di mano sotto gli occhi stupefatti di Allicia. Quel venerdì non fu licenziato nessuno. Per Allicia la realizzazione di *ND*(*NB*) era paragonabile all'addestramento per entrare nel Corpo dei Marines.

A distanza di anni, i ricordi di quelle settimane li aveva ancora nelle ossa: rievocavano sensazioni tangibili, emozioni vivide, erano come una corrente elettrica. Incaricata di organizzare il catering per la visione del primo giorno di riprese, Allicia avrebbe potuto restare a guardare, se lo desiderava. Certo che lo desiderava! E davanti a tutto quel girato grezzo, fare un film cominciò finalmente ad avere un senso: i punti macchina, i movimenti del carrello, le inquadrature di quinta, i primi piani.

Il 52° giorno dei 60 di Riprese, Allicia era seduta con Dace a bordo di una Mustang a noleggio: la donna aveva bisogno di un bolide americano e il reparto Logistica & Trasporti gliene avevano procurato uno. Un temporale si allontanava sopra le loro teste e la troupe aspettava che il cielo si aprisse. Il set si trovava a un paio di chilometri dal Campo Base. Le scene da girare erano la 86, la 86a e la 87 – "Thorpe manca il lancio." E piuttosto che sedersi nella tenda della Regia con il pavimento fangoso, Allicia prese del caffè dal catering e si sedette sul sedile passeggero della Mustang. La pioggia martellava sul tettuccio.

"Allora..." Dace alzò la tazza indicando il parabrezza, il set, la troupe e la pioggia. "Cosa ne pensi? Del lavoro. Il racket del cinema." Le lanciò un'occhiata. "Cos'hai imparato, Dorothy?" Poi controllò l'orologio, la lancetta dei secondi si avvicinava al numero 12. "Ti do dieci minuti. E... via!"

Allicia si sforzò di radunare i pensieri, di mettere ordine nei suoi promemoria mentali, ma alla fine si arrese. Cinque dita di una mano non erano abbastanza per tutto quel che aveva vissuto.

* Un uomo del Reparto che si occupa di alberi, piante e cespugli.

"Fare un film, credo, è vedersela con una pressione che spezza le ossa ai più deboli. Quanti momenti spietati..." Allicia parlò ininterrottamente per nove minuti e trentasei secondi, senza pause di *ehm, lo sai* o *tipo*. Si esibì in un monologo, come un rapporto della CIA. *Il Caos Creativo e gli Effetti sull'Interazione Umana, Pratiche Commerciali e Impatto sul Territorio durante l'Operazione Niente domande (niente bugie)*. Mancava solo un elenco con i punti chiave e un puntatore laser.

"Ben detto," annuì Dace. "Quindi..."

La pioggia si stava arrendendo, il martellio sul tettuccio della Mustang era più sommesso. Pochi minuti e la troupe sarebbe tornata al lavoro sulla scena 86a. "Capisci che non hai alcuna ragione per trasferirti a Los Angeles."

L'idea di trasferirsi a Los Angeles non aveva mai sfiorato la mente di Allicia. Una volta completato *ND(NB)*, avrebbe ringraziato Dace per la fiducia, per l'opportunità di far parte di qualcosa di tanto grandioso ed emozionante, per tutto quel che aveva visto e imparato. Si sarebbe premurata di dire lo stesso a Bill Johnson, che ormai la chiamava *Alice Mac-Treno*, a Clyde Van Atta e agli altri capi reparto, nessuno escluso. Mancavano otto giorni e le Riprese si sarebbero concluse. Allicia non avrebbe più fatto parte del cash flow, ovvero sarebbe stata disoccupata. Aveva intenzione di cercare un impiego alla Commissione Cinema della Virginia.

"Per avere le agevolazioni fiscali della Virginia terremo aperto un ufficio di Post-produzione." Dace abbassò il finestrino e gettò via ciò che restava del caffè ormai freddo. "Sarai la mia vice qui. Ti occuperai del film finché non lo avremo chiuso. Potrai grattarti la pancia e sfogliare riviste di moda. Esci con chi vuoi, datti da fare, ma non farti mettere incinta. Ho una sensazione, diciamo che al novantacinque per cento Sal Diego se ne uscirà con la sua prossima storia prima che questo film venga stroncato da *Variety* e applaudito dall'*Hollywood Reporter*. A quel punto, Alice, guarda l'orizzonte a ovest. Ti manderò un segnale luminoso."

Allicia era confusa. "Sono confusa," disse. "Un segnale luminoso?"

"Avrò bisogno di te," disse Dance rialzando il finestrino. "Adesso sei nel Business del Cinema."

* * *

Oh, Dace! Vediamoci stasera per un margarita a El Cholo!

Al ripensava a lei tutti i giorni, con la speranza – un vero e proprio desiderio – che ogni telefonata fosse quella in cui Dace le diceva che aveva bisogno di lei. Negli anni di COVID-19, in quello sconquasso privo di senso, Al si chiedeva come si sarebbe comportata Dace di fronte ai lockdown, alle chiusure, alle cancellazioni che avevano fatto svanire il traffico su Fountain Avenue e abbassare la serranda dei cinema. I servizi di streaming come Hawkeye e concorrenza stavano diventando gli arbitri assoluti, erano loro a decidere quali film venivano finanziati, quali venivano visti, e in che modo. Guardare un film a casa non era poi così male, si scoprì.

"Al Bania," avrebbe detto Dace. "È la morte del vaudeville all'ennesima potenza." Aveva imparato cos'era Fountain Avenue.

* * *

Molti anni prima, Candace "Candy" Mills aveva lavorato per il padre vedovo da Mills Articoli per Ufficio a Orange, sua città natale, in California. L'epoca delle addizionatrici a mille tasti era finita, e anche quella delle calcolatrici da tavolo a dieci tasti. Ora Amos Mills vendeva e offriva assistenza per fotocopiatrici e stampanti in tutta la contea di Orange. I soldi che venivano dalla vendita dei toner bastavano da soli a tenere il negozio in attività senza rimetterci. Poi c'erano le stampanti e le fotocopiatrici che si inceppavano e si bloccavano di continuo, e quando succedeva Mills Articoli per Ufficio era lì. In più, suo padre arrotondava restaurando vecchie macchine da scrivere. Nel locale sul retro ce n'erano tante, d'epoca, in vari stati di abbandono, mentre sugli scaffali erano esposti modelli funzionanti di Royal, Underwood, Remington, Hermes, Olivetti. Ogni tanto qualcuna la vendeva.

Un giorno Amos Mills era uscito per un intervento lasciando la figlia a occuparsi del negozio, e una Ranchero scassata – uno di quei veicoli metà auto metà pick-up, con il cassone pieno di attrezzi – parcheggiò nello spiazzo al di là della vetrina. L'uomo al volante, un tizio magro e allampanato con addosso abiti da lavoro consumati, sporchi di segatura e stucco incrostato, entrò per chiedere informazioni sulle macchine da scrivere. Erano in vendita?

"Le vendiamo a chi ne ha bisogno, sì," gli disse Candy Mills.

"Ce n'è una migliore delle altre?" chiese il tizio.

"Fammi vedere le mani," disse Candy. Lui gliele mostrò. Erano le mani nodose e screpolate di un uomo che si guadagnava da vivere con martelli, raschietti e spatole. "Apri bene le dita." Lui obbedì. Aveva le dita lunghe, se fosse stato un pianista avrebbe potuto coprire tutta un'ottava senza sforzo. "Hai le dita lunghe. Quindi..."

"Quindi mi serve una macchina da scrivere grande."

"No, non ti serve proprio una macchina da scrivere." I computer e i programmi di videoscrittura stavano diventando sempre più economici. "Non serve a nessuno. Forse solo per scrivere gli indirizzi sulle buste."

"Sto cercando una musa meccanica. Uno strumento che mi ispiri."

Candy guardò la Ranchero parcheggiata fuori, la varietà di attrezzi, teloni e ferramenta con cui quel tizio se ne andava in giro. "Hai intenzione di buttarla nel cassone insieme alla levigatrice e al seghetto alternativo?"

"No. La avvolgerò in un bel panno e la tratterò con delicatezza. Dipende da quanto viene." Con le lunghe dita indicò la parete con le macchine da scrivere. "Una di queste quanto mi può costare?"

"Oh, quelle sono tutte delle chicche. Oggetti da collezione. Rarità. Arrivano fino a sessanta dollari."

Lui rise. "È per questo che ho messo un po' di soldi da parte: per una vecchia macchina da scrivere nuova."

Si avvicinò agli scaffali e lesse i nomi delle marche: nessuna delle macchine era stata prodotta prima del 1961. "Devo investire in una Voss? Una Adler? O in questo piccolo gioiello, l'Hermes Rocket?"

"Con quelle manone che ti ritrovi? La Rocket ti farà piangere. Ti dico una cosa..." Candy fece il giro del bancone sempre seduta sulla sedia con le ruote. La spinse fino al tavolino basso su cui era piazzata una stampante HP, che tolse per poggiarla su un'altra stampante HP lì vicino. "Ecco la carta. Prendi la Remington Noiseless. Siediti e scrivi. Facci un giro di prova. Poi cambia macchina da scrivere finché non trovi quella che fa per te. Come ti chiami, vuoi una tazza di pessimo caffè?"

"Bill Johnson, e sì. Come devo chiamarti?"

"Candy. Abbreviazione di Candace."

"Non è poi così breve, sono comunque due sillabe."

Il caffè di Mills Articoli per Ufficio veniva da una latta di marca Yuban e usciva da un apparecchio tanto vecchio e malconcio che la decalcomania si era sbiadita e recitava MIS ER COFF. L'uomo lo gradiva con due cucchiaini di zucchero e una dose di panna senza lattosio che non poteva fargli bene. Una dopo l'altra, provò tutte le macchine da scrivere funzionanti del negozio – e quel tizio sapeva battere a macchina. Non si accontentò di scrivere una riga di prova o due, scrisse interi paragrafi smanettando anche con le tabulazioni e i margini. Non c'era bisogno di dirgli che la *L* minuscola serviva anche come numero 1 (l), semmai non lo avesse trovato, o che per l'apostrofo nelle macchine senza l'apposito tasto bisognava premere il punto, poi il tasto indietro e poi tenere premuto il tasto MAIUSCOLO e poi l'8!

Candy gli raccontò alcune delle cose imparate dal padre. Le Hermes venivano prodotte in Svizzera, le Olimpia nella Germania dell'Ovest. Le Tower erano Smith-Corona vendute dai grandi magazzini Sears. Il tizio era affascinato dai dettagli, per esempio i tasti extra delle Olympia con le dieresi del tedesco e l'assenza del tasto $. Dopo aver valutato meglio alcuni modelli, procedendo per esclusione il tizio incoronò la campionessa: una Smith-Corona Sterling con scocca nera e tasti neri. Aveva il meccanismo migliore, i margini erano facili da impostare, la barra spaziatrice faceva sempre muovere il carrello. Aveva anche il campanello di fine corsa più rumoroso.

"Mi serve quel campanello," disse. "Per bucare la mia concentrazione, tipo laser."

"Un altro caffè?" chiese Candy. Sarebbe stato il terzo. Il tipo era nel negozio da quasi due ore.

"Il mio corpo dice no, ma la mia dipendenza dice dammi qua."

Parlarono per un'altra mezz'ora, flirtando. Lei era in negozio per dare una mano a suo padre, gli disse. Era nata lì e aveva lavorato a Disneyland come operatrice delle giostre e anche alla Knott's Berry Farm come bigliettaia, entrambi lavori piacevoli con buoni orari e una paga dignitosa. Ma i costumi erano un'umiliazione. E anche se era obbligatorio, non sempre lei riusciva a fingere il buonumore.

Lui raccontò di essere arrivato in California da Cleveland, Ohio, per due motivi: fuggire da un inverno senza misericordia ed entrare nel Business dello Spettacolo. In effetti aveva trovato lavoro a Hollywood quasi subito, metteva la carta da parati, ma aveva anche incontrato un tizio che conosceva un tizio che lo aveva aiutato a ottenere un lavoro in una Swing Gang.* Tutto questo accadeva tre anni prima, ed ecco perché teneva tutti quegli attrezzi nel cassone della sua auto/pick-up. Ecco perché si trovava a Orange, peraltro: avrebbero girato un film lì, utilizzando le facciate dei negozi e il cinema riconvertito in chiesa pentecostale come set.

"Ne ho sentito parlare. Un film proprio qui nella mia città." Se Candy Mills avesse dovuto immaginare una persona che lavorava nel cinema, le sarebbe venuto in mente qualcuno con meno segatura fra i capelli. "Perché proprio a Orange?"

"Somiglia un po' a Erie, Pennsylvania."

Candy non aveva mai vissuto in un posto diverso da Orange. "Non lo sapevo."

* La Swing Gang è la squadra che lavora di notte per preparare un set o una location alle riprese del giorno successivo. Si tratta di un piccolo esercito di falegnami, imbianchini, appendiabiti, scenografi, macchinisti ed elettricisti sempre stanchissimi.

Il cliente non si limitava a preparare i set del cinema. "La mia testa non si ferma mai," le disse. Era anche un autore, uno che si faceva prendere dalla furia di scrivere e scrivere e scrivere sceneggiature: non era ancora riuscito a venderne una, erano tutte state accolte dal settore con un silenzio tombale, così tante che aveva finito per consumare la sua macchina da scrivere Brother del 1972. Un rottame. Però aveva miracolosamente trovato un agente dopo avergli spedito una sceneggiatura non richiesta. Avere qualcuno che ti rappresenti non significa avere un lavoro, comunque. Di notte si dedicava alla vernice e allo stucco, ma di giorno, tenuto su da un caffè scadente quanto quello di Mills Articoli per Ufficio, aveva buttato giù una sceneggiatura dal titolo provvisorio *Anche le stenografe possono essere eroi*, la storia di una giovane segretaria nella New York del 1939, lo stesso anno di produzione della Sterling, quando le spie naziste erano ancora a piede libero. Sperava di battere la prima stesura completa su una vecchia macchina da scrivere funzionante, proprio come avrebbe fatto la sua protagonista.

"Vuoi dirmi che la userai davvero per scrivere?" Candy era sorpresa. Dopotutto Mills Articoli per Ufficio vendeva stampanti laser. Nessuno scriveva più con la macchina da scrivere, a parte le vecchie autrici di gialli che risolvevano i crimini in TV. "Che coraggio! Procurati della carta velina, così cancelli più facilmente. E ti serviranno questi." Candy gli diede due nastri in più, nero e rosso insieme, e poi una cosa che sembrava una matita ma che in realtà era una gomma da cancellare temperabile, con una scopetta a un'estremità, e pennelli rigidi per togliere i residui dai tasti e dai meccanismi della Smith-Corona. Gli diede anche un grosso contagocce di lubrificante per macchine da cucire e il biglietto da visita di Mills Articoli per Ufficio con aggiunto a penna Candy Mills – Consulente. "Chiama se hai qualche problema. Di sicuro non ne avrai perché mio papà fa un buon lavoro. Ma se hai voglia di un pessimo caffè, ecco qui."

La settimana dopo Bill Johnson si fermò al negozio per un pessimo caffè e due chiacchiere con Candy Mills, che lui prese a chiamare con un monosillabico Dace. Poi la portò sul set per mostrarle il risultato delle sue fatiche notturne insieme alla Swing Gang: avevano trasformato l'intera strada perché somigliasse a una strada di Erie, Pennsylvania, nel 1964. E soprattutto la fece assistere alle riprese di una scena. Di solito assistere alla lavorazione di un film è un'esperienza piacevole, ma Candy, anzi Dace, riuscì a vedere solamente un mucchio di auto d'epoca e un autobus che giravano in tondo. Tutti i membri della troupe avevano la faccia di chi vorrebbe andare a pranzo ma non ha il permesso. C'era anche una cinepresa sul braccio oscillante di una gru, ma cosa c'era di tanto speciale? Un tizio urlava degli ordini a una donna, che a sua volta urlava gli stessi ordini attraverso un megafono.

Dace Mills e Bill Johnson uscirono insieme per un po', nel senso che andarono a letto un bel po' di volte e si fecero ridere a vicenda, soprattutto quando erano fatti. Lui le permise di leggere alcune pagine di *Anche le stenografe possono essere eroi* non appena ne fu soddisfatto, e lei imparò così le diciture tecniche della sceneggiatura – tipo INT. UFFICIO – GIORNO – che servivano a far sapere a chi di dovere che la scena si svolgeva al chiuso, in un ufficio, durante le ore diurne. Oppure che l'Evento a pagina 30 chiudeva il primo atto creando aspettative per il seguito. Smisero di fare sesso dopo aver parlato a lungo del fatto che nessuno dei due voleva impegnarsi in "una cosa a lungo termine", poi andarono a mangiare a Huntington Beach da un cinese a buon mercato. Restarono amici. Ogni tanto facevano qualcosa insieme, tipo andare a Disneyland (grazie ai contatti di lei) e alle feste a North Hollywood (grazie ai contatti di lui).

Quando Bill Johnson cambiò l'ambientazione di *Anche le stenografe possono essere eroi*, passando dalla Manhattan del 1939 a una Città Anonima nel 195X (in questa versione le spie erano comuniste), il budget si ridusse di parecchio, tanto da permettergli di dirigere lui stesso il film (senza compenso). Riutilizzando alcune location a Orange e alcune auto d'epoca, facendo recitare Maria Cross nel ruolo principale e concludendo le riprese del film al giorno 17 dei diciassette giorni previsti, Bill Johnson diventò un regista a tutti gli effetti. E poiché il set di

INT. UFFICIO aveva bisogno di più scrivanie, ciascuna delle quali con una macchina da scrivere d'epoca, Mills Articoli per Ufficio gliele prestò a titolo gratuito!* Dace Mills riuscì a risolvere parecchi dei problemi di Bill, lo tenne rifornito di Yuban per tutto il mese di Prep e per tutti i diciassette giorni di riprese. Lui non la pagò un centesimo, ma fece qualcosa di molto meglio: le diede un riconoscimento che sfilò nei titoli di coda con l'appellativo gender neutral: PRODUTTORE ASSOCIATO: DACE MILLS. Al film intanto avevano cambiato il titolo in *La dattilografa.*

* * *

Il cancro che aveva reso vedovo Amos Mills era scritto nel gene BRCA silenziosamente portato da molte donne, una minuscola alterazione del DNA trasmessa dalla madre all'unica figlia. Accidenti se non si prese anche la vita di Dace Mills con la stessa furia implacabile, facendosi strada dentro di lei come un lento treno notturno.

In qualità di unica produttrice di Bill Johnson fin dal tempo de *I boss della Nova*, Dace aveva fatto in modo che Allicia Mac-Teer rimanesse ingaggiata dopo *ND*(*NB*). Per la produzione seguente, *Le Tenebre dell'Eden*, Allicia si trasferì dalla natia Richmond a Baton Rouge, in Louisiana. E dopo i mesi di Prep e di Riprese, come accade anche ai migliori esseri umani, anche lei cedette e traslocò in quella chimera da cartolina che è Los Angeles. Seguì la Post-produzione di *Le Tenebre dell'Eden* al Radford Studio, vicino a Ventura e Laurel Canyon, ovvero nella Valley. Mary Beech del reparto Ricettività le rimediò un cottage in affitto sulle colline di Hollywood – lato Valley – con un vicino che sembrava Cat Stevens (non lo era) e una vista notturna da urlo. La Optional Enterprises possedeva la metà di un piano nell'edificio circolare della Capitol Records di Hollywood, e ad Al misero a disposizione un ufficio: uno spazietto con una scrivania, un telefono e un

* Amos Mills era esterrefatto! Noleggio gratuito? Bill Johnson placò Papà con un piccolo ruolo nel film, quello del cliente in fila al cinema che dice: "Che aspettiamo? Mi sto perdendo il cinegiornale!" A Papà bastò un solo ciak.

pannello di sughero sulla parete che la divideva da Dace e dal suo grande ufficio curvo con una foto di Frank Sinatra ai tempi del ring-a-ding. Quando la sceneggiatura di *Imperion* scritta da Bill Johnson uscì finalmente dall'Inferno dello Sviluppo, Al era già salita di un grado: apparve come produttore associato nei titoli di coda. Per molti, in Fountain Avenue, questo voleva dire che adesso aveva un certo peso. Il telefono cominciò a squillare sempre più spesso, chiamate di leccaculo che imploravano un momento del suo tempo, giusto due parole, avevano per le mani *qualcosa che per lei può valere molto, e forse anche per Bill Johnson!* A lei quell'atmosfera di disperazione non andava a genio, e nemmeno ciò che guidava le azioni di molta della gente di H'wood: la ricerca di qualcosa di significativo che però non si trovava mai. Al vedeva quella gente come un problema da ignorare o da allontanare.* Al era abbastanza intelligente da scrivere due righe a quelli che avevano fatto un buon lavoro, girato un buon film o fornito un servizio che aveva reso un po' meno complicata la vita di Dace Mills, Bill Johnson e la sua. Quelle due righe su un foglio della Optional Enterprises con la scritta AL MAC-TEER a rilievo in basso non erano scritte a macchina, ma a mano.

Con *Imperion* in Post-produzione, Dace andò finalmente a vivere con Andy, suo fidanzato da tre anni, l'avvocato immobiliarista, l'uomo che le aveva chiesto la mano da quando aveva divorziato dalla moglie tre anni e mezzo prima. Andy abitava in una casa giù nella Valley. Aveva un figlio con bisogni speciali che richiedeva assistenza 24 ore su 24, quindi la stalla dei cavalli era stata riconvertita nell'alloggio di chi si occupava di Andy Jr. E visto che Dace aveva preso sul serio la relazione e si era trasferita a

* Liberarsi di questi sciocchi non era difficile. Al lo aveva imparato da Dace ascoltando una sua telefonata: "Ascolta, babbeo, ti sei illuso di potermi prendere per il culo. Siamo in call e a te ti gira così e chiedi due milioni di dollari quando stiamo parlando di una garanzia per il finanziamento? Ecco cosa faremo: tu e i tuoi servizi non siete più necessari alla Optional Enterprises. Sei licenziato. Zitto... Zitto... Zitto. No, non ci stavi consigliando in virtù delle tue competenze, ci stavi tagliando le gambe mentre cercavamo di ottenere una garanzia, ti sei arruffianato gli avvocati con la scusa di proteggere la visione del mio capo. Sei fuori. Fuori. Licenziarti ci farà risparmiare quasi mezzo milione di dollari, e soprattutto non dovremo più avere a che fare con te. *Vaya con dios*, buona giornata... Sì? È così? Non me ne frega un cazzo."

Van Nuys dalla sua deliziosa casetta in una delle Helena Streets di Brentwood (chi lo farebbe?!), era comprensibile che si presentasse meno di frequente alla Optional Enterprises. *Imperion* era stato girato ad Albuquerque, in New Mexico, in sessantacinque giorni. E di ritorno a casa Dace aveva un cortile grande come un campo da calcio da progettare, un uomo che aveva bisogno di un maglione ai ferri e un bambino speciale che dava alle cose una prospettiva più degna rispetto alle preoccupazioni mondane di quel Carnevale di Cartapesta. E poi Dace aveva Al Mac-Teer.

C'era molto in ballo mentre *Imperion* girava l'ultima boa e rientrava in porto. *Scorci di Eden* era in fase di sviluppo. *Albatross* era solo una sceneggiatura arrivata a Bill Johnson, ma la storia aveva già messo radici nella sua irrequieta materia grigia. Un giorno, a metà mattina, Al era alla Optional Enterprises, parlava al telefono con lo studio per completare l'elenco degli invitati alla proiezione di *Imperion* (con una nuova partitura provvisoria)* riservata ai trendsetter, quando sentì Dace entrare nel grande ufficio accanto. Non c'era assolutamente nulla di strano, né alcuna vibrazione anticipatoria nell'aria. Alla fine della telefonata, Al passò accanto all'ufficio di Dace per raggiungere quella che lei chiamava Area Ristoro in fondo al corridoio.

"Vuoi del caffè o qualcosa?" chiese a Dace.

"Una tisana," rispose lei dalla scrivania, curva come l'arco descritto dalle pareti del suo ufficio. Ripensando a quel giorno, Al ancora non si capacita di non essersi accorta che Dace non aveva con sé la borsa del lavoro a maglia, e che aveva chiesto una tisana. Con le rispettive bevande in due tazze abbinate (una con Sammy Davis Jr. sorridente ai tempi del Rat Pack, l'altra con Dean Martin), Al sentì dire a Dace: "Ehi, sai tenere un segreto?"

Se Al avesse già preso un sorso di caffè l'avrebbe risputato sul legno chiaro della scrivania a forma di mezzaluna di Dace. "Chiedimi se sono capace di dire una bugia, piuttosto. Dico

* Una partitura provvisoria è musica, qualsiasi musica, inserita nel film fino alla composizione della partitura finale. Di solito le partiture provvisorie sono spunti musicali presi da film precedenti.

bugie ogni giorno, a tutti tranne che a te e a Sal Diego." Prese posto sulla sedia Design Within Reach di fronte alla sua Maestra, la sua Guida, la sua Sensei.

"Tenere segreti è quel che faccio di mestiere, in pratica."

"Me ne vado, piccola." Dace sorseggiò la tisana alla mandorla. E poi... silenzio.

Me ne vado, piccola. A quelle parole la Terra uscì dal suo asse, le luci si abbassarono, la testa di Al scattò verso sinistra. Però gli occhi non smisero di fissare.

Non le era sfuggita la perdita di peso, un effetto collaterale di quelle che dovevano essere medicine. Anche il passo di Dace era meno energico. Al aveva notato anche questo. Per quanto riguardava le assenze dall'ufficio, invece, nessuno chiedeva, nessuno si aspettava una spiegazione. Dace andava e veniva, telefonava o non telefonava da quando avevano finito ad Albuquerque. Se avesse voluto che Al fosse al corrente di qualcosa, l'avrebbe detto chiaro e tondo.

Me ne vado, piccola. Al non ebbe bisogno di chiederle cosa significassero quelle tre parole. Aveva capito a cosa alludevano, una verità semplice eppure così carica di significato. *Me ne vado, piccola* era il modo in cui Dace le stava dicendo *Me ne vado... e ti lascio qui.*

Piansero entrambe, Dace meno della sua protetta. Al allungò il braccio per superare la scrivania e prendere la mano di Dace nella sua: un gesto d'amicizia, d'onore, di solidarietà.

Dace morì prima che *Imperion* arrivasse in sala, un'uscita di scena veloce e scortese, l'arroganza della medicina sconfitta dalla fisiologia del cancro.

Poche persone sapevano che Dace aveva i giorni contati: Andy, Al, Bill Johnson e Clyde Van Atta. Il quartetto era paralizzato dalla prognosi, emotivamente piegato dal suo peso. Eppure, nei mesi a seguire, non insultarono mai Dace facendole perdere tempo con domande tipo *Come ti senti? Posso fare qualcosa? Come sono oggi i valori del sangue?* Quando smise di venire alla Optional Enterprises, né Al né Bill Johnson andarono a trovarla.

Dace li chiamava sul BlackBerry più volte al giorno, preferendo dar loro l'ironia che poteva viaggiare via audio/e-mail/chat che il crudo spettacolo del suo corpo che rinsecchiva.

L'ultima volta che Al, Bill Johnson e Dace si trovarono nello stesso posto fu alla proiezione per il Missaggio, cioè per la messa a punto definitiva delle bobine 5 e 6 di *Imperion*. Dace entrò con le sue forze – un autista l'aveva accompagnata e l'avrebbe riportata a casa – appoggiandosi a un bastone, ed era così magra che sembrava fluttuare nella luce soffusa e fioca che veniva dallo schermo. Dopo aver fatto scorrere l'ultimo terzo del film ormai completato, disse: "Bene, Bill Johnson. Hai capito come fare questo film." I tre parlarono per un'altra ora, ridendo a crepapelle per quasi tutto il tempo. Poi l'autista la riaccompagnò, fuori dal parcheggio fino alla sua casa nella Valley, e sulle rive dell'Elisio. Fecero un funerale, ma Al non ricorda alcunché.

4. PREP

LONE BUTTE

La Dynamo non aveva trovato il modo di incorporare Eve la Guerriera nel franchise di *Agenti del Cambiamento*, e così Bill propose la sua idea, e la società gli firmò un assegno il giorno stesso. I dirigenti della Hawkeye, all'esordio nelle grandi produzioni di franchise, si scambiarono sonore pacche sulle spalle per essersi accaparrati il famoso regista. Bill Johnson rimase concentrato sulla sceneggiatura mentre l'Ufficio Acquisizioni e Diritti (di Hawkeye) andava a caccia dei diritti per il personaggio dell'Incendiario, e intanto si cominciavano a valutare location che non fossero Atlanta (lo fece la Dynamo).

A farsi avanti subito fu Baton Rouge, con determinazione, facendosi forte della sua cucina Cajun, mettendo in mostra tutto quello che già aveva di pronto per imporsi come la miglior location possibile. Il New Mexico, la Virginia e l'Ohio (alternative in caso di budget limitato) offrirono i rispettivi stati come set che avrebbero potuto far risparmiare un mucchio di soldi. Dal nulla persino la città di Dresda, ex Germania Est, inviò la sua candidatura agli studios e alla piattaforma. Poco fuori città c'era uno studio cinematografico in disuso con annesso un parco divertimenti: il *KinoWorld!* Era stato finanziato e costruito dopo la riunificazione e ci andavano frotte di turisti attirati dalle montagne russe, il Tagadà, e dal Far-West, attrazione che si fregiava addirittura di un pozzo avvelenato: WASSER VERBOTEN! Il *KinoWorld!* disponeva di cinque teatri di posa tirati su per fare gola ai produttori, a cui venivano offerti anche finanziamenti: a condizione che la città fosse utilizzata per almeno una location. Gli studi del *KinoWorld!* erano al momento vuoti, disponibili, un vero affare!

Bill Johnson non ritenne necessario dedicare un sopralluogo ai potenziali candidati. A Baton Rouge aveva già girato un *Eden*: l'umidità estiva aveva rallentato tutto, e la vegetazione della Louisiana era sempre di quel verde giungla così lussureggiante, primordiale, agli antipodi di ciò che immaginava per il film. A Dresda non ci andò perché non aveva bisogno di teatri di posa multipli, gliene bastava uno per il green screen. Essendo venuto a sapere che in California era possibile ottenere degli sgravi fiscali, inoltre, dopo aver passeggiato per le strade di una cittadina dall'atmosfera un po' rétro di nome Lone Butte, Bill Johnson smise di cercare.

Ci videro tutti giusto, con Lone Butte. Johnny lo Spagnolo – ormai membro della Film Commission della California, non più l'idiota degli studios – si era rimesso in riga. Dopo essere stato cacciato dal set di *Scorci di Eden* per un litigio di troppo sulle riprese che duravano più di dodici ore (e per essersi preso un po' troppi meriti quando il film aveva incassato 1,2 miliardi di dollari nel mondo), Johnny Madrid aveva lasciato i compiti da Produttore Esecutivo, oltremodo sicuro di poter dirigere una casa di produzione tutta sua. Mossa disastrosa. Si era tratto in salvo approdando alla Film Commission della California e fu felice di riallacciare i contatti con la Optional Enterprises. Come sempre, Al Mac-Teer aveva lavorato da vera fuoriclasse nel pre-scouting, nel pre-allestimento, nel pre-arare e pre-piantare tutti i semi della produzione prima che Bill piombasse in città per dare un'occhiata di persona. Yogi aveva esplorato Lone Butte per conto suo, arrivandoci in macchina da solo, per avere un quadro delle complessità e del contesto, senza portarsi dietro neppure una sceneggiatura o un piano di lavoro. Questo fu il resoconto a Bill Johnson: "È il Kansas, il Nebraska e il Missouri messi insieme." Frugando nelle banche immagini, scaricò fotografie di altre cittadine in diciassette stati diversi e sfidò Bill John a riconoscere Lone Butte. Bill non ci riuscì. "È a sei ore di macchina da Sherman Oaks."

"Va bene," annunciò Bill, in ufficio con Al e Yogi. "Facciamo una scappata a Lone Butte. Radunate la squadra." Al avvertì Yoko Honda, la geniale direttrice artistica, e Stanley Arthur Ming alias SAM, il direttore della fotografia, il pittore della luce. Erano tutti in ballo, adesso, e si doveva ballare: che non accettassero altri incarichi prima di aver parlato con Bill.

Il corso degli eventi era già stato segnato da un colpo di fortuna, ed ecco il riassunto in aziendalese: parecchio tempo prima, una casa editrice chiamata Diamond Club Publishers si era ingrandita fino a diventare il Dynamic Group, per l'appunto un gruppo che si era lanciato in altri investimenti per acquisire, tra gli altri, tutti i titoli di Kool Katz Komix, compresa *La leggenda dell'Incendiario*. Da allora era passato un decennio. Nel frattempo, grazie al successo degli adattamenti cinematografici di *La ragazza degli E.C.C.E.S.S.I.* e dell'eroico duo SENTINEL e CHAOS nel film omonimo, la crescita del gruppo aveva preso forme diverse. Attraverso la Dynamo Nation, il Dynamo Group aveva infatti creato l'universo Ultra, e così il titolo della sceneggiatura di Bill Johnson diventò *Guerriera Insonne: La forgia dell'Incendiario*. Il film sarebbe stato girato a Lone Butte, una cittadina della North Valley, in California, a meno di un'ora di macchina da Sacramento. Ci si poteva arrivare con Uber, Lyft o PONY.

* * *

Un'autista di PONY di nome Ynez Gonzalez-Cruz, nata e cresciuta a e ancora figlia di Sacramento, si era appena licenziata da uno dei tre lavori che aveva svolto con più o meno regolarità negli ultimi cinque anni, ossia da quando si era presa una pausa dal college di Iron Bend River. Gliene rimanevano due, dunque. Aveva scelto di abbandonare il lavoro di pulizie al Garden Suites Inn dell'aeroporto, turno di notte, e non le sarebbe mancato nonostante le colleghe fossero meravigliose, soprattutto le donne vietnamite che erano la maggioranza nella squadra di pulizie: tenevano il conto di quanti ospiti lasciavano tracce di sfrenata attività sessuale nel letto, nel bagno o sulla moquette delle camere. Il mercoledì mattina, invece, Ynez continuava a occuparsi della contabilità della Servizi Tintoria Delta, che gestiva una lavanderia a gettoni a Woodland con lavasecco e altre attività più a sud, a Lodi, Fresno, Hobartha. Ynez aveva iniziato come addetta al carico delle lavatrici e delle asciugatrici. Il proprietario era uno dei suoi tanti zii. E siccome la contabilità era piuttosto basilare, Ynez finiva quasi sempre prima di mezzogiorno. Nell'arco della vita le era capitato di fare anche quattro lavori a settimana, compreso un part-time all'UniMart di Fair Oaks. La sua intenzione era di tornare all'università per prendere i crediti che le servivano, ma solo quando ne avrebbe avuto la possibilità, e quando le lezioni sarebbero tornate in presenza. Fino ad allora, Ynez aveva deciso di asservirsi alla gig economy e fare l'autista per PONY.

Perché tutti quei lavori? Per avere una stanza tutta sua, finalmente. Un appartamento. Ynez non aveva mai vissuto senza la famiglia addosso, stipata come un branco di sardine – parenti e gente sconosciuta in difficoltà – nelle minuscole stanze della casa a sud di Sacramento. Ogni lavoro la avvicinava di un altro dollaro all'indipendenza che tanto agognava e sperava. Il piano era di mettere da parte abbastanza per sloggiare, limitandosi a tornare dai suoi per cena nei finesettimana.

Se avesse guidato per Uber, Lyft o la nuova SoloCar, il corso degli eventi sarebbe stato molto diverso, perché quelle società avevano politiche aziendali assai più stringenti sulla dinamica autista/passeggero/prelievo/destinazione. Invece agli autisti di PONY era concesso un tocco di umanità. Ynez aveva passeggeri abituali che potevano mandarle direttamente un messaggio per avere proprio lei. Inoltre, su richiesta, Ynez o qualunque altro autista di PONY poteva aspettare – a una tariffa scontata – che il passeggero sbrigasse le sue faccende, una commissione in un negozio o la pulizia dei denti, tramutando la corsa in un viaggio andata e ritorno o in una serie di tappe. Se Ynez fosse stata un'autista più intraprendente – un PONY EXPRESS, come auspicava l'azienda – avrebbe potuto lavorare sodo per tutta la giornata, sfrecciando a destinazione per lasciare un passeggero e ripartendo a rotta di collo per recuperare il successivo, cioè facendo il maggior numero di corse possibile nel turno, traffico, benzina e COVID-19 permettendo. Ma Ynez aveva scelto di vivere in un altro modo. Aveva abbastanza amor proprio da non farsi vedere alla guida di uno di quei ridicoli mini-taxi a due posti con la scritta SOLOCAR SOLOCAR SOLOCAR. Amava troppo il suo Ford Transit. Aveva comprato quel van da un rivenditore di auto usate a Folsom dove lavorava un lontano cugino che puntava a diventare venditore del mese. Malgrado il portellone del portabagagli le avesse sferrato più di un colpo al mento, il Transit faceva sentire Ynez come una tassista londinese che conosceva a menadito la città e se ne andava in giro in uno di quei taxi neri così iconici, con tanto spazio per le gambe.

All'inizio di PONY, autisti e passeggeri erano stati invitati a riconoscersi con il gesto della pistola, sparandosi a vicenda: la peggiore strategia di marketing della storia. Il mondo – l'America – aveva già sparatorie fin troppo vere con cui fare i conti, e la trovata fu saggiamente messa da parte. Adesso un piccolo display a cristalli liquidi sul parabrezza lato passeggero mostrava il nome del cliente al quale, dall'esterno, bastava agitare il telefono come se stesse salutando. E l'autista ricambiava. Senza proiettili immaginari. Ynez era in servizio, al volante del suo Ford Transit, la mattina che Al mise piede a Lone Butte e dintorni per la prima volta. Aveva appena dato uno strappo a Lucy Garces, una delle sue amiche ai tempi delle pulizie: aveva una gomma disgraziatamente a terra e doveva andare al Garden Suites. E Ynez stava appunto prendendo un caffè nell'area accoglienza della hall rifornita da Armando Strong, un ex fidanzato che sarebbe stato felice di riacquisire quello status, quando sul suo palmare apparve un PONYTEXT da tale Al Mac-Teer. Questo Al voleva essere prelevato all'aeroporto e portato in una cittadina del nord, appena fuori dall'interstatale, e le chiedeva la disponibilità per tutto il giorno. Ynez rispose all'istante, *In arrivo tra 8 minuti,* aggiungendo l'emoji con il suo ID PONY e la posizione GPS. Ci mise anche un tocco amichevole, *Le va un caffè?*, visto che il corso di formazione online di PONY invitava gli autisti a "Pensare amichevolmente e dimostrarsi utili!" Venti secondi più tardi, Al rispose: *espresso doppio macchiato caldo con latte e panna*, se possibile. Recuperare del latte con panna era, in effetti, possibile, e così, armata del suo caffè (latte e zucchero) e con il caffè di Al (entrambi in bicchieri da asporto ATTENZIONE SCOTTA! del Garden Suites), Ynez era già in viaggio verso il primo cliente pagante di quel giorno. Giunse agli arrivi dell'aeroporto in meno di otto minuti.

* * *

Sul display del Ford Transit lampeggiava la scritta A.MAC-T e là fuori, a ricambiare il saluto, c'era una donna. Ynez si aspettava un uomo, visto il nome. In ogni caso era pronta a Dimostrarsi Utile e fece per scendere in modo da aiutare la signorina a salire a bordo. Non ce ne fu bisogno. La donna, che come bagaglio aveva soltanto una grande tracolla di pelle verde scuro (erano ferri da maglia quelli che spuntavano?), si aprì da sola la portiera scorrevole.

"Ehi," disse Al Mac-Teer, scoprendo i vantaggi di quell'imitazione fai-da-te di un taxi londinese. "Spazio per le gambe." Ynez aveva rimosso il sedile centrale del van riducendo il numero di passeggeri da cinque a tre, ma lo spazio per le gambe era cosa universalmente gradita.

"Buongiorno. Non mi ha detto se voleva zucchero o dolcificante ma comunque ho tutti e due."

Ynez porse l'espresso alla signorina Mac-Teer che, seduta là in fondo, dovette allungarsi per riuscire a prenderlo.

"Sono già abbastanza dolce di mio, grazie." Al tornò a sedersi allacciando la cintura di sicurezza con una mano sola, e intanto notò da dove veniva il caffè. "A quanto pare qualcuno ha fatto tappa al Garden Suites Inn. Come sta..." Al controllò sul telefono il nome dell'autista. "Ynez?"

"Benissimo, grazie." Ynez partì, allontanandosi dal marciapiede.

"Ha qualche idea di dove dobbiamo andare? Il posto si chiama Lone Butte."

La signorina Mac-Teer aveva inserito la destinazione nel PERCORSO PONY ma Ynez non si era nemmeno presa la briga di guardare il GPS (che l'azienda aveva insistito per ribattezzare "Grandioso PONY Service." Bleah.). Sapeva già dove andare, quale tragitto fare. "La vecchia fabbrica di lampadine Westinghouse. Posso prendere la strada più veloce oppure la panoramica, ma ci vuole qualche minuto in più. Ha preferenze?"

Al controllò il telefono. Non aveva fretta. Johnny lo Spagnolo e gli altri agenti della Film Commission della California si sarebbero rigirati i pollici per un po'. Nulla di grave. "Faccia lei."

"Allora prendo la Vecchia 99: 'Nel cuore della North Valley'. La chiamavano così, la vecchia autostrada, prima che costruissero la nuova interstatale. Arrivava fino in Oregon attraversando quasi tutte le città, almeno quelle importanti. Lo Stato voleva trasformarla nella versione californiana della Route 66."

"Mi aspetta un panorama da incanto?" Il caffè che le aveva portato Ynez iniziava a raffreddarsi, ma era pur sempre la sostanza eccitante che le dava dipendenza. E soprattutto era gratis.

"Più o meno. Ma se preferisce un po' di camion posso prendere l'interstatale."

Le prime miglia "nel cuore della North Valley" non erano particolarmente panoramiche: il solito susseguirsi di centri commerciali e di officine che potevano esistere da due settimane o da venticinque anni, chissà. Più avanti, le due corsie erano fiancheggiate da alberi di eucalipto e da negozi anteguerra che parevano disegnati da uno scenografo, anche se avevano le imposte serrate. C'erano lunghi vialetti che portavano a villette con la veranda e, in qualche caso, con un fienile. Un vecchio chiosco di root beer sembrava ancora in attività. Effettivamente la Vecchia 99 aveva un qualche fascino.

Ynez aveva una sua politica con i passeggeri: non gli rivolgeva la parola se prima non lo facevano loro. Non voleva essere una di quelli che parlano a macchinetta, tipo flusso di coscienza (la mia), senza alcun rispetto per il tempo o la predisposizione altrui.

Questa passeggera, Al Mac-Teer, aveva l'aria abbastanza gentile, però si vedeva che non tollerava le sciocchezze. E Ynez gliele risparmiò. La signorina là dietro controllava il telefono, frugava nella borsa in cerca di una penna per prendere appunti sul taccuino: era occupata, impegnata. "Sa dirmi qualcosa della fabbrica dove stiamo andando?" chiese Al Mac-Teer, come se stesse facendo una domanda retorica, per perdere un po' di tempo.

"Ci hanno fatto le lampadine per tipo un milione di anni," disse Ynez. "Dava lavoro a un sacco di gente. La Westinghouse l'ha chiusa quando il governo ha collegato tutte le interstatali e hanno deciso di aprire una fabbrica più grande per risparmiare un mucchio di soldi in trasporto. Non aveva più senso restare. Però c'era gente che ci aveva lavorato da generazioni."

"Pare che la tua risposta sia sì."

Ynez rise. "È successo tutto prima che io venissi al mondo!"

"E sono cose che sanno tutti?"

"L'abbiamo studiato a scuola."

Al guardò meglio la sua autista. A giudicare dall'aspetto, Ynez sembrava relativamente fresca di superiori. "In che materia si studiano le fabbriche di lampadine? Alle superiori?"

"Al college statale, Relazioni Internazionali. Ho avuto la fortuna di avere un'insegnante bravissima, la professoressa Woo. Insegnava Economia politica. Le lezioni erano tutte sui posti che avevamo sotto gli occhi ogni giorno. In pratica ci insegnava storia locale."

"Ha studiato economia o scienze politiche?"

"Nessuna delle due. Avevo delle ore libere e ci ho infilato un corso. Avrei anche potuto fare igiene orale o iscrivermi a rugby femminile."

Al non si spinse oltre. Bisognava stare attenti a non coinvolgere gli autisti in discorsi sulla loro vita travagliata. Cambiò discorso. "Sei disponibile a restare con me tutto il giorno, Ynez?"

"Certo."

* * *

Da quel primo viaggio a Lone Butte e fino all'apertura dell'Ufficio Produzione di *Guerriera Insonne: La forgia dell'Incendiario* Ynez incarnò il Reparto Logistica & Trasporti per Al. Lo spazio extra per le gambe e il caffè che non mancava mai erano dei plus: la vera ragione per cui Al continuò a farsi scorrazzare da Ynez era che la ragazza non le dava problemi, anzi, gliene risolveva qualcuno (tipo il latte caldo con panna). Guidava con prudenza, in curva non sbandava, non superava mai il limite di velocità e non chiacchierava. Non guardava troppo il telefono. Ed era sempre lì pronta. Al non doveva mai cercare il Transit e la sua autista.

Venne fuori che la fabbrica di lampadine era perfetta per allestire il set per il green screen: era un unico stanzone con il soffitto alto e la metratura di uno stadio da baseball. I vecchi uffici sembravano gabbie per conigli: troppi, senza finestre, ma pazienza. Il parcheggio era enorme, ben battuto e ricoperto di ghiaia, perfetto per il Campo Base con tutte le roulotte e i rimorchi per le riprese con gli FX.* Johnny Madrid diede prova del suo valore: a quel che pareva aveva domato sia i burberi funzionari statali sia i membri della Film Commission e aveva informazioni verificate sul Programma di Incentivi della California e su potenziali agevolazioni fiscali. Tutto prospettava grandi risparmi. "Basta mettere i puntini sulle i," disse cercando di darsi delle arie. Invano.

La prima occhiata alla cittadina di Lone Butte, Al la diede dal sedile del Transit di Ynez. Per raggiungere il centro bisognava attraversare un'accozzaglia di case senza pretese, negozi di grandi catene tipo un Tutto per un Dollaro appena aperto e una baracca di lamiera con il tetto a volta e la scritta CERAMICHE che sbiadiva sulle vetrine. Però l'incrocio tra Main Street e Webster Road, il vecchio centro storico, era un meraviglioso esempio di Cittadina Americana Qualunque, una capsula del tempo, un'attrazione chiusa in una palla di vetro senza neve. Le vetrine dei negozi erano praticamente vuote, poca merce in

* Sia le animazioni e la computer grafica (CGI) sia gli SPFX, gli effetti speciali come esplosioni, corse velocissime e combattimenti stile kung-fu con levitazione, cose che non succedono nel mondo reale, ma solo in quello del cinema.

esposizione, e sembrava che fossero così da trent'anni. In centro non c'era l'ombra di un bar o un ristorante aperto, ma evidentemente c'erano abbastanza clienti da tenere in attività lo studio di un tatuatore e una tabaccheria. Quello che un tempo era un autoricambi Western Auto adesso ospitava un robivecchi, ma aguzzando la vista Al riusciva a vedere il fantasma della Lone Butte di una volta, con quell'atmosfera alla Bonnie e Clyde: la vecchia banca con i pilastri all'ingresso, lo State Theater che sembrava ancora un cinema anche se ormai era dismesso, l'emporio Clark's con ciò che restava dell'insegna al neon, un edificio dall'aria burocratica con la scritta ASSOCIAZIONE COLTIVATORI DI MANDORLE scolpita sulla facciata, e una grande Main Street sgombra dal traffico come un vecchio parcheggio dei primi studios di Hollywood. A Lone Butte le riprese sarebbero state un gioco da ragazzi.

"Avevano parlato di un grandissimo progetto di riqualificazione," disse Ynez procedendo lentamente. "Speravano di attirare turisti, di far venire sviluppatori tech e artisti. Birrerie artigianali, quel genere di cose. E i tempi erano giusti: hanno iniziato i lavori prima del crollo del 2008. Ma poi? Eccoci qui, più di dieci anni dopo, e il danno di quei maledetti *subprime* ha rovinato tutto. È dura."

"Già. È dura," convenne Al. Ynez aveva idea di cos'è un *subprime*? Grazie alla professoressa Woo?

"Le faccio vedere il Quartiere delle Dimore Storiche," disse Ynez, e girò tre volte a sinistra, in strade che avevano il nome di presidenti o di alberi. Alcune case potevano forse dirsi dimore storiche, se non altro per l'aspetto vittoriano. Avevano grandi verande e un belvedere sopra il secondo piano. Gli alberi, alti e robusti, potevano avere cent'anni e proiettavano ombre fresche sui prati e sulle facciate. Gran parte delle abitazioni erano abitate, o quantomeno i proprietari si occupavano della manutenzione: i cortili erano in ordine, i muri intonacati, l'erba tagliata. In tutto il Quartiere delle Dimore Storiche solo tre erano case normali, le altre erano dei gioielli tenuti benissimo, e un paio si sarebbero potute definire "diamanti grezzi".

Al ritorno, ripercorrendo la Vecchia 99 nella direzione opposta, Al iniziò a sentire un languorino: l'ultima cosa che aveva mangiato era una barretta energetica sull'aereo decollato dal Bob Hope.* "Ho fame."

"Le va un cheeseburger?" Chiese Ynez.

"Mi concedo un cheeseburger all'anno, e l'ho già mangiato."

"Non era come questi qui. Ha visto quel chiosco di root beer che abbiamo passato all'andata? Conosco i proprietari. È roba da non credere quello che riescono a fare con un cheeseburger."

"Prendono i cheeseburger molto sul serio, eh?"

"Signorina Mac-Teer," disse Ynez senza voltarsi. Il volto di Al era nello specchietto retrovisore. "Non so spiegarlo a parole, ma mi deve credere."

Prima di arrendersi Al ci pensò un attimo: davvero aveva già l'acquolina in bocca solo al pensiero? Cos'era, un cheeseburger pavloviano? "Ok," si arrese. "Se faccio la brava e rinuncio alla root beer mi posso anche permettere un cheeseburger."

Ynez conosceva gli Alejandro, i proprietari, fin dai tempi della prima elezione di Obama: avevano lavorato alle campagne per far iscrivere la gente alle liste elettorali. Lei e Al si sedettero fuori, sotto il portico, a un tavolo di assi di pino rosso.

Se avesse avuto in borsa un trofeo con la scritta MIGLIOR CHEESEBURGER DEL MONDO incisa su una placca dorata, Al l'avrebbe subito consegnato a Ricardo e Julia Alejandro. Né Al né Ynez ordinarono le patatine, sarebbe stato troppo, ma Julia servì loro due grossi boccali di root beer dolce e ghiacciata offerta dalla casa. E mentre trasferivano i cheeseburger-con-tutto-più-cipolle-grigliate dai cestini alla bocca, Al e Ynez chiacchierarono con garbo passando in rassegna la vita, il lavoro e la famiglia dell'autista di PONY. Siccome abitava ancora con i suoi, Ynez non aveva un posto suo o un po' di privacy, mai. Gli unici momenti di tregua, quando poteva passare del tempo con sé stessa, erano il lavoro e la scuola.

"Cosa ci trova di così speciale in Lone Butte?" le chiese Ynez.

* Una volta l'aeroporto di Burbank si chiamava Bob Hope. Il nome ufficiale poi era cambiato, ma quasi tutti lo chiamavano ancora così.

Quando Al le raccontò la verità, cioè che si trovava lì perché probabilmente avrebbero girato un film in zona, Ynez si limitò a commentare: "Forte." Non era il comportamento standard di un civile alla notizia che Al lavorava in quello che Fellini aveva definito il Carnevale di Cartapesta: *Stai facendo un FILM con chi come si chiama di cosa parla posso fare qualcosa anch'io?* Ecco perché Al era sorpresa. Ynez, una civile, non dava segno di alcuna reazione esplosiva dopo lo sgancio della bomba H'wood. Al pensò che era Ynez quella forte.

"Quando torno mi fai da autista, ok?" disse Al mentre scendeva al Metro per il volo di ritorno al Bob Hope.

"Certo. Alla prossima, allora!"

E con questo Ynez ripartì dall'aeroporto nel suo Ford Transit con tutto quello spazio per le gambe. Invece Al andò al metal detector per i controlli di sicurezza. Durante il volo di un'ora per Burbank tirò fuori il filo e i ferri da maglia e fece un berrettino.

YNEZ GONZALEZ-CRUZ

Al era di nuovo a Sacramento per un faccia a faccia decisivo – ora o mai più – con la Film Commission e Johnny Madrid. Poi ci sarebbero state le foto di rito con il governatore (se l'incontro si fosse risolto a favore di Al) e l'intervista con un giornalista del *Sacramento Bee* (di nuovo in base all'esito dell'incontro). Ynez era andata a recuperarla all'aeroporto con un doppio espresso e latte con panna a parte, pronta e scorrazzarla tutto il giorno. Il giornalista del *Bee* l'avrebbe intervistata davanti ai panini di un leggendario negozietto/gastronomia del centro.

"Ynez!" disse Al allacciandosi la cintura. "Perché sono così felice di rivederti?" Il buonumore di Al non durò a lungo, però.

L'incontro con la Film Commission fu rapido. Al dovette mettere Johnny Madrid alle strette per sapere qual era la posizione dello Stato della California rispetto a *Guerriera Insonne: La forgia dell'Incendiario*: il budget era troppo alto per poter richiedere gli incentivi? Troppo basso per le agevolazioni? C'era una gara con altri progetti o il primo che arriva prende tutto? Avevano perso il vantaggio a favore di un altro film, e se sì come cazzo era potuto succedere? Johnny cercò di spiegare i presunti errori di Hawkeye nella presentazione della domanda e disse che sì, altre produzioni si erano rivolte alla commissione per avere gli stessi sgravi fiscali. Al chiese quali erano queste produzioni e se erano avanti nella Prep come loro. Johnny rispose che non poteva rivelare quelle informazioni. Perché Al aveva la sensazione che Johnny non stesse più giocando nella sua squadra? Se lo chiese ad alta voce, e si chiese anche se il signor Madrid si era per caso dimenticato la lezione fondamentale – la sua storia nello showbiz – proprio lì davanti ad Al Mac-Teer: si stava forse trasformando in una fighetta piagnucolosa davanti ai suoi occhi?

"Johnny Bello!" gli urlò, così forte da farsi sentire in tutti i corridoi del potere, forse anche nell'ufficio del governatore, dove il fotografo era in attesa. "Pensi di potermi prendere per il culo?"

Nel frattempo, nella sua PONY, Ynez era alle prese con l'ennesima crisi familiare, che non aveva nulla a che fare con commissioni cinema, sgravi fiscali e pre-produzioni. Suo nipote, il piccolo Francisco, era a casa della sorella, però sua sorella doveva uscire per il turno alla Cheesecake Factory e siccome non c'era nessuno che potesse occuparsi del bambino non è che poteva venire lei? Ynez si era presa l'impegno di portare Al Mac-Teer da Shumate's per quell'intervista e poi riaccompagnarla all'aeroporto. Impossibile che Francisco Perez venisse con Ynez, non mentre lavorava. Che cosa doveva fare? Imbarcarlo clandestinamente sul Transit con il seggiolino e tutto, a spartire il sedile con una cliente? Fuori discussione. Sua sorella non poteva lasciare Francisco a casa con la mamma? No. La mamma era dal medico per la tiroide.

Era un problema senza soluzione: da un lato la sorella che non si presentava al lavoro, dall'altro il piccolo Francisco, l'ometto più adorabile del pianeta Terra, senza nessuno a occuparsi di lui... Non poteva... andare... così. Ecco perché Ynez azzardò l'impensabile, qualcosa che i capi di PONY avrebbero disapprovato e che avrebbe minato il suo rapporto con la signorina Mac-Teer. Doveva darle buca.

Ynez digitò un PONYTEXT che fece squillare il telefono di Al proprio mentre stava prendendo in considerazione l'idea di scagliare il suo tazzone di caffè contro la mascella da fighetta di Johnny Madrid.

PONYTEXT Da: YNEZ – Sig.na M-T. Emergenza. Le organizzo un nuovo PONY. Molto spiacente.

"Dammi un secondo," disse Al a Johnny Madrid, ancora illeso. E come A.MacT in risposta digitò: Tutto ok????

Malgrado la richiesta di Al, il signor Madrid non la smetteva di parlare. Al doveva capire che lui aveva le mani legate e che non era lui a firmare i contratti più importanti. Era solo un umile commissario cinematografico dello Stato.

"Ti ho chiesto un secondo." Con questa frase, e con uno sguardo da brividi, Al zittì Johnny.

PONYTEXT Da: YNEZ – Sì. A mia sorella serve aiuto.

A.MacT: Sta bene?

PONYTEXT Da: YNEZ – Niente babysitter. Mi dispiace. Mando altro autista.

A.MacT: Fai tu la babysitter?

PONYTEXT Da: YNEZ – Sì. Il nuovo autista è Julio. Ecco i suoi dati.

A.MacT: Quanto ha? Il bambino.

PONYTEXT Da: YNEZ – 16 mesi. Il PONY di Julio è una Honda blu.

A.MacT: Come si chiama?

PONYTEXT Da: YNEZ – Julio. Honda blu.

A.MacT: No. Il bambino.

PONYTEXT Da: YNEZ – Francisco. Julio sarà qui tra 14 minuti.

A.MacT: Francisco è carino?

PONYTEXT Da: YNEZ – Sicuro.

A.MacT: Viaggia con il seggiolino?

PONYTEXT Da: YNEZ – Sì.

A.MacT: Vai a prenderlo.

PONYTEXT Da: YNEZ – Non è permesso.

A.MacT: Io dico di sì.

PONYTEXT Da: YNEZ – Problema. Non si può tenere davanti. Dovrebbe stare dietro con lei.

A.MacT: Sempre meglio che farlo guidare.

PONYTEXT Da: YNEZ– LOL. Cancellato Julio. Speriamo bene.

* * *

Grazie alla benevolenza di Al Mac-Teer, Ynez arrivò a fine mattinata senza registrare perdite. Nel giro di venti minuti fu a casa della sorella, legò Francisco e il seggiolino sul Ford Transit e fece di nuovo rotta verso il Capitol Mall per aspettare che la signorina Mac-Teer finisse le sue riunioni. Francisco dormiva, il viaggio in auto conciliava il pisolino di mezzogiorno. Dopo aver parcheggiato all'ombra di uno dei milioni di enormi alberi del centro, Ynez aprì il portellone per far entrare un po' d'aria e si sedette dietro con il nipote, si prese un momento per telefonare a Shumate's e farsi tenere il tavolo per l'intervista della signora Mac-Teer. A rispondere fu un certo Marco, che parlava spagnolo, e Ynez gli spiegò tutto. Al avrebbe solo dovuto presentarsi da Marco, il resto era già organizzato. Quando Marco le chiese se era "impegnata", lei rise di gusto e si disse che la prossima volta in città in attesa di un cliente PONY avrebbe pranzato da Shumate's.

Francisco si svegliò. E siccome voleva uscire dal seggiolino, Ynez lo slegò e lo liberò.

A. MacT: Vittoria. Il Governatore è un figo. Sto arrivando.

Al conobbe Francisco mentre il bimbo si rotolava su una coperta stesa sul prato a pochi metri da dove Ynez aveva parcheggiato. "Che tenero! È un cuor contento!" Al si accucciò per guardare Francisco nelle due finestrelle nocciola della sua anima. "Ma! Questi occhi! Sono pepite d'oro! Francisco! Cresci in fretta e sposami!" Al era davvero euforica! I bambini carini e sorridenti hanno qualcosa che fa parlare gli adulti con i punti esclamativi! "Andiamo! Dobbiamo parlare con i giornalai!"

Il Mercato & Gastronomia Shumate's era in centro, non troppo lontano dal Palazzo del Governo della California, quindi non c'erano molti posti dove parcheggiare. Ynez fece scendere Al, le disse di chiedere di Marco e di farle sapere se era carino.

"Hai prenotato?" Al era impressionata. "Che aiuto!"

Ynez trovò parcheggio un isolato più in là, dall'altra parte della strada, accanto a un piccolo parco con altalene e cavalli a dondolo di metallo su enormi molle piantate nel terreno. E mentre Al duellava con un giornalista economico del grande giornale locale davanti a panini grossi come mattoni (una specialità di Shumate's), cetriolini sottaceto e bottiglie del succo di mela più delizioso del mondo, Francisco Perez venne spinto su un'altalena, sorretto su un cavallo a dondolo e accompagnato a raccogliere foglie di sicomoro dalla zia Ynez. Può un bambino essere più felice? Ynez si stava divertendo tanto che le dispiacque un po' di ricevere il messaggio in cui Al le chiedeva di andare a prenderla.

"Quel giornalista è vuoto come un cetriolo!" disse Al a Francisco. "Scriverà un articolo pieno di stupidaggini!"* Rivelò a Ynez che Marco doveva avere sedici anni e qualche problema coi baffi. Quando si ritrovarono tutti a bordo, seduti ai loro posti, presero la via per l'aeroporto mentre Francisco scuoteva un anello di grosse chiavi-giocattolo di plastica: una rossa, una gialla e una verde.

"Signora Mac-Teer?" disse Ynez con un'occhiata allo specchietto retrovisore, dove Al carezzava i riccioli del piccolo Francisco. "Volevo ringraziarla per la sua comprensione. Pochi mi avrebbero permesso di tenere un bambino in macchina."

Estasiata dalla chioma di Francisco, Al stava tirando quei riccioli nero corvino con delicatezza per farne una raggiera sulla testolina bruna. "Perché non conoscono Francisco come lo conosco io! Ed è ora che mi chiami Al! Controlliamo l'orario del mio volo! Oh, cielo! Ho più di un'ora prima del decollo! Prendiamoci un caffè! Dove si può trovare del buon caffè di quello da grandi? Zia Ynez lo conosce un posticino? Quand'è che la pianto di parlare così?"

In effetti Ynez conosceva un posticino con un buon caffè gratis vicinissimo all'aeroporto. Al era così intenta a coccolare Francisco e a srotolargli i capelli da non accorgersi che Ynez era fermata davanti al Garden Suites Inn.

Quando varcarono la soglia, Al scoppiò a ridere. "I Garden Suites hanno tutti lo stesso odore," disse. Le uniformi non erano verde scuro ma grigie, di un orrendo taglio unisex. Grafica e segnaletica erano cambiate. L'area accoglienza era allestita per il pomeriggio: merendine, bibite e poi – ecco! – un'ottima selezione di miscele di caffè. Con in mano una tazza ATTENZIONE SCOTTA!

* "Le piattaforme streaming ricorrono alle agevolazioni fiscali risparmiando milioni" – *Sacramento Bee*.

si sistemarono sulle comode poltroncine basse di quella che passava per la hall. Francisco si teneva in piedi reggendosi al tavolino di mogano e il personale dell'albergo si fece avanti a poco a poco: oltre che salutare Ynez, volevano tutti chiederle quello che su cui si stava interrogando l'intero albergo dall'arrivo delle due donne.

"Ynez! È tuo figlio?" L'addetto alla reception, il manager, un parcheggiatore e due vietnamite delle pulizie vennero a ripeterle la stessa domanda con parole diverse, incantati da quel bimbo così carino. Trattavano Ynez come una di famiglia.

Dopo il caffè, sulla strada per l'aeroporto, Al chiese il motivo di tutto quell'andirivieni. "Come mai al Garden Suites ti vogliono così bene e sanno tutti il tuo nome?"

"Come?" Ynez aveva imboccato la corsia delle partenze.

"Eri la principessa del Garden Suites Inn. Quella gente ti adora."

"Ci ho lavorato," disse Ynez. "Facevo le pulizie."

Al fece tintinnare il portachiavi-giocattolo davanti al faccino di Francisco. "Ho avuto anch'io i miei giorni di Garden Suites."

"Davvero?" Davanti a Ynez c'era un grosso suv che andava pianissimo. "Alle pulizie?"

"No. Alla reception."

"Se avessi lavorato in reception sarei ancora lì. Ma se cominci con le pulizie..." Ynez superò alcune auto in attesa e si fermò davanti all'ingresso delle partenze. "Eccoci. Grazie per aver viaggiato con PONY."

"Ci vediamo la prossima volta. E tu!" Al prese tra le mani le guance paffute di Francisco e gliele schiacciò piano. "Cresci in fretta! Ti aspetto!"

Mentre Ynez e suo nipote si allontanavano, Al s'incamminò verso i controlli con un memo in testa: c'era il numero 1 e un nome, YNEZ.

* * *

Le squadre di produzione della Hawkeye/Dynamo Nation/Optional Enterprises iniziarono a frequentare Lone Butte.

Visitavano i posti, fotografavano la città e la mappavano in cerca di location. Yogi, che adesso era l'Aiuto Regia di Bill nonché un fuoriclasse in fatto di piani delle riprese e gestione delle troupe, arrivò con la fidanzata del momento, Athena, per verificare punti e movimenti macchina facendo video con l'iPad. Athena interpretava la GUERRIERA INSONNE e lui l'INCENDIARIO. E dopo aver visto quel materiale, Bill Johnson mise il dittafono sul sedile passeggero della sua Dodge Charger e guidò dal New Mexico fino a Las Vegas (Nevada), poi fino a Reno, e poi giù per la Sierra fino all'imboccatura orientale della North Valley. Si incontrò con SAM, con la direttrice artistica Yoko Honda* e con Yogi proprio nel centro di Lone Butte, dove i quattro passeggiarono per le strade intorno a Main Street e attraversarono il Quartiere delle Dimore Storiche.

"Da dove lo guardi questo posto si fa guardare," disse SAM. "Abbiamo buone inquadrature in ogni direzione." Grazie a un programma del computer, SAM poteva sapere la posizione e l'angolo del sole in ogni secondo. Le riprese della golden hour, quando il sole tramonta e la luce è come un fragilissimo filamento dorato, sarebbero venute alla perfezione.

"Questa città dimenticata sarà nostra," disse Yogi. "Bloccare il traffico sarà uno scherzo."

"Questa città ha una bella ossatura," disse Yoko. "L'atmosfera di abbandono e decadenza viene gratis. Ed ecco il bar." Indicò un negozio con l'insegna originale ancora al suo posto: Clark's. "Ha il bancone e i séparé. Basta aggiungere degli scaffali."

Nascosti dietro gli edifici sfitti c'erano terreni sgombri dove montare il Campo Base. Lungo l'interstatale c'erano alberghi e motel per la troupe e per il cast. E c'erano Airbnb dappertutto. In più nel Quartiere delle Dimore Storiche affittavano intere case. Un vecchio edificio ristrutturato, la Sede dell'Associazione Coltivatori di Mandorle, aveva stanze, uffici, la mensa e un gran salone: sembrava che quel posto gridasse *Usatemi!*

"Ehi, mettiamo lì l'Ufficio Produzione invece che nel posto del green screen," disse Bill. "Se riusciamo a prenderci alcune di

* Yoko Honda e Bill lavoravano insieme dal primo film della trilogia *Eden*.

queste vecchie case per i capireparto possiamo andare al lavoro a piedi."

"Perché non viverci, sul set?" chiese Yogi. "Possiamo piazzare qualche branda per la Swing Gang."

E così, Lone Butte fu. Bang. Sbam.

Bill chiuse la sceneggiatura sulla sua Sterling, poi la consegnò alla Optional Enterprises perché riversassero tutto in Final Draft, il software di scrittura per sceneggiature. La Prep vera e propria ebbe inizio quando arrivarono i primi assegni della Dynamo, cioè con il cash flow, e tutti furono messi a contratto da un'entità chiamata Forgia Produzioni.

Al Mac-Teer volava spesso a Sacramento e Ynez era sempre la sua autista. "Mi manca Francisco," diceva Al infilandosi nel Transit di Ynez. "Esce con qualche ragazza?" Ynez le mostrava le foto sull'iPhone: immagini di Francisco e di altri membri della famiglia. Nel corso di molte andate e altrettanti ritorni da Lone Butte le due parlarono, spettegolarono, risero e si fermarono a tracannare root beer e a condividere premiati cheeseburger. E in una bella giornata di primavera, a poche settimane dall'apertura dell'Ufficio Produzione, le due si ritrovarono a sorseggiare boccali ghiacciati e Ynez tastò un terreno ancora inesplorato.

"Posso farti una domanda?"

Ci siamo, si disse Al. Ecco la solita solfa su Hollywood. Comunque era notevole che a Ynez ci fosse voluto così tanto prima di piombare inevitabilmente sull'argomento *come faccio a entrare nel mondo del cinema? Se ci sei riuscita tu ci sarà pure un modo per arrivare a Hollywood, no?* Al era pronta a rispondere. Prendi la Fountain.

"Cosa sono quei ferri da maglia?" Ynez li aveva visti spuntare dalla borsa di Al. "Non ti ho mai vista usarli."

Per poco Al non scoppiò a ridere. Questa Ynez era davvero un'innocente! Ed era così: Al non aveva mai lavorato a maglia mentre Ynez era al volante. Stava sempre al telefono, sull'iPad, a leggere le pagine di un grosso raccoglitore o a prendere appunti sul taccuino. Oppure a parlare con quell'autista così garbata e interessante. Al faceva la maglia solo quando era sola: sui voli per e dal Bob Hope, nella sua Internet al Garden Suites (naturalmente) durante i brevi pernottamenti in città, oppure dopo un cocktail, con la TV accesa sul telegiornale a basso volume. Non era ancora riuscita a lavorare a maglia in compagnia di Ynez. E la domanda la indusse a raccontare la lunga storia di come aveva imparato, e di una donna di nome Dace che le aveva fatto da guida, che le aveva stravolto la vita, che si era presa amorevolmente cura di lei, e di come il lavoro a maglia le dava una sensazione di calma capace di alterare la percezione del tempo in un mestiere che spesso non era altro che panico, frenesia, mesi senza tregua. Al srotolò il filo del racconto finché arrivarono all'aeroporto. Scendendo dal Transit disse: "Il lavoro a maglia e la salute mentale vanno di pari passo."

* * *

Ynez non se n'era ancora uscita con una domanda sul cinema – su come funzionava, su come Al fosse riuscita ad approdare al Carnevale di Cartapesta e su come, chissà, persino una persona come lei poteva magari entrare nel mondo del cinema, e non se ne uscì neppure con l'altra affermazione tipica dei profani quando venivano a sapere che Al Mac-Teer era una di Hollywood: "Dovresti fare un film su di me!"

Ma la famiglia Gonzalez-Cruz non era altrettanto riservata o innocente. Erano un clan. A seconda del momento in cui ci si presentava in una delle loro case – per pranzo o cena, per due chiacchiere, per un caffè, a caso – potevano essere presenti fino a diciassette membri della famiglia. E tutti avevano vite complicate, facevano più lavori, qualsiasi lavoro, e/o andavano a scuola, cucinavano per qualcuno oppure sempre per qualcuno facevano le pulizie. Il clan comprendeva la madre Margarita, il padre Gus, quattro figlie (Ynez condivideva ancora la stanza con le sorelle), tre fratelli (che condividevano un'altra stanza), due generi, una nuora, una ragazza, un paio di fidanzati, e bambini che andavano dai sedici mesi di Francisco ai nove anni della piccola Esperanza. Carmen non si poteva più definire una bambina: aveva appena festeggiato la *quinceañera*. C'erano cugini e amici che venivano da tutta la città, da fuori città, da un altro stato, e tutti erano in cerca di un lavoro, di un modo per farcela, di una vita in America. E ogni giorno Gus ne caricava qualcuno sul furgone per farlo lavorare per un po' nella sua impresa di giardinaggio e paesaggistica. Dormivano sui divani, sulle stuoie nei retrobottega, mangiavano al piccolo tavolo in cucina con la speranza di emulare i signori Gonzalez-Cruz e ottenere i documenti e crescere figli americani fin dalla nascita e obbedire alle leggi degli Stati Uniti. Erano fuggiti dalla povertà, dalla violenza e dalle difficoltà nate dalla disperazione, perciò dormire su una stuoia per qualche mese non era niente di che. Il fatto di essere in America per loro era tutto quel che contava. Alcuni degli uomini di passaggio fissavano le ragazze Gonzalez-Cruz con avidità. Non appena fu abbastanza grande, Ynez prese a uscire di casa con un pretesto qualsiasi, e restava fuori il più a lungo possibile.

Quando le chiesero del suo lavoro in uno spagnolo dall'accento messicano, nicaraguense e salvadoregno, per un momento Ynez lasciò la domanda in sospeso nella baraonda delle chiacchiere a tavola e poi rispose che portava in giro una donna indaffarata che aveva filo e ferri da maglia nella borsa e però la maglia non la faceva. "È una donna notevole," disse della sua cliente quasi-fissa. "È tranquilla, è spiritosa, e ha una cotta per questo piccolino qui..." Ynez si chinò per schioccare un bacio sulla testa di Francisco. "Però le ho chiesto di spiegarmi questa cosa dei ferri. Lavora solo quando non la vedo."

"Cos'ha di speciale una donna che lavora a maglia?"

"Mamma, tu non lavoravi a maglia?"

"A me piacerebbe imparare a lavorare a maglia."

"Chi dice che non puoi?"

"Sulla Howe c'è un posto che si chiama CORSI DI MAGLIA*. Vai lì."*

"Quanto costa imparare?"

"In denaro o in tempo?"

"Mama. Insegnami tu a lavorare a maglia. Così faccio i regali di Natale."

"Non ho tempo."

"Ha un nome da uomo: Al," s'intromise Ynez. "Fa un lavoro impegnativo e fare la maglia la aiuta a restare calma."

"Io mi calmo facendo un pisolino."

"Io mi calmo fottendomene."

"Non si parla così a tavola."

"Sì, stronzo."

"Mi piacerebbe fare delle cose a maglia, ma sembra difficile."

"Che lavoro fa?"

"Dove la porti?"

"A Lone Butte."

"E dov'è?"

"Su verso Chico, sulla Vecchia 99."

"Ah, sì. Lone Butte. La Capitale Americana del Lavoro a Maglia."

"Fa delle riunioni in quella vecchia fabbrica di lampadine."

"Stanno assumendo?"

"Quanto si prende a fare lampadine?"

"Quel posto ha chiuso anni fa. Le lampadine le fanno tipo in Vietnam, adesso."

"E a Chihuahua."

"La tizia vuole riaprire il posto delle lampadine?"

"Si incontra con una commissione statale," disse Ynez. "E poi la porto al Palazzo del Governo in centro per delle riunioni. Ha incontrato il governatore."

"Il governatore sarebbe contento se riaprissero quella fabbrica di lampadine. O ci facessero batterie o auto elettriche."

"Matasse. Una grande fabbrica di filo."

"L'ho accompagnata a pranzo da Shumate's."

"Ci lavoravo io! È ancora del signor Perenchio?"

"Non ne ho idea."

"Era gentile. Ma poi sono andato da Marie Callender's."

"Quale Marie Callender's?"

"Quello su J Street."

"Perché non l'hai portata da Marie Callender's? Adesso il capo è Donnie Garcez."

"Non lavora in J Street. Sta in quello all'Arden Fair."

"Aveva un appuntamento da Shumate's. Era il giorno che dovevo tenere Francisco. Quest'ometto qui!" Ynez baciò di nuovo quella testolina adorabile.

"Prima dal governatore e poi in quel posto?"

"Dovevano intervistarla quelli del *Bee*. È andata sul giornale."

"Perché?"

"Vuole fare un film. Ecco perché andiamo avanti e indietro da Lone Butte."

Quest'ultima frase fu il Segnale. Dopo la più infinitesimale delle pause ci fu un momento di silenzio, durante il quale i presenti elaborarono la parola appena uscita dalla bocca di Ynez: *film*. Poi, in quel Teatro Serale che era la cena dai Gonzalez-Cruz, ecco l'esplosione verbale.

"Cosa?!"

"Un film?"

"Un film? Un film vero?"

"Quale film?"

"Come s'intitola?"

"Chi sono gli attori?"

"Di cosa parla?"

"Come si chiama?"

"Come si chiama questa signora?"

"Si fa chiamare Al. Io la chiamo così. Al."

"Perché ha un nome da uomo?"

"Ynez scarrozza le lesbiche adesso."

"Lesbiche. LGBTQ. *Basta che paghino."*

"E lascino la mancia."

"E diano cinque stelle."

Il fratello minore di Ynez, Jose, tirò fuori il telefono e chiese il nome della lesbica.

"Non credo che sia lesbica."

"Perché? Perché non ci ha provato con te?"

"Abbiamo parlato di fidanzati."

"Le hai detto di Andre che ti ha tradito?"

"Sì, gliel'ho detto. Lei ha detto che gli fa spezzare le gambe."

"Non scherzava, spero."

"Come si scrive il suo nome?"

Jose la cercò su IMDb.

"Dio santo!" urlò. "È una produttrice! Fa film con Bill Johnson!"

"Chi?"

"Film di lesbiche?"

"Anche Bill Johnson è una donna?"

Jose se ne intendeva di cinema. Jose andava al liceo e viveva attaccato al telefono. "Ha fatto *Una cantina piena di sound*!"

Ynez non lo sapeva. Era andata a vedere *Una cantina piena di sound* con la sorella Anita, ma quella sera era così stanca che aveva dormito per quasi tutto il film. Ynez si addormentava spesso durante i film, con la testa all'indietro, la bocca aperta, la mascella penzoloni. Crollava come una pera cotta per via di tutti i lavori che faceva. Aveva dormito anche durante l'ultimo film di Al Mac-Teer e non aveva idea di cosa parlasse.

"Era in lizza per l'Oscar!"* Jose non ci poteva credere.

Nemmeno Ynez ci poteva credere.

"Guardate!" Jose mostrò a tutti la foto di Al Mac-Teer su IMDb. "È di colore!"

"Ma guardate il suo capo!" Jose passò alla foto di Bill Johnson su IMDb: un uomo che più bianco non si poteva. "Ha fatto quei film, *Eden* qualcosa."

"Erano belli!"

"Ynez! Stai portando in giro un pezzo grosso, lo sai?"

"Un pe-ho gros-ho."

Ynez non ne sapeva niente.

"Dille di darmi un lavoro nel cinema. Sono bella e di colore."

"Se è una ricca produttrice perché usa la macchina di Ynez?"

"Dovrebbe usare una limousine, tipo un Hummer con la vasca idromassaggio."

"Le lesbiche sono tirchie."

"Lasciate qualcosa per papà che torna fra poco."

Jose consultò il sito del *Sacramento Bee* e trovò l'articolo

* Vero. Se UCPDS avesse vinto come Miglior Film, in qualità di produttrice accreditata Al avrebbe portato a casa una statuetta.

uscito dopo l'incontro di Al Mac-Teer allo Shumate's. Lo lesse a voce alta finché non diventò noioso: Film Commission della California, agevolazioni fiscali, un nuovo disegno di legge proposto da un deputato di Lompoc. Fu allora che Anita, la sorella di Ynez che prendeva lezioni di pianoforte dall'età di sei anni, si alzò da tavola per dare il la alla serata canora di famiglia. Al pianoforte in salotto, recuperò lo spartito di *The Place Is All Ours* sull'iPad – la canzone candidata all'Oscar di *Una cantina piena di sound* – e s'impadronì di tempo e melodia.

Everyone has gone
No one's left around
It's just you and me
*The only folks in town... The place is all ours.**

Il canto invase il salotto richiamando a sé la famiglia, un membro alla volta. I piatti venivano lavati, un piatto ancora pieno veniva coperto e messo via per Gus, e intanto le dita di Anita cavavano dagli ottantotto tasti altre canzoni. Il clamore per il contatto tra Ynez e il magico mondo del cinema si spense, lasciando il posto alle ballate messicane preferite, alle canzoni su richiesta. Quando Gus finalmente rincasò, fece la doccia. Margarita gli versò una bottiglia di birra Pacifico in un bicchiere freddo che teneva apposta nel freezer e gli servì la cena riscaldata. Mentre lui cenava, Carmen Gonzalez-Cruz cantò *The Heart Wants What it Wants*, una canzone bella quanto Selena Gomez. Stanco, affamato, l'infaticabile Gus sorseggiava la sua unica *cerveza* ghiacciata tra un boccone e l'altro. Anche la sua famiglia era stata povera come quella della canzone. Adesso era così ricca. Gus ascoltava la sua famiglia riempirgli la vita di musica: così tante voci intonate da far saltare il tetto della piccola casa. Chi avrebbe mai voluto lasciarla, quella casa?

* * *

* Riproduzione del testo concessa da Ex Luna Vox Publishing Co.

Bill Johnson aveva disteso le lunghe gambe e gli stivali non-troppo-alla-moda non raggiungevano il sedile del guidatore.

L'auto di Ynez si lasciava alle spalle l'aeroporto diretta alla Vecchia 99, a Lone Butte. Al e il suo capo erano arrivati insieme dal Bob Hope, portando con sé borsoni di cuoio zeppi di raccoglitori, iPad, taccuini e – rispettivamente – ferri da maglia e un timer da cucina. Johnson aveva anche una valigetta quadrata che sembrava avesse fatto la guerra, con la maniglia tenuta insieme dal fil di ferro. L'aveva appoggiata sul pavimento dell'auto e infilata sotto il sedile.

Alla fine avevano deciso di fare l'Ufficio Produzione nella Sede dell'Associazione Coltivatori di Mandorle. Il parcheggio sul retro era abbastanza spazioso per le roulotte e i rimorchi, e questo voleva dire avere il Campo Base a portata di mano. Le alternative per la location della casa di Eve Knight si trovavano a due passi, e Bill aveva rivisto la sceneggiatura spostando l'ambientazione di parecchie scene nel centro di Lone Butte per riuscire a sfruttare il più possibile quelle strade pittoresche: la tavola calda/caffetteria, la vecchia chiesa, gli incroci, le location dei CONFINI DELLA CITTÀ; avrebbe ambientato lì persino la BATTAGLIA NOTTURNA. Il Catering avrebbe servito da mangiare nel salone dove un tempo i Coltivatori di Mandorle davano banchetti e feste da ballo. A riprese concluse avrebbero traslocato il Campo Base nella vecchia fabbrica di lampadine, tramutandola in un enorme set per il green screen: avrebbero usato così tanto verde da poterci impacchettare il Muro di Berlino. Per il primo scontro tra la Guerriera e l'Incendiario avrebbero usato l'esterno della fabbrica.

Lungo tutto il tragitto Al e Bill Johnson parlarono di lavoro e Ynez si limitò a guidare. Quando passarono davanti al chiosco di root beer, però, Bill chiese se il locale era aperto.

"Ynez conosce i proprietari," disse Al.

"Chi è Ynez?" chiese Bill.

"L'autista, scemo," disse Al. "Vi ho già presentati."

"Scusa, Ynez," fece Bill. "Sono scemo da molti anni, ormai. Ma adesso il tuo nome è marchiato a fuoco nel mio cervello." Ynez gli fece un cenno e continuò a guidare.

"Mi piace la root beer se è alla spina," disse Bill.

Gli altri membri della troupe erano già arrivati a Lone Butte secondo programma, ciascuno con mezzi propri, e alloggiavano al King's Way Motor Lodge sull'interstatale o al BestAmerica Motel. Avevano già battuto la città in lungo e in largo. Tutte le spese sarebbero state rimborsate. La consegna dei mobili da ufficio era prevista per quel giorno. E in meno di una settimana sarebbe scattato il conto alla rovescia per l'inizio ufficiale delle riprese di *Guerriera Insonne: La forgia dell'Incendiario*. C'erano giganteschi calendari appesi alle pareti degli uffici dei Coltivatori di Mandorle: cinquantasei giorni... quarantadue giorni... trentun giorni...

Al aveva prenotato Ynez per tutto il giorno, ma visto che non sapeva a che ora avrebbero staccato tenerla lì non aveva senso. Lei e il suo capo sarebbero rimasti al King's Way per almeno tre notti, poi Ynez li avrebbe riaccompagnati all'aeroporto.

Ynez lasciò i suoi clienti nel desolato centro di Lone Butte e poi ridiscese verso sud sulla Vecchia 99. Non aveva ancora superato il negozio di ceramiche abbandonato quando avvistò il camion delle consegne di Standard Arredamenti che le veniva incontro. L'autista scrutava il navigatore, incredulo che le indicazioni lo stessero conducendo proprio lì. Ynez lo riconobbe: era Cazz Elbarr.

Ynez e Cazz erano stati compagni di corso, o meglio di due corsi a Relazioni Internazionali: Salute 1 e Laboratorio di Lettura: Joan Didion. Cazz era risultato un tipo divertente, forse perché fumava molta erba che lo faceva parlare di continuo. Ynez non sapeva che Cazz faceva consegne per la Standard Arredamenti, ma non ne fu sorpresa. Tutti hanno bisogno di lavorare, compreso l'altro tizio che dormiva sul sedile passeggero del camion con indosso la stessa polo aziendale.

Ynez suonò il clacson e diede un colpo di lampeggianti. Cazz rialzò lo sguardo dal navigatore, la riconobbe e si fermò. Ynez accostò. Entrambi abbassarono i finestrini lato guidatore.

"Che minchia ci fai qui, Ini?"

"Lavoro, cazzone. Stai consegnando a quelli del cinema, per caso?"

"Se stanno al 1607 di Main Street a Lone Butte sì."

"Seguimi." Ynez fece inversione e Cazz le andò dietro con il camion.

In quel momento alla Sede dell'Associazione Coltivatori di Mandorle c'era soltanto una giovane donna di nome Hallie Beck che c'entrava con il reparto Scenografia. Al, Bill Johnson e tutti gli altri erano in giro a piedi per visionare altre possibili location così vicine da non richiedere l'aiuto degli autisti del sindacato.

Ynez si presentò a Hallie e presentò anche Cazz, poi chiese dove andavano messi tutti i pezzi d'arredamento scadente caricati sul camion di Cazz: tavoli, scrivanie, sedie, divani, lampade, scaffali, scaffali di metallo e ciabatte elettriche. A intuito, Hallie disse che i mobili andavano suddivisi fra gli uffici vuoti, e che buona parte della roba più grande era destinata all'enorme ufficio principale.

"Pensateci voi," disse. Guardava entrambi. Era l'ultima ruota del carro e non aveva né la saggezza né l'autorità per dare ordini.

Cazz era in imbarazzo. "In teoria dovevano aiutarmi due tipi, ma uno non si è presentato. Perciò siamo solo io e Casey Jr." Casey Jr. era quello che dormiva nel camion: forse era in coma o aveva i postumi di una sbornia. "Ci vorrà un'eternità."

"Ti do una mano io." Ynez pensò *Perché no?* Cazz l'avrebbe fatta ridere mentre sgobbavano, anche se al momento di mattina, al lavoro, non era fumato.

Nell'ufficio principale c'era spazio per sei scrivanie e scaffali, lunghi tavoli pieghevoli con scomode sedie di plastica pieghevoli. Cazz aveva parcheggiato davanti all'ingresso su Main Street. Siccome non c'era traffico, aveva fatto retromarcia sistemandosi in perpendicolare rispetto alla strada, con il portellone davanti alla porta. Ynez lo aiutò a caricare i mobili sulla pedana idraulica e a portarli dentro la Sede dei Coltivatori. Dispose le scrivanie lasciando parecchio spazio tra una e l'altra, e questo diede all'ufficio l'aspetto del quartier generale di un deputato in campagna elettorale. Siccome il dedalo di piccoli uffici affacciava invece sul retro, Cazz spostò il camion con una nuova retromarcia per posizionare il portellone davanti all'entrata secondaria. Fu allora che Casey Jr. si svegliò. Quindi non era in coma!

"Siamo già arrivati?" chiese.

Con un paio di mani in più, e con Ynez a decretare dove andava cosa, i mobili vennero scaricati un po' più in fretta. In tre ore avevano quasi finito. E proprio allora si palesò un giovane tutto affannato, un AP* di nome Cody Lakeland. Diede un'occhiata a Ynez e abbaiò: "Ho bisogno del tuo aiuto."

A differenza di Cazz e Casey Jr., Ynez non indossava la polo della Standard Arredamenti, era vestita normale. E così Lakeland si convinse che Ynez fosse una dell'Ufficio Produzione, una a cui si poteva dire cosa fare.

"Vai a prendere i caffè," disse, passandole una lista dove aveva scribacchiato latti macchiati, cappuccini, caffè macchiati, espressi, tè chai e decaffeinati. "Quando torni ti do la lista per il pranzo. Asap!"

Ynez si domandò cosa volesse dire *asap* e glielo chiese.

"Vuol dire adesso, per favore! Subito!"

A Lone Butte non c'erano caffetterie fighette ma lungo l'autostrada c'era un Pirate Coffee con il drive-thru. E mentre si faceva una trentina di chilometri in auto, Ynez chiamò perché le facessero trovare pronte le quattordici diverse ordinazioni. Usò la sua carta di debito per pagare quel mix di elisir dentro contenitori di carta riciclata con sopra un teschio e le ossa incrociate, con copritazze e coperchi biodegradabili. Chiese lo scontrino. Ventinove minuti più tardi aveva già sistemato tutto sul tavolo che aveva montato con le sue mani nel salone dell'Associazione Coltivatori di Mandorle. Cazz aveva finito e se n'era andato portandosi via Casey Jr. Cody Lakeland prese il suo triplo espresso pirata, a cui aggiunse due bustine di zucchero, dopo aver consegnato a Ynez le ordinazioni per il pranzo. Insalate. Panini. Wrap. Burrito. Due pizze, una doppio formaggio e una salame piccante con olive. E da bere. Ed era tutto da recuperare *asap*.

Proprio mentre Ynez usciva dall'ingresso per ripercorrere

* Assistente di Produzione. Non sono membri della Guild, ma sperano di diventarlo. A meno che non vogliano diventare produttori a tutti gli effetti, direttori della fotografia, sceneggiatori o, dopo aver lavorato venti ore al giorno per un film, finire in qualche altro settore.

la trentina di chilometri che la separavano dagli onnipresenti fast-food lungo l'interstatale, Al e Bill Johnson entrarono dal retro insieme ad altri. I due professionisti del cinema non videro la loro autista di PONY.

Le opzioni per il pranzo erano i wrap del Wrappami, qualche verdura decente dal banco insalate di McDonald's e panini confezionati allo SnackShack di una stazione di servizio. Prese anche bibite in lattina e acqua gassata aromatizzata. Ordinò le pizze da Big Stork, un franchising che stava cercando di imporre il modello drive-thru per la pizza al taglio; preparavano anche pizze intere. C'era un Loco Taco che faceva i burrito, e li faceva anche il Taco Mas dall'altro lato dell'interstatale, quindi Ynez divise gli ordini di pietanze messicane a metà tra i due ristoranti. Un'ora e mezza dopo aveva allestito il pranzo a buffet sullo stesso tavolo su cui aveva servito i caffè.

Cody prese qualcosa che somigliava a un burrito dalla confezione di Taco Mas e disse a Ynez: "Tieni." Le consegnò un'altra lista, stavolta stampata su tre pagine anziché scarabocchiata sul foglio strappato via da un quaderno. "Compra roba a km zero, se riesci, così sembra che ce ne frega qualcosa."

La lista era lunga. Penne a sfera in quantità. Bloc-notes in quantità. Lavagne di sughero e puntine in quantità. Carta da stampante/fotocopiatrice in quantità. Graffette e cucitrici. Portapenne. Matite. Temperamatite elettrici. Lavagne bianche con pennarelli colorati. Forni a microonde e bollitori. Sulla lista era indicata la partita IVA di Forgia Produzioni per la fatturazione ad Amazon, quindi Ynez pensò di dover fare l'ordine online. Ma a km zero c'erano l'Uni-Mart tra Bidwell e Chico, abbastanza vicino, e comunque meno lontano dell'Uni-Mart di Sacramento dove Ynez aveva lavorato part-time. "Ti serve tutto per oggi?"

"Tu che dici?" rispose il Poppante. Ynez lo interpretò come un *asap*. Afferrò una fetta di pizza al salame e olive e una bottiglia d'acqua da una confezione (chi ci aveva pensato, se non lei?) prima di risalire sul Ford Transit. Aveva appena lasciato la Sede dell'Associazione Coltivatori di Mandorle quando la squadra di produzione si addentrò nel dedalo degli uffici per il pranzo.

Anche stavolta Al non vide Ynez, ma solo il cibo che aveva approntato.

Le alte sfere dell'Uni-Mart avevano davvero intenzione di giocarsi il tutto per tutto pur di avere la meglio su Amazon,* perciò avevano sviluppato un sistema di ordini all'ingrosso che, sommato alla familiarità di Ynez con tutto ciò che riguardava l'Uni-Mart, rese il compito estremamente facile. Non dovette far altro che consegnare la lista allo Sportello Clienti e *voom*, il malloppo sarebbe stato consegnato al 1607 di Main Street, a Lone Butte, entro le 8:00 del mattino dopo.

Quando Ynez tornò all'ufficio della Forgia Produzioni che intanto stava sbocciando nessuno si era ancora sbarazzato dei rifiuti e degli avanzi sparsi. Lo fece lei. I sacchi della spazzatura non bastavano, però, e mancavano i rotoloni di carta assorbente e cose del genere. Così, dopo una passata frettolosa, Ynez rimontò in auto e andò da Tutto per un Dollaro a prendere l'occorrente. Conservò lo scontrino. Di ritorno a Lone Butte, completò l'Operazione Pulizia strofinando i tavoli del salone con un straccio e raccogliendo i rifiuti, che buttò in un cassonetto arrugginito sul retro rimasto inutilizzato da tempo. Dovendo poi andare in bagno, aveva giustamente dato per scontato che mancassero carta igienica, disinfettante per le mani e salviette. Ne aveva fatto scorta al Tutto per un Dollaro e si mise a rifornire i bagni, prima quello degli uomini, poi quello delle donne.

Quando riemerse, Bill Johnson stava proprio per entrare nel bagno degli uomini.

"Ehi," disse il regista. "Com'è che ti chiami?"

"Ynez."

"Giusto. Come buuutta, Ynez?" Bill entrò per fare quello che doveva senza aspettare la risposta.

Cody Lakeland assistette allo scambio di battute tra la galoppina e il regista. "No. No, no, no e no," disse. "Tu con il regista non ci parli. Capito? Nessuno disturba il regista."

"È stato lui a chiedermi come mi chiamo."

* Buona fortuna.

"Perché è educato. E non sei la prima. Ma tu non sei un'assistente alla regia. E nemmeno una producer.* Non... devi... disturbare... il regista. Capito?"

Ynez non aveva idea di cosa volesse dire assistente alla regia o producer.

"Metti la carta igienica nei bagni. Controlla che ci siano i rotoli di riserva. E anche sapone e salviette di carta."

Ynez aveva già fatto. Stava per spiegarlo a Lakeland quando Bill Johnson uscì dal bagno. Quel Poppante in Capo distolse subito lo sguardo, spostandolo sulle proprie scarpe per evitare di attirare l'attenzione del regista.

"Ynez!" esclamò Bill. "Me lo ricorderò!" Poi svanì lungo il corridoio senza degnare di alcuna attenzione Cody Lakeland, convinto che si chiamasse Chester.

Il telefono di Ynez suonò: aveva ricevuto un PONYTEXT.

"Silenzia quell'affare," disse Lakeland esasperato. "In ufficio tutti i telefoni sono in modalità vibrazione. E dai."

A.MacT: Dimmi che la macchina da scrivere del mio capo ce l'hai nel Transit!!!

PONYTEXT Da: YNEZ – Controllo SUBITO!

Aveva parcheggiato su Main Street e si precipitò. Era esperta nel ritrovare gli oggetti dimenticati dai clienti. I cellulari erano un perenne mistero da risolvere affidandosi alla varietà di suonerie che la guidavano ovattate dai loro nascondigli. Nel Ford Transit erano stati dimenticati regali già incartati, borse, penne costose, valigie, computer portatili, tazze da viaggio, un anello di fidanzamento nella sua scatolina di Tiffany, passaporti e, una volta, un gatto in un trasportino della compagnia aerea: evidentemente qualcuno non era molto affezionato al gatto della sua ragazza. Invece una macchina da scrivere? Era una novità. Ynez non ricordava di averne mai vista una, se non in qualche vecchio film.

Aprì il portabagagli evitando l'ennesimo colpo al mento e frugò senza trovare nulla, poi setacciò i sedili: niente. Per sicurezza

* Assistente alla regia: Yogi Kakanis. Direttore di Produzione: Aaron Blau.

diede un'occhiata anche sotto, e lì scorse una valigetta quadrata, nera e malconcia, con una maniglia tenuta insieme dal fil di ferro. In effetti poteva contenere una macchina da scrivere. Era pesante. Quando Ynez cercò di far scattare i ganci della chiusura vicino alla maniglia, quelli fecero un po' di resistenza ma poi cedettero. Sollevò il coperchio e... sì. L'aveva trovata. Una vecchia macchina da scrivere nera con una scritta sul carrello: Sterling.

PONYTEXT Da: YNEZ – **Trovata.**

A.MacT: **!!!!!! Tienila fino a domani XX!**

PONYTEXT Da: YNEZ – **Posso portartela adesso.**

A.MacT: **Non serve!**

Settantadue secondi dopo, Ynez entrò nella porzione della Sede dell'Associazione Coltivatori di Mandorle che Al aveva reclamato per sé, l'ufficio che avrebbe occupato per l'intera esistenza della Forgia Produzioni. All'inizio della giornata Ynez aveva sistemato quella scrivania a noleggio senza sapere che a fine giornata ci si sarebbe seduta Al Mac-Teer. Ynez entrò con la macchina da scrivere nella sua custodia.

"Chiudi la porta!" Al non riusciva a credere che Ynez fosse lì nel suo ufficio. "Ma tu guidi alla velocità della luce?"

"È questa, vero?" Ynez appoggiò la scatola sulla scrivania.

"Adesso mi spieghi," disse Al.

"Il tuo capo l'aveva lasciata in macchina, no? Non volevi che te la portassi?"

"Domani. Come hai fatto ad arrivare così in fretta? Sono curiosa."

Proprio in quel momento Lakeland il Poppante si affacciò sulla soglia. Riconosciuta la voce di Al Mac-Teer, il grande capo della Optional Enterprises, si illudeva di poterle essere d'aiuto. "No. No, no, no e no. Mi scusi, signorina Mac-Teer."

"Perché?" Al aveva l'impressione di essere all'oscuro di troppe cose.

"Che non accada mai più." Cody lanciò a Ynez un'occhiata che voleva essere di rimprovero, ma sembrava un attore dilettante in una commedia di teatro parrocchiale. "Devo proprio spiegarti ogni singola regola?"

"Cody," disse Al nel suo tono abituale, non quello che usava per cantarle alla gente o risolvere problemi. "Quali regole?"

"Il protocollo Ufficio Produzione. Questa ragazza," e indicò Ynez con un cenno della testa, "non sa stare al suo posto. Sistemare i mobili. Il caffè. Fare la runner. Fin qui se l'è cavata. Però deve capire che ci sono persone con cui non deve parlare."

"Sai che *questa donna* ha un nome? Lo sai come si chiama?"

"Ynez." Fu proprio Ynez a dirglielo, in quel preciso istante. "Mi chiamo Ynez."

"Non ho guardato i nomi della gente di qui che abbiamo assunto," ammise Lakeland. "Errore mio. Adesso togliamo il disturbo e ci chiariamo. Mi dispiace, signora Mac-Teer. Non succederà più. Giusto, Iii-ness?"

"Aspetta. Sono confusa," disse Al. "Ynez? È tutto il giorno che sgobbi per il signor Lakeland?"

Cody Lakeland *deglutì* mentre un'improvvisa, intensa paura gli annebbiava il cervello e un fastidioso formicolio lo percorreva da capo a piedi. Al Mac-Teer lo aveva appena chiamato "signor Lakeland". Questo. Non. Prometteva. Bene.

Ynez raccontò in cos'era consistita la sua giornata: andandosene da Lone Butte aveva riconosciuto un suo amico che doveva consegnare dei mobili a noleggio, proprio quelli che adesso erano sistemati lì. Il suo amico era a corto di personale, un bel problema, ecco perché lei aveva deciso di aiutarlo a scaricare. Stava per andarsene quando il "signor Lakeland" – e qui Cody strabuzzò gli occhi – l'aveva mandata a prendere i caffè, e poi il pranzo, e poi tutto il materiale per l'ufficio... e così lei aveva fatto. In realtà non era mai andata via da Lone Butte, se non per i viaggi all'Uni-Mart sulla strada per Chico e al Tutto per un Dollaro, per questo ci aveva messo così poco a portarle la macchina da scrivere di Bill Johnson che stava dentro quella custodia. "Ho fatto qualcosa di sbagliato?" Ynez non lo sapeva davvero, e se aveva sbagliato voleva capire.

Al Mac-Teer scoppiò a ridere divertita. Tanto forte che la sentirono anche nei corridoi, nella tromba delle scale, fino agli uffici della Sede dell'Associazione Coltivatori di Mandorle. La sua risata rimbalzò qui e là nel nuovo Ufficio Produzione, mentre le onde sonore invisibili si affievolivano sempre di più.

"Cody," disse Al, rivolgendosi al giovane assistente di produzione pietrificato, in senso fisico, come se fosse proprio diventato di pietra, inamovibile. "Vorrei che andassi a prendere due caffè alla svelta, per Iii-ness e per me. Io prendo un espresso doppio, latte caldo con panna a parte. Ynez?"

"Caffè americano. Con latte e due cucchiaini di zucchero, per favore."

Cody se lo annotò con penna e taccuino, non tanto perché rischiava di dimenticare un ordine tanto semplice, ma perché voleva disperatamente dare l'impressione di essere un professionista indispensabile.

"Ah, un'altra cosa, Cody," aggiunse Al. "Fatti un giro della Produzione e senti se qualcun altro ha bisogno di un po' di carica per il pomeriggio. Tieni lo scontrino e fatti rimborsare con il fondo spese."

"Certo," gracchiò Cody. "Ehm, Iii-ness? Stamattina dove l'hai preso il caffè?"

"Al Pirate Coffee. Prendi la Webster direzione ovest, lo trovi su questo lato della strada." Recuperò il telefono per inviare a Cody la posizione GPS. "Puoi ordinare online e programmare il ritiro. Io ho fatto così."

"Ricevuto." Cody se ne andò. Finì per ordinare ventidue caffè in contenitori di carta riciclata con sopra un teschio e le ossa incrociate con copritazze e coperchi biodegradabili.

Al studiò con attenzione la sua autista di PONY, quella giovane donna che ormai conosceva da mesi. Una volta tornato Cody con i caffè (il ragazzo ci mise un'ora e quaranta minuti), Al gli avrebbe illustrato il protocollo Mac-Teer dell'Ufficio Produzione. Prima però volle parlare con Ynez in privato, a porte chiuse. Al voleva che lavorasse per lei, che risolvesse problemi, che la aiutasse a fare il film. Per farlo Ynez avrebbe dovuto lasciare il lavoro alla PONY ed essere reperibile 24 ore su 24, 7 giorni su 7, per tutto il tempo che Al riteneva necessario. Ynez, spiegò Al, era una pepita d'oro estratta dal fiume Iron Bend, e Al non aveva intenzione di farsela scappare.

"Sarai nostra dipendente con busta paga," disse Al.

Lo stipendio settimanale sarebbe stato di livello base secondo gli standard del Carnevale di Cartapesta, ma era comunque più denaro di quello che Ynez riusciva a guadagnare facendo due o anche tre lavori.

Più soldi, in verità, di quanto Ynez avesse mai sognato.

5. CASTING

> Eve ha gli Ultrapoteri, ma anche un passato parecchio travagliato. Vive nell'ombra insieme all'anziano nonno, evitando ogni contatto con gli Agenti del Cambiamento, ma non ha pace, sempre tormentata da ciò che *sente* e da ciò che deve fare per salvare la vita degli altri. Però nella sua vita non c'è gioia, solo paura. Non riesce a *dormire* per colpa delle visioni di una misteriosa presenza nota come l'Incendiario...
>
> Sinossi di *Guerriera Insonne: La forgia dell'Incendiario*

WREN LANE

Nessuno sapeva dove alloggiasse in quei giorni, tranne i pochi che godevano della sua amicizia, coloro che si erano guadagnati la sua fiducia accettando l'onere di mantenere il riserbo sui suoi spostamenti. Micheline Ong, la sua agente, era una dei pochi.

Non che Wren Lane fosse un'eremita pazzoide, e non era affatto vero che amava i suoi gatti e i suoi pappagalli più degli esseri umani. Se il suo indirizzo era un'informazione strettamente riservata, la colpa era degli stalker. Dei fan troppo aggressivi (perlopiù maschi) convinti che lei fosse la loro anima gemella. Dei paparazzi che, a caccia di uno scatto privato della lady, la seguivano come agenti di sorveglianza dell'FBI o, meglio, aspiranti rapitori. Se si considerano anche gli speculatori che volevano poster, foto e cimeli autografati da Wren Lane per venderli e guadagnarci, la conclusione è che l'attrice era perseguitata come un Jean Valjean donna da una squadra di Javert idioti.

Se la vita sentimentale di Wren non fosse stata quel pasticcio fomentagossip che in effetti era, a qualcuno sarebbe importato lo stesso? Era bella. Faceva film. Per questo se ne parlava. Quando aveva lasciato Whit Sullivan – che praticamente non si era mai fatto vedere durante la relazione – i giornali dissero che si era trasferita in Scozia. Quando aveva divorziato da Cory Chase – che aveva problemi di gestione della rabbia – dissero che si era tenuta la casa sul lago ad Austin. Quando aveva rotto il fidanzamento con Vladimir Smythe (per la seconda volta), un giornale locale di Salina, Kansas, scrisse che si era comprata un'ecofattoria per vivere al riparo del terrapieno. Non era vero. Al momento abitava in un ranch isolato non lontano da Los Angeles con un bel ragazzo di nome Wally, suo fratello gemello. I due si erano divisi l'acquisto di quello che una volta era un agrumeto. Nelle vicinanze c'era un piccolo aerodromo dove lei teneva il suo aereo, un Cirrus 150. Il brevetto da pilota l'aveva preso ad Austin durante il periodaccio da signora Chase, per sfuggire agli umori del marito. Aveva scoperto che pilotare un aereo la aiutava a restare con i piedi per terra, la teneva occupata e la metteva alla prova, perché il cielo le dava ciò che nessun uomo le aveva mai dato (un appagante senso di sicurezza).

"Prima che mi venga in mente di uscire con un'altra zucca vuota," aveva detto a Wally, "fammi l'elenco dei miei errori passati, ti prego." Viveva con il fratello, almeno per il momento, perché erano legati a livello cosmico e perché Wally era bravissimo negli affari. Faceva in modo che la sorella restasse ricca (e diventasse ancora più ricca grazie a lui), e in più la teneva al sicuro.

Nella stessa proprietà, in un cottage per gli ospiti, abitava il duo formato da Tom Windermere, poliziotto di Los Angeles in pensione (altro maschio sano di mente di cui si fidava), e dalla moglie Laurel, una cuoca sopraffina. Quando doveva frequentare l'ambiente di Los Angeles, Wren alloggiava nell'appartamentino della suocera dietro la casa dei Windermere a Eagle Rock. Il detective Windermere era una presenza costante nella vita di

Wren, e si assicurava che non venisse mai scoperta, infastidita o minacciata.*

Però nemmeno Tom riusciva a tenere a bada tutti i suoi molestatori. A una convention dell'Associazione Nazionale degli Esercenti del Cinema a Las Vegas, Wren si presentò per ricevere il premio come Star Femminile dell'Anno, e un produttore le fece delle avances idiote dal palco, ripetendo quello che le aveva già detto poco prima in ascensore, nel tragitto dalla suite che le avevano messo a disposizione alla sala della convention. Il produttore le aveva elencato due motivi per cui non si sarebbe pentita di fare una doccia insieme a lui, uno dei quali era il risparmio di acqua. "Oh, andiamo. È solo una battuta. Che male c'è?" Lo disse tutte e due le volte.

Tutte quelle battute...

Wendy Lank di Pierpont, Illinois, Liceo East Valley, classe 2012, sentiva battute del genere da tutta la vita. A scuola la chiamavano "Wendy-Prendi", "Wendy Saliscendi" e così via. Era la Ragazza della East Valley. Se ne andò prima del diploma, saltando la faccenda toga e tocco, per qualche servizio da modella a Chicago. E siccome Pierpont era una città piena di teste di cazzo, Wally la raggiunse l'estate del diploma. Anche lui era abbastanza bello per fare una carriera da modello, ma odiava farsi fotografare, perciò si iscrisse alla Kellogg School of Management della Northwestern. Poi Wendy si trasferì a New York, fece la modella ancora un po', si liberò di tutta un'altra serie di teste di cazzo e ottenne una scena in una sitcom ambientata nel municipio di una cittadina nel ruolo della Stronza Sexy dell'Ufficio. Trovò un agente e visto che per poco non fu scritturata per il ruolo di Migliore Amica in *Siamo fritte* su Showtime, decise di dare una chance a Los Angeles. Wally le presentò due ragazze conosciute alla Northwestern che avevano affittato una casa sulla Woodrow Wilson, in collina, e cercavano una coinquilina. Avevano fatto tutt'e tre le modelle, le attrici, avevano frequentato corsi di improvvisazione: tre Ragazze tutt'e tre impegnate a farsi largo nello showbiz.

* Nei primi anni di celebrità due molestatori erano entrati nella sua proprietà, uno addirittura in casa.

Wendy Lank studiava, faceva ginnastica, usciva con uomini che avevano una routine di bellezza più elaborata della sua, si metteva vestiti comodi per fare la cameriera e andava a tutti i provini che il suo agente riusciva a trovarle, con scarsa fortuna. Fu richiamata per *Scorci di Eden* di Bill Johnson, ma il secondo provino, quello con la lettura, si concluse in un nulla di fatto. Per uno spot pubblicitario nazionale della Buick dovette sedersi nel posto del passeggero su una strada tortuosa vicino al lago Arrowhead, guardando i suoi adorabili bambini sui sedili posteriori e accarezzando in modo allusivo il collo del finto marito. Quel tizio era gay. Bello e gay, l'unico uomo sul set a non provarci con lei, con i modi o con lo sguardo.

Dopo aver preso il nome d'arte di Wren Lane,* interpretò il ruolo di un cadavere in *Vittima n. 69*. Era morta e bluastra, ma la inquadravano a lungo: le fecero persino aprire gli occhi, in una sequenza onirica, per dire a Danielle Moore che interpretava la detective incinta e oberata di lavoro che si occupava del caso: "La ragazza che hanno appena portato? Sì, anche lei." *Vittima n. 69* si rivelò un gran bel film che incassò dei gran bei soldi. E c'era quella scena con il cadavere! Gli addetti ai casting notarono la ragazza bluastra, Wren Lane.

* * *

Alle 23:57 Wren era a letto con la TV accesa nella sua casa Chissadove e stava per cominciare a guardare un film con Bette Davis sul canale Turner Classics quando si ritrovò davanti a se stessa nei panni di HELEN** in *L'uomo dell'Organizzazione*. Ricordava di quando aveva letto il copione per il provino, e che le aveva fatto orrore. Quand'era stato? Nel 2016. Non era più in lizza per la parte di Migliore Amica, Sorella Premurosa, Stronza dell'Ufficio o Cadavere. Stava provando la parte di Helen. Dopo

* Wendy Lank sarebbe potuta diventare Wren Lake, ma Wally suggerì Lane, visto che doveva solo sostituire la lettera *e* del cognome alla lettera *k*.

** Nelle sceneggiature i nomi dei personaggi sono sempre scritti in maiuscolo. Ci è parso il caso di fare lo stesso in queste pagine.

tante audizioni fallimentari, ecco l'occasione. Sì, era più giovane di quindici anni rispetto alla star del film, Porter Hovis, ancora in circolazione all'epoca. A quanto pare da vecchi i divi del cinema scelgono sempre personaggi con mogli più giovani di quindici anni. Lì a letto, Wren si guardò dire nel film:

```
                HELEN
Non vedi che hanno bisogno di te?
I tuoi figli sentono la tua mancanza.
Io sento la tua mancanza.
```

Una battuta di merda in una scena di merda, in una finta cucina troppo bella, con il lucidalabbra, i pantaloni da yoga aderenti e il top elasticizzato, a implorare il marito di capirla: se lui lavorava così tanto, così duramente, non faceva bene alla famiglia.

Il Marito/Eroe/Uomo-qualunque, gettando la testa all'indietro in preda a una comprensibile frustrazione, sbottava: "Cosa vuoi che faccia? Vuoi che me ne vada?"

```
                HELEN
Voglio che tu... ci sia...
per noi.
```

Il regista-sceneggiatore aveva usato il ciak numero 7, quello in cui le aveva suggerito di metterci delle pause. Era stato lui... a darle... il ritmo.

Adesso, anni dopo, quel film serviva a riempire il vuoto su un canale via cavo qualunque a mezzanotte. La cosa la infastidiva. Detestava quel film, l'esperienza sul set e anche un po' sé stessa per aver accettato. Eppure eccola lì a costringersi a guardare tutta la scena-in-cucina-vestita-sexy-con-lucidalabbra (era la scena che le avevano fatto leggere all'audizione) per ricordarsi che: Basta. Basta. Mai più. Basta fare la Moglie (Voglio che tu... ci sia... per noi). La Migliore Amica (Ascoltami, puoi farcela!). La Sorella (Cos'ha detto? Al primo appuntamento?) o la Stronza (Se non avessi la testa infilata nel culo del Signor Valentine lo sapresti anche tu, era nel promemoria!). Niente più ruoli del genere. Niente più ruoli... del genere.

Prima dell'uscita di *L'uomo dell'Organizzazione*, che non andò granché bene, Wren era stata scritturata in due film minori: la commedia romantica *Avevi detto che mi chiamavi* e il film d'azione *Actionable*. Nessuno dei due le era piaciuto. Aveva rifiutato il ruolo della Psichiatra sexy in *Fuori* perché – fu lei a doverlo far notare – era troppo giovane per risultare credibile nei panni di una psichiatra forense, e quale psichiatra forense non avrebbe capito che l'uomo della piscina era Gemini? Non aveva senso. Il suo agente dell'epoca chiamò per urlarle contro: "Senso? Wren! Soldi! Un film! Senso? Chi se ne frega!" Wren rimase della sua opinione e capì che quella telefonata era un segno: doveva licenziare l'agente al più presto, cosa che fece non appena ebbe l'occasione di incontrare Micheline Ong, che aveva lasciato la sua scrivania alla Richard Fleisch per iniziare a lavorare per conto suo al Pacific Artists Group.

Con Micheline che si batteva per lei, a Wren furono affidati due ruoli uno dietro l'altro, in un'imitazione di *Gaslight* dal titolo *Fronte falso* e nell'incantevole *Pervinca*. Dovette entrare in due personaggi che più diversi non si poteva, ma entrambe le interpretazioni le valsero la promozione in serie A. Conquistò ben due nomination ai Golden Globe nello stesso anno! Perse tutt'e due le volte, contro Dame Sylvia Upton (commedia) e Ginny Pope-Eisler (dramma). I SAG Awards la ignorarono, e lo stesso fece l'Academy degli Oscar. A ogni modo era stata una bella scalata, sotto tutti i punti di vista. E Wren intravvedeva un futuro a portata di mano. Quasi.

Si diceva che la sua versatilità fosse il suo problema. Chi era, la bellissima donna assetata di vendetta di *Fronte falso* o la ragazza della porta accanto di *Pervinca*? I ruoli che le venivano proposti non le facevano venire le farfalle nella pancia: ogni personaggio era una variazione di cose già fatte. *La fortuna di Sadie Foster* e *Fury e McDowell* andarono bene solo perché ci recitava Wren Lane. Poi arrivò *Il Sergente Duro*, con il suo nome scritto sopra il titolo nei cartelloni e il nuovo status di splendida, sensualissima bomba sexy capace di farsi carico di un blockbuster.

La gente aveva ribattezzato il film – e Wren – *Sergente Durello.*[*] Era iniziata una nuova era per lei.

Nel marzo del 2020, all'inizio della pandemia e per tutto il tempo che durò, lo showbiz chiuse i battenti e Wren fu costretta a interrompere le trattative con un paio di produttori che vedevano in lei una Lucrezia Borgia contemporanea. Meglio così, visto che un'altra serie sui Borgia li aveva battuti sul tempo andando a girare in Ungheria finché non dovette chiudere per colpa del COVID-19 che aveva devastato anche Budapest. Durante l'isolamento, nella sua Fortezza della Solitudine, Wren raddoppiò il tempo dedicato alla ginnastica. Per un'ora al giorno nuotava controcorrente nella piscina Jet-Stream fatta installare da suo fratello, e pilotava il suo Cirrus per accumulare ore di volo e per l'esposizione terapeutica alle nuvole e all'orizzonte. Le venne la fissa dei film vecchi che avevano come protagoniste le dive leggendarie del cinema, quelle donne potenti che apparivano per prime nei titoli del film perché il ruolo principale spettava loro: Vivien Leigh, Katharine Hepburn, Joan Crawford, Ingrid Bergman, Sophia Loren, Bette Davis. Garbo. Ava Gardner. Rita Hayworth. Greer Garson. Veronica Lake. Guardava così tanti film vecchi che suo fratello Wally la pregò di trovare qualcosa girato in Technicolor, sennò che se li vedesse da sola. Lei gli propinò Marilyn Monroe con Jane Russell in *Gli uomini preferiscono le bionde*. "Queste sono donne che comandano," disse Wren a Micheline Ong, a suo fratello, ai Windermere e alla sua pilota/istruttrice Heather Cooper mentre sorvolavano la costa, il deserto e la Valley. "Le cantavano agli uomini in un'epoca in cui gli uomini decidevano tutto. Come fa ora Willa Sax."

"Willa Sax è Cassandra Rampart," le aveva detto Micheline nel corso di una lunga chiamata su Zoom. "È il suo franchising, qualsiasi cosa faccia dopo."

"Willa Sex. Io e lei siamo due recluse dentro i corsetti aderenti, dobbiamo farci strada a colpi di scollatura. Bette Davis era Bette Davis. Tra le due io voglio essere Bette Davis."

* Wren si batté per far cambiare il titolo, ma fu ignorata. Non rispose più a nessuna domanda sul ruolo o sul film.

Michelinc capiva il suo punto di vista. Wren aveva quasi ventinove anni ed era stanca di essere la Sergente Durello. Secondo i suoi piani aveva tempo fino a trentatré anni per affermarsi come la versione Bette Davis di sé stessa. Era decisa a dare del filo da torcere a Ginny Pope-Eisler per aggiudicarsi i ruoli migliori.

Vestiti da ginnastica, in incognito, Wren e Tom erano all'ottavo chilometro di una scarpinata lungo un sentiero pubblico quando Micheline chiamò su FaceTime. L'agente era in macchina, bloccata nel traffico della 101.

Wren rispose. "Ehi, Mich."

"Sei pronta?" chiese Mich Ong.

"Cosa?"

"I pianeti si stanno allineando."

"Ti ho persa."

"I pianeti si stanno allineando per te."

"Ti sei bloccata. Mi vedi?"

"Puoi fermarti dove c'è campo?"

"Così va bene?"

"Non muoverti. Ti piacerebbe una vita da Ultra?"

"Sta arrivando altra gente, aspetta che mi metto la mascherina."

Wren aveva una mascherina intorno al collo. Si coprì la bocca e il naso mentre passava una coppia con un cane al guinzaglio. Anche loro si erano messi la mascherina. "Ehi, ma che bel cagnolino."

"Grazie," risposero.

Wren tornò a FaceTime. "Dicevi?"

"Qualcosa si muove a Hawkeye," riprese Micheline. E continuò. "Stanno per girare un film Dynamo con un grande ruolo femminile da protagonista. E quella protagonista dovresti essere tu."

"Chi è il regista?"

"Bill Johnson. L'ha scritto e lo dirige."

"Bill Johnson. Ah..."

A bordo dell'auto di Micheline squillò un altro telefono. L'agente lo recuperò per leggere un messaggio.

"Bill Johnson non è un mio fan," le ricordò Wren.

"Bill Johnson farà quello che gli si dice," disse Micheline, concentrata sull'altro telefono. Lo mise giù dopo aver digitato velocemente una risposta. "Hawkeye metterà questo film Ultra direttamente in streaming. Un colpo pazzesco. Il personaggio sarà tuo per anni."

"Che personaggio è?"

"La Guerriera Insonne."

"Quando esce? È una di quelle cose da girare tipo in Romania per otto mesi?"

"Lascia prima che ti procuri il lavoro, poi detteremo le condizioni. Vado?"

Wren ci pensò un attimo. "Sì. Stendili!"

"Woof." Micheline ridacchiò felice. "Ehi, Tom!"

"Ehi, Mooch," urlò Tom da fuori dell'inquadratura.

"Esistono dei fumetti? Me li mandi?"

"Ti mando il link. E la sinossi."

"Eh?"

"Puoi leggere i fumetti a questo link. E la sinossi."

"Sei scomparsa."

"Ti mando il link!"

"Non ti sento."

"Ti mando il link!"

"Ti sei bloccata di nuovo. Tom dice che può procurarmeli lui. I fumetti."

"Ti mando la sinossi del film!"

"Ti voglio bene, Moochie."

L'immagine di Wren si frizzò. Nel tempo di quella conversazione, Micheline aveva percorso dieci metri sulla 101, tra Coldwater e Woodman.

* * *

Grazie a Bill Johnson, Dynamo aveva finalmente trovato una strada per inserire la Guerriera nel suo universo di personaggi, la Dynamo Nation. In quel periodo *Agenti del Cambiamento 5: le Origini* era in Post-produzione, cioè ancora a mesi dall'uscita. E su ordine delle alte sfere, il team di sceneggiatori che doveva finalizzare il film scrisse alcune scene aggiuntive contrassegnate dal nome in codice: "La Morte dei Cavalieri." EVE LA GUERRIERA sarebbe stata presentata come Ultra nella versione definitiva di *ADC5* attraverso alcune scene enigmatiche, top-secret, per cui servivano dieci giorni di riprese ad Atlanta. Impresa non da poco. Dovevano radunare il cast di *Agenti del Cambiamento* recuperando i singoli membri da posti lontanissimi, compresi i set di altri film in fase di produzione, il lockdown e un ritiro spirituale nel nord del Michigan dove uno degli attori aveva fatto voto di silenzio per trenta settimane. Avrebbero dovuto rinfilare a forza gli Ultra nei loro costumi e pagarli centinaia di migliaia di dollari per due settimane di lavoro ai Dynamo Studios in Georgia sotto i rigidi protocolli COVID-19.

Bill Johnson fece inserire il casting per il ruolo di Eve la Guerriera tra le clausole rescissorie del contratto. Siccome la storia e il personaggio li aveva creati lui, spettava a lui scegliere l'attrice che doveva impersonare Eve, o non sarebbe più stato della partita. Con l'Istigatore a perorare la sua richiesta, Dynamo e Hawkeye accettarono di "consultarlo" in fase di casting.

Non appena Al Mac-Teer sentì pronunciare la parola "consultare" sputacchiò il frullato del mattino: una reazione vecchia scuola. Consultare? Il suo capo? Bill Johnson avrebbe consultato chi di dovere finché non ci sarebbe stato più niente da dire, poi avrebbe scelto Eve la Guerriera come meglio credeva.

Alla vista di un numero di telefono della Pacific Artists Group sul cellulare, Al si preparò per Micheline Ong o Phillip Bork, il presidente dell'agenzia. Micheline chiamava perché scritturassero Wren Lane. Se invece era Phil, chiamava per lamentarsi del fatto che l'industria cinematografica non sapeva che pesci pigliare e chiederle se aveva nuove teorie o qualche pettegolezzo. Al sperava che fosse Phil Bork perché era dotato di un cinismo brutale quanto esilarante.

"Le passo Micheline Ong, attenda per favore," disse la nuova assistente. Era spettacolare il modo in cui queste persone continuavano a fare il proprio lavoro, sbrigando tutte le telefonate da casa: i grandi uffici erano ancora sotto lockdown. D'altra parte Al rispondeva alle chiamate dal suo giardino nell'aroma delle sequoie.

"Al, dobbiamo parlare," esordì Micheline 'King Kong' Ong. "È il momento."

Al tagliò corto. "È sulla lista." Traduzione: *Wren Lane è stata presa in considerazione per il ruolo di Eve la Guerriera.*

"La lista? Oddio! Non sai che favore mi fai dicendomi che posso informare la mia unica cliente di peso che è su una lista. Non una lista e basta, ma *la* lista. Mi chiederà chi altro c'è sulla lista, e allora io che cazzo le dico, Big Mac?"

"Oh, cribbio, Micheline. Mi hai beccata. Hai vinto tu. A questo gioco sei troppo brava. Diamo subito la parte a Wendy Lank. Quanto vuoi che la paghiamo? E dimmi anche che benefit vuole. Oops! L'arbitro ha fischiato. Non sono io a prendere queste decisioni, e non è così che funziona, e tu lo sai e puoi dire alla tua viziatisssima cliente quel che ti pare."

Micheline rise. Anche Al. "Lo sai anche tu che non c'è nessuno più adatto di lei per fare Eve la Guerriera. Voglio dire, dai."

"L'idea di Wren mi piace. Davvero. Il mio capo non è contrario, ma è Hawkeye che firma gli assegni e Dynamo può dire la sua, lo sai."

"È il tuo capo a decidere. Solo a sentirlo nominare, Hawkeye e Dynamo se la fanno sotto."

"Ed è giusto così."

"Se ci fosse qualcuno che li mette d'accordo tutti la scelta sarebbe già stata fatta. Penso che Bill dovrebbe incontrare Wren appena possibile, così capisce che affidare la parte a lei è la cosa più saggia."

Al si prese un momento, il silenzio calò sulla chiamata...

"E se riferisco al mio capo che ti sei appena permessa di chiamarlo per nome, così inizi a raccogliere i resti della tua carriera appena esplosa?" chiese Al.

"MI DISPIACE!" Come aveva fatto Micheline a dimenticarsi di non chiamare mai per nome Bill Johnson? Che errore da principiante! "Mi lavo la bocca con il gel per le mani!"

Per Al la situazione era questa: Jessica Kander-Pike aveva rifiutato i soldi e il ruolo alla prima offerta, i soldi alla seconda, e i soldi alla terza. Il suo no era proprio un NO! E per questo aveva tutta la sua ammirazione. Dopodiché Bill si era messo in testa P'aulnita Jaxx, che però stava per dirigere sé stessa in un film semiautobiografico per il WinCast di Oprah Winfrey. Dynamo aveva *suggerito* Jo Annhalter, che stava valutando se abbandonare la recitazione per dedicarsi alla glorificazione di Nostro Signore Gesù Cristo e avere un mucchio di altri figli: ovviamente non sarebbe potuta tornare in palestra a torturarsi per avere un fisico alla Guerriera, non con un bambino appena nato, e per giunta un'offerta per un altro film da girare a Los Angeles.* Hawkeye comunicò (confessò) che avrebbero approvato qualsiasi donna in grado di solleticare le fantasie di innocenti ragazzini e uomini viscidi di tutte le età: un pubblico che, Al lo sapeva bene, era tutto di Wren "Sergente Durello" Lane.

"Fammi chiamare." Al lanciò a Micheline quest'osso. Aveva conosciuto Wren durante una colazione di Women in Hollywood prima del COVID-19. Si erano ritrovate allo stesso tavolo, e si conoscevano di vista, ma Wren fu colta alla sprovvista quando Al si presentò. Si aspettava che una donna come Al Mac-Teer, capace di incutere timore a gran parte della gente in città nonché modello per gran parte delle donne presenti al Roosevelt quel mattino, fosse assai più scontrosa di quanto invece sembrava. In effetti Al era simpatica. Divertente. Pungente senza essere cinica.

"Affare fatto," disse Micheline. "Zoom o FaceTime?"

"Al telefono. Non voglio preoccuparmi di essere presentabile."

Otto minuti dopo sull'iPhone di Al arrivò una chiamata da un numero sconosciuto.

"Sì?" disse Al.

"Al Mac-Teer, Wren Lane."

"Ciao."

"Vuoi sapere perché sono la risposta a tutti i tuoi problemi?"

"Certo."

Wren attaccò: "Cavaliere della notte è uno dei nomi della belladonna, e la belladonna è una pianta tossica carica di alcaloidi, scopolamina e iosciamina che può uccidere causando delirio e

* *La stagione dei turbini*. Fu pazzesca. Jo Annhalter non sbagliava mai. Wren la odiava. Ma l'ammirava pure.

allucinazioni. E Eve La Guerriera è un nome molto più fico che Belladonna, troppo scontato. Ma senti, nome a parte nel mondo non c'è una donna che non abbia bisogno di quello che vuole Eve: una notte di sonno. Certo, a letto ci andrebbe anche per spassarsela con un tipo come si deve, quando si presenterà l'occasione. Ma l'occasione giusta non si presenta mai. E neanche un tipo come si deve. Se non lo so io."

Risero tutte e due.

Wren proseguì: "Tutte le donne del mondo sono stanche. Togli a Eve i suoi superpoteri, e quello che ti resta sono tutte le donne sulla faccia della Terra. Ha molto più bisogno di un pisolino che di un uomo. In questo momento Bill Johnson ha l'imbarazzo della scelta, lo so, ma mi chiedo perché non ha mai nemmeno chiamato Micheline per sapere se ero disponibile. Ai tempi di *Scorci di Eden* non avevo molto da offrire, me ne rendo conto. Avrei potuto interpretare Maureen in *Una cantina piena di sound* e, se avesse mostrato qualche interesse per me l'avrei fatto con la fee base più il dieci.* Ho visto *Razzi in tasca* due volte. Ho dato il mio voto a *Una cantina piena di sound* anche se non ho mai ricevuto una telefonata, quindi è acqua passata. Secondo me quell'uomo fa grandi film e io voglio fare grandi film. Salto anche i riposi. Fatemi staccare alle undici e ventinove di sera e mi farò trovare pronta e sorridente alle cinque e quarantacinque del mattino dopo. Ho imparato che non fare troppe storie ripaga, e non m'importa come mi riprendete la faccia, lato destro o lato sinistro fa lo stesso. Immagino che ripeterai a Bill quello che ti ho detto, parola per parola."

"Il succo." Al mise in viva voce.

"Vorrà vedermi?"

Siccome le era piaciuto quel che aveva sentito, Al disse: "Posso chiederglielo."

"Davvero?"

"Non è in città."

"Vado io da lui."

* La paga base secondo il tariffario della Guild degli Attori, più il 10 per cento per Micheline Ong. Un affare, per una come Wren Lane.

"Vive in New Mexico."

"Posso arrivare a Santa Fe con il mio aereo."

"Hai un aereo?" Al sapeva che il cinema riempie di soldi quelli come Wren, ma un jet privato era tutto un altro livello.

"Ho la licenza da pilota. Posso essere a Santa Fe tra sette ore."

"Non abita a Santa Fe, ma non è questo il punto. Non gli piacciono gli incontri finché non ha deciso."

"Al, la dose di alcaloidi allucinogeni che può garantirvi la donna con cui stai parlando al telefono non ve la può garantire nessun'altra." Era una frase che Wren si era preparata, e la rimarcò con un momento di silenzio. Poi fece una domanda con la massima sincerità: "Perché vuole fare *Guerriera Insonne*? È il capitolo di un franchise di una multinazionale. Può fare tutto quello che vuole. Perché proprio questo?"

Al non rispose, perché nessuno le aveva mai fatto una domanda del genere in una telefonata del genere. Perché non vuole parlarmi? Perché non guarda il mio provino? Che cosa devo fare perché lui riesca a immaginarmi nella parte? Erano queste le domande che gli attori facevano di continuo. Nessuno le aveva mai chiesto perché il suo capo voleva fare un film.

"Per me quell'uomo è un mistero, Wren. Farò il possibile perché ti voglia vedere."

"Grazie."

"Mandami il tuo numero."

"Subito."

"A presto, allora." Poi Al riagganciò.

Lo stesso fece Wren a casa sua. Wally, seduto sul divano, non si era perso una parola.

"Bel colpo," disse alla gemella.

"Sono stata troppo insistente?"

"Lo scoprirai presto, no?"

Dal giardino di casa, Al chiamò subito il capo a Socorro, sperando che le rispondesse, qualunque cosa stesse facendo: dopotutto c'era un film nella sua testa che aveva bisogno di prendere forma nel mondo là fuori. La Dynamo stava costruendo nuovi set per *ADC5*, in modo che fossero pronti non appena Eve la

Guerriera avesse indossato il costume. La partita era cominciata. L'orologio ticchettava.

"Sì." Bill stava giocando a golf. Al sentiva il fruscio del vento.

"Wren Lane."

"Forse."

"Vedila."

"No."

"Dovresti, secondo me. Ha qualcosa. Può essere da te tra sette ore."

"Tra sette ore sarò a cena."

"Allora domani."

"Perché?"

"È la stessa domanda che mi ha fatto lei: perché vuoi fare questo film? E non perché non prendete me."

"Dammi un secondo." Bill fece qualcosa con il telefono, poi Al riconobbe l'inconfondibile sferragliare di mazze da golf nella sacca. Seguì un grugnito, il *toc* della mazza che colpiva la pallina. "Ah, miseria. L'ho colpita troppo in testa... Secondo te io dovrei incontrare Wren Lane per quel *perché*."

"Sì, credo di sì," confermò Al. "Dice che non arriverà mai in ritardo sul set."

"Mente."

"SAM conferma."

Stanley Arthur Ming aveva lavorato con Wren durante le riprese di *Sergente Duro* e aveva mandato un messaggio ad Al: se tutti facevano bene il loro lavoro, lei non creava problemi.

"D'accordo. Domani a mezzogiorno. Arriverà in ritardo."

"Viene con il suo aereo, pilota lei. Fatti trovare all'aeroporto, pronto a dirle perché vuoi fare il film."

"Oh, per quello sono già pronto. Mandale la sceneggiatura." Bill Johnson chiuse la telefonata e nel colpire la bianca pallina butterata con il pitching wedge si avvicinò al green più di quanto sperava. Dopodiché raccolse la sua roba e tornò a casa.

* * *

Andare all'appuntamento con Bill Johnson con il Cirrus monoelica, volando a 225 chilometri all'ora, sarebbe stato un viaggio lungo e noioso. E avendo accesso a parecchi aerei, Heather Cooper preferì un bimotore Beechcraft King Air C90B. Per andare e tornare da Socorro avrebbero impiegato metà del tempo e Wren avrebbe avuto l'occasione di provare quel che poteva essere il suo prossimo aeroplano. Decollarono prima dell'alba, perché il fuso orario del New Mexico era avanti, e puntarono il muso verso il sole nascente (bello, ma dopo i primi sei minuti fa venire il mal di testa). Wren si mise ai comandi per un po', per scoprire quali sensazioni le davano i due motori del King Air, poi restituì l'aereo a Heather e lesse la sceneggiatura per la terza volta. Non aveva scelto vestiti ricercati da servizio fotografico, ma neppure da ragazza acqua e sapone: aveva indossato i suoi Levi's vintage preferiti, i pantaloni che le fasciavano il culo alla perfezione, scarponcini da trekking, una grossa cintura di cuoio color cioccolato, una fibbia con un fulmine turchese, una camicia bianca Tom Ford, una kefiah verde attorno al collo, un Rolex d'epoca da uomo in acciaio inossidabile con il quadrante piccolo al polso, e sull'altro polso un bracciale di pelle con la scritta SERENITY, e infine un paio di classici occhiali da sole aviator della Randolph Engineering. Anche Heather Cooper ne aveva un paio sul naso, ma vestiva l'uniforme da pilota: pantaloni e blazer blu scuro, cravatta nera, la camicia bianca con le spalline e le tre strisce del suo grado.

Atterrarono a Socorro in perfetto orario. Sorvolando la pista alle 11:50 ora locale Wren avvistò la Dodge Charger rossa di Bill Johnson parcheggiata vicino alla segreteria del campo volo. Fu lei a far toccare terra all'aereo, poi lo fece rullare fino alla segreteria e spense i motori due minuti prima di mezzogiorno.

"Signor Johnson," lo salutò avvicinandosi.

"Signorina Lane." Lui la aspettava poggiato al cofano dell'auto, le braccia incrociate e un paio di Ray-Ban. Poi le aprì la portiera. "Lei vola con stile."

In quel mezzogiorno di fuoco le fece fare il giro del centro di Socorro, indicandole i cosiddetti punti di riferimento. "Ecco il Walmart."

Si fermò a El Sombrero di Frank e Lupe per ritirare il pranzo.

"Ti ritrovi subito di fronte a una sfida importante, sai," disse Bill, guidando verso la casa con la Jayco nel vialetto. "Rossi o verdi?"

"Verdi," rispose Wren. Sapeva a cosa si riferiva. Peperoncini: rossi o verdi o, per gli abitanti del New Mexico a cui piacevano entrambi, *Natale*. Glielo aveva spiegato Wally, che aveva imparato tutto da una fidanzata con i genitori in pensione che abitavano nella città di Truth or Consequences. I peperoncini verdi erano la scelta degli esperti.

La dottoressa Johnson era all'università, quindi erano solo loro due. Presero posto in cucina, dove Bill impiattò gli huevos rancheros e versò del tè freddo.

"Allora," disse Wren. "Prima tu."

"Niente convenevoli?" Bill la osservò. Wren Lane era una bellissima donna, sì, ma Bill aveva imparato da tempo che di donne bellissime ce ne sono parecchie, e della loro bellezza pagano il prezzo. Essere belle le colloca in una casta, venerate comunque eppure disprezzate perché la bellezza rende loro la vita più facile. Bill aveva imparato ad ascoltarle davvero, e a non prenderle mai in giro. Si appoggiò allo schienale e disse con voce calma: "Faccio film perché nessun altro mestiere appaga il mio tentativo di catturare la verità meno ovvia, una verità così pura e inesplorata che al pubblico viene voglia di prendersi a schiaffi per non averla vista prima. Questa saga sulla Guerriera che non dorme mai e l'Incendiario parla di uomini e donne intrappolati in quel purgatorio che chiamiamo *il presente*. Non esisterà mai una vera parità degna di questo nome tra uomini e donne: forse un giorno prenderanno gli stessi soldi per lo stesso lavoro, ma anche solo per questo resta ancora parecchia strada da fare. Possiamo concederci di sperare che le differenze tra maschi e femmine vengano accettate? Sappiamo rispettare la fragilità umana degli altri? Quando diavolo succederà, quando riusciremo a farlo succedere?"

"Una cosa da nulla," disse Wren con un'alzata delle perfette spalle.

"Ecco perché voglio fare questo film. Così posso usare il linguaggio del genere dei supereroi. John Ford aveva il western. John Frankenheimer usava i poliziotti di pattuglia. Scorsese aveva Little Italy. Spielberg la famiglia. Io ho Eve Knight. E tu vuoi essere lei..."

Wren iniziava a preoccuparsi. *Questo tizio sta entrando in modalità testa di cazzo, il regno dove ci sono i puntini di sospensione dopo ogni domanda? Forse quei tre puntini volevano dire cosa sei disposta a fare per la parte...?* A New York, anni prima, il produttore di un film low budget da girare in Bulgaria le aveva detto: "Vuoi la parte...? Una sega veloce ed è tua..." Per tirarsene fuori, Wendy Lank aveva rovesciato per errore il caffè sulla scrivania della testa di cazzo ed era andata via in fretta e furia, scusandosi tanto. Se fosse ricapitato, Wren Lane avrebbe gettato il caffè addosso a Bill, avrebbe chiamato la sua assistente e avrebbe urlato: RIPETI QUELLO CHE MI HAI APPENA DETTO E CERCA UN AVVOCATO!

"Perché?" le chiese Bill di petto. "Non credo che sia solo per sentire il lamento dei tuoi nemici."

"Perché..." Wren sapeva usare le pause alla grande. "Lei non riesce a dormire."

Bill masticò, poi parlò con la bocca ancora piena degli huevos di Lupe. Al gli aveva anticipato la faccenda del sonno. "Allora. I superpoteri? Quelli sono solo per bellezza, fuochi d'artificio per sedurre il pubblico. Per fare le cose bene noi dobbiamo mettere Eve Knight al centro, raccontarla con l'empatia più grande di cui siamo capaci. Il desiderio di vederla finalmente dormire sarà la spina dorsale del film. Quel prurito che non dà tregua. Il MacGuffin.* Che riesca a dormire tra le braccia di un uomo ardente come l'Incendiario? Che sorpresa, eh?" Bill masticò un altro po' e bevve il tè freddo. "Dio mio, spero che non rovineremo tutto..."

Wren non muoveva un muscolo, la forchetta in mano, mentre il tuorlo dorato dell'uovo si mescolava al *chili verde* nel piatto. "Senti," disse a bassa voce, posando la forchetta, alla ricerca di parole definitive, concrete, inequivocabili. "Non vorrei fare la

* La definizione data da Hitchcock all'elemento chiave di un film.

figura di una sceneggiatrice di seconda categoria, ma per caso hai appena detto quello che penso tu abbia detto?"

"Cosa pensi che abbia appena detto?"

"Noi. Tu speri che noi non rovineremo tutto. Io e te. Tu come regista e io come Eve."

"Sì." Bill portò alla bocca una forchettata. "Perché no?"

Wren espirò lungamente, sonoramente: un'esalazione che, se lei fosse stata positiva al test, avrebbe diffuso un bel po' di coronavirus. (Non era positiva.) Un sussurro nel suo orecchio, qualcosa che poteva sentire solo lei, le disse, *D'accordo, allora.*

"D'accordo, allora," ripeté a Bill, seduto di fronte a lei. Prese il suo tè freddo. "Non c'è voluto troppo."

"Miss Lane, ho visto tutto quello che hai fatto dopo *Fronte falso*. Sei un'artista di talento. Sottovalutata, e sprecata."

Sentirglielo dire la fece sentire maledettamente bene.

"Mi chiedo una cosa." Bill allungò la mano verso il polso destro di Wren, quello con il braccialetto di pelle SERENITY. "Hai mai provato questa sensazione?"

Serenità. Wren aveva scelto quell'accessorio per completare il look, per controbilanciare il Rolex allacciato morbidamente al polso sinistro, non per suggerire un legame subliminale con altri supereroi tipo Wonder Woman o Maggiore Orsa che indossavano braccialetti sexy. Aveva comprato quel bracciale per capriccio, in un negozietto dove alcuni artisti locali vendevano le loro creazioni. Avrebbe potuto scegliere AMORE, SPERANZA, PACE o ARRENDITI, che però le erano sembrati più banali, qualcosa di adatto per un regalo anonimo di San Valentino. Aveva scelto SERENITY perché non aveva intenzione di arrendersi a nessuno. Da quando era diventata Wendy Lank, la Ragazza, la serenità era stata una speranza elusiva.

"Non fare quello che farebbe un'altra," disse Bill. "Non restare sveglia per tutta la durata delle riprese perché vuoi essere sfinita e insonne come Eve. I suoi poteri le portano via il sonno, ma non facendola dormire distruggono il suo spirito."

"Non si è mai riposata," disse Wren. "La sua mente non ha mai conosciuto la pace, il suo corpo non si è mai fermato. Non ha mai provato la semplice gioia di noi mortali: addormentarsi e scivolare nel regno degli spiriti, dove il tempo non ha misura e i sogni ti portano con sé." Come me, pensò Wren.

Bill ascoltò impassibile, poi disse: "Già."

* * *

Kenny Sheprock stava risalendo La Brea quando il telefono squillò. La suoneria era quella che aveva impostato per Wren Lane: *Bette Davis Eyes* con la voce graffiante di Kim Carnes. A Lady Lane piaceva ascoltare quella canzone ogni mattina sulla sedia del trucco durante le riprese di *Sergente*, e così trasmetteva all'intera roulotte la sua carica. L'energia di Wren. Kenny preferiva la musica dell'epoca dei Carpenters, ma un truccatore intelligente lascia che sia l'artista a dettare la musica.

Era ormai da qualche anno che conosceva Lady Lane, da quando aveva accettato una sostituzione sul set di *Pervinca*. Due giorni appena. Da allora, Kenny aveva rallentato, sempre meno disposto ad accettare convocazioni all'alba per turni di sedici ore per ricominciare già dieci ore dopo. Il lavoro – un lavoro che faceva da più di quarant'anni – l'aveva strapazzato accompagnandolo lungo tre matrimoni complicati, tre figli ormai grandi, un lieve arresto cardiaco e molti, molti traslochi nell'area di Los Angeles: ordinaria amministrazione per un truccatore.

Prima, a occuparsi del trucco di Wren Lane era Tina De La Vigne. Lei e Kenny erano cresciuti fianco a fianco, tra una roulotte H/MU* e l'altra. Nel bel mezzo delle riprese di *Pervinca*, Tina aveva dovuto staccare una settimana per un'operazione chirurgica – un'operazione che non poteva rimandare – e aveva chiesto a Wren se le andava bene Kenny, un uomo che, nel corso degli anni, aveva fatto una tonnellata di film prendendosi cura nientemeno che di Beatrice Kennedy per gran parte dei suoi ruoli. Beatrice Kennedy era una bellezza dai capelli corvini e, anche se Wren era più bionda che bruna, scegliere di affidarla a

* *Hair and MakeUp*, Trucco e Parrucco.

Kenny Sheprock per una settimana significava andare sul sicuro, soprattutto dopo che Kenny si era presentato all'incontro con tè e tramezzini. Tina tornò per completare il film ma visti i problemi di salute una settimana dopo la fine delle riprese chiamò Wren per annunciarle che sarebbe rimasta a casa con la sua famiglia. Così Kenny divenne il truccatore di Wren, come previsto dal contratto dell'attrice, e iniziò a lavorare esclusivamente per lei, con lei, per tutti i suoi film.

"Kenny!" proruppe Wren al vivavoce. "Ci risiamo!"

"Queste sono le notizie che mi piacciono," disse Kenny. "Cosa ci aspetta, bambina?"

Wren adorava essere chiamata bambina da quell'uomo, il dispensatore di calma, l'artista, l'artigiano e, be', il santo. Ecco perché lo chiamava *San* Sheprock. "Per prima cosa Atlanta. Presto, ma non per molto."

"Va bene. Atlanta." Kenny aveva lavorato ad Atlanta con Beatrice Kennedy per due dei suoi film. Atlanta andava bene.

"Mai sentito parlare di Lone Butte?"

Kenny la conosceva. Aveva lavorato come responsabile del trucco in *Via d'uscita** nei dintorni di Redding, nel 1994. "Sì. Qual è il film?"

"Una cosa su di me che spacco i culi e sono sexy."

"Ancora?" Questo la fece ridere... Ah, la risata di quella ragazza! "Quando?"

"Appena definiamo l'accordo. Per farla breve c'è un film praticamente finito ma vogliono mettermi in qualche scena nuova. Poi lo stesso ruolo tra qualche mese nel film nuovo. Dobbiamo darci da fare."

"Chi è il regista?"

"Bill Johnson."

"Conosco Bill." Kenny aveva fatto qualcosa per *I confini dell'Eden* e aveva aiutato a impostare *Terra desolante* prima di tornare a occuparsi di Beatrice Kennedy.

"Allora? Ci stai?"

* "Una schifezza," secondo Sheprock.

"Io ci sto se ci stai anche tu."

"Kenny Sheprock, tu fai di me una donna felice."

"Questo fa di me un uomo felice."

Che *colpo*, pensò Kenny. Era ancora su La Brea ma si avvicinava a Fountain Avenue. Cinquant'anni prima, mezzo secolo fa, Kenny aveva pochi spicci e nessun contatto, se si esclude un certo numero di telefono nel suo smilzo portafoglio. Aveva dormito in macchina dietro la ditta di giardinaggio di Mickey Hargitay, proprio... lì.* E siccome il semaforo era verde, Kenny ci passò davanti e, come sempre, mandò un bacio alla memoria di uno dei luoghi della sua storia personale: Kenny Sheprock ha dormito qui.

Era arrivato a Los Angeles nel 1973, da Bates City nel Missouri, con la sua Impala usata e il kit di trucco professionale e le scatole delle forniture nel bagagliaio, forte di due nomi nel portafoglio. Uno era quello di un cugino di secondo grado che viveva a Long Beach, l'altro era Fred Palladini, il truccatore che due anni prima aveva aperto la porta dopo aver sentito bussare alla roulotte del Trucco e Parrucco mentre stava girando *La banda dei Barrow* a Independence, in Missouri. Erano le 20:00, una ripresa notturna, e Fred stentava a credere di dover andare lui ad aprire. Sulla soglia, senza avere neppure il coraggio di posare un piede sui gradini della roulotte, c'era un ragazzo con un raccoglitore in mano.

"Sì?" chiese Fred.

"Sì, vorrei parlare con la persona che è responsabile del trucco?"

"Cosa posso fare per te?"

"Faccio il truccatore e il burattinaio da quando sono piccolo e vorrei diventare un professionista."

"Lì ci sono i tuoi lavori?" Fred indicò il raccoglitore nelle mani del ragazzo.

"Sì, signore."

"Be', adesso sono un po' occupato. Avrò tempo durante la pausa, verso l'una di notte. Torna e mi fai vedere."

* Mickey rappresentava la nobiltà hollywoodiana di metà secolo, avendo sposato Jayne Mansfield ed essendo il padre di Mariska Hargitay. Prima era stato un body builder e un giardiniere di prim'ordine.

"Sì, signore."
"Come ti chiami?"
"Kenneth Sheprock."
"A dopo, Kenny." Fred gli chiuse la porta in faccia e tornò a truccare l'attore che interpretava Buck Barrow. Fred Palladini aveva iniziato a lavorare a Hollywood come truccatore mettendo barbe finte alle comparse delle vecchie epopee bibliche in Technicolor Vista-Vision e dei film western di serie B in bianco e nero. Quando era arrivata la TV aveva fatto *Lassie* e negli ultimi trent'anni aveva lavorato senza sosta. Aveva iniziato con i film all'inizio degli anni '60 e conosceva tutto, lavorava dovunque, truccava tutti. Chiese a Ivy, una dei parrucchieri, di prendergli un paio di panini e di coche e di portare tutto alla roulotte prima della pausa. All'1:05 bussarono di nuovo alla porta: era il giovane Kenneth.
"Entra," disse Fred. "Mangi? Prendi un panino. Come hai detto che ti chiami?"
Kenny non rispose subito. Trovandosi per la prima volta nella sala trucco di un grande film, anzi di un film punto e basta, era in sovraccarico sensoriale: le luci che contornavano gli specchi, i manichini per le parrucche, le sedie alte, le spugne e le tavolozze, i pennelli e gli strumenti. L'odore di colla adesiva e fondotinta era lo stesso dei camerini delle recite al liceo. "Kenneth Sheprock?" Ancora una volta, il ragazzo pronunciò il suo cognome con voce stridula.
"Si sieda, Signor *Ship*rock." Intendeva su una delle sedie per il trucco. "Fred Palladini. Io intanto mangio. Si serva pure, se vuole."
Kenny Sheprock stava parlando con Fred Palladini. *Il* Fred Palladini che aveva ideato il trucco per *Il popolo della nebbia.* Nei titoli di testa di decine di film si leggeva MAKEUP... FRED PALLADINI, film come *Margo, I nove McCullough, La volpe del vento.* Fred Palladini! Sedersi sulla sua sedia da trucco! Kenny non poteva crederci.
Fred diede un morso al suo panino con insalata di uova e fece un cenno al raccoglitore di Kenny. "Vediamo il tuo portfolio."

Sfogliando le foto dei lavori di Kenny al liceo, al teatro locale e al Teatro delle Marionette, il veterano si fece un'idea del suo talento grezzo. Gli mostrò lo stratagemma per tenere fermi i bordi dei nasi finti, colla e cipria, e come tagliare le spugne per avere bordi precisissimi. Gli fece vedere il colore che stava miscelando sulla tavolozza e i diversi tipi di sangue da usare a seconda della ferita: il sangue polmonare doveva essere più scuro rispetto a quello di una ferita alla spalla. Disse a Ken *Ship*rock di perseverare e di fargli uno squillo se fosse capitato sulla costa. Un altro truccatore aveva fatto lo stesso per lui, subito dopo la guerra. Fred gli avrebbe fatto vedere il suo garage trasformato in laboratorio e gli avrebbe insegnato qualche altro segreto. Alle due di notte gli attori arrivarono per il trucco, tutti con una tazza di caffè in mano, e Kenny dovette sloggiare. Non aveva toccato il panino, ma se ne andò con la Coca-Cola e il numero di telefono di Fred Palladini. Era il 1971.

Due anni dopo, Kenny si trovava a Los Angeles e gli erano rimasti diciotto dollari. Il cugino di secondo grado a Long Beach non era più a Long Beach e nemmeno altrove. Aveva anche provato a chiamare il numero che gli aveva dato Fred Palladini, quattro volte, invano. Dunque Kenny Sheprock di Bates City, Missouri, a Hollywood non aveva una persona con cui parlare né un posto dove andare. Faceva la pipì sui cespugli dietro la ditta di giardinaggio di Mickey Hargitay e i suoi tre pasti giornalieri consistevano in banane e burro d'arachidi pescato dal barattolo. Avrebbe continuato a provare il numero di Palladini finché, be', non fosse successo qualcosa, a costo di sentirsi dire che aveva sbagliato numero. O finché Mickey Hargitay non avesse chiamato la polizia.

Il sabato mattina, dopo una notte agitata malgrado il sedile posteriore della sua Chevy fosse spazioso (suo padre l'aveva comprata usata nel 1966), una notte passata a rigirarsi nel frastuono di sirene, traffico e grida della marmaglia che popolava quelle strade nella Hollywood del 1973, Kenny chiuse a chiave l'auto, raggiunse la cabina telefonica di una stazione di servizio sulla Melrose, tirò fuori una delle due monetine che aveva in tasca e provò per l'ennesima volta a chiamare Fred Palladini.

"Sì?" Era Fred Palladini! Aveva risposto!

"Signor Palladini?"

"Sì?"

"Sono Kenny Sheprock. Ci siamo incontrati in Missouri mentre lavorava a *La banda dei Barrow*."

"Il ragazzo con il portfolio dei trucchi."

"Si ricorda di me?"

"Certo. Sei in città?"

"Sì e l'ho chiamata come mi aveva detto di fare."

"Sono contento. Allora, sei in città, eh?"

Kenny era in città. Non fece parola delle difficoltà finanziarie, di quello che mangiava o dell'ospitalità che Mickey Hargitay gli offriva senza saperlo. Fred era stato via una settimana per alcune riprese a Coronado, ecco perché non aveva risposto al telefono.

"Facciamo così, ragazzo. Possiamo vederci qui in bottega da me oggi pomeriggio. Sei libero?"

Certo che lo era, e riuscì a trovare il posto in quella che chiamavano la Valley. Aveva comprato una Thomas Brothers Guide, quel volume di mappe suddivise in quadranti che vendevano dappertutto e che era indispensabile per chiunque fosse nuovo in città.

La bottega di Fred Palladini ricordava una fabbrica più che un posticino per trafficare con le magie del cinema. C'erano presse e stampi, vecchie teste di gesso, contenitori di prodotti chimici di dimensioni industriali e attrezzature varie.

Per chi non era un truccatore, e per chi non desiderava diventarlo, quel posto aveva il fascino di un magazzino di forniture per piscine. Per Kenny Sheprock era la terra promessa. Fred passò un paio d'ore a mostrargli le sue creazioni, quelle vecchie e quelle in lavorazione, poi lo portò a mangiare in un locale dove facevano burrito e alla fine bevve il caffè insieme a lui al suo banco da lavoro fino alle cinque del pomeriggio.

"Facciamo così," disse Fred mentre chiudeva bottega. "Chiamo un mio amico che dà una mano alla Film Academy. Gli studenti girano film di continuo e gli mancano i truccatori perché non lo insegnano. Di soldi non ne guadagnerai, ma è una buona occasione per fare esperienza e conoscere gente. I lavori nel cinema perlopiù si trovano conoscendo gente." Dando un'occhiata all'Impala di Kenny, per Fred non fu difficile capire l'ovvio, cioè che quella era la sistemazione abitativa del ragazzo. "A me è capitato nel '47. Ho dovuto dormire nella Plymouth anteguerra di mio padre. Ma poi si è risolto tutto. Andrà tutto bene, ci vuole solo un po' di fortuna e di puntualità."

Fred Palladini gli aveva cambiato la vita. Venne fuori che c'erano degli studenti a cui serviva un truccatore per un film da girare il giorno dopo, vicino alla Bronson Cave. E c'era bisogno di sangue. Kenny parcheggiò l'auto su Mulholland, sopra l'Hollywood Bowl, e si addormentò davanti al panorama delle luci della città che si estendevano fino all'orizzonte e oltre. Quella domenica mattina finì le banane, cagò tra i cespugli, si lavò i denti con l'acqua di una vecchia borraccia da boy-scout e arrivò puntuale alla Bronson Cave: la Batcaverna da cui in TV usciva la Batmobile. Ci avevano girato un milione di cose, in quei cunicoli, proprio sotto l'insegna di Hollywood, che nel 1972 era fatiscente e abbandonata al punto che sembrava recitasse H u l l j W a b D.

Cinquant'anni prima, anno più anno meno, era così che tutto era iniziato. Kenny Sheprock aveva conosciuto della gente. Era stato fortunato e non era mai arrivato in ritardo.

Neanche il tempo di tornare a casa, la sua casa sulle colline, e una copia della sceneggiatura di Bill Johnson gli era stata già stata recapitata via e-mail – con la scritta K. SHEPROCK stampigliata in grigio chiaro su ogni pagina – insieme a una lettera di Al MacTeer e della Optional Enterprises.

Kenny,
lo sai come funziona. Non vediamo l'ora di lavorare di nuovo insieme. Se hai esigenze particolari o domande, sono qui.

AM-T

Gail, la sua ragazza, stava mostrando alcune proprietà a potenziali acquirenti, e con lei fuori casa* Kenny si preparò un tè per tuffarsi subito in *Guerriera Insonne: La forgia dell'Incendiario.* A suo parere la sceneggiatura non era il solito mucchio di banalità da franchise: la storia era ingegnosa, senza tutte quelle spiegazioni a prova di scemo e quella roba trita e ritrita. Eve era un gran bel ruolo per Lady Lane – Wren lo avrebbe recitato da Dio – e il film sarebbe stato una gran bella produzione in fatto di trucco, con tutte le cicatrici che le scene di combattimento avrebbero lasciato sui corpi. Con Kenny al Trucco e, come sempre, le due signore note come le Brave Cuoche al Parrucco, Wren avrebbe fatto la figura della bellezza da un miliardo di dollari che era. La vera sfida sarebbero state le protesi per il personaggio dell'Incendiario, un lavoro divertente che Kenny si sarebbe limitato a osservare, dando magari una mano di tanto in tanto, dipendeva da chi si era aggiudicato il contratto. Kenny stampò una copia della sceneggiatura e iniziò ad annotare le pagine per tenere traccia della Coerenza e della Sequenza Cronologica. Stava lavorando a un altro film.

* * *

Wren non cominciava mai a sfogliare la sua copia della sceneggiatura, rilegata con tre anelli e la copertina in pelle dove in basso a destra c'era scritto in rilievo W.L., senza avere due penne a portata di mano. Una rossa, l'altra blu. Il rosso era per le note sul sottotesto, cioè su quello che Eve la Guerriera intendeva dire veramente.

```
              EVE LA GUERRIERA
      Sono qui, Nonnino...
```

significava "Non ce la faccio più a occuparmi di questo vecchio sciancato!" quantomeno a una prima lettura. Durante la seconda,

* Il marito di Gail, Carl Banks, era un truccatore che aveva lavorato spesso con Kenny. Era morto per un aneurisma cerebrale quattro anni prima. Kenny era divorziato e Gail era sempre stata fantastica.

Wren scrisse in rosso *Io non me ne andrò mai!* Riempiva i margini di così tanti possibili sottotesti che i suoi copioni somigliavano a tesi universitarie bisognose di una bella revisione. La penna blu serviva per tutto ciò che le veniva in mente oltre al sottotesto, per esempio: *assaggiare le medicine del Nonnino, cicatrici sulle nocche?* e *gira di scatto la testa: ha sentito qualcosa!*

Anche se Micheline Ong si stava ancora battendo con l'Ufficio Diritti e Acquisizioni di Dynamo/Hawkeye per negoziare il contratto ("Se Wren Lane fa Eve la Guerriera mica lo fa per farvi un piacere! Vi rendete conto che tra tutti i bastardi dello streaming voi siete i più fortunati perché potete averla?"), Wally Lank e i Windermere partirono alla ricerca di una casa su a nord. Wren avrebbe avuto bisogno di privacy, sicurezza e spazio. Serviva una proprietà cintata, con cancelli e barriere più o meno naturali, come alberi e strutture in muratura, oltre che rilevatori di movimento e telecamere di sicurezza da installare in caso di necessità. Se ci fosse stata anche una palestra privata sarebbe stato l'ideale, dato che Eve la Guerriera aveva il corpo di un supereroe. Per questo, Wren doveva poter contare su una sala fitness, un trainer e un nutrizionista – tutte voci comprese nei suoi Benefit, anche se era sempre Laurel Windermere a occuparsi della cucina. Wren fu una delle prime adepte del PhysioSystem 40x6 di Dray Cotter, una serie di allenamenti da quaranta minuti esatti per sei giorni la settimana. I risultati erano olimpici. La routine delle prime tre settimane era stata una tortura ma ormai per Wren reggere il Dray-Cotter era facile come leggere sull'iPad *Air Mail*, la newsletter di Graydon Carter.

L'altro Rubicone da attraversare, per chiunque fosse coinvolto nel film, era trovare l'Incendiario: chi sarebbe stato? Una star dello stesso calibro di Wren Lane, tipo Rory Thorpe o Bruno Johns o Jason Hemingway? Se avessero scelto Rory Thorpe, che al momento non era fidanzato e secondo Willa Sax era un tipo con i piedi per terra, Wren non l'avrebbe presa affatto male. Ma saltò fuori che Thorpe aveva firmato per l'adattamento cinematografico di *Verdi prati*. Gli altri non erano disponibili perché impegnati con i loro franchise.

Il contratto di Wren prevedeva che approvasse tutte le scelte di casting, ma di fronte a quel paragrafo Bill Johnson si limitò ad annuire: *Certo, come no*. Nessuno poteva dire a lui chi ingaggiare o no. E siccome nella sceneggiatura c'erano pochissime scene in cui i due protagonisti si davano addosso l'un l'altra, dentro il costume l'Incendiario avrebbe potuto essere chiunque. Però Hawkeye voleva una FSPG,* e lo stesso voleva la Dynamo, perché nei piani di entrambi i due superpersonaggi dovevano durare a lungo, con film dedicati e apparizioni negli altri film Dynamo Nation. Difatti in quel momento stavano appunto generando le scene che avrebbero introdotto Eve la Guerriera in *ADC5*. Wren sarebbe invecchiata insieme a Eve, idem per chi avrebbe interpretato l'Incendiario.

Come spesso accade, anche il casting per l'Incendiario si concluse in men che non si dica. Micheline Ong, Al Mac-Teer, Bill Johnson e i pezzi grossi di Hawkeye e Dynamo batterono tutti sullo stesso tasto: *Che ne dite di O.K. Bailey?* L'attore era reduce dal rifacimento del vecchio *La primula rossa* – il nuovo era ambientato nella Parigi di una volta, ma stilizzata, scenografie steampunk, colonna sonora hip-hop/rock, scene pazzesche di scherma/kung-fu/arti marziali. C'era moltissima attesa per il film, audacemente intitolato *La stoccata*, e OKB, come lo chiamava il suo agente, era un tipo mozzafiato. Hawkeye lo voleva, la Dynamo di più. Micheline si assicurò che la sua cliente sarebbe stata il primo nome sopra il titolo, ma Al Mac-Teer disse: "Gente, questa è una decisione che spetta al mio capo!" Bill Johnson ci pensò su.

L'Incendiario era soprattutto una *presenza* nel film. Il personaggio aveva poche battute ma abitava lo spazio come fosse la manifestazione fisica di un'idea, non diversamente dal primo mostro di Frankenstein. All'inizio degli anni Trenta alcuni spettatori svenivano all'idea di riportare in vita i morti, altri si indignavano. Ancora prima che il mostro si mettesse a camminare, prima che Karloff si alzasse per farsi avanti in quello che oggi è un tropo

* Fottuta Stella di Prima Grandezza.

familiare, la vista di una mano esangue che fremeva bastava a far strillare le donne e gridare "No!" agli uomini, e nel frattempo il potere politico e quello religioso condannavano la superbia di chi creava la vita contro la volontà di Dio per guadagnarci con un film. Non appena Karloff iniziava il suo show, passi pesanti e braccia aperte, qualcuno fuggiva dalla sala terrorizzato. L'Incendiario di Bill Johnson non avrebbe potuto svuotare le sale cinematografiche, il film non sarebbe stato proiettato in sala. Ma l'Incendiario era chiamato dapprima a far salire fino all'estremo il disgusto del pubblico, spaventandolo almeno per un millisecondo, e poi a dimostrare di essere fatto della stessa materia umana di cui era fatto il mostro di Frankenstein. L'Incendiario non era uno zombie non-morto, un alieno, un legionario dell'Ade o un eterno tormentatore di sogni come quelli che ormai popolavano i film in uscita ogni settimana. L'Incendiario non era un mostro, ma un Milite Ignoto, una vittima di cui solo Dio conosceva il volto e il nome, un caduto di guerra che cercava conforto, pace, l'eterno riposo.

Hawkeye voleva disperatamente OKB e l'aveva messo in chiaro; stavano stilando un supercontratto di esclusiva. Nella riunione che avrebbe dovuto placare gli animi negli uffici Dynamo a Culver City, Bill tacque e si limitò ad ascoltare durante il valzer delle consultazioni. Dopo l'uscita di *La stoccata*, OKB sarebbe diventato una star e loro volevano accaparrarselo. Dopotutto chi c'era di meglio per quella parte?

Bill aveva visto i film di OKB. In *Mani di pietra* appariva feroce e si era preso la scena. I suoi momenti migliori in *La stoccata*, invece, erano quelli senza dialoghi, e questo deponeva a suo favore perché l'Incendiario aveva pochissime battute. L'unica cosa su cui Bill aveva da ridire erano gli occhi. Quelli di OKB erano scuri. Nella sceneggiatura, o meglio nella mente di Bill, quando gli occhi dell'Incendiario si mostrano la prima volta dovevano trasmettere vulnerabilità. L'Incendiario doveva essere vulnerabile. Un paio di occhi scuri può apparire vulnerabile?

Dopo aver compreso diversi motivi per cui OKB poteva essere una buona scelta, comunque, Bill finì per prenderlo in seria considerazione e propose una chiacchierata tra lui e l'attore.

OKB aveva licenziato il suo agente da poco, dopo essere stato adescato da una delle due superagenzie rimaste. OKB viveva a Parigi. OKB voleva leggere la sceneggiatura. Dopodiché, assicurarono i suoi superagenti, OKB avrebbe parlato volentieri con Bill Johnson.

Al Mac-Teer mandò all'attore una copia ultrasicura di *Guerriera Insonne: La forgia dell'Incendiario* via mail. E tre giorni dopo (tre giorni? Perché quel ritardo?) trovò questa risposta ad attenderla nella casella di posta: *Bello*. Che OKB fosse così laconico a Bill piacque, perché rispecchiava lo spirito criptico del personaggio.

Né Bill Johnson né O.K. Bailey amavano Zoom o Skype ("Uccidono il mistero," disse OKB), quindi fu fissata mezz'ora di telefonata intercontinentale. L'attore parlò della superiorità di Parigi rispetto a Los Angeles o New York mentre sorseggiava un bicchiere di rosso a pochi passi dal Trocadéro e dalla celeberrima vista sulla Torre Eiffel. Bill citò molti americani famosi che avevano vissuto da espatriati nella Ville Lumière. OKB arrivò al sodo prima del regista.

"È il mio terzo atto, per questo mi vuoi," disse l'attore.

"Sarebbe a dire?" Bill pensava che parlasse del terzo atto del suo film.

OKB si riferiva alla sua carriera, invece. "Il mio primo atto è stato *Mani di pietra*. Li ho stesi: non ho sbagliato un colpo. Sul mio secondo atto, *La stoccata*, nessuno avrebbe scommesso, ma li hai visti i social dopo il teaser?"

Bill li aveva visti, sì. Per qualche giorno, OKB, le sue innegabili doti di spadaccino e i suoi occhi scuri avevano sbancato il web. "Lì faccio il tipo di classe, il viveur, uccido i cattivi con stile. E lo rendo così facile che al pubblico sembrerà quasi una barzelletta. Nella *Forgia* invece sarò stoico. Incompreso. Implacabile. Wren Lane ci può anche provare, ma nessuno mi fermerà. Abbiamo qualcosa su cui lavorare, no?"

"Sì," disse Bill. Poi gli parlò di Frankenstein, di un personaggio di poche parole, della vulnerabilità dell'Incendiario, della materia umana di cui era fatto. "Per gli studios è un personaggio nuovo di zecca, un Ultra mai apparso prima. Non esistono film da cui siamo costretti a portarci dietro certi poteri o una certa personalità. Si parte da zero."

"Mi piace partire da zero. L'Incendiario sarà me," sentenziò OKB. "BJ, OKB è l'uomo che fa per te."

Bill Johnson ebbe un microscopico, fugace sussulto di indignazione, che liquidò dicendosi che veniva da un tipo che parlava di sé in terza persona utilizzando tre sole lettere.

Alla Hawkeye erano entusiasti. La Dynamo riversò nell'accordo una marea di soldi. Wren Lane si inchinò alle capacità del regista. OKB non era il suo tipo, però era bello. Certo, non era alto come lasciava pensare e, avendo scelto di vivere in Francia, forse era un tipo un po' bohémien. Ma erano tutte cose di scarsa importanza, perché la Guerriera e l'Incendiario condividevano meno di un terzo del film, in lunghe scene tutte combattimenti ed effetti speciali. Perlopiù i due avrebbero lavorato in giorni diversi. Bill Johnson la chiamò – le avevano dato il suo segretissimo numero di cellulare – per ufficializzare il casting e per sondare il terreno su altre questioni.

"A me OKB va bene," disse Wren. "Potevi anche scegliere un sosia di Elvis e faremo comunque un grande film."

"Perfetto. Per il resto?" chiese Bill. "Hai bisogno di qualcosa? C'è qualcosa che ti preoccupa? Qualcosa che dobbiamo fare?"

"Bill," disse Wren. "Non sono una di quelle attrici che devi chiamare per capire se è di buonumore, se ha problemi con il fidanzato, se dopo aver letto la sceneggiatura è un po' storta. Se mai succederà te lo dico."

La serenità. Eccola là. Bill Johnson non la disturbò mai più con simili telefonate.

Invece Al lo fece pochi giorni dopo perché un pezzo grosso minore alla Hawkeye stava mettendo in discussione l'uso del termine "forgia" nel titolo. Temevano che non fosse abbastanza diretto, che il pubblico potesse non capirlo subito. Perché non usare "leggenda", come nel titolo originale dei Kool Katz Komix? Al voleva l'opinione di Wren.

"Per me chiamatelo pure *La Guerriera Insonne e il fottuto Succhiacazzi.*" Wren non aveva l'abitudine di dire parolacce, ma aveva appena finito una sessione di allenamento con un vecchio album di Biggie Smalls nelle orecchie.

Al Mac-Teer disse che avrebbe proposto quel titolo alle autorità competenti.

* * *

Durante i sei giorni di riprese ad Atlanta, Wren fece irruzione in *Agenti del Cambiamento 5: le Origini* ed entrò negli annali del cinema. Il mondo poté assistere alla morte dei suoi genitori, alle macchinazioni del gruppo guidato dall'AGENTE LONDON, alle prime reazioni degli altri Ultra che ancora non sapevano se fidarsi della Guerriera Insonne. Ma soprattutto il mondo vide quanto Wren Lane fosse cazzuta nei panni di Eve. I pianeti sembravano davvero allineati con lei in quel ruolo. Una sola scena tra Eve e Maggiore Orsa mandò il web in fibrillazione. C'era così tanto, in quelle pochissime scene aggiuntive girate in ultrasegreto e disseminate nella versione definitiva di *ADC5*, che la Dynamo dimostrò subito che cosa poteva fare con un franchise da un miliardo di dollari.

Bill Johnson si confrontò con gli sceneggiatori di *Origini* solo su alcuni passaggi, per il resto lasciò che la Dynamo procedesse in autonomia. Nel frattempo quelli di Hawkeye se la godevano, tipo risata diabolica *eh-eh-eh*, perché il personaggio inedito che aveva risollevato le sorti della Dynamo Nation apparteneva a loro. La piattaforma partì con gli annunci pubblicitari dove dicevano al pubblico che presto avrebbe potuto rivedere Eve l'Insonne, ma esclusivamente su Hawkeye, e nel giro di ventiquattr'ore vendette 2,6 milioni di nuovi abbonamenti. E la crescita continuò.*

Adesso che mancavano pochissime settimane all'inizio delle riprese, per Wren trovare una sistemazione divenne una priorità assoluta. Tom Windermere si confrontò con il reparto Accoglienza, visitò mezza dozzina di alternative e le scartò una dopo l'altra perché erano tutte troppo esposte, poco appartate e,

* 2,6 milioni di iscritti, a 15 dollari al mese per un anno. Totale: 468 milioni di dollari.

risultando accessibili a chiunque, troppo poco sicure. Tom non rivelò mai la vera ragione che lo spingeva a cercare meglio, cioè tenne per sé la lista di stalker di cui era a conoscenza e che monitorava, dei predatori che rappresentavano una minaccia per Wren. Anche Wally prese parte alla ricerca, e fu lui a trovare qualcosa di adatto alla sorella: una proprietà con così tanto terreno da avere – attenzione – una pista di atterraggio privata per il Cirrus 150.* Fu un colpo di fulmine e così, a un mese dalle prove, Wren e il suo clan traslocarono in quella Reggia/Xanadu/Shangri-la/Coperta di Linus in affitto. Lì Wren aveva a disposizione il suo aereo, le sue sessioni di allenamento, la quiete notturna per studiare meglio le scene, le sedute con il coach di tecniche di stunt. A volte faceva una capatina a Sacramento per mangiare buon cibo messicano, una missione mordi-e-fuggi organizzata per lei da una certa Ynez che lavorava per Al Mac-Teer. Questa Ynez era del luogo, perciò conosceva tutto e tutti.

Per accumulare ore di volo, spesso Wren attraversava con Heather tutta la California settentrionale, puntando il muso dell'aereo verso il Monte Shasta, l'enorme vulcano inattivo che sovrastava quell'estremità di valle un tempo ricoperta di neve tutto l'anno. Era il cambiamento climatico ad aver tramutato il vulcano in una grossa montagna marrone a forma di M. Anche il Monte Lassen, a nord-est, era stato un vulcano e faceva parte di un parco nazionale. Ai comandi del suo aereo, per Wren era facilissimo andare alle riunioni e agli appuntamenti dal dentista a Los Angeles. E vietatissimo, in teoria. Non aveva l'autorizzazione a pilotare perché l'assicurazione aveva fatto richieste esorbitanti alla produzione per coprire i rischi. Non le importava. Heather Cooper diceva a chiunque le capitasse a tiro: "Sono io la sua assicurazione."

Una sera, subito dopo il tramonto, le due decollarono puntando a ovest in direzione San Francisco. Lassù non c'era una nuvola

* Di proprietà di una start-up miliardaria della Silicon Valley, che aveva comprato il terreno e tutto quel che c'era sopra da un coltivatore di mandorle rimasto vedovo. Il nuovo proprietario aveva una flotta di aerei: un Honda Jet, un Cessna Caravan, un ultraleggero e un Beaver Sea Plane. Da qui la pista d'atterraggio.

e mentre faceva buio le città della baia si accesero di luci quasi a voler competere con le stelle nel cielo indaco. L'aereo disegnò un otto e intanto, sotto Wren e Heather, scorrevano altre luci, fiumi di rosso e di bianco lungo l'autostrada che indicavano la via per e da quella che qualcuno aveva definito la Baghdad della Baia. Sicura ai comandi, Wren sentì l'aereo separarsi da lei, come se stesse volando da sola, non a bordo di un mezzo. Solo grazie alla propria forza. Come una supereroina. Una Ultra. Un'Agente del Cambiamento.

OKB

Il primo incontro tra le due star avvenne nell'ufficio di Al MacTeer al palazzo della Capitol Records. Wren era venuta con il suo aereo direttamente dalla nuova residenza a Lone Butte. O.K. Bailey era appena arrivato da Parigi. I due furono lasciati soli con snack salutisti e caffè per fare un po' conoscenza. OKB le raccontò delle riprese fatte a Parigi, e di come si vive a Parigi, e le chiese quante volte ci era stata lei, a Parigi, aggiungendo che in effetti sarebbe rientrato a Parigi finché il contratto non lo avesse costretto a stare a Lone Bucodiculo. La battuta non andò a segno ma OKB, rendendosene conto, provò a rimediare dicendo: "*Merde*, la mia linguaccia!" Mentre mettevano a confronto le rispettive note alla sceneggiatura, OKB le disse che voleva inserire la battuta "Ecco la risposta! Qual era la domanda?" in quante più scene possibili, perché stavano "partendo da zero" come aveva detto BJ, e OKB aveva molte idee. Wren spostò la conversazione sui difetti dei loro personaggi, entrambi così taciturni e così destinati a incontrarsi.

"Anche questo non è male," disse. "Saremo Romeo e Giulietta supereroi."

Sciocchezze, si disse Wren. I giovani amanti di Shakespeare erano ragazzi innamorati dell'idea di essere innamorati. Si scambiavano uno sguardo e *clic*, ecco la classica storia d'amore tra anime gemelle. L'Incendiario e la Guerriera Insonne non erano affatto dei ragazzini. Però Wren glielo fece notare con delicatezza. "Noi non siamo giovani amanti, però, no? Prima di tutto siamo avversari, ciascuno con i suoi trascorsi. Io ti percepisco senza mai vederti, *sento* lo scontro che si avvicina e ti metto i bastoni tra le ruote. Tu provi a levarmi di mezzo, ma non ci riesci. Ci diamo la caccia un paio di volte, cerchiamo di annientarci, ma finisce sempre alla pari. Almeno finché non ci rendiamo conto che l'altro è solo una creatura tormentata e ferita. Non siamo proprio i Capuleti e i Montecchi. Forse Petruccio e Caterina?"

"Chi?" chiese OKB.

Dopodiché si limitarono a parlare un po' del programma delle riprese, un po' del tempo che avrebbero trascorso sulla sedia del trucco – lei per avere quell'aspetto da bella poco glamour, lui per riempirsi di cicatrici. Si scambiarono anche opinioni sui costumi possibili. Lei non avrebbe voluto indossare uno stupido mantello, OKB non voleva sembrare un idiota con l'elmetto in testa. "Possiamo sognare più in grande, io e te, rispetto alla sceneggiatura. No?"

Una settimana più tardi, un corriere consegnò a Wren un pacco della FedEx da Parigi. Dentro c'erano una scatola di fiammiferi e un messaggio pirografato su un sottile pezzo di compensato: *Ti metterò un po' di fuoco addosso, Eve? Eccoti la risposta! xx OKB*. Carino, e corretto. Per rispondergli Wren trovò online un vecchio accendino Zippo con incisi l'aquila, il globo e l'ancora del Corpo dei Marine, in omaggio alle origini del suo personaggio. Glielo spedì tramite la sua superagenzia, con un biglietto scritto a mano: *Grazie per i tuoi servigi, EC (WL)*.

Era scritto a mano anche il biglietto che arrivò la settimana dopo da Parigi: *Grazie per lo Zippo. Non ****iamo prima della fine. OKB.*

"*Asterisco asterisco asterisco asterisco -iamo? Asterisco asterisco asterisco asterisco -iamo?* Che cosa cavolo significa *asterisco asterisco asterisco asterisco -iamo?*" chiese Wren a suo fratello Wally.

"Be', almeno una parola a me viene in mente."

Nella sceneggiatura l'Incendiario rivolgeva una battuta a Eve durante una scena di combattimento (lunghissima: le prove erano state estenuanti. Wren aveva avuto bisogno di fisioterapia notturna e impacchi minerali per riprendersi). Una battuta senza asterischi.

```
I due contendenti tirano il fiato prima di
riprendere lo scontro.

                 EVE LA GUERRIERA
       Non finisce bene per te.

                    INCENDIARIO
       Non parliamo prima della fine.

                 EVE LA GUERRIERA
       Finiremo non appena ti finirò.
```

Non parliamo *prima della fine*! Se gli asterischi di OKB erano davvero un'allusione al verbo che inizia per s, allora Wren non l'avrebbe fatta passare liscia a quello *****zo. Scattò una foto al biglietto e la inviò ad Al Mac-Teer, che rimase sbigottita.

Un giovedì, a tredici giorni dalle riprese, Wren e OKB vennero convocati a Lone Butte. Nello stanzone della fabbrica di lampadine stavano già allestendo il set del green screen dove avrebbero ripreso la coreografia aerea del loro primo scontro. Si vedevano già i cavi, le carrucole e i moschettoni a cui sarebbero rimasti appesi i due attori, e molto di più le loro controfigure. Per il bene dei reparti coinvolti, la produzione voleva testare l'attrezzatura e stimare il tempo necessario per predisporre tutto, quale era lo spazio di campo per la ripresa, quale era il livello di resistenza degli attori. E come l'avrebbero presa quei due a farsi sballottare dagli attrezzisti mentre recitavano scene cariche di emozioni conflittuali, note romantiche e cazzotti. Tutto nella speranza di evitare errori che avrebbero potuto fagocitare una costosa giornata di riprese.

Per un'intera settimana Numero 1 (Wren) e Numero 2 (OKB) furono messi alla prova, addestrati e istruiti separatamente. Se Wren era imbragata sotto la supervisione di "Doc" Ellis, il coordinatore degli stunt (con cui aveva già lavorato ai tempi di *Sergente Durello*), OKB era nel dojo ad allenarsi con l'entusiasta squadra di Doc. Poi si scambiavano. Wren prese l'addestramento come chi spera di entrare nel Cirque du Soleil, godendosi tutto ciò che quel volo impacchettato e le mosse di kung-fu esigevano da lei. OKB si annoiava e in un certo senso detestava la squadra di Doc perché era convinto che chi lo aveva addestrato per *La stoccata* fosse più sincronizzato con i suoi ritmi. Wren restava ben oltre le sessioni per regolare meglio le cinghie dell'imbragatura e aggiungere un'altra capriola a mezz'aria alla sua sequenza. OKB faceva di tutto pur di finire per pranzo.

Poi Wren e OKB, imbragati e legati nei loro equipaggiamenti costrittivi, lavorarono insieme per la prima volta. Yogi e i suoi stettero dietro alle due star per avere una stima approssimativa di quanto riscaldamento avessero bisogno nella Giornata. Ynez preparò caffè, merendine, barrette proteiche e frutta, poi restò nei paraggi per eventuali necessità dell'ultimo minuto. Fu una buona mossa visto che, appena entrato, OKB chiese un frullato con ananas, sedano, proteine dell'albume e cavolo nero. Ynez riuscì ad accontentarlo, poi rimase per ammirare quello che sembrava un numero al trapezio. Bill Johnson salì su una piattaforma aerea da lavoro, a cui lo legarono per ragioni di sicurezza, poi fu issato fino a trovarsi alla stessa altezza dei due attori per verificare con l'iPhone i possibili punti macchina. La troupe del PKE* fece molte più riprese del necessario. Due dirigenti, uno della Hawkeye e uno della Dynamo, erano arrivati da Los Angeles per far sentire la loro presenza. Tennero con Al e Bill una riunione di due ore che non valeva più di quindici minuti. Tornarono con il jet aziendale della Dynamo e le ore, il carburante e gli oneri di atterraggio furono addebitati alla produzione sotto la voce spese generali.

* Press Kit Elettronico.

Wren e OKB vennero appesi, fatti oscillare, dondolare, capovolgere, salire su come aquile e poi scendere giù come lander lunari: le star avrebbero avuto il loro gran momento penzoloni per due belle settimane una volta attivato il set del green screen, ma avrebbero dovuto aspettare che la troupe girasse tutto il resto tra le diverse location, e che buona parte del film fosse già stivato negli hard disk. Comunque quando furono sollevati entrambi a più di sei metri dal tappeto di sicurezza ad air-bag e si ritrovarono l'uno nelle braccia dell'altra per fare una prova dei primi piani, OKB propose a Wren una cena insieme, solo loro due.

"Non credo di essere libera," disse lei. "Ho gli allenamenti." Da quello ****iamo Wren aveva deciso di non restare mai sola con OKB, men che mai in una stanza che non avesse la porta spalancata. Confidò ad Al la sua riluttanza a incontrare da sola OKB, e la signora Mac-Teer si disse *decisamente d'accordo, cazzo*, e si assicurò che non venissero mai programmati incontri a due.

"Dobbiamo pur mangiare," disse OKB dalla sua imbragatura. "Nel film abbiamo una *relazione*. Lavoriamoci su prima che arrivino quegli altri."

Quegli altri – gli attori nei ruoli del VECCHIO CLARKE, dei quattro INVESTIGATORI, del NONNINO di Eve in sedia a rotelle, eccetera – non erano ancora arrivati perché la produzione voleva risparmiare in alloggi e diaria. Nei primi giorni di riprese gli unici membri del cast presenti sulla Convocazione Artisti sarebbero stati Eve l'Insonne, l'Incendiario e gli attori a giornata.

"Fammi controllare l'agenda," borbottò Wren.

"Fallo," borbottò OKB imitandola. Poi gridò: "Questa imbracatura mi fa male al *pacco*! Proviamo il bacio?" Nessuno gli rispose, finché Bill non si fece sentire dalla sua piattaforma aerea: "No." In base alle regole del sindacato, gli attori potevano rimanere legati alle imbragature solo per un tempo limitato. La coppia venne calata a terra e liberata.

"Spezzare il pane tra artisti è cosa buona e giusta," disse OKB nella discesa. "Solo io, te e i nostri monologhi interiori. Potrebbe essere un modo per festeggiare la data d'inizio riprese. Una faccenda ufficiale. Andiamo, Wrennie."

"Sì, dovremmo organizzare qualcosa per l'inaugurazione," disse Wren, non "Wrennie", sgusciando fuori dall'imbragatura con l'aiuto di Doc. "Stavo proprio pensando a una cena per festeggiare le due settimane dall'inizio delle riprese. Tutti invitati. Facciamolo."

"Tutti?" OKB chiese come un bambino imbronciato. "Che bello. Tutti."

* * *

La cena fu programmata per il martedì sera. Ed ebbe luogo nella tenuta di Wren per ragioni di sicurezza.* Tra gli invitati c'era il clan di Wren: Kenny Sheprock, Ronnie Goode e Goldie Cooke, alias le Brave Cuoche che curavano le acconciature e le parrucche di Wren dai tempi di *Pervinca*, suo fratello Wally e Tom Windermere che teneva d'occhio la situazione, e Laurel che cucinava con l'aiuto di Ynez, dato che il menù prevedeva solo piatti messicani. Servendosi della cucina della madre, Ynez aveva preparato una selezione di piatti che non sarebbero mai potuti uscire dalle mani di una donna di nome Windermere. Contando anche Al, Yogi, Aaron Blau, Bill Johnson, SAM e OKB, il numero degli invitati saliva a tredici, e restava ancora spazio per una o due persone in più.

Tom, che aveva inviato ai telefoni dei presenti la posizione della tenuta, si fece trovare ad accoglierli sul cancello. Un viottolo di ghiaia lungo quasi quattrocento metri, fiancheggiato da esemplari di pino di Monterey trapiantati, conduceva alla casa, un gioiello architettonico di acciaio finto-arrugginito, basso, enormi finestre con tripli vetri e materiali da costruzione che erano anche pannelli solari. Malgrado tutta questa roba, e un costo vicino ai 90 milioni di dollari, la tenuta poteva comunque apparire piuttosto modesta perché a un primo sguardo non si vedevano la

* Fu Tom Windermere a insistere perché fosse così. Se la cena si fosse tenuta nella sala privata di un ristorante, per esempio, il personale avrebbe sicuramente postato l'evento sui social — *Ehi, le star del cinema vengono nel mio ristorante! Mi faccio un selfie!* E come biasimarli?

pista d'atterraggio, i fienili, le stalle, il campo da baseball e i campi da pickleball, tutti nascosti nei dintorni, così come il laghetto artificiale riempito di spigole. Wren aveva aperto le porte del patio e acceso luci speciali che sembravano torce ma erano incredibili imitazioni, niente fumo, niente pericolo di incendi, niente calore.

Wren preparava i margarita. E se qualcuno desiderava altro, il bar era ben fornito. Kenny aveva portato tre bottiglie di un vino eccellente, Bill una confezione da sei di Hamm's Special Lager. SAM preparò i dirty vodka martini come piacevano a lui. Aaron prese un ginger ale dietetico. La serata iniziò sotto i migliori auspici, malgrado (o grazie a) l'arrivo tardivo di OKB.

"Credo che sia lui," disse Yogi scatenando una risata, dopo un'ora e mezza di antipasti a base di taquitos e quattro tipi diversi di patatine con salsa. Tutti risero per il rombo dell'Audi nuova di zecca che risuonava nell'aria tranquilla della sera. OKB risalì i quattrocento metri di vialetto a una velocità tutta boria e stupidità, sgommò in circolo davanti alla casa e fece rombare il motore tedesco come quello di un'auto da pista. La ghiaia schizzava da sotto le ruote come grandine orizzontale e colpiva le auto altrui rigando la vernice dei mezzi presi a nolo dalla produzione. La fiancata del Transit di Ynez finì crivellata dai sassolini.

Con OKB c'era una donna. Era l'unico a essersi presentato accompagnato, senza avvertire.

OKB la presentò ululando: "Nicolette, gente!" Nicolette era a prima vista una diciassettenne parigina esaurita, considerati l'outfit alla-moda-per-Parigi/fuori-luogo-per-Lone Butte, la magrezza malsana (fumava, e molto) e il fatto che fosse atterrata quella sera stessa a San Francisco su un jet Air France dopo un volo di dodici ore dal Charles de Gaulle per poi essere prelevata da OKB e catapultata alla festa. Da quel momento la serata prese una piega molto *interessante*.

Erano tutti affamati, esilarati dalla qualità del cibo e dalla sua autenticità: non era certo una cena qualsiasi con burrito e salsa rossa. C'erano guacamole fatto con il *molcajete*, taquitos di polpa di granchio, maiale cotto lentamente, enchiladas con *mariscos*, un mahimahi in *crema fresca* e una cosa chiamata *sopa de viuda*. Bill era entusiasta per la quantità di peperoncini verdi a disposizione (Wren aveva fatto precisa richiesta) e tutti avevano bevuto la giusta dose di alcol. E senza girarci attorno, la cena fu resa memorabile dalla trasformazione di OKB in un vero e proprio PDM.

Era fatto di cocaina? In caso affermativo non l'aveva spartita con Nicolette. Quella povera ragazza aveva sonno, e ascoltare e parlare in inglese la sfiniva ancora di più. OKB parlava a voce alta, come per ricordare a tutti la sua presenza, come se qualcuno stesse ascoltando in vivavoce chissà dove. Rideva senza motivo dopo aver detto cose che non volevano essere divertenti. Attirò l'attenzione del tavolo facendo tintinnare il bicchiere con il coltello e ripetendo: "Una cosa per volta! Una cosa per volta! Ho una domanda per BJ! *BiiJ*! Raccontaci che cazzo è successo con *Albatross*!" Poi rise starnazzando come l'Enigmista di Frank Gorshin del 1966.

Bill Johnson non fu costretto a rispondere perché OKB non gliene diede il tempo. L'unica conversazione ammessa al tavolo era quella che aveva in testa lui.

Ecco, testuale, un esempio della sua oratoria di quella sera:

"Ragazzi, dovete ammettere che l'intero progetto era una minchiata madornale, sei d'accordo anche tu, vero BJ? Hai chiamato il film *Albatross*, per l'amor di Dio. Cos'è, *Tempesta di merda* era già preso?... Quando mi hanno dato *Mani di pietra* tutti gli altri volevano interpretare uno dei due vincenti, ma io lo sapevo che MacGraw era il ruolo che non potevano tagliare. Niente MacGraw, niente autista dell'autobus... Io non uso mai il cambio automatico, non con un'Audi! Cambio al volante, andiamo!... Se quest'anno vi leggete almeno un libro leggete questo vecchio libro tipo degli anni Settanta che parla di un gabbiano. Ci metterete mezz'ora e vi cambierà la vita... Giravamo *La stoccata* e siamo andati avanti tre giorni con un campo medio. Tre cazzo di giorni, amico. Vuoi farmi questo, BJ? Prendermi tre fottuti giorni di vita per girare una cazzo di scena dove mi si vede di quinta? Gli ho detto di stringere l'inquadratura e di farla fare alla mia controfigura... BJ, fatti venire in mente una parte per Nicolette, che dici?... Sul set della *Stoccata* ho scoperto il segreto della rasatura. Mai con schiuma e lametta: per avere la pelle morbida e le guance lisce lisce devi prendere tre diversi rasoi elettrici e passarli a rotazione sulla barba ogni tre o quattro ore. Kenny Shipshape, giusto? È vero che si fa così per togliere qualunque traccia di barba e avere la pelle morbida? Io mi tengo un Norelco sempre in macchina... BJ, te le cambi le scarpe all'ora di pranzo? Ho sentito dire che Scorsese fa così: quando arriva l'ora di pranzo si cambia le scarpe. Nicolette a Parigi è una donna che conta: fa la modella per *Le Globe*, ha partecipato tipo alla serie TV più famosa di Francia, si fermava l'intera nazione le sere che c'era lei, è dappertutto. Casa mia è un cesso rispetto a questa qui... Tu sai andare in giro in aereo? Sul serio? Io ho quasi preso lezioni di volo da questo tizio in Kenya..."

Non smise di pa-pa-paaaaarlare finché, di punto in bianco, se ne andò portandosi via Nicolette con un'altra sgommata, che smitragliò ghiaia sulle auto parcheggiate e sulla facciata della casa da 90 milioni di dollari affittata da Wren.*

Al e Bill rimasero quando gli altri se ne furono andati, e intanto Ynez aiutò Laurel Windermere a sistemare la cucina. Wally diede loro una mano. Era tardi, ma Al preparò e frullò un'altra caraffa di margarita, in modo che ce ne fosse abbastanza per tutti. Quando Ynez andò via con il Transit carico dei vassoi ormai vuoti che si era portata da casa, Laurel augurò la buonanotte a tutti e Tom svanì nell'oscurità per perlustrare il perimetro della tenuta. Wally non aveva intenzione di andare a letto anche se era stanco. Proprio no! Era stato taciturno per tutta la serata – a parte due chiacchiere con questi amici del cinema di sua sorella, per educazione – ma poi erano arrivati OKB e Nicotina dalla Normandia. A breve sarebbe iniziata l'autopsia della cena; Wally voleva esserci. Diavolo, si sarebbe perfino offerto come maestro di cerimonie.

* DISCLAIMER LEGALE: Nicolette non è il vero nome di questa donna. Che aveva vent'anni, in effetti, anche se sembrava più giovane. La sua notorietà non dipende dalle affermazioni qui riportate, ma si tratta di un'europea, un certo *tipo* di celebrità. Tuttavia possiamo confermare che si sentiva a pezzi dopo mezza giornata in aereo e il conseguente jet-lag.

"Tutto quello che so sul cinema l'ho scoperto stando accanto a mia sorella," disse Wally prendendo posto sul grande divano modulare fatto su misura nel salone, la stanza con il quadro di Shepard Fairey che si tirava su rivelando l'enorme TV LCD a scomparsa. "Ma quell'OKB darà il tormento a qualcuno."

"Déjà vu, eh, capo?" disse Al prima di portare alle labbra il bicchiere pieno di quella squisita specialità-di-oltre-confine. Per un istante le sembrò di vedere Dace – oh, cara Dace – seduta all'altra estremità del divano: beveva il suo margarita con un sorriso divertito e sferruzzava un paio di muffole.

"Be'," biascicò Bill. Esitava, non voleva approfondire ciò che era emerso in quelle ore. Wren, l'attrice con il nome sopra il titolo, era lì insieme a loro, aveva officiato il party ed era stata costretta a sorbirsi l'intero spettacolo dell'orrore messo in scena dall'attore che avrebbe avuto il nome vicino al suo. Santo cielo, mancava una settimana alle riprese, e se Bill non avesse preso le misure di quello che gli ronzava in testa – le tante preoccupazioni che aveva maturato nei confronti di OKB – avrebbe finito per spaventare Wren. Se non avesse usato la giusta cautela, l'avrebbe precipitata in una crisi nervosa da pre-riprese. Eppure guardandola si accorse che portava il bracciale di cuoio SERENITY e pensò a quanto aveva capito di lei da quel pranzo a base di peperoncini verdi a Socorro. Wren lavorava sodo, si lamentava poco e aveva un sacco di idee per la sua Eve, e questo a Bill piaceva: *Non dico che la gireremo così, ma ci penso.* "Ora giochiamo al Gioco del Silenzio, va bene?"

"Il gioco del silenzio?"

"Quello che stiamo per dirci farà di te, Wren, una nostra complice, una cospiratrice," disse Al, segretamente sollevata. Tutto sarebbe stato più facile mettendo al corrente Wren di certi argomenti, offrendole qualcuno con cui confidarsi, qualcuno oltre a Ynez.

"Davvero," disse Wren e non era una domanda, era un'affermazione che ribadiva il punto: "Se si tratta di OKB, ho delle idee su come disfarci del cadavere. Voglio dire, se lo uccidiamo e scompare misteriosamente non prendete un indennizzo dall'assicurazione?"

Al si fece una bella risata. Poi lanciò un'occhiata a Bill, indicandogli Wren con un cenno. "Sembra una di *loro* ma pensa come una di *noi*."

Bill era d'accordo. Di solito era meglio lasciare i membri del cast all'oscuro delle dinamiche interne all'Ufficio Produzione, delle decisioni che venivano prese, delle cose di cui si parlava. Ma Wren Lane meritava di più. "Già. O.K. Bailey non è il peggio che abbiamo visto e con cui abbiamo avuto a che fare."

"Peggio magari no," gracchiò Al. "Ma situazioni brutte uguali sì. Si è scoperto che NOME IMPORTANTE NUMERO UNO si faceva microdosi di eroina in camerino, ma gli abbiamo comunque fatto finire NOME DEL FILM. NOME IMPORTANTE NUMERO DUE era nel mezzo di un divorzio e si scopava il responsabile tecnico delle luci, e ci provava con me, però si presentava puntuale sul set di NOME DI QUELL'ALTRO FILM."

"Sappiamo come schivare i colpi," disse Bill. "Li portiamo a forza sul set, gli facciamo mettere il costume, gli facciamo dire le battute nell'ordine giusto, e nessuno si accorge di niente. Rimane tutto dietro le quinte. Lo spettacolo continua. In UNO DEI BEI FILM DI BILL abbiamo lavorato con NOME IMPORTANTE NUMERO TRE che la mattina stava bene ma di pomeriggio era completamente fuori, dopo l'ora e mezza che passava con il suo assistente personale Johnnie Walker Black Label. Per tutto il pomeriggio non faceva che litigare. Inciampava, farfugliava."

"Palpava. Vomitava, anche. Un artista alcolizzato di prim'ordine," intervenne Al, ben sapendo di essere anche lei sulla via dell'alcolismo data la quantità di tequila che aveva messo nel frullatore.

Wren era sconvolta! "NOME IMPORTANTE NUMERO TRE è un Hulk-olista?"

"Mi dispiace rivelarti queste debolezze," disse Bill. "Certi soffrono davvero, sai? Questo nostro mestiere, la nostra arte, è piena di futuri membri degli alcolisti anonimi, sempre che prima non sigillino le porte della cucina con gli asciugamani bagnati e non infilino la testa nel forno. Oppure si sparge la voce e allora nessuno li vuole più."

Wally aveva una domanda, a questo punto. “Quindi anche se tu sai che NOMI IMPORTANTI NUMERO UNO, DUE e TRE soffrono di disturbi comportamentali visto che ci hai girato dei film insieme poi in pubblico ne parli benissimo e lodi la passione che li infiamma, l’etica inflessibile del lavoro. La capacità di immedesimarsi nel ruolo davanti alle telecamere.”

“Mio Dio, Wally,” disse Bill. “Mi stai citando alla lettera.”

“E quando un altro regista ti chiama per chiederti com’è lavorare con NOME DI ALCOLIZZATO NUMERO TRE?” chiese Wally. “Nel codice etico dei Registi d’America non è previsto che tu dica la verità, tutta la verità? Non dovresti avvertirli, dirgli tipo scappa finché sei in tempo?”

“Io dico la verità,” disse Bill. “Che, sì, lavorare con NOMI IMPORTANTI è tremendo, però... ne vale la pena. Considerate le grane e tutto ci lavorerei di nuovo? Sì.”

“Mi è difficile immaginare che non esista nessuno bravo quanto quell’idiota di OKB,” disse Wally. “Chi è disposto a fare tutta questa fatica solo per fare un film?”

“Wally,” rise Bill. “Non è il tuo mestiere.” Bill lasciò la frase in sospeso: in parte era un’affermazione, ma più che altro era un rimprovero.

“Capo,” chiese Al. “Procediamo?” Con le sopracciglia alzate, fece un cenno verso Wren.

Wren sentì gli occhi di Bill Johnson addosso proprio come le era già capitato mesi prima a Socorro, New Mexico.

“Sì,” disse Bill. “Penso che ci siamo.”

“Va bene.” Al si spostò sul divano per poter guardare in faccia Wren Lane. “Ragazza mia. Devi decidere, seduta stante, se unirti alla Compagnia dei Cervelli oppure metterci alla porta. Parlo di un patto di sangue. Sarai chiamata a mantenere dei segreti.”

Wren rise di gusto.

“Non c’è niente da ridere. Sarai chiamata a mentire per proteggere tutti noi. Diventerai una bugiarda. Una dissimulatrice. Ci stai o no?”

“C’è una stretta di mano segreta per siglare questo patto?”

“Nessuna stretta di mano. Solo i segreti.” Bill stava finendo di tracannare la sua seconda lattina di Hamm’s Special.

"Facciamolo!"disse Wren.

Wally si intromise. "Dovrò mentire anch'io?"

Al guardò il suo splendido gemello. "Wallace. Tu non conti. Senza offesa."

"Mica mi offendo. E poi dico bugie tutti i giorni," disse. "A proposito, voi chi siete? Cosa ci fate a casa nostra? Questa conversazione non c'è mai stata."

Bill si alzò dal suo modulo del divano per prendere la terza lattina di Hamm's e disse: "OKB è forse il solo e unico Incendiario? No. C'è qualcuno che lo è? No. L'Incendiario non esiste ancora, non abita in un punto del continuum spazio-temporale. E deve ancora diventare un film. L'Incendiario è fatto di parole, nient'altro, parole sulla carta e sullo schermo degli iPad. È il rendering di un costume, lo schizzo di un personaggio. La cinepresa deve ancora catturare la sua immagine."

"Venerdì," disse Al. "Le prove di ripresa sono venerdì."

Wren lo sapeva bene. Da settimane lei e Le'Della Rawaye erano impegnate in appassionate discussioni e ritocchi e – bisognava proprio dirlo? – altri ritocchi affinché i sei cambi di costume di Eve l'Insonne fossero Ultraperfetti. Venerdì avrebbe posato in quattordici look diversi per il test in Internet in una lampante dimostrazione di perfezione.

Bill continuò: "OKB ha la sindrome del figlio di mezzo. Non si sente a suo agio con le protesi del trucco che servono per l'Incendiario. Non vuole lavorare con i ragazzi per imparare a usare il lanciafiamme perché tanto si fa tutto in computer grafica. Per Doc Ellis addestrare OKB è una tortura, perché è costretto a sorridere tutto il tempo per non fargli capire che è frustrato e così ferire i sentimenti di OKB. La star di un film non deve mai sentirsi ferita. Le'Della dice che durante le prove costumi OKB fa il muso come un bambino con il pannolino sporco. Cosa mi sto perdendo, Al?"

"Parla dei suoi due film, di tutti i suoi *due* film, come se fossero roba rivoluzionaria. Come se *Mani di pietra* fosse già un classico su Criterion e *La stronzata* fosse come tutti gli 007 messi insieme."

"*La stoccata*," la corresse Bill.

"Che cosa ho detto?"

"*La stronzata.*"

"Non ci sono andata lontana."

Bill prese un rapido sorso di Hamm's, non per l'alcol, ma per la piacevole sensazione di gelo sul palato. "Esiste la possibilità che con l'Incendiario OKB diventi una delle più grandi stelle del firmamento del cinema. Se così fosse, bravate come quella di stasera verranno considerate espressioni del suo genio. Il pubblico proietterà su di lui tutti i suoi ideali di mascolinità, di romanticismo, di eroismo, perché lui sa battersi magistralmente con la spada e poi salva *te*, Wren Lane, dalla solitudine consumante della Guerriera Insonne. La Primula Rossa e l'Incendiario possono fare per lui quello che Stanley Kowalski e Terry Malloy hanno fatto per Brando."

"Oppure potrebbe allungare le file degli attori che non valgono niente," aggiunse Bill. "È bello da morire, ma è come un cucciolo che ha bisogno di essere addestrato. Ho dovuto vedermela con dei Talent peggiori."

"Talent?" saltò su Wren. "Saremmo questo, noi? Talent? È una specie di nome collettivo, come dire pollame o spazzatura?"

"Ti abbiamo dato la possibilità di tirarti indietro, tesoro," disse Al. "È così che parliamo nel Sancta Sanctorum."

"Miss Lane," disse Bill, con la voce con cui Clark Kent del *Daily Planet* parlava a Lois. "Serenità." Le indicò il bracciale di pelle al polso. "È una qualità rara in Fountain Avenue. Ma tu ce l'hai. In Eve l'Insonne hai messo tutta te stessa, anima e corpo, senza mai creare la minima turbolenza in Produzione. Da quando ci siamo conosciuti undici settimane fa ho visto in te un'artista guidata dall'intuito e da una curiosità indomabile, alla ricerca di una visione: vuoi trasformarti in un luogo da abitare, nell'incarnazione dell'unico personaggio da cui dipendono tutti i nostri destini. Ora io so, lo sappiamo tutti, che siamo stati fortunati. Wren Lane *è* Eve la Guerriera. Senza di te perché dovremmo fare questo film? Hai risolto il più esistenziale dei nostri problemi: perché siamo tutti qui. Sei il miracolo a cui nessuno osa mai credere."

Wendy Lank arrossì, gli occhi le si inumidirono per la commozione. Chi mai le aveva parlato così, facendola sentire tanto intera, tanto degna, nel posto giusto? A parte Wally, chi? Tom Windermere? Kenny Sheprock? Al Mac-Teer aveva uno sguardo pieno di fiducia, annuiva, d'accordo con il suo capo.

Bill continuò: "OKB è il problema che ci aspettavamo, ed è come molti della sua specie: la Nuova Grande Star, il boccone più fresco del frutto proibito, tanto spaccone da sembrare sicuro. La nostra speranza è pilotarlo, riuscire a manipolarlo, lusingarlo, adularlo, accudirlo, coccolarlo quanto basta per spedirlo sul set in tempo utile, pronto per le macchine da presa. Quando ci ho parlato ho letto anch'io qualche segnale di pericolo," disse Bill. "Si è messo in testa di parlare con un dialetto da ragazzo di campagna. Non si piace con l'elmetto in testa. Per qualche motivo incomprensibile vuole che l'Incendiario dica 'Eccoti la risposta'. Lo aiuterò a non fare errori. Non è un vulcano di buone idee, però mi ha offerto un po' di flessibilità, e voglio dargli una chance. Quindi, Wren, facciamo un patto..."

Il salone era in attesa. Wally piegò la testa. Wren trattenne il fiato. Al taceva, non aveva la minima idea di cosa avrebbe detto il suo capo.

"Non ti sto chiedendo rispetto per l'uomo," disse Bill Johnson. "Ti chiedo rispetto per il processo. Ti comporterai da professionista. Non permetterai a OKB di rovinare il tuo lavoro o di ostacolare la tua creatività. Lascia che siamo noi" – e fece un cenno ad Al – "a occuparci di lui. Il tuo coprotagonista non deve interferire con il tuo compito emotivo, proprio come i contabili di Hawkeye. E per i tuoi servigi nella realizzazione di un altro capolavoro del cinema..." – Bill si portò due dita alle labbra ed emise un *ftu ftu ftu* che suonava come uno sputo, e Al fece lo stesso, per scacciare il malocchio dai loro sogni di grandezza* – "diventerai la mia partner creativa."

Al alzò le sopracciglia. *Partner, eh?* A quanto le risultava, Bill aveva usato quel termine solo con altri due attori: Maria Cross, naturalmente, agli inizi, e il compianto Paul Kite che aveva

* Avevano imparato a farlo da Yogi, che era greco e superstizioso su queste cose. Sputando tre volte si tiene a bada il diavolo e si scaccia il malocchio dalle profezie di grandezza.

interpretato il Narratore in *Terra desolante*, ruolo che aveva assunto sempre più peso durante le riprese e nelle innumerevoli sessioni di registrazione in Post-produzione. Bill aveva invitato Paul in sala montaggio per aiutarlo a valutare il ritmo e l'intensità del film, e a scrivere la voce narrante che lo guidava. A volte Bill era soddisfatto del lavoro e credeva di aver finito, ma quando poi guardavano il montato Paul Kite gli chiedeva: "Pensi davvero che abbiamo finito? Possiamo fare di meglio, no?" E adesso? Quella sera? Wren Lane stava per respirare l'aria rarefatta di quelle vette.

Bill si spiegò. "Io e te discuteremo insieme ogni cambiamento, ogni nuova pagina di sceneggiatura, e non solo per Eve: per tutti i personaggi. Potrai vedere il girato della settimana insieme a me, Hector e Marilyn," (rispettivamente Chew e Cakebread, che avevano montato *La dattilografa* nel cassone di un camion, gratis, mentre facevano gli assistenti al montaggio del vecchio show televisivo *Richie Horowitz: Mind Bender*. Ora, parecchio tempo dopo, Hector e Marilyn montano film come si montano i mobili Ikea). "Quando avremo montato il film, prima della finalizzazione, sarai la prima a vederlo. Potrai dirmi qualunque cosa, qualunque opinione tu abbia, proprio come *lei*." Indicò Al. "Non posso fare *Guerriera Insonne versus Cazzone* senza avere la Guerriera al mio fianco. Siamo d'accordo?"

Gli occhi di Wren erano fissi su Bill. In effetti, mentre lui parlava, non aveva mosso un muscolo. Se ne stava là con il suo bicchiere di margarita ghiacciato in mano e la mano ormai congelata. Eppure il cuore le batteva forte, sentiva il sangue correre all'impazzata nelle orecchie. Sapeva che la sua vita era appena cambiata.

"Affare fatto."

"Bene," disse Bill, soddisfatto. "Allora adesso possiamo parlare di cosa succederà."

* * *

Non ci fu alcuna Lettura Integrale per colpa del COVID, perché i protocolli vedevano di cattivo occhio gli assembramenti di persone. E riunire il cast al completo per un giorno intero sarebbe stato economicamente proibitivo. Durante le riprese, poco prima di girare una scena, Bill avrebbe visto i Talent in privato per provare un po', come aveva già iniziato a fare con i due protagonisti. OKB aveva abbandonato l'idea del dialetto del sud e ora sparava idee a raffica con l'accento di un malavitoso di Brooklyn. Poi arrivò il venerdì delle prove costume in Internet, cioè davanti all'obiettivo.

Wren venne accompagnata sul set da Tom e prese posto in Laboratorio alle 6:36.* OKB fu prelevato più tardi, alle 8:00 in punto. Ci volevano ore per applicare le protesi, tutto quel tessuto cicatriziale e quella pelle bruciata, quindi sarebbe stato pronto per le 13:00: l'avrebbero piazzato davanti alla macchina da presa accanto a Wren mentre lei terminava la prova del suo ultimo look. E lì, per la prima volta, la Guerriera Insonne e l'Incendiario sarebbero stati insieme. La giornata si sarebbe conclusa entro le 13:30. Avrebbero chiamato la pausa pranzo e la fine riprese, e basta così.

Alan "Asso" Acevido, uno del posto assunto dalla produzione, aveva parcheggiato davanti alla casa dell'attore a Franzel Meadows alle 7:45. Gli avevano messo a disposizione un Range Rover e le 7:45 erano una pacchia, soprattutto in confronto agli orari del suo lavoro di prima. Lui e sua moglie avevano una bella casa e otto acri di terra fuori da Yuba City, su a nord-ovest, dove lei allevava cavalli in miniatura e Asso si dedicava al telaio: creava tessuti. Si era costruito un telaio da solo e si dedicava a quell'hobby come Gandhi all'arcolaio. Ma un autista del sindacato resta sempre un autista del sindacato e così, quando la produzione l'aveva chiamato per un lavoro nelle vicinanze, Asso aveva accettato perché la paga era ottima. Una settimana prima, quando aveva incontrato OKB per la sua approvazione, l'Incendiario aveva detto ad Asso che non avrebbe mai dovuto suonare il campanello di casa, per nessun motivo. "OKB uscirà quando OKB sarà pronto."

"Io ho la nave, tu sei il capitano," aveva detto Asso. Ma ecco che venerdì mattina, alle 8:00, e poi alle 8:15, e alle 8:25,

* Trucco e Parrucco. L'ora viene fissata dall'assistente alla regia del Campo Base per il Piano di Produzione.

dell'attore nessuna traccia. Asso mandò un messaggio a uno degli assistenti alla regia sotto Yogi. ASSO: STO ASPETTANDO. Alle 8:45, mandò: ASSO: OKB ASSENTE. Yogi fu informato e riferì ad Al, che si trovava nella roulotte della produzione dalle 6. Al chiamò l'attore sul numero dell'iPhone fornito dalla produzione e lasciò un messaggio: "Ehi, signor B, possiamo fare qualcosa per te stamattina? Oggi è una giornata importante, più o meno. Il Campo Base ha bisogno di te! Richiamami."

Niente. Alle 9:17 il telefono di Al cinguettò. STOCCATADIPIETRA: #@^%^%**&! Al volle sperare che quell'intrico di caratteri in caps lock volesse dire STO ARRIVANDO, che Asso fosse in modalità Alpha Tango (A Tavoletta). Invece OKB arrivò al Campo Base alle 10:04. Asso gli portava un borsone stracolmo che, a giudicare dal logo *Mani di pietra*, era il regalo ricevuto dalla troupe di quel film.

Prima, alle 8:08, Ynez aveva lasciato un frullato fresco nella cucina della roulotte di OKB: ananas, sedano, proteine d'albume e cavolo nero. Ma sentendo Al dire a Yogi che il Numero 2 sul foglio Convocazione Artisti non era solo in ritardo, era davvero in ritardo, si fermò al catering per preparare un altro OKB Special fresco con cui sostituire il primo. Anche quel secondo frullato era ormai invecchiato quando OKB si presentò finalmente sul set, però. OKB non lo toccò. Chiamò perché Ynez andasse da lui, e lei si precipitò non appena seppe che l'Incendiario voleva vedere solo e soltanto lei. OKB voleva dei pancake alla banana e non si sarebbe seduto al trucco prima di aver fatto colazione. Per fortuna, e grazie alla reattività di quelli del Catering, una piastra fu riscaldata, un po' d'acqua fu aggiunta a un preparato per pancake e quando ce ne fu una bella pila una banana a fette fu disposta in cima a mo' di faccina sorridente.

"Ho chiesto dei pancake *alla* banana," disse OKB quando Ynez gli portò il piatto coperto e la bottiglia di sciroppo. "Non pancake con la banana." Erano le 11:02. Davanti alla macchina da presa, Wren aveva già provato nove dei suoi dieci costumi, e OKB doveva ancora sedersi in Laboratorio.

Andò così tutto il giorno. No. Peggio.

A OKB non piaceva la colla che gli spennellavano in faccia perché era come catrame, detestava quella sensazione di freddo che scendeva sul collo. Ma non c'era altro modo per tenere in posizione le protesi di lattice, cioè l'escamotage che lo avrebbe trasformato nell'Incendiario. E poi quella specie di caschetto di cuoio capelluto tutto ustionato era troppo stretto, perciò lo fece rimuovere e riapplicare, ancora troppo stretto, via di nuovo, riproviamoci.* Passò tutto il tempo in Laboratorio chino sul telefono a inviare messaggi e mail, a leggere post di Facebook e BiO mentre tre truccatori gli ronzavano attorno per applicare altri delicatissimi dettagli al collo, alle spalle, alla mascella, sulla pelata. Furono costretti a chiedergli di alzare il mento, di guardare in alto, di non riabbassare la testa subito, almeno finché non finivano di stendere la colla e lisciavano la protesi di silicone appositamente modellata sulla sua faccia. OKB acconsentì fra mille proteste.

Quasi a mezzogiorno in punto, Wren aveva addosso l'ultimo costume del suo guardaroba. Kenny e le Brave Cuoche avevano aggiustato i vari look, ognuno dei quali era stato ripreso dalle camere. Bill le aveva fatto vedere come muoversi sul set per poter verificare tutte le angolazioni da cui la inquadravano: fino a quel segno, poi di profilo, prima a destra, poi a sinistra, un giro completo, e poi torniamo indietro. Sul set tutti parlavano, commentavano, scherzavano, perché queste prove servivano solo a vedere come venivano i costumi a schermo. Gli obiettivi delle macchine da presa furono regolati, e anche le luci, poi Wren rifece tutti i movimenti di prima. Altro aggiustamento agli obiettivi. E qualche prova con il dolly, per il quale Wren dovette esibirsi in qualche passo delle sue coreografie di combattimento.

* Le Prove in Internet di venerdì non erano la prima volta che OKB affrontava la trasformazione nell'Incendiario. C'erano già state tre sessioni per mettere a punto la procedura. OKB si era presentato in anticipo per la prima, ma siccome il team non era pronto se n'era andato per tornare un'ora più tardi. Poi si era sempre presentato in ritardo. Di ore. Aveva già rifiutato di farsi fare un altro calco alla testa, perché voleva dire farsi rovesciare addosso un secchio di roba appiccicosa e soffocante che ti copriva le spalle e ti avvolgeva la testa costringendoti a respirare da due cannucce infilate nel naso. Visto che aveva fatto un calco anche per *La stoccata*, aveva insistito che glielo mandassero da Parigi. Odiava quella parrucca di capelli bruciati, doveva comunque indossare un elmetto: che senso avevano berretto e parrucca?

Dopodiché si spostarono all'esterno per fare un test con la luce naturale.

A quel punto, secondo l'Ordine del Giorno, OKB avrebbe dovuto essere pronto sul set, truccato e in costume. Non era così, come disse Yogi alla troupe. Il suo secondo assistente era andato in Laboratorio per avere un'idea di quanto mancava. Senza staccare gli occhi dal telefono, che intanto riproduceva video di TikTok a tutto volume, OKB disse: "Sarò pronto tra otto minuti!" Doveva essere una battuta. Il responsabile del Trucco Prostetico indicò tutto il lattice incollato alla testa di OKB ancora da colorare, e disse che serviva almeno un'altra ora e mezza.

"Questa è la situazione," spiegò Yogi a Bill, Al, SAM e alla troupe. Mettere Wren e OKB insieme davanti alla macchina da presa voleva dire aspettare un bel pezzo, ma per cosa? Avrebbero potuto inserire i due personaggi nella stessa inquadratura digitalmente.

"Manda la troupe in pausa pranzo," disse Al. "OKB rimane in Laboratorio. Ha solo un costume, finiremo per le quattro."

"Io posso andare, allora?" chiese Wren. Aveva in programma una sessione di allenamento, era in piedi dalle 5:30 e il mattino dopo voleva alzarsi alla stessa ora per pilotare il suo Cirrus 150. Le servivano un po' di ore di volo, e quel finesettimana sarebbe stata la sua ultima occasione.

"Ciao ciao," la salutò Bill.

Quando OKB venne a sapere che la troupe aveva staccato per pranzo balzò dalla sedia. "Godiamoci tutti un'ora di pranzo!" Mentre faceva ritorno in camerino, con il trucco tutt'altro che completo, il secondo assistente alla regia gli disse che doveva rimanere in Laboratorio per farsi trovare lì al ritorno della troupe. "Un uomo deve pur mangiare. Mandami la dolce Ynez."

Ynez era con Al e Yogi nella tenda del catering, dove una brigata di cucina ancora ridotta al minimo stava mettendo insieme il pranzo per le ventidue persone presenti quel giorno. L'auricolare di Yogi squittì e Ynez fu mandata da OKB.

"È tornato in camerino," disse Yogi. "Per il pranzo."

"Ma certo," disse Al.

Quando Ynez bussò, OKB stava facendo zapping per trovare il canale satellitare con le dirette sportive o un altro porno.

"Ehi, Consuelo," disse a Ynez Gonzalez-Cruz. "Conosci un posto dove fanno un buon panino con il maiale in questa Lone-buco-di-culo-del-mondo?"

"Posso portarti un panino dal catering," rispose Ynez.

"Con il maiale? E la salsa barbecue?"

"Non credo, ma..."

"Ho una voglia matta di salsa barbecue. Della buona carne di maiale succulenta che gronda salsa piccante. Ci sarà un posto dove lo fanno, no?"

"Vedo cosa riesco a trovare."

"Bene. Anche fagioli e insalata di cavolo." In quel preciso momento sullo schermo apparve un film per adulti su chissà quale canale per adulti. "Oh, guarda che tette quella Mammina!"

* * *

Come Costumista, Le'Della Rawaye aveva dovuto vedersela con gli attori senza alcuna barriera, letteralmente. Nudi. Aveva vestito esseri umani che avevano un pessimo rapporto con il proprio corpo, al punto da provarne disgusto (anche quando erano la splendida incarnazione della bellezza e della salute), professionisti dittatoriali che sapevano benissimo come apparire al meglio (e spesso si sbagliavano), stare con una mezza dozzina di leccaculo che nel contendersi il favore del loro capo trasformavano le prove costume in estenuanti gare di potere e futilità, star che volevano continuare a provarsi cose e altre cose e poi altre cose ancora, e star che volevano finire tutto in dieci minuti. Vecchie matrone che volevano vestire come se avessero trent'anni di meno. Star che volevano tenersi i vestiti addosso. E OKB era una combinazione di tutti questi bambini problematici. Ecco perché Le'Della lo detestava.

Nelle poche settimane di Prep, OKB aveva fatto perdere a Le'Della un'infinità di tempo perché, diceva, tanto c'era un solo costume, giusto? Cancellava gli appuntamenti, insisteva perché fosse lei ad andare da lui a Franzel Meadows, poi se lo dimenticava, e quando infine si concedeva non faceva che starsene seduto a parlare delle "cose migliori che ho imparato sull'essere un attore di cinema: non c'è niente come ascoltare il proprio istinto". Non fece alcun commento sui modelli digitali a cui Le'Della aveva lavorato negli ultimi cinque mesi e continuò a tirare in ballo le "alternative che ho visualizzato", cioè le idee che gli frullavano in testa per il costume del Lanciafiamme. Voleva partire da zero. Nella sceneggiatura, il Lanciafiamme indossava una logora uniforme da Marine della seconda guerra mondiale che ha affrontato molte battaglie e sta ancora combattendo la sua guerra-fantasma nel Pacifico. Però OKB, be', "*praticamente* io la odio quest'idea così monotona", soprattutto l'elmetto.

"Così è solo un soldato morto," continuava a ripetere OKB. "Capisco che BJ sia partito da lì. Ma che margine mi dà per metterci del mio? Ci vuole un po' di mistero!"

Quel venerdì pomeriggio, per la Prova in Internet, OKB si presentò davanti all'obiettivo alle 3:56. Aveva addosso i panni del Lanciafiamme e sì, l'uniforme era quella di un Marine. Aveva ustioni e cicatrici finte, e un lanciafiamme finto sulle spalle. Aveva anche l'elmetto in testa, ma tutto spinto all'indietro per darsi un look sbarazzino. Non stava mai fermo. Si muoveva su e giù, continuava a improvvisare una specie di tip-tap. Solo a un certo punto fece quello che gli chiedeva Bill Johnson, il regista/sceneggiatore, il capo di tutta l'impresa. OKB si calò l'elmetto sugli occhi e rimase immobile. Guardò a sinistra, a destra, dritto in macchina, poi riaggiustò l'elmetto, fece avanti e indietro con passo dinoccolato e scherzoso – dietrofront, passo, front e ancora dietrofront, gridando "*Dietro... front!*" Non volle uscire per il test con la luce naturale perché tanto la luce è luce, che senso ha?

Alla fine fece una richiesta. Anzi, alcune proposte. Nei suoi viaggi a Los Angeles e nella Bay Area aveva fatto un po' di shopping con l'aiuto di Nicolette. E adesso voleva vedere come venivano in Internet le sue *scelte* che solo in parte aveva mostrato a Le'Della. Tutto ciò che chiedeva a lei erano delle bandane. Così per due ore andò avanti e indietro dal camerino: frugava nel borsone e tirava fuori pantaloni, pullover, felpe col cappuccio, pantaloncini, stivali, infradito e sì, bandane. Una varietà di look che lui riteneva virili, enigmatici, unici. Aveva pensato a quelle alternative assecondando l'istinto, perché il suo Lanciafiamme era più che un militare morto. Non si mise mai in testa un cappello. Nelle sue variazioni sul tema, OKB assomigliava a un poliziotto, un boscaiolo, un autostoppista, un saldatore, un astronauta o un muscoloso surfista* che con qualche minima revisione parecchio creativa alla sceneggiatura di BJ avrebbe potuto trovare quel lanciafiamme solo grazie a un Cosmico Scherzo del Destino. "Come Re Artù e la sua spada!" E perché limitarsi a quello strano zaino con il tubo, si domandava OKB. Perché non un bastone sparafuoco o una specie di polsiera-bracciale-guantone progettato ad hoc? E se non avesse avuto nemmeno bisogno di un dispositivo, se avesse potuto semplicemente *evocare* le fiamme? OKB aveva già disegnato alcuni schizzi, o meglio li aveva disegnati Nicolette perché lui faceva schifo a disegnare. Lui era un uomo di idee: non stavano partendo da zero?

Pazientemente, tipo maestro zen, Bill gli lasciò provare tutti i vestiti, filmando tutte le versioni del Lanciafiamme immaginate da OKB. E quando il borsone con i costumi fu finalmente vuoto, Bill gli disse che nessuna delle opzioni lo convinceva, ma che avrebbe riguardato il girato di prova senza pregiudizi. Ne avrebbero parlato.

"Grazie, BJ," disse OKB, e uscì dal camerino per fiondarsi sul sedile posteriore della Range Rover con Asso al volante. "Non mi tolgo dalla testa che il look da militare è roba vista e stravista."

Quella sera Bill Johnson, Al e i capireparto visionarono il girato nella Sede dell'Associazione Coltivatori di Mandorle, dove uno spazio era stato allestito come sala di proiezione. Ynez preparò un buffet di cibo cinese preso al Golden Harvest di Chico, e il sapore si rivelò migliore di quel che si aspettavano da un cinese di Chico. Tra birra/vino/martini da venerdì sera, il giudizio sui look così variegati di Wren fu estremamente positivo, tanto che

* "Come i fottuti Village People," disse Al.

Bill brindò a Kenny e alle Brave Cuoche, dicendosi felice di delegare a Le'Della le scelte finali sul guardaroba.

"Addosso a Wren sta bene tutto," disse Le'Della, e nessuno obiettò.

Poi Bill passò al girato di OKB. Fermò sull'immagine che lo ritraeva vestito come il fantasma malridotto e bruciato di un Marine del 1944 armato di lanciafiamme, così che tutti potessero vederlo. Con l'elmetto tirato sugli occhi, il corpo immobile dell'Incendiario dominava lo schermo: una creatura formidabile, un'immagine indelebile. Un po' John Wayne, un po' Lee Marvin, un po' Charlton Heston.* In quell'unico fotogramma, O.K. Bailey smetteva di essere un semplice mortale: era un'icona del cinema.

"Eccolo!" gridò Bill. "Mio Dio! Questo è l'Incendiario, ecco perché la parte è di OKB!" Guardò tutte le assurde proposte di OKB a velocità 3x. E poi, aprendo un'altra lattina di Hamm's, disse: "Indovinate qual è il look che approvo."

Il giorno dopo, sabato, a metà mattina Bill chiamò OKB sull'iPhone della produzione e inserì il vivavoce mentre l'attore se ne andava da qualche parte al volante del suo bolide Audi.

"Dimmi tutto, *BiiJ*," disse l'attore. "Se cade la linea richiama. Sto portando Nicky al Golden Gate. *Le Pont d'Or*."

"Il girato di prova è buono," disse Bill Johnson. Ignorò quel *BiiJ*.

"Dimmi di più."

"Sei ipnotico."

"Con quale costume?" OKB voleva saperlo.

"Il primo. È quello l'Incendiario."

Ci fu un momento di silenzio. Se non fosse stato per le marce della Audi che scalavano, Bill avrebbe pensato che fosse caduta la linea. "Intendi quello del soldatino?"

"Intendo quello dell'*Incendiario*," disse Bill alzando la voce, per farsi sentire da un guidatore al vivavoce. "Ti prendi lo schermo come sai fare solo tu. Ti basterà uno sguardo per spaventare il

* Wayne, Marvin e Heston sono iconiche star del cinema dell'epoca prestreaming.

pubblico, per affascinarlo, per fargli chiedere: *chi è*? Chi è questo tizio?"

"Davvero." Ci fu un bisbiglio in francese che Bill non riuscì a interpretare. "Posso dirtelo io chi è quel tizio," disse OKB. "È... cavolo, com'è che si chiamano? Ah, sì. Un *soldato*."

"Un Marine. È la ragione per cui esiste questo film, ed è un duro."

"E gli altri costumi? Anche con quelli sono un duro. Lo so che non sono roba da Le'Della, però..."

"Confondono. Non è un saldatore. O un surfista. E con le infradito saresti impacciato nei combattimenti."

"Mettiamo da parte le infradito, va bene? Volevo darti delle opzioni. Il mio primo costume, quello con i jeans stracciati, la maglietta con lo scollo a V e quel diavolo di lanciafiamme inutile?" Quel costume secondo Bill lo faceva sembrare un meccanico vestito Abercrombie & Fitch con un soffiatore per foglie in spalla. "Tu pensi di sapere tutto di quel tizio? Io ho le braccia scolpite, amico. Mi alleno. Sono in forma. E tu vuoi nasconderle sotto quella roba verdastra?"

"Voglio che siano gli occhi di OKB a dire tutto," disse Bill, pronto ad andarci giù pesante con i complimenti pur di far felice il suo attore. "All'inizio tu sei l'ombra del mostro che si allunga sul mondo, ma quando poi ci avviciniamo al mostro e vediamo quegli occhi... Nei tuoi occhi c'è un fardello, sono occhi che hanno visto troppo. Quando hai l'elmetto calcato in testa ti si vede solo un pezzo di faccia: sta tutta tra le cicatrici e la linea d'acciaio dell'elmetto, e lì ci sono i tuoi occhi profondi come una notte senza luna. Sei Marte, il dio della guerra. Condannato a vagare finché non ci sarà più nessuna guerra da combattere."

Un altro silenzio. Più lungo. Il motore dell'Audi rombava. "Ci sei?" chiese Bill. "Hai sentito? Ti ho perso. Ci sei?"

"Sì," disse la voce di OKB dall'altoparlante. "Marte, eh? Mica l'ho letto nel mio copione."

"Il dio della guerra. Ti mando un frame che ci ha fatto venire i brividi. Guarda con i tuoi occhi. Sei una visione."

"Va bene, BJ. Butta il resto. Mandami quello che ti pare."

"Vai piano. Goditi San Francisco. Ci vediamo lunedì."

"Come ti pare."

L'iPhone di OKB ammutolì. Bill guardò Al, che aveva ascoltato tutto. Erano seduti nel cortile della casa che Al aveva preteso per sé come alloggio a Lone Butte, nel Quartiere delle Dimore Storiche, dove alcuni vecchi alberi di susine crescevano in una fila ordinata, in linea con quelli del cortile accanto, come se un tempo avessero fatto parte di un unico frutteto. Tra gli alberi da frutto sul retro e gli enormi sicomori davanti a casa, Al riusciva quasi a immaginarsi di nuovo sotto le benedette rasserenanti sequoie di Santa Monica. Persino la strada si chiamava Elm, Olmo. Alberi ovunque.

Bill ritrovò il frame del girato di prova, quello con OKB nei panni dell'Incendiario vestito da Marine, e lo inviò al telefono dell'attore.

"Una telefonata senza entusiasmi, capo."

"Ha rinunciato quasi subito alle infradito." Al aveva ragione, come sempre, e Bill lo sapeva.

STOCCATADIPIETRA: Niente male l'elmetto.

"O è d'accordo, o ti ha appena mandato a quel paese, capo," disse Al, che propendeva per la seconda. Bill anche, e questo li spinse subito a riflettere sul da farsi. Ne avevano passate tante facendo film insieme: anni di piagnucoloni, idioti, rottami psicologici, alcolizzati che avevano smesso, tossicodipendenti che non avevano smesso, membri della troupe alle prese con divorzi, battaglie per l'affidamento dei figli, bancarotte, più un paio di faide tra Talent. Ne avevano passate tante che era impossibile non riconoscere il potenziale problema di OKB: qualunque attore insoddisfatto delle scelte artistiche che gli vengono *imposte* causa grane sul set. Ritardi. Perdita di entusiasmo e quindi di inerzia positiva. A giudicare dal comportamento del giorno prima, per le prove dei costumi, OKB aveva tutto per diventare un altro NOME IMPORTANTE #4 che nella realizzazione di NOME DI FILM DI SUCCESSO rende la vita di tutti un inferno e finisce premiato con una nomination all'Oscar e una serie di contratti multimilionari. Oppure sarebbe stato quell'altra cosa: un attore da tagliare durante il montaggio.

Nella sua carriera Bill Johnson aveva licenziato un solo Talent. Era successo sull'onda del risentimento, tra minacce di ritorsioni e frasi al vetriolo, e aveva provocato uno stop nella produzione durato ben tre peccaminosi giorni. C'erano state azioni legali. Ed era successo durante *Tempesta di merda*, alias *Albatross*. Non poteva capitare di nuovo. Per questo, tempo prima, alla Optional Enterprises avevano escogitato un piano di emergenza in casi del genere...

"Chiamo Yogi?" chiese Al.

"Sì," disse Bill Johnson. "E anche Aaron e SAM."

Fu in quel momento che la Convocazione per i primi tre giorni di riprese cambiò: ormai era sabato, restavano solo tre giorni di Prep.

* * *

Bill iniziava sempre i suoi film di mercoledì perché la troupe avesse la settimana breve e potesse sciogliersi con le riprese facili, scene né troppo complicate da preparare né troppo pesanti per gli attori dal punto di vista emotivo. Sulla versione semplificata del Piano di Lavoro dei 53 giorni di riprese si leggeva che per mercoledì erano previsti i campi lunghi in esterna: Eve cammina nel centro abbandonato della città, si avvicina all'emporio Clark's, entra ma l'interno non si vede. Avrebbe dovuto anche passare davanti alla chiesa e allo State Theater. Ci sarebbero stati anche gli Abitanti.

Il giorno 2 di 53 sarebbe stato grossomodo lo stesso: il calore che si sollevava dal marciapiede catturato con inquadrature basse, il termometro digitale sull'insegna della banca, i riflessi nelle finestre e negli specchietti delle auto, l'arrivo degli Investigatori a bordo di un suv nero con la vernice opaca, seguito da un furgone/unità mobile dello stesso colore con antenne e attrezzature. Di regola Bill avrebbe lasciato alcune di quelle riprese alla Seconda Unità, ma per il bene della prima settimana di lavoro decise di girare del materiale in più che poteva risultare utile in sala di montaggio. C'era però un'inquadratura importante in programma per il secondo giorno: Eve la Guerriera che beve un sorso d'acqua alla fontanella fuori dal tribunale. Avrebbero usato una Cablecam, la teleInternet dinamica per seguire i movimenti di Eve, e avrebbero fatto qualche primissimo piano con i teleobiettivi – roba difficile per la prima settimana, in particolare per il Fuochista, l'assistente alla Fotografia che si occupava della messa a fuoco. Stanley Arthur Ming voleva la luce morbida della golden hour, con il sole basso a ovest, nel tardo pomeriggio. Il giorno 3, venerdì, sarebbe stato uno Split: Convocazione Tecnica a mezzogiorno per girare metà giornata con la luce del pomeriggio, e poi i grandi preparativi per una delle poche Riprese in Notturna – scena 7, *Eve sente che ci sono dei problemi e* CORRE. Wren avrebbe fatto qualche corsetta e una serie di importanti espressioni di paura, panico e preoccupazione (Bill voleva prendersi tutto il tempo necessario), poi la sua controfigura avrebbe fatto la roba più dura, più fisica. La settimana si sarebbe conclusa a mezzanotte e tutti si sarebbero sentiti tranquilli e sicuri. OKB avrebbe avuto quei tre giorni liberi.

Entro la mezzanotte di venerdì chi non era adatto alla produzione, chi causava più problemi di quanti ne potesse risolvere e chi, in definitiva, sarebbe stato meglio non assumere fin dal principio sarebbe stato individuato facilmente, come un fagiolo in una ciotola di carote. E tutta questa gente – tutti questi problemi – sarebbe stata fatta fuori nella riunione di venerdì sera, sostituita durante il finesettimana e dimenticata entro il pranzo del lunedì. Per questo il primo giorno di riprese era sempre un mercoledì.

Ma... nella versione riveduta e corretta delle Convocazioni per il giorno 1 dei 53 di riprese compariva già il nome di OKB. Avrebbe dovuto presentarsi in Laboratorio alle 5:15 del mattino, essere sul set alle 9:30 per la scena 4: *Chi è? L'Incendiario!* e poi andare a zonzo per la città a farsi immortalare in costume. Il giorno 2 avrebbe girato la scena 93: *Fuori dal Vortice: l'Incendiario!* Il giorno 3 (venerdì!) ci sarebbe stata la scena 93XX: *Sequenze di Combattimento* #2. Mercoledì, giovedì e venerdì, quindi, OKB avrebbe lavorato da mattina a sera, sempre in costume, in scene complicate con cineprese extra per garantire le coperture. Wren avrebbe partecipato ad alcune riprese.

Con un po' di fortuna, per venerdì OKB avrebbe dato prova di essere uno della squadra, in sintonia con il personaggio, nel film. Partecipe, calmo, anima e corpo nell'Incendiario. Con po' di sfortuna l'esito sarebbe stato tutt'altro.

LA BOLGIA

Anche dopo tutte quelle settimane di Prep, ogni singolo giorno a pascolare il gregge dei creativi, Bill Johnson aveva un ufficio che sembrava ancora inabitato. La stanza era immacolata. Spartana. Arredata con l'indispensabile: scrivania e sedia. Un telefono. Altre due sedie per gli ospiti. Divano e tavolino. Un secondo tavolino, con le ruote, spinto in un angolo, per la macchina da scrivere. Sui pannelli di truciolato alle pareti erano fissati l'elenco dei numeri di telefono interni e un foglio con i numeri di telefono d'emergenza, nient'altro. Sulla scrivania Bill non teneva documenti. In un cassetto c'erano una penna e una pila di lunghi biglietti rettangolari con la scritta GUERRIERA INSONNE: LA FORGIA DELL'INCENDIARIO sopra e BILL JOHNSON sotto. Una pila diversa di biglietti aveva scritto OPTIONAL ENTERPRISES in cima. A detta di Bill uno spazio tanto sgombro lo aiutava a svuotare la testa dai troppi pensieri della Prep, a non impazzire. Le riunioni le faceva quasi sempre nell'ufficio di Al.

Per avere la sceneggiatura sempre a portata di mano se ne portava dietro una copia rilegata in pelle con le pagine piene di orecchie e tutte stropicciate, prova delle infinite riletture nei momenti più disparati. Nessuna nota a margine, né cancellature a matita o a penna, perché qualunque nuova idea o immagine scaturisse dalla frequentazione delle pagine poi si plasmava direttamente nella sua testa. E se non ricordava qualcosa evidentemente non ne valeva la pena. Gli unici segni sulla sceneggiatura erano le macchie di caffè. L'ufficio di Bill Johnson nella Sede dell'Associazione Coltivatori di Mandorle era uno spazio di lettura, riflessione, conversazione e telefonate.

Alla fine di una giornata di Prep, Bill se ne stava seduto nella sua fortezza della solitudine a cullare la speranza – e la paura – di poter andare più veloce incontro all'imminente, implacabile marea. Le Riprese. L'inizio della salita, come se tutto il lavoro svolto fino lì fosse stato una passeggiata. Ah!

Stava aspettando un frozen yogurt alla vaniglia con una spolverata di granella arcobaleno. E quando la porta si aprì, ecco Ynez con un sacchetto di YouGo FroYo.

"Al mi ha detto di portarle questo," disse Ynez.

"Perché no, Y-no?" disse Bill. "Entra pure."

Al apparve un secondo dopo. "Sei stata una scheggia."

"Ormai mi conoscono," disse Ynez tirando fuori le coppette dal sacchetto. "Non devo neanche scendere dall'auto. Me li portano fuori di corsa."

"Sappi che devi assaggiarlo anche tu," le disse Bill.

"Oh, sono a posto. Grazie."

"Non ti ho chiesto come stai. È un ordine. Almeno un cucchiaio."

Ynez guardò Al in attesa di un suggerimento, non voleva fare qualcosa di sbagliato.

"Tieni," disse Al offrendole la sua coppa usa e getta di lampone senza-zuccheri-aggiunti e un cucchiaio in più. "È una tradizione, per noi. Ci prendiamo un momento per tirare il fiato con un frozen yogurt prima di entrare nella Bolgia." Al posò la coppa a metà tra lei e Ynez.

"La Bolgia? Cos'è?"

"Lo scoprirai molto presto," disse Bill. "Con le Riprese iniziano le nostre fatiche di Ercole."

"Sono emozionata," confessò Ynez. "Adesso non resta che fare il film."

Al e il suo capo scoppiarono in una fragorosa risata! Si sbellicavano dal ridere, facevano fatica a respirare. "Oh, dolce Ynez!... Adesso non resta... che... fare il film!"

Ynez fece una smorfia, come una bambina al pranzo di Pasqua che ripete una battuta a sfondo sessuale di cui non ha colto il doppio senso.

"Y-no, la Bolgia sarà il nostro habitat per i prossimi tre mesi," disse Bill. "Non ti ricorderai cos'hai girato il giorno prima. A parte l'orario della Convocazione Tecnica, il tempo perderà di senso. Per quante crisi risolveremo sul set, non appena spostiamo le camere ricomincerà tutto da capo. Ogni volta che portiamo a casa un risultato saremo già inghiottiti da milioni di altre questioni, e nel frattempo forse staremo piantando senza saperlo i semi della disfatta e non potremo fare un bel niente per cambiare il nostro destino." Bill scoppiò a ridere come un pazzo che sente le voci.

"Così la spaventi," disse Al. "Dille delle coincidenze, capo. Dille le cose belle."

"Non ancora," disse il regista. "Signorina Gonzalez-Cruz, abbiamo cinquantatré giorni di riprese. Se resistiamo fino al pranzo del ventiseiesimo giorno saremo al massimo della nostra energia cinetica, nel punto più alto del rimbalzo. Il giro di boa. Da oggi, fino a quel momento, saremo immersi in un vortice paragonabile solamente alla guerra, all'amore, alle partite di calcio quando piove. Le cose non andranno come dovrebbero, e quello che succederà non avrà molto senso. Saremo esausti, allo stremo, con le cellule cerebrali in perenne sovraccarico. Ma saremo a metà strada, giusto? E allora tu penserai: *Ah, adesso possiamo rilassarci. Da qui in poi è tutto in discesa*. Invece no. Nulla di quel che avremo fatto avrà importanza. Saranno altri giorni di amarezza per i compromessi, giorni di una-dannata-rottura-dietro-l'altra, e lì ci capiterà di forgiare l'anello più debole della catena. E quando l'anello si romperà il film andrà alla deriva. Diventerà una barzelletta, o peggio, qualcosa che si merita quattro applausi di cortesia, degno solo di un'accoglienza fredda. Bill avvicinò le mani in un lento, quasi impercettibile applauso. "*Ehi, un mio amico ha visto il tuo film. Ha detto che non era male.*" Bill spalancò la bocca infilandoci un cucchiaione di FroYo. "*Stia... in... ampomiaaat...*" Deglutì. "Stiamo in... un campo minato. Un passo falso e BOOM."

Ynez aveva ascoltato tutto senza muovere un muscolo, il cucchiaio in mano. Aveva la stessa espressione di quando una volta era stata fermata da un agente della stradale per eccesso di velocità e il poliziotto l'aveva messa in guardia su tutte le vite che stava mettendo in pericolo.

"Oppure?" Al gridò la parola. "Dille l'oppure!"

"Oppure..." Bill lasciò che la parola galleggiasse nel suo ufficio immacolato. "Accendiamo le camere e riusciamo a catturare la magia. Facciamo come Zapruder sulla collinetta erbosa di Dealey Plaza. Facciamo un ciak così impressionante che quando passiamo alla scena dopo siamo lì a tirarcela come galli nel pollaio. Prendi il bidone in *Terra desolante*.* Fare un film è andare a zonzo in laboratorio e inventare per sbaglio la gomma vulcanizzata o i post-it. Vinciamo sui carri armati nazisti perché restano a secco di carburante. Lanciamo un pallone dalla linea delle nostre ventidue yard, un vero e proprio lancio della speranza, e facciamo touchdown. Invitiamo la reginetta del ballo a mangiare un hot dog al chili e lei ci dice: *"Era ora! Aspettavo proprio che me lo chiedessi perché muoio dalla voglia di mettere le mani sul tuo..."*"

"Credo che Ynez abbia capito, Capitano." Al le diede una pacca sul braccio: "Nella Bolgia le cose belle e quelle brutte sono tutte mescolate."

"Ci mettiamo due giorni e mezzo per girare 48 fotogrammi buoni e magari alla fine li tagliamo pure. Diamo tutto per girare cose che in realtà finiranno nel file 'Da rivedere'. Racconta alla signorina della Distorsione del Continuum Emotivo."

"La cosa?" Ynez si stava sforzando di non perdersi nulla, di ridurre tutto a cinque promemoria mentali secondo il metodo *L.I.S.T.eN*, ma perdeva sempre il conto.

Al spiegò: "Sembriamo tutti una grande famiglia, tutti sullo stesso film, tutti al lavoro ogni giorno. Ci facciamo un mucchio di favori a vicenda. Vediamo il meglio e il peggio di noi. Ridiamo

* La celeberrima scena del film ambientata nel parcheggio di Sears, quando un bidone esplode e atterra perfetto sul cofano della Ferrari. Buona la prima.

e manteniamo un'aria professionale, ci rispettiamo a vicenda, e così via. Ma quando iniziamo a girare la morsa del tempo e della fatica ci logora e ci riduciamo a niente. Nessuno si azzarda più a immischiarsi nella vita di un altro, perché la sola cosa che conta è finire il film. Gli attori si frequentano e diventano amici e amanti, ex amanti e rivali. Per tre mesi ci siamo dentro insieme: lavoriamo sodo, lavoriamo a lungo, lavoriamo per poter lavorare di nuovo. Magari uno si illude che questo sforzo collettivo per non finire licenziati ci unisca tutti, che ci fonda in un'unica creatura, no?"

Ebbene, pensò Ynez, finora la sua esperienza nel cinema era stata proprio come l'aveva descritta Al. Le sembrava di aver legato con tutti i membri della troupe e del cast che aveva avuto il piacere di conoscere. Sapeva il nome di tutti e sapeva leggere il loro linguaggio del corpo. Persino Cody, l'assistente di produzione che si era comportato da stronzo, aveva imparato la lezione e ogni volta che lui e Ynez avevano un compito in comune si era dimostrato un collega disponibile seppure nervoso. "Siamo tutti sulla stessa barca. No?"

"Sì, siamo tutti pionieri sulla stessa carovana in viaggio verso la terra promessa," disse Al. "Finché non finiamo il film. Perché poi appena potrai dire 'Ehi, ho un altro ingaggio' tutto questo" – Al agitava le braccia, abbracciando l'intera esperienza del fare un film – "sarà solo un ricordo sfocato. Ynez, prova a pensare alla pressione, ai ritmi da quando ti ho proposto di fare un giro nel traffico di Fountain Avenue. Moltiplica per tre. Per quattro. Poi mettici che ti viene il ciclo quando giriamo in notturna e non puoi andare a festeggiare la gravidanza della tua migliore amica che non capisce perché non puoi staccare."

"Dille di NOME DI ATTORE FAMOSO, Al," disse Bill.

Al cospetto di cotanta celebrità Ynez trasalì. Non aveva ancora avuto il coraggio di chiedere di più su alcune delle celebrities con cui Al aveva lavorato: come sono, se di persona sono speciali come appaiono nei film.

"Ah." Al scosse la testa. "Una volta dovevo occuparmi di NOME DELL'ATTORE FAMOSO sul set di FILM CHE ABBIAMO FATTO. La mia mentore, Dace, mi aveva insegnato come rivolgermi a lui durante l'orario di lavoro, come stargli vicino, come chiacchierarci, come capire se qualcosa gliele faceva girare o di che cosa aveva bisogno, insomma, come misurare la sua temperatura emotiva."

"Il film si reggeva tutto su di lui," spiegò Bill. "Doveva essere *presente* in ogni scena, volente o nolente. Se era felice doveva fare la parte di quello a pezzi. Se un giorno odiava la vita e tutti quelli sul set doveva apparire spiritoso e affascinante. Era come se le scene fossero state scritte apposta per chiedergli il contrario di come stava. E noi avevamo bisogno che fosse sempre *sul pezzo* e portasse a casa la giornata."

"Mi hanno dato il compito di stargli accanto," disse Al. "Gli portavo i suoi pretzel preferiti, quelli al cioccolato. Provavo le battute insieme a lui. Gli spostavo la sedia vicino alla stufetta elettrica quando sul set faceva un freddo polare. Siccome un giorno avevamo parlato dei vecchi cartoni animati di Paperino, la mattina dopo gli ho fatto trovare la TV in camerino sintonizzata sui classici Disney. Sono stata ad ascoltarlo quando blaterava ed era di cattivo umore, e gli ho dato ragione quando se la prendeva con la vita e con i dispiaceri. Ho riso alle sue battute per tutto il tempo che durava il suo buonumore. E ogni ora, puntuale, tornavo da questo qui" – indicò Bill – "e da Dace per aggiornarli sullo stato emotivo di NOME DELL'ATTORE FAMOSO. Perché così sapevano cosa dovevano aspettarsi sul set. Così tutti i santi giorni, e nei finesettimana restavo in contatto per controllarlo. È stato estenuante. Come quando fai la ragazza alla pari e devi stare ventiquattr'ore al giorno con un moccioso che fa i capricci. A proposito, perché non vuoi che veda Francisco?"

"Lo porto quando posso."

"Portalo, ti prego. Adorare quel bambino per un'oretta mi fa un gran bene."

"Non perdere il filo, Al," disse Bill. "NOME DELL'ATTORE FAMOSO."

"In una giornata di dodici ore lavorative ne passavo undici a occuparmi di NOME DELL'ATTORE FAMOSO. E se le riprese duravano di più, diciamo quindici o sedici ore, ogni minuto di straordinario per me voleva dire fargli da crocerossina. Una volta pur di tenerlo fermo sul set gli ho fatto la manicure. Per sessanta giorni ho interpretato la parte della sorellina adorante. Poi FILM CHE ABBIAMO FATTO è finito e la Produzione si scioglie, ciascuno per la sua strada. Un mese dopo indovina chi incontro al bar del Toro d'Oro durante una cena a base di bistecche e Martini con Dace? Mi avvicino e gli faccio: 'Guarda chi c'è! Ehi!' E lui mi guarda come se fossi uno di quegli Hare Krishna che chiedono l'elemosina all'aeroporto di Los Angeles. Nemmeno batte un ciglio per dirmi che mi ha riconosciuto. Solo perché non eravamo sul set, capisci? Non mi stavo occupando di lui. Non eravamo più uniti dal lavoro. Ma io non ero una delle mille ombre dentro la Bolgia, anzi, ero felice di aver incontrato qualcuno con cui avevo passato un mucchio di tempo mentre insieme realizzavamo un altro capolavoro del cinema. Io lo saluto chiamandolo per nome, faccio per abbracciarlo. Lui mi tiene a distanza. Mi dice: 'Non mi piacciono gli abbracci. E in questo momento non sto lavorando, quindi non chiedermi un selfie.' Io dico: 'NOME DELL'ATTORE FAMOSO, non ti ricordi di me?' Lui non si ricorda. 'Aiutami. Perché ci conosciamo?' Gli attori sono così. Non ricordano niente, se non come sono venuti nelle foto promozionali. Noi della Produzione ricordiamo *tutti* e li ricordiamo per sempre."

"E questa è la Bolgia," disse Bill, alzandosi e mettendosi sottobraccio la sua copia rilegata della sceneggiatura. "Scendere il fiume leggeri come una foglia caduta." Rimase fermo per un momento, scrutando Ynez. "Per quello che vale, signorina Ynez Gonzalez-Cruz, ho conosciuto solo tre persone che nella sua posizione mi hanno dato l'impressione di essere nate per questo gioco. Lei è una di queste. Sono felice che lei sia qui."

Al e Ynez rimasero sole. "Scendere il fiume leggeri come una foglia caduta... Che stronzata!" sbuffò Al.

"Chi erano gli altri due?" chiese Ynez. "Quelli nati per giocare?"

"Io, credo. E Dace, che non hai conosciuto. Ma Bill ha ragione, Ynez. Hai risolto tutti i problemi che un film può mandarti addosso. Sei andata a gonfie vele nel mare della Prep. Adesso si parte ufficialmente." Al si alzò. "Sono serissima quando parlo di Francisco. Portamelo presto. Mi manca l'odore di quell'ometto."

* * *

La Compagnia dei Cervelli ridefinì il piano di lavoro e avvisò tutti i reparti. Domenica, a tre giorni dall'inizio della produzione vera e propria, Bill trascorse la mattinata a rivedere lo storyboard e il Pre-Viz* per le scene dell'Incendiario che avevano anticipato. Poi insieme a SAM controllò i nuovi punti macchina, mentre Al avvisava gli agenti degli attori che interpretavano gli Investigatori: dovevano presentarsi a Lone Butte lunedì per i fitting, le verifiche tecniche e le prove. C'erano stati dei contrattempi con gli alloggi, ma per fortuna i motel sull'interstatale avevano camere libere. Il lunedì mattina, a due giorni dall'inizio, Bill si diede un gran daffare per sbrigare la mole di lavoro, anzitutto con il reparto Scenografia, perché per la scena 93XX serviva una Main Street in macerie, devastata dal fuoco. Dopodiché si confrontò con il team degli effetti speciali perché aveva bisogno del fuoco, e poi ripassò con Aaron le norme di sicurezza richieste dai sindacati, dalle corporazioni e dal Dipartimento del Lavoro. Infine parlò con Trucco e Parrucco per rifinire l'aspetto dell'Incendiario. Bill voleva accentuare il contrasto tra le ferite sul collo e l'elmetto, per esaltare gli occhi scuri, e questo significava spalmare più colla sul torso, sulla testa e sul collo di OKB. E visto che la Swing Gang avrebbe dovuto essere sempre in stato di massima allerta, Al gli promise che ogni mattina alle 2:00 sarebbero arrivate delle pizze per loro. Se ne sarebbe occupata Ynez, monitorandone l'arrivo e servendole: aveva fatto amicizia con i ragazzi di Big Stork e sapeva che dopo mezzanotte al lavoro c'era una squadra di adolescenti. Martedì, a un giorno dalle riprese, Bill si aggirava per i corridoi dell'Ufficio Produzione rendendosi disponibile a chiunque avesse domande, faceva capolino negli uffici, leggeva e

* Pre-visualizzazione. Uno storyboard animato della scena.

rileggeva il copione, si sedeva con Al nell'ufficio di lei per sparare idee bislacche da valutare più in là.

Verso le 18:00 Bill era seduto con Al e chiamò OKB dal telefono della scrivania.

"Come va, Marinaio?"

Al gli lanciò un'occhiata e scandì con il labiale: *Marinaio?*

"Bene," rispose intanto l'attore. "A te come va, Capitano?"

Bill rise. "Sono pronto. Per girare. Tutto a posto con le scene? Partenza al fulmicotone, lo so, ma io dico: diamoci dentro."

"Sì. Diamoci. Dentro."

"Trattandosi del primo giorno devo chiederti di tenere d'occhio l'ora. Iniziare in ritardo il primo giorno è una seccatura per tutti, no?"

"Certo."

"Poi il primo giorno non va mai secondo i piani, lo sappiamo. Siamo tutti agitati e irascibili. Ma abbiamo preparato tutto come si deve. E le scene tre e quattro saranno un'unica fantastica sequenza. Non vedo l'ora."

"Anch'io, BJ, signore."

"Un'ultima cosa importante," disse Bill, trattenendosi dal chiamarlo di nuovo *Marinaio*. "Vieni con Nicolette. Facciamo una piccola cerimonia con una bandiera e la lavagna prima del ciak, e dovrebbe esserci anche lei."

"Nicolette se n'è andata."

La notizia diede al cuore di Bill un'accelerazione. Se lo sentì nella carotide. La paura lo attraversò come una lucertola attraversa un sentiero deserto spaventata da un rumore di passi. "Davvero?"

Al si accorse che la voce del capo si era alzata di un'ottava. Sembrava che avesse detto *daVVVVERO*?

"Sì. Ha preso un PONY fino a San Francisco ed è tornata a Parigi. O al diavolo. O dovunque sia casa sua."

Bill si girò verso Al con gli occhi sgranati, poi prese un volantino dalla pila ordinata sulla sua scrivania e un pennarello rosso dalla tazza di caffè della Film Commission. Scarabocchiò sul foglietto

Si è lasciato con Nic. Lei via.

Al prese il volantino e rispose, col pennarello,

Si è lasciato con Nic. Lei via.
M E R D A ! ! !

La loro esistenza di filmmaker aveva appena preso una piega ancora più brutta. Su un set ogni cuore spezzato diventa una telenovela strappalacrime che ammorba i presenti, un argomento di cui si parla troppo e che riecheggia in ogni reparto, in ogni roulotte, in ogni pausa pranzo. E se succede a una delle star nell'ultimo giorno di Prep? È una catastrofe. La rottura di OKB con la donzella francese poteva tramutarsi in una colossale nonché costosissima distrazione, come quella che aveva affossato qualunque produzione di *Cleopatra* mai realizzata.

"Mi dispiace tanto, Marinaio." Rieccoci col *Marinaio*.

"Fa lo stesso." OKB inspirò ed espirò rumorosamente. "Meglio se con le donne riparto da zero."

"Affari di cuore..." Bill sperava in qualcosa di più intelligente, ma niente, gli venne fuori così.

"Vado a correre per schiarirmi le idee," disse OKB. "Poi mi butto in branda."

"Ci vediamo domani prima che sorga il sole." Ah! A Bill venne in mente una citazione! "Domani è un altro giorno."

"Ricevuto," ribatté OKB. "Caporale Incendiatutto, passo e chiudo."

Chiusa la telefonata, Al mandò subito un messaggio a Ynez:
Aiuto adesso.

Ynez apparve sulla soglia. "Sì?"

Al chiese: "Puoi scoprire se un PONY ha portato Nicolette da casa di OKB all'aeroporto di San Francisco ieri sera?"

A Ynez ci volle un momento per elaborare la richiesta. Nicolette? OKB? Ascoltò, aspettò, e poi... "Penso proprio di sì." Uscì dall'ufficio digitando un messaggio.

"Presumo che fino a oggi abbia scopato regolarmente," disse Al. "Ed è comunque stato uno stronzo *royale*."

"Ci sarà la fase della rabbia."

"E se la prenderà con tutte le donne," disse Al come fosse una previsione. Invece ne era certa.

"Sarà frustrato. E lunatico. E ansioso."

"Così diverso da come è stato finora."

Ynez tornò. "Un mio amico ha ricevuto una richiesta PONY da una casa a Franzel Meadows destinazione aeroporto di SF alle 3:37 del mattino."

"Che ora sarebbe? Smodatamente tardi o follemente presto?" chiese Bill.

"Arrivano molte chiamate a quell'ora, perlopiù da gente che ha fatto festa e non ce la fa a guidare," spiegò Ynez. "Allora... questa donna magra esce con una valigia. Un tizio sulla porta le urla dietro in mutande."

"Boxer o slip?"

"Stavano litigando. In francese. Il mio amico sa il francese che ti insegnano al liceo. Comunque gli sembravano parolacce e bestemmie. Agli autisti di PONY insegnano a non farsi coinvolgere, a meno che non vedano un pericolo, una minaccia di violenza. Urlavano soltanto, quei due. Poi la donna ha fatto per salire in macchina, ha buttato la valigia sul sedile di dietro da sola, poi ha staccato un mattone dal vialetto e l'ha tirato contro quello con i boxer o gli slip. Ha preso una finestra. L'ha rotta. Lui ha urlato di più. Lei è salita in macchina e ha detto 'Allons-zee!' Prossima fermata aeroporto di San Francisco. Terminal Air France. Due ore di viaggio. E nessun cliente per il ritorno a Sacramento."

"Grazie, Y-no." Da tempo, e per qualche strano motivo, Bill la chiamava Y-no. A Ynez non dispiaceva. Bill guardò sia lei che Al e sospirò piano.

"Le nostre vite stanno ufficialmente per peggiorare."

6. LE RIPRESE

IL CAMPO BASE

I Camionisti arrivano per primi, molto, molto presto. Avvolti nell'oscurità.

I Camionisti vivono in una dimensione temporale alternativa dove a dettare le regole non sono cose ufficiali come l'alba e il turno di notte. E non si limitano a guidare e parcheggiare gli autoarticolati con sicurezza e affidabilità, loro trasportano il film e poi lo dispongono nello spazio come giocassero a un Tetris fuori misura, in luoghi che non sembrano avere metri quadri sufficienti per così tanti rimorchi. Eppure ecco qui un Campo Base organizzato con precisione geometrica, secondo una logica estetica e gerarchica, tirato su di notte come da una squadra speciale. I Camionisti sono ingegneri su ruote che abitano una dimensione del tutto separata da quella del resto della troupe, pur facendone formalmente parte. Senza Camionisti non ci sarebbe alcun Campo Base. È grazie a loro che lo spettacolo può continuare.*

Standando alle targhe, al chilometraggio delle motrici e all'usura dei rimorchi, questi camion con in pancia l'armamentario e il corredo che fa la storia del cinema hanno viaggiato in lungo e in largo per l'America ma provengono tutti da Hollywood: magari

* Nessuno si lamenta se ai Camionisti viene dato da mangiare prima che a tutti gli altri, nessuno li rimprovera se dormono nei loro camion mentre gli altri lavorano: di solito sono già in servizio da quattro ore.

non città, ma quell'idea lì. La Monument Valley della Riserva Navajo, le rive del Puget Sound, le strade della grande area metropolitana di Chicago, gli studios di Wilmington in North Carolina, Atlanta e Savannah in Georgia, New Orleans e Baton Rouge in Louisiana, i quartieri di Las Vegas, il Nevada e il New Mexico. Tutti questi luoghi hanno ospitato i camion del Campo Base, parcheggiati uno accanto all'altro o uno dietro l'altro, aperti tutta la notte, al lavoro tutta la settimana, per caricare e scaricare attrezzatura, strumenti e vettovaglie indispensabili alla realizzazione di un film, un programma televisivo o un lungometraggio.

A vederli su strada, i camion non sembra nascondano un carico speciale: sono solo dei grossi tir come ce ne sono tanti in autostrada, che trasportano cosa? Materassi? Carciofi? Asciugamani di carta? No. Nella pancia di questi camion ci sono gli strumenti e le matrici di un mondo fantastico, magico: l'attrezzatura per le luci, le macchine da presa, gli specchi a figura intera, i camerini, le lavatrici e gli appendiabiti per il guardaroba. Il camion degli Oggetti di Scena contiene una tale varietà di cose che ci si potrebbe entrare a chiedere una tappatrice per imbottigliarsi da soli una bibita gassata, un paio di pistole d'epoca per un duello, una vecchia telescrivente per le operazioni in borsa o delle sigarette biologiche modificate per essere relativamente innocue per i polmoni. Qualunque cosa richieda la sceneggiatura, il camion degli Oggetti di Scena ce l'ha. E c'è anche un grande cassetto di batterie, di qualsiasi tipo.

Ogni reparto ha i suoi camion: i macchinisti, gli effetti speciali, i giardinieri e gli scenografi del verde, gli scenografi e basta, gli attrezzisti e gli elettricisti.* Tutti i membri della troupe che appartengono a questi reparti conoscono ogni gancio, ogni laccio, ogni cassetto e ogni pensile dentro quei mastodontici rimorchi, e ne conoscono il contenuto perché sono loro che l'hanno sistemato lì, ogni cosa al posto giusto. A un membro della troupe viene assegnato un compito simile a quello della vedetta di una nave o al quartiermastro degli eserciti di una volta: deve tenersi pronto

* Gli attrezzisti si occupano di spostare la "roba". Il reparto elettricisti sposta le luci e i cavi: qualunque cosa in cui passi corrente elettrica.

alla chiamata, con un orecchio sulla frequenza radio giusta e l'altro teso per ascoltare i passi che salgono dalla rampa. Richieste: una lastra di compensato per poterci ballare sopra, cubi di varia grandezza, ancora più gelatine e più bandiere, la fondina giusta per la pistola di gomma del finto poliziotto, un espresso fumante per il direttore della fotografia svizzero, anzi, facciamo quattro espressi, che dobbiamo riempire di caffeina anche l'operatore del dolly, l'altro operatore e il tizio che si occupa della messa a fuoco. Ricevuto? Ricevuto!

La troupe sciama su e giù dai camion per dodici, quattordici, diciotto ore al giorno, azionando i montacarichi e urlando avvertimenti a chi sta sopra, sotto o intorno per scongiurare infortuni. Gli infortuni... devono... essere... evitati. Se il medico del set si trova costretto a chiamare i soccorsi, è possibile che si debbano interrompere le riprese finché l'ambulanza arriva al Campo Base. E l'interruzione delle riprese è una catastrofe. Un peccato mortale.

Le persone del posto – i civili – potrebbero pensare che in città sia arrivato il circo. E non avrebbero tutti i torti, dal momento che *gli attori son giunti, signore.** Le roulotte e i camper con i camerini per gli attori sono di marca *Schlegelmilches* o *Star Waggons* e alcuni, quelli che devono garantire il comfort delle star in cima alla lista Convocazione Artisti, sono veri e propri appartamenti: Internet da letto con lenzuola di qualità, doccia spaziosa e TV satellitare a grande schermo. I bicamper sono due monolocali in un'unica roulotte e hanno gli stessi servizi, ma un po' meno di lusso. I tricamper sono per i componenti del cast di cui si conosce il numero assegnato al personaggio piuttosto che il nome: Numero 29, Poliziotto, Numero 32, Donna Con Cane. Sono quelli con meno giorni di posa in programma, che non hanno né l'esperienza né il prestigio per meritarsi una roulotte tutta loro, e quindi niente doccia, ma una brandina su cui sdraiarsi sì. I camper che chiamano "cisterne da spurgo" sono file di stanze anguste, allineate come stalle, accoglienti in certi giorni e più simili a prigioni in altri.

* *Amleto*, atto II, scena 2.

La roulotte del Trucco e Parrucco è un salone di bellezza mobile con un aroma di capelli che si asciugano e colla adesiva, parrucche, gel, lacche, più una selezione di diverse sfumature di lucidalabbra e autoabbronzanti. Il volume della musica non sovrasta le chiacchiere, ma copre quel bisbiglio di pettegolezzi che è naturale aspettarsi da una mezza dozzina di attori chiusi lì dentro. Nella roulotte del Trucco e Parrucco ci sono stampanti fotografiche, etichettatrici, una macchina per il caffè espresso e bollitori con il tè sempre pronto. Le sedie per il trucco sono piazzate davanti a specchi contornati da lampadine che permettono ai make-up artist di individuare e mascherare abilmente ogni crepa, ogni imperfezione, ogni ruga. Ci sono pezzi di lattice sagomato pronti per diventare cicatrici, croste e nasi rotti una volta applicati e colorati dai Tecnici della Magia per gli Occhi, già al lavoro in postazione da ben prima che un membro del cast salga i gradini della roulotte, ancora assonnato e spesso irritabile. La roulotte del trucco è il luogo dove la bellezza viene esaltata, i personaggi vengono creati, la psiche illusa.

E quei camper e pullman costosi tutti customizzati? Chi sta lì dentro? Solo le star del cinema più famose e i registi affermati, nomi noti che i civili riconoscerebbero se solo potessero dare un'occhiatina. Di chiunque sia quell'Airstream a tre assi luccicante, quel qualcuno di certo se ne prende cura, oppure ha qualcuno che lo fa al posto suo. Anzi, è di sicuro la seconda.*

I film si fanno dappertutto. Ci sono studios – come quelli di Culver City, Burbank, Universal City – che lavorano in tutto il mondo, Roma, Belfast, Potsdam, Città del Messico, Edmonton. A Budapest ci sono studios che si contendono le produzioni. Anche in Vietnam sono stati allestiti Campi Base per fare film.

* C'è quest'attore che una volta ha fatto un film nel Regno Unito. Aveva il camerino in una roulotte nuova di zecca con un impianto audio e una TV di ultima generazione. Dopo cinque lunghi anni stava lavorando a Helsinki e gli hanno dato proprio lo stesso camerino. Dopo mezzo decennio i device non erano più così all'avanguardia e l'interno puzzava come se fosse stato occupato da squatter. Arrivato fino a Helsinki dall'Inghilterra lungo una strada dissestata senza mai perdersi una buca, quel coso era ormai una discarica su ruote. Ma all'attore è bastato uno sguardo alla "sua" roulotte ed è scoppiato a piangere. Era a casa!

Girare in location fa di ogni ripresa un'avventura. Ovunque sia, il Campo Base è uno spazio di *possibilità*, non importa se è stato allestito in un parcheggio a Austin, in un casinò dismesso a Camel Rock, sulle rive della Serpentine a Hyde Park o a Firenze, in Oltrarno, a due passi da Ponte Vecchio.

Più si avvicina l'inizio delle riprese, più il Campo Base si riempie di veicoli minori, tutti guidati da autisti del sindacato. Camioncini, furgoncini e auto a noleggio spostano le persone dalle ville in affitto e, nel caso della troupe, dai motel alla Location. Golf Cart, pick-up e furgoni trasportano l'attrezzatura dentro e fuori dal Set, che può trovarsi a una decina di chilometri di distanza oppure dietro l'angolo. I VIP si spostano a bordo di SUV con i finestrini oscurati. Il furgone del Servizio Catering è sempre vicino al set ed è il punto di ritrovo per l'ennesimo caffè, un porridge istantaneo, un ramen, un frullato e, pomeriggio e sera, un calderone di zuppa o di chili, un triangolo di quesadilla o un panino burro di arachidi e marmellata. I ragazzi del Catering riforniscono costantemente la troupe di amidi e proteine, portando i vassoi con il cibo fin sotto al carrello della Internet, come amichevoli camerieri a un cocktail party. Tra le proposte ci sono sempre spuntini nutrienti e salutari, e anche della roba che fa malissimo ma che è molto, molto apprezzata.

Due volte al giorno la troupe al completo viene sfamata in un'atmosfera di festa al Campo Base, sotto un tendone, in una sala vuota o dentro speciali rimorchi che quadruplicano il loro volume in larghezza con porte pneumatiche ad apertura automatica, aria condizionata o riscaldamento e posti a sedere per un centinaio di persone.

Il buffet della mattina offre perlopiù comfort food ad alto apporto calorico: porridge a secchiate, waffel appena fatti, panini tipo McMuffin incartati uno per uno, omelette preparate su ordinazione, pane da intingere in sughi a base di carne riscaldati su fornelletti da campeggio, vassoi di pancake, uova strapazzate, pancetta, salsicce, assortimento di frutta; l'unica regola è "Prendi tutto quello che vuoi ma mangia tutto quello che prendi". Chi ha esigenze più salutiste può farsi preparare *qualunque cosa*. Se uno chiede, per esempio, una ciotola di loganberry e kefir di latte di capra, può star certo di trovare tutto il giorno dopo.

La colazione è la fase di riscaldamento prima della Convocazione. Per alcuni è l'occasione per iniziare la giornata con una miniriunione di pianificazione, un momento di silenzio contemplativo davanti alla terza tazza di caffè, o con aneddoti divertenti sui bagordi della sera prima al karaoke. Ma quando scatta l'ora tutti sono in piedi e stanno già lavorando in squadra, sotto pressione, sotto la pioggia, sotto il sole, nel panico o nella calma più rasserenante.

Sei ore dopo – a metà giornata – c'è il pranzo, che dura trenta minuti da quando viene servita l'ultima persona in fila. Ci sono un sacco di opzioni e diversi buffet a tema, tipo la Giornata thai-fusion, la Giornata messicana-cubana, la Giornata della Pasta e Risotto o il Giorno di San Patrizio con manzo e cavoli. Su ordinazione lo chef taglia spesse fette di carne su un tagliere da macellaio. E il pesce ti viene spinato mentre aspetti. Ci sono polli tagliati a quarti, costolette come quelle dei Flintstones, hamburger e bratwurst grigliati su barbecue a fiamma libera. Salse e salsine sono self-service. Il banco delle insalate sembra lungo quattrocento metri e viene rifornito a ciclo continuo di verdure e di condimenti. Se c'è un compleanno si canta Tanti Auguri al festeggiato che spegne le candeline e poi tutti prendono una fetta di torta con il nome scritto con la glassa. Il gelato viene servito in palline. I quadratini di brownies e i pezzi di crostata si possono prendere con le mani, così come le fette di anguria. Ci sono torri di bicchieri usa e getta impilati accanto ai secchielli del ghiaccio e a grandi distributori di acqua fredda, tè freddo e limonata. Puoi prepararti da solo il tuo Arnold Palmer.

Chi vuole rinunciare al pranzo luculliano può accontentarsi di un panino fai da te o di una macedonia e poi sgattaiolare via per un pisolino. Al Campo Base puoi fare del tuo pranzo ciò che vuoi. Il cibo e i prodotti sono freschi, acquistati da negozi e fornitori della città più vicina. Anche in questo caso, mangia tutto quello che prendi. E ricicla.

Quelli del Catering vengono da fuori città, ma hanno sempre bisogno di personale, perciò assumono gente del posto. Tutte le case di produzione si affidano ai dipendenti che giocano in casa, agli indigeni, per risolvere certi problemi e orientarsi nel territorio. E poi, visto che vivono proprio lì, quelle persone non hanno costi di alloggio e non prendono un centesimo di diaria.

Ma a quel punto non sono più dei civili! Appena diventano professionisti pagati, il Campo Base diventa il *loro* Campo Base. Per tutta la vita racconteranno le lunghe e faticose giornate di riprese, le settimane che hanno dedicato al film. Gli verrà chiesto: *Dove avete girato quella scena sull'autostrada? Si è ferito qualcuno quando gli aerei hanno sganciato le bombe?* Risposte: *In un set di posa*, e *non erano mica aerei veri o bombe vere.*

I loro nomi scorreranno per sempre nei titoli di coda, accanto a una qualifica professionale che meritano e che si sono guadagnati. Hanno contribuito alla realizzazione del film.

RIPRESE, GIORNO 1 (DI 53)

Ynez decise di dormire nel suo Transit, lì al Campo Base, bella comoda con il futon, un buon cuscino e un bel piumino. Voleva arrivare all'Ufficio Produzione alle 4:30 del mattino per assicurarsi che il Catering fosse pronto con la colazione. E poi era troppo su di giri per tornare a casa a Sacramento e infilarsi a forza nel letto, accanto a quello della sorella, solo per rigirarsi impaziente e agitata e poi alzarsi e guidare fino a Lone Butte dove sarebbe probabilmente arrivata in ritardo per il primo giorno di riprese. Si sentiva eccitata come quando la sorella maggiore aveva avuto il primo nipote Gonzalez-Cruz e l'intera famiglia era venuta da ogni dove per dare una mano e assistere al parto. Ora come ora, Ynez preferiva stare al lavoro – concentrata sul film a Lone Butte, occupata – piuttosto che esposta ai continui battibecchi e ai doveri della casa, della famiglia, di chi andava e veniva. Girare un film la faceva sentire speciale. Aveva preso da mangiare per OKB! Era stata a casa di Wren Lane! Wren Lane aveva scritto un biglietto a sua madre, ringraziandola per la cena *deliziosa oltre ogni immaginazione*, su carta intestata spessa azzurro-uovo-di-pettirosso, con le iniziali WL arricciolate e in rilievo. Quel biglietto era stato incorniciato e sistemato sul pianoforte nel salotto dei Gonzalez-Cruz.

Alle 4:20 Ynez fece una doccia veloce nel bagno delle donne della Sede dell'Associazione Coltivatori di Mandorle (erano stati ingaggiati degli idraulici per assicurarsi che l'acqua calda tornasse a funzionare come ai vecchi tempi) e si asciugò con l'asciugamano che si era portata da casa.

Alle 5:15 Al Mac-Teer era in piedi. Si preparò il caffè con la sua macchina per espresso Di Orso Negro con tre cialde viola – non le importava di chiamarle con il nome ufficiale del tipo di caffè, lei le chiamava per colore. Mentre il suo Orso Nero italiano gocciolava montò la schiuma del latte con la panna, poi bevve i primi sorsi davanti al lavello della cucina della sua casa in affitto nel Quartiere delle Dimore Storiche, guardando gli alberi di susine sul retro. Per un brevissimo istante la voglia di trovarsi a casa tra le sue sequoie la spinse a domandarsi perché lavorava tanto da così tanto tempo in un modo tanto folle, ma scacciò subito quel pensiero dal corpo e dal cervello: c'era un film da fare! Scorse alcune e-mail, controllò rapidamente entrate e uscite, vide che non c'erano messaggi urgenti da parte di Yogi o di altri. Nella sua app di L.I.S.T.eN. c'erano solo tre promemoria aperti:

1. Una bandiera: ovvero ricordati di controllare che la Scenografia abbia preparato la bandiera speciale per la cerimonia e la foto con il ciak.
2. Un orologio: con le lancette sulle 9:00 esatte, ovvero l'ora della prima inquadratura del film, fosse stata anche solo la Internet B che riprende la banca.
3. Un soldato con un punto interrogativo: Cioè: OKB arriverà puntuale, in costume, come richiesto da Bill Johnson?

Al aprì un'altra app, un giochino, la versione digitale della vecchia Palla Magica delle Risposte. "Ci porteremo a casa la giornata?" chiese all'app, poi agitò l'iPhone. Lo schermo si dissolse in un blu liquido, poi ecco le lettere bianche che predicevano il destino: IL TEMPO CE LO DIRÀ. Fece uno screenshot e lo mandò a Bill Johnson. L'avrebbe visto appena sveglio.

Alle 6 Bill Johnson era ancora a letto. Stava dormendo e avrebbe continuato così fino alle 7:31. Quando la sveglia dell'iPhone suonò *Java con Leche Cha-Cha* di Sal Diego, anzitutto controllò i messaggi, per sincerarsi che non ci fossero emergenze. Trovò solo *Il tempo ce lo dirà* di Al. Poi chiamò Pat a Socorro su FaceTime e la trovò al tavolo della cucina con un caffè.

"Ancora tra i cuscini?" osservò lei.

"Tutto solo in questo letto vuoto."

"Buona fortuna per oggi, Johnson." Tradizione voleva che non stessero mai insieme durante le ultime settimane di Prep e il primo giorno di riprese. Il carico di lavoro era troppo, Bill doveva dividere la sua attenzione tra un'infinità di cose, e Pat aveva responsabilità di cui non poteva occuparsi da dovunque si trovasse la location, tipo tenere un corso sulla regolite a contatto con l'aria. Prendeva l'aereo il finesettimana, così poteva stare con il suo uomo la domenica e il lunedì, sul set.

Dopo una doccia, indossata quella che era e sarebbe sempre stata la sua uniforme da cinema (vecchi jeans larghi a zampa e stivali di pelle da cowboy consumati con cintura abbinata, una semplice maglietta a tre bottoni e una camicia di flanella a quadri con gli automatici in finta madreperla), Bill si mise al volante della Dodge rossa per andare al Campo Base, lanciò le chiavi a un autista perché la parcheggiasse, vagò nel salone dei Coltivatori di Mandorle per rimediare un french toast, un uovo sodo e una ciotola di macedonia, dopodiché si sedette a mangiare. Aveva l'aria di uno con qualche pensiero? A vederlo da fuori no di certo. Dentro, le sue viscere erano annodate come le cime di una nave.

Wren Lane si era svegliata cinque minuti prima che il telefono partisse con un canto soffuso di grilli. La sera prima aveva preso una caramellina a basso contenuto di THC per calmare i nervi. Oggi era il suo primo giorno da Eve la Guerriera, ossia quella da cui dipendevano molte cose, e senza quel medicinale legale non si sarebbe mai addormentata. (Proprio come Eve!)

Per quel primo giorno non aveva battute, ma doveva andare lo stesso per entrare nel personaggio senza badare alle distrazioni della troupe, alle istruzioni del regista o ai capricci di OKB.

Il film adesso era suo. Suo. La mente era tutta un groviglio di idee, emozioni, possibili connessioni tra significati: il suo fiuto da artista. Sarebbe stata puntuale, del testo conosceva ogni virgola (e lo teneva vivo nella memoria leggendo e rileggendo). Non appena gli obiettivi delle macchine da presa avessero catturato la sua prima immagine, Wren avrebbe potuto liberare la furia creativa che aveva dentro, una furia tenuta sotto controllo, e che avrebbe tenuto sotto controllo sempre grazie alla calma, al suo atteggiamento professionale; alla serenità.

Fece un po' di stretching. Poi una sequenza di venti esercizi del programma Dray-Cotter. Nella luce del mattino, percorse i sentieri della tenuta con un centrifugato verde in una mano e un dolce alla cannella nell'altra. Alle 5:15 era già seduta in macchina, in attesa di Tom Windermere che l'avrebbe accompagnata a Lone Butte.

"Forza," disse mentre lui si allacciava la cintura. "Portami al lavoro."

Alle 5:42 era seduta in Laboratorio, con le Brave Cuoche e Kenny Sheprock pronti per lei: avevano già predisposto per bene gli strumenti, le spille, le colle, gli unguenti, i lucidalabbra e gli altri trucchi da star.

"Primo giorno, lady," le disse Kenny. "Facciamoli secchi. E grazie per questo." Wren aveva dato a Kenny e alle Cuoche dei pacchetti regalo: dentro c'era un temperino d'argento con inciso EVE SA CHE SIETE CON LEI. BACI WL. Wren avrebbe avuto diritto a una roulotte Trucco e Capelli tutta sua, una tana privata dove prepararsi in completa solitudine, ma preferiva stare in mezzo all'equipaggio, alle chiacchiere, a quel senso di comunità da salone di bellezza. Voleva condividere i pettegolezzi, le vibrazioni, le risate fragorose e gli occasionali esaurimenti nervosi che ogni membro del cast, ogni parrucchiere, ogni truccatore portava con sé nella roulotte. Custodiva come un ricordo prezioso la storia di quell'attrice che sul set di un film si era presa una cotta pazzesca, non ricambiata, per l'attore protagonista, e non era mai riuscita a concludere dal punto di vista romantico (cioè sessuale). Dio, quanto ci aveva provato, la ragazza. Al suo ultimo giorno di riprese, secondo quanto riferito dal Trucco, Kenny Sheprock e la troupe avevano cercato di prepararla alla macchina da presa mentre lei se ne stava dapprima tutta imbronciata, poi arrabbiata e infine in uno sfacelo di lacrime. Quando le avevano chiesto – e chiesto di nuovo, e ancora – che cosa la agitava così, e se c'era qualcosa che potevano fare per calmarla, lei aveva gridato: "Voglio solo scoparmelo!!! È così terribile?!" In una roulotte tutta sua Wren Lane se lo sarebbe perso!

Yogi, i suoi Assistenti alla Regia e gli Assistenti di Produzione dovevano radunarsi alle 6:00. Gli fu concessa una colazione veloce nel salone, e lì Yogi tenne il Discorso alla Truppa, una sua tradizione. "Le riprese sono il nostro Campo di Battaglia. Il nostro. Di noi assistenti alla regia, di noi assistenti di produzione. Noi risolviamo i problemi prima ancora che qualcuno si accorga che esistono. E a tutti coloro che non hanno uno di questi" – Yogi mostrò il suo walkie-talkie con auricolare e microfono a clip – "sintonizzato sul canale 1, il Canale della Produzione, dispiacerà tantissimo di non averlo! Tra qualche anno quelli che adesso sono ancora ancora in branda diranno che invece erano qui, pronti per fare questo film. Vi vogliamo tanto bene."

La convocazione tecnica era alle 7. Il pranzo alle 13. L'ultima scena del primo giorno di riprese sarebbe stata completata entro le 19. Naturalmente, IL TEMPO CE LO DIRÀ.

Al si riunì con Bill, Yogi, Stanley Arthur Ming, Aaron e la segretaria di edizione, Frances "La Furia" DiBiassi, che svolgeva il suo complicato lavoro con un vecchio cronometro a lancette e un iPad Pro con la penna, e non più con il raccoglitore a tre anelli grosso come un prosciutto, il righello e le penne multicolori di un tempo. Parlarono di quali riprese speravano di portare a casa prima di pranzo: primo ciak, le pagine iniziali con Eve, dato che il sole era perfetto. Certo, qualcuno avrebbe dovuto indossare l'imbragatura e portarsi in giro la steadycam, ma gli altri avrebbero girato da fermi. Bisognava anche portare a casa un ciak dell'arrivo dell'Incendiario, e il controcampo di Eve con la luce del pomeriggio. Poi bisognava fare alcune coperture, ma le location erano tutte vicine, si sarebbero mossi a piedi per finire davanti al tribunale. Niente dialoghi, più macchine da presa, l'unità effetti speciali, cinque scene, due pagine e mezzo di sceneggiatura, e avrebbero avuto un *Primo giorno come Dio comanda*.

* * *

Stavolta Alan "Asso" Acevido non ebbe motivo di mandare un messaggio di allerta alla produzione. OKB uscì di casa alle 7:45 – in punto, da vero professionista – e prese posto sul sedile passeggero passandosi un rasoio elettrico Braun sulla faccia. Asso si domandò cos'era successo alla finestra che dava sulla strada: uno squarcio rettangolare ricoperto da un'incerata blu.

OKB spense il Braun e lo infilò in una tracolla in pelle color vinaccia di *La stoccata*. Poi tirò fuori un rasoio elettrico Norelco a tre testine e ricominciò a radersi.

Il Campo Base si trovava nel grande spiazzo alle spalle dell'Ufficio Produzione e il camerino di OKB era a pochi passi dalla roulotte del Trucco e Parrucco. Prima del suo arrivo Ynez gli aveva già recapitato i regali per il primo giorno di riprese. Gli agenti di OKB gli avevano mandato un mazzo di fiori. Hawkeye un vecchio G.I. Joe nella confezione originale. La Dynamo Nation un binocolo vintage con l'aquila, il globo e l'ancora del Corpo dei Marines. La Optional Enterprises – Al e Bill – un paio di costosi guanti da guida in pelle per la sua Audi. Wren Lane degli occhiali aviator Randolph Engineering. *So che spiccherai il volo!* gli aveva scritto su un biglietto con le iniziali WL in rilievo. Ynez aveva sistemato tutti quei pensieri premurosi sul tavolo da pranzo del camerino e gli aveva messo il frullato in frigo con sopra un post-it dove aveva disegnato una faccina sorridente. L'autista che gli faceva da scorta aveva sintonizzato su Fox News il televisore a cristalli liquidi da 72 pollici. Il frigorifero era rifornito di acqua, bibite, succhi di frutta e bevande proteiche senza latticini, latte d'avena, latte di mandorle, latte di soia con il 50% di panna. Sul bancone della cucina c'era una ciotola di frutta che era un tripudio di colori. Il cestino delle barrette alle noci sembrava una succulenta bruniccia in fiore e una macchina per il caffè HaKiDo era pronta all'uso, corredata da cialde di nove tipi diversi.

OKB salì i gradini della roulotte, lasciò la porta aperta e si cambiò alla svelta infilandosi pantaloni della tuta, stivali Ugg e una camicia di flanella abbottonata. Dopodiché prese il frullato e uscì per andare al Trucco e Parrucco. Ehi! Tre minuti in anticipo.

La squadra di Wren aveva finito, e OKB era il solo davanti allo specchio.

* * *

Il primo giorno di riprese iniziò come per la maggior parte dei film, con la sensazione che qualcosa di grande stesse per succedere. Mancavano solo lo squillo di trombe e il rullo dei tamburi. Stavano per mettere in piedi lo spettacolo. Tutta la teoria e la programmazione lasciavano il posto alla Pratica e alle Riprese.

Lo staff dell'Ufficio Produzione si sentiva sollevato perché finalmente, finalmente stavano per darci dentro. La troupe era a mille. Quelli che mettevano i soldi avevano mandato qualche pezzo grosso in aereo perché questo era l'inizio del "loro" film, e i pezzi grossi erano i più elettrizzati – o pietrificati.

C'erano altri nuovi arrivi a Lone Butte: gli attori che interpretavano gli Investigatori, cioè la squadra che dava la caccia all'Incendiario in giro per il mondo e che presto avrebbe dovuto vedersela anche con la Guerriera Insonne.* Erano stati tutti ragguagliati su Zoom e misurati da remoto per i costumi, e adesso sarebbero rimasti in loco per tutto il tempo che serviva. Al fece in modo che Wren potesse salutarli uno per uno, come segno di buon auspicio in una mattinata così, felice che partecipassero alla foto di rito. Alle 8:50 radunarono tutti al centro di Main Street, ma proprio tutti: lo staff della Produzione dovunque si trovasse,

* La famosa Cassandra Del-Hora faceva il suo ritorno nel ruolo di LONDON – aveva conosciuto Wren ad Atlanta durante le riprese extra della Dynamo. Nick Czabo era il nuovo GLASGOW. Clovalda Guerrero, una cocca di Bill Johnson da molto tempo, avrebbe interpretato MADRID. Nel ruolo di LIMA, alla sua seconda apparizione in un film di Bill Johnson, c'era Ike Clipper (ROY, IL BARISTA di *Una cantina piena di sound*).

a bordo di un camion, in un ufficio, in un tendone. OKB fu prelevato da Trucco e Parrucco, anche se il trucco prostetico di pelle ustionata penzolava ancora sbattendogli sui pantaloni della tuta e sugli Ugg, cosa che lo rendeva al tempo stesso raccapricciante e ridicolo. Il reparto Scenografia aveva realizzato una bandiera per il film, uno striscione arancio e rosso con la scritta Eve la Guerriera, un lanciafiamme e LONE BUTTE a caratteri cubitali. Sul ciak della Internet A era stato aggiunto il logo del film, con il nome di Bill e quello di SAM. La scritta con il pennarello cancellabile recitava: MOTORE; SCENA 1; CIAK 1. Il Direttore della Fotografia era in cima a una scala, e gli altri erano raccolti attorno a lui. I Camionisti erano usciti dai loro camion e dai furgoni, e anche la Swing Gang era rimasta per vedere le prime riprese. In tutto novantasei sorrisi erano in posa davanti all'obiettivo. Wren era pronta e indossava un accappatoio che le copriva il costume. Molti la vedevano quel giorno per la prima volta, e fece palpitare molti cuori.

Ynez si mise ai margini, sulla sinistra, e sorrise prima dello scatto. Com'era successo? Quale incantesimo l'aveva portata fin lì? Si asciugò una lacrima.

Dopo lo scatto, consegnarono a Bill un paio di forbici. E come un bambino con la torta di compleanno, Bill tagliò la bandiera, ma solo un quadratino.

"Come da tradizione," annunciò, "prima di lanciarci in questa nuova impresa insieme, ognuno di voi prenderà un pezzetto della bandiera e lo custodirà in un luogo speciale. Quando avremo finito con il Carnevale di Cartapesta, alla fine della nostra epopea fatta di arte e sudore ci ritroveremo nell'Olimpo del cinema, ricuciremo tutti i pezzi e ci ricorderemo di tutto quello che abbiamo passato nei giorni che ci aspettano."

Uno dopo l'altro, i membri della troupe e del cast si fecero avanti, anche gli Investigatori, un po' in soggezione perché si sentivano gli ultimi arrivati. Wren ritagliò un pezzetto con la G di Guerriera. OKB non si prese il disturbo e tornò in camerino per andare in bagno. L'unico regalo che si era degnato di scartare erano gli occhiali da sole di Wren. Li provò per vedere come gli stavano e poi tornò al Trucco e Parrucco.

Il Video Village è un tendone facile da montare, e dentro ci sono i monitor collegati a ciascuna teleInternet, identificati da pezzi di nastro adesivo bianco su cui una mano sicura ha scritto in pennarello, in grande, le lettere A, B, C ecc. Per chiunque voglia guardare ci sono delle sedie. In questo posticino all'ombra, aperto e ventilato, sedevano la produzione esecutiva e altri visitatori, oltre che a Wren, Al, Frances e Yogi, anche se lui era sempre in movimento, andava e veniva ogni secondo. Ynez, che al momento non aveva una missione e che non era sicura di dove stare, finì lì sotto il tendone, a pochi metri dalla cinepresa.

La tenda del DIT, cioè dei Digital Image Technician, non è un luogo accogliente perché si tratta di un ambiente quadrato completamente oscurato che se si trovasse in una prigione statale della Louisiana verrebbe usato come cella di isolamento. Per tenere fuori quanta più luce possibile, i lembi della tenda del DIT si chiudevano con linguette di velcro. Un condizionatore d'aria portatile garantiva la temperatura interna ottimale per i monitor delle telecamere e per le quattro persone che occupavano di solito la tenda: Bill Johnson, Stanley Arthur Ming, Yogi (che andava e veniva) e il tecnico Sepp, un tizio che a furia di stare là dentro era di un bianco cadaverico. Passare di continuo dal buio alla luce del sole gli aveva danneggiato la vista, quindi se ne stava al chiuso quasi tutto il giorno. Tra un'inquadratura e l'altra apriva un lembo per sbirciare fuori, ma poi tornava dentro come un cucciolo addestrato a rimanere nella cuccia.

La protagonista del primo ciak di *Guerriera Insonne: La forgia dell'Incendiario* fu un'ombra: la lunga ombra dell'insegna girevole della banca che il sole mattutino disegnava sul marciapiede di Main Street. Non esistevano né la banca né l'insegna girevole, le aveva create il reparto Scenografia con l'aiuto della squadra dei costruttori e della Swing Gang. L'insegna sarebbe apparsa in una scena di combattimento più avanti nel film. Alle 9:22, secondo il Report di Produzione, la macchina da presa A* cominciò a registrare e, con un delicatissimo movimento in avanti

* La cinepresa principale per l'inquadratura principale. Le telecamere B, C, D ecc. servono per altre angolazioni.

sui binari,* alzandosi un po' con il dolly,** si portò a casa due ciak. Bill era soddisfatto. SAM disse che aveva ottenuto ciò che gli serviva e la macchina da presa passò alla prossima serie di riprese, le prime di Wren nei panni di Eve.

```
1 EST. GIORNO - IRON BLUFF - MAIN STREET

EVE - ALIAS GUERRIERA INSONNE

La conosciamo dal precedente episodio di Agenti
del Cambiamento.

FLUTTUA in mezzo alla strada. Non si vede neanche
una macchina. Non c'è nessuno in giro.

I suoi occhi tremolano, come nella fase REM del
sonno, e così noi capiamo che sente-avverte
qualcosa.
```

Altre star del cinema avrebbero avuto una schiera di aiutanti, assistenti e leccaculo al seguito. Wren preferiva stare da sola e avere Tom Windermere che da lontano vegliava su di lei. Scambiò qualche parola con Bill al centro della strada, accanto alla macchina da presa, poi si tolse l'accappatoio e lo lasciò alla costumista.*** Prese posto sopra la T tracciata con il nastro adesivo rosso in mezzo alle strisce pedonali, pronta per il primo ciak. Kenny e le Brave Cuoche la raggiunsero per un controllo dell'ultimo secondo.

Ynez non sapeva dove guardare. Per vedere il primo vero ciak di Wren doveva sbirciare di nascosto i monitor del Video Village?

* Alcuni metri di binari che consentono di far avanzare o indietreggiare la cinepresa per dare dinamicità all'inquadratura.

** La macchina da presa è posizionata sulla testa del dolly, un braccio che può essere alzato o abbassato per modificare l'angolo di ripresa.

*** Una donna di nome Billie, che era la costumista di Wren fin dai tempi di *Pervinca*. Billie è forse l'essere umano più silenzioso che esista oltre alle suore di clausura.

Poteva avvicinarsi un po' alla cinepresa? O doveva rimanere in disparte con i nuovi membri del cast, che osservavano timidamente l'inquadratura dove loro non c'erano prima di essere riaccompagnati alle riunioni, al fitting, alle stanze dei motel? Doveva trovarsi un posto sul marciapiede dove stare con i colleghi della troupe? Ce n'erano alcuni con degli iPad da cui si seguivano le riprese, perché oggi nel cinema tutto viaggia grazie al Wi-Fi. Ma sapendone così poco di cinema, ecco, Ynez non sapeva neanche dove mettersi.

Al se ne accorse. "Ehi, vieni qui." Le lasciò la sua sedia davanti ai monitor: "Prendi il mio posto." Ynez stentava a crederci, il gesto la mandò in confusione, pensava di aver fatto qualcosa di sbagliato. "Su. Siediti." Al fu irremovibile. "Non puoi perdertelo." Piazzò sulle orecchie di Ynez un paio di cuffie molto costose collegate a una radiotrasmittente. Riusciva a sentire Wren grazie al grosso microfono in cima all'asta che veniva manovrato dall'operatrice del boom fuori campo. E sentiva anche le voci della troupe, di Yogi, degli assistenti alla regia. Wren chiese quanto era larga l'inquadratura, qual era lo spazio di movimento per non creare problemi alla messa a fuoco.

Ynez riusciva sentire il fruscio del vento, persino il battito del suo cuore.

"Motore," disse Yogi. Dopodiché almeno un'altra decina di persone gli fecero eco: MOTORE!

Audio.

Partito.

Dalla tenda DIT si sentì la voce calma di Bill Johnson dire *Azione.*

Yogi lo ripeté nel microfono. E tutti quelli sintonizzati sul canale 1 sentirono l'aiuto regista ripetere: *Azione.*

Un sussurro che Ynez non riuscì a riconoscere, una voce che non proveniva né dalla tenda né dalla cuffia radio, le disse: *Guarda e non scordarlo mai.*

Sul monitor Wren era sparita. Non c'era più. In quegli occhi tremolanti, in tutto il suo corpo e la sua anima, c'era Eve la Guerriera...

```
I suoi occhi tremolano, come nella fase REM del
sonno, e così noi capiamo che sente-avverte
qualcosa.
```

Stop.

STOP!

Tremolavano anche gli occhi di Ynez, battevano anche le sue palpebre. Cos'era appena successo? Il primo ciak di Wren era durato diciassette secondi? O erano passati diciassette minuti? Il dado era tratto. Il film era iniziato.

* * *

L'Incendiario sarebbe stato presentato al pubblico con un campo lungo per cui erano stati posati sessanta metri di binari in mezzo a Main Street, rivolti a nord. Invece la Internet B era stata sistemata dentro un emporio per mostrare l'Incendiario al di là dei vetri, con qualche chincaglieria a fare da quinta.*

OKB era riemerso dal Laboratorio. Del suo guardaroba si occupava un collaboratore di nome Mario che aveva lavorato con Le'Della nelle ultime tre produzioni di lei. OKB aveva dato la sua approvazione anche se avrebbe preferito un assistente ai costumi di sesso femminile. Mario – che preferiva definirsi col pronome "loro" – era sull'attenti, pronto ad aiutarlo per entrare in quell'uniforme da Marine strappata e bruciacchiata, ma OKB gli disse che era capace di allacciarsi quegli scarponi da G.I. Joe da solo, grazie.

"Dai quindici al Duca," disse Yogi al walkie-talkie, sul canale 1. Il Duca era il nome in codice di OKB/l'Incendiario. Gli assistenti alla regia più giovani ignoravano che si trattava di un riferimento al John Wayne di *Iwo Jima, deserto di fuoco*. L'assistente alla regia del Campo Base, una donna di nome Nina che faceva parte della squadra di Yogi da un anno e mezzo, capì che doveva bussare

* Per dare profondità all'inquadratura si utilizzano oggetti parzialmente a fuoco in primo piano, mentre il vero soggetto della ripresa è in secondo piano, a fuoco.

dolcemente alla porta del camerino di OKB, aspettare un attimo, poi schiuderla un pelo e comunicare al Numero 2 che il set sarebbe stato pronto in quindici minuti.

"Signor Bailey?" disse, dando un'occhiata all'interno, dove l'attore se ne stava sul divano con il telefono, ancora in tuta e Ugg. Il trucco lo rendeva davvero spaventoso. "Sono qui per dirle che tra quindici minuti la aspettano sul set. Saranno pronti per lei."

"Ah sì?" disse OKB, senza staccare lo sguardo dal telefono. "Cos'è, un avvertimento? Tipo che se non mi comporto bene succede qualcosa?"

"Volevo solo farle sapere che saremo pronti a breve," rispose Nina. "Posso portarle qualcosa?"

OKB spense il telefono, si alzò e si avvicinò alla soglia. Alla luce del sole, la vista della metà "bruciata" della faccia era quasi insostenibile. "Vieni un attimo qui, Tina."

"Nina." Lei salì i tre gradini della roulotte lasciando la porta spalancata, come da istruzioni.

"Togliti l'auricolare," disse OKB, cosa che Nina fece. "Perdona la mia presunzione, e lascia che ti dica come devi fare il tuo lavoro."

"Certo," rispose Nina. "Cosa posso fare per lei?"

"Potresti guardarti intorno e renderti conto che non devi essere per forza uno di quei tirapiedi della produzione che fanno tutto quello che gli dicono tipo robot. Dai un'occhiata al mio costume." Il costume dell'Incendiario era steso sul letto matrimoniale, nella Internet, che si trovava dopo la doccia e l'armadio con le ante scorrevoli. "Posso infilarmi quella roba in un minuto e mezzo, anche gli scarponi militari. Non ho bisogno di un preavviso di quindici minuti. Quindi ti spiace non venirmelo a dire? Non importa quello che ti ordinano nell'auricolare, voglio che tu aspetti finché non saranno davvero tutti pronti sul set. Allora puoi bussare. E io ti aprirò la porta. E tu mi dirai che sono pronti. A quel punto io chiuderò la porta, mi farò una pisciata, entrerò nella mia uniforme militare, mi preparerò un drink da portarmi dietro e tre minuti dopo sarò fuori. Solo a quel punto potrai dire ai capi che sto arrivando. A me sembra tutto molto semplice. A te sembra semplice?"

"Certo," rispose Nina. "Nessun problema."

"Ottimo. E smettila di chiedermi se puoi fare qualcosa per me. Se ho bisogno di qualcosa te lo chiedo. Sto cercando di essere gentile, ma è difficile con tutta questa plastica e 'sta vernice addosso, perché so che ce l'avrò addosso tutto il giorno, tutti i giorni, per i prossimi tre mesi. La prossima volta che ci parleremo saranno tutti pronti. E non dire 'Saranno pronti per lei' come se dovessi aspettarli, o se avessi una qualche colpa da espiare. Inventati una frase in codice per dire la stessa cosa."

"Capito." Nina ridiscese i gradini della roulotte. "Se dicessi 'Leviamo le ancore'?"

"Può andare," disse OKB, mentre allungava la mano sul chiavistello per chiudere la porta.

Nina si rimise l'auricolare, allontanandosi quanto bastava per riferire a Yogi che "Il Duca è in *ebollizione*." Quello che Yogi avrebbe voluto sentirsi dire era che OKB era in stand-by. *Ebollizione* era la parola in codice che usavano per dire: "Forse è pronto, ma è troppo agitato per capirlo. Farò del mio meglio."

"Fallo venire tra quindici," disse Yogi.

"Ricevuto."

Dodici minuti dopo, Nina bussò. OKB aprì la porta. Nina stava per dire che sul set lo stavano aspettando, ma si corresse appena in tempo. "Leviamo le ancore?"

OKB alzò gli occhi al cielo e chiuse la porta. Quindici minuti più tardi uscì nei panni dell'Incendiario, con in mano una grande tazza d'acciaio di caffè HaKiDo e latte d'avena. "Leviamo le fottutissime ancore," mormorò, infilandosi gli occhiali da sole di Wren.

Mario, che aspettava in piedi fuori dal camerino da quarantacinque minuti, si accorse che OKB non aveva l'elmetto ed entrò nel camerino per recuperarlo.

"Stiamo arrivando," disse Nina nel microfono, per informare Yogi che erano sulla via per il set.

"Non lo voglio sentire, ok?" disse OKB. "Non fare rapporto su di me come se fossi un detenuto nell'ora d'aria."

Quando OKB arrivò sul set, Bill Johnson gridò: "Chi si vede!" Seguirono un applauso, una montagna di complimenti per il trucco e il costume, parecchie occhiate curiose della troupe che voleva finalmente vedere l'altro protagonista. Wren era rimasta sul set per fare il tifo al collega nel primo ciak e gli diede il cinque. OKB sfoggiava gli occhiali aviator che gli aveva regalato lei.

"Be'," disse Wren a OKB. "Sei o non sei un gran figo!"

"A rapporto, signora, signorsì eccetera," disse OKB.

Bill si fece avanti con le uniche indicazioni di regia che aveva da offrire. "La tua prima inquadratura è una chicca. Una cosa particolare. Vedi laggiù?" Puntò il dito a nord, all'estremità di Main Street, dove un assistente alla regia era in piedi accanto a un cono stradale. "Ti avvolgeremo in un vortice di fiamme, in computer grafica, come ti ho fatto vedere nel Pre-Viz. Quando dico *Azione* tu vieni avanti camminando. Sii l'Incendiario."

"Che cosa guardo?" chiese OKB.

"L'inquadratura è troppo larga per riuscire a vedere dove guardi."

"Non intendevo questo," disse l'attore. "Intendevo cosa sto guardando? Cosa ho in mente? Cosa mi muove?"

"Questa scena non fa parte della trama, è una visione di Eve, un lampo di malvagità nella sua testa. Quello che conta è la tua aria inquietante."

"Però è il momento in cui metto piede in questo paesino rovente, giusto?" OKB stava guardando il cono stradale. "C'è un motivo se sono qui. Qual è?"

Bill si prese un momento per riflettere: *Ok, ha bisogno di qualcosa su cui lavorare, di una motivazione.* Alcuni attori arrivano sul set sapendo come e perché si trovano in quella scena, sanno leggere il sottotesto della sceneggiatura. E sanno le loro battute. Altri attori non fanno nulla di tutto ciò, hanno bisogno di essere diretti dal regista. Evidentemente OKB apparteneva alla seconda categoria. "Sei qui per spaventare a morte la Guerriera Insonne," spiegò Bill.

"D'accordo," disse OKB. "Elvis è entrato nell'edificio."

"Benissimo," annuì Bill.

Poi, appena prima di girare la sua prima scena nel film di Bill Johnson, OKB si girò e disse: "Comunque è gay, lo sai, vero? L'Incendiario è queer."

Bill registrò quell'affermazione. Se il ruolo dell'Incendiario avesse raccontato di un Marine impossibilitato a vivere la propria omosessualità all'epoca della seconda guerra mondiale non ci sarebbe stato alcun problema. Ma nella sceneggiatura non c'era nulla che potesse dare adito a una lettura del genere. Anzi, era l'opposto. Se OKB avesse accennato all'omosessualità nei mesi passati, e non il primo giorno di riprese, Bill gli avrebbe spiegato che non era questo a *muoverlo*, ma che era un buon conflitto per il personaggio e che avrebbero potuto "tenerlo a mente". La TSI* tra i personaggi principali è la spina dorsale attorno a cui si creano tutte le relazioni del film. Alla fine di tutto c'era il Bacio. Nella miriade di altri momenti, di altri confronti emotivi, il Numero 2 non aveva mai fatto cenno alla sessualità irrisolta dell'Incendiario con Bill. Che al momento voleva solo girare il primo ciak di OKB.

Un golf cart prese a bordo OKB e Mario, che stringeva a sé l'elmetto, per risparmiare alla star il tratto a piedi fino al cono stradale, qualche centinaio di metri più in là. La squadra degli Oggetti di Scena li aspettava con il lanciafiamme M2-2 per aiutare OKB a caricarselo sulle spalle.

Motore.

Audio.

Partito.

Azione. AZIONE! AZIONE-AZIONE!

Nella Internet A, la minuscola sagoma dell'Incendiario iniziò ad avanzare in lontananza. Pochi secondi dopo, la Internet C lo riprese di fianco, a figura intera, mentre passava davanti alla vetrina dell'emporio, sotto il sole caldo di una mattina d'estate. La Internet C, posizionata a livello del suolo, inquadrò gli scarponi usurati e bruciacchiati dell'Incendiario che, enormi, arrancavano un passo dopo l'altro sul marciapiede.

Stop! STOP! STOP-STOP!

Eccolo lì. L'Incendiario in tutto il suo terrificante splendore. Era fatta.

* Tensione Sessuale Irrisolta. Un espediente narrativo, o un MacGuffin, come direbbe Hitchcock.

"Quelli sono occhiali da sole?" Fu Al a chiederlo. Stava ancora fissando il monitor della Internet A mentre il dolly tornava in posizione. Frances rileggeva i suoi appunti. I pezzi grossi dei soldi si erano già allontanati per scambiarsi pacche sulle spalle. Ynez era l'unica altra persona nel Video Village a essersi accorta che, sì, l'Incendiario aveva degli occhiali da sole molto moderni e molto alla moda. Ah, un momento. Anche Wren l'aveva notato.

"Glieli ho regalati io," disse. "Gli Aviator. Per l'inizio delle riprese."

"La rifacciamo!" disse Yogi nel walkie-talkie, e una mezza dozzina di voci gli fece eco senza motivo. La troupe cominciò a riallestire per il prossimo ciak.

"Ehi, boss," disse Al. Bill era nel DIT ma poteva sentirla. "OKB aveva gli occhiali da sole."

"Sul serio?" Bill aveva seguito i movimenti di macchina e le inquadrature. SAM si era preoccupato dei tagli di luce e delle ombre. Voleva correggere qualcosa sulla macchina B. "Riavvolgi, Cubby."

Cubby era l'addetto al playback, il tizio che registrava ogni singola ripresa di ogni singola videoInternet e teneva traccia di tutto. Aveva la sua postazione, la sua piccola tenda pieghevole, e ascoltava le comunicazioni del Video Village e del DIT. Poteva rispondere parlando direttamente dentro la scatoletta gracchiante oppure, per risparmiare tempo, poteva limitarsi a rispondere con *mip-mip* per confermare di aver ricevuto le richieste.

"Faccio ripartire dall'inizio," annunciò Cubby. Ecco la Internet A che inquadrava il ciak. Il campo era largo, non c'era traccia di occhiali da sole sulla persona di OKB/l'Incendiario. Ma quando il dolly si avvicinava, le lenti scure si vedevano chiaramente sotto la visiera dell'elmetto calcato sugli occhi.

"Sì," disse Bill. "Passa alla B, per favore." Sul monitor apparve subito il girato della Internet B: era l'inquadratura con le chincaglierie di quinta che SAM stava risistemando. Quando OKB entrò in campo da destra, riecco gli occhiali scuri. "Sì." Anche Bill li aveva visti. Da regista non amava portarsi dietro un walkie-talkie: lui dava indicazioni a Yogi, che poi comunicava ciò che doveva essere fatto/cambiato/fissato/modificato a chiunque dovesse saperlo. Per scambiare due parole con un attore su un set lontano però un walkie-talkie serviva. Ce n'era uno sul carrello dei monitor. "Yogi, dai una radio a OKB."

"Una radio al Talent, per favore," disse Yogi sul canale 1. All'estremità della Main, un assistente alla regia ne aveva un paio adibite proprio a questo scopo. In diretta sul monitor con il segnale della Internet A, OKB prese il walkie-talkie dall'assistente alla regia.

"Charlie Charlie Sierra" fece l'attore.

"OKB," rispose Bill "avevi gli occhiali da sole."

"Affermativo, BJ."

"Allora togliamoli e rifacciamola."

"Be'..." OKB ammutolì mentre trafficava con il pulsante del microfono. "Abbiamo detto di partire da zero, no? E allora facciamolo con una scelta bella cazzuta, signore."

"No. Adesso la rifacciamo senza occhiali."

"Senza occhiali?" Il tono di OKB era interrogativo. "Ma io mi sento a posto così."

Tutti quelli sintonizzati sul canale 1 potevano ascoltare la discussione. I canali 2, 3, 4 ecc erano riservati agli altri reparti, per parlare liberamente fra loro. Ma il canale 1 era il Canale Produzione, il Canale del Set, il canale "Lavoriamo-tutti-insieme-con-lo-stesso-obiettivo".

"Vengo da te," disse Bill. S'incamminò puntando al cono stradale dove si trovavano il suo attore, due ragazzi degli Oggetti di Scena, un assistente alla regia e Mario. La distanza avrebbe potuto giustificare l'utilizzo di un golf cart, ma Bill se la fece tutta a piedi.

"La parola d'ordine è *faccia di cazzo*," disse OKB sul canale 1, poi restituì la radio all'assistente alla regia. "Toglietemi questa roba di dosso," disse al ragazzo e alla ragazza degli Oggetti di Scena, che gli slacciarono lo zaino M2-2. Si tolse anche l'elmetto porgendolo a Mario, che aveva già teso le mani. Il loro compito era badare ai costumi e, nei limiti del possibile, far sentire a suo agio l'attore. Se Mario avesse fallito, tutti avrebbero trascorso il resto della lavorazione nel camion dei costumi a fare il bucato nelle enormi lavasciuga.

La lunga camminata diede a Bill il tempo di accettare la realtà – un attore aveva una nuova idea per il personaggio venuta fuori proprio in quel momento sul set – e di riflettere su quale registro usare con OKB per portarsi a casa il ciak. L'Incendiario non era un Marine gay e non poteva portare occhiali da sole...

Con una mossa ben ponderata, per chiarire le dinamiche di potere, OKB non accennò un passo per andare incontro a Bill. Oh no, il questuante della produzione doveva presentarsi al re sul set. L'assistente alla regia e Mario batterono in ritirata sul marciapiede, all'ombra degli edifici. OKB rimase lì senza elmetto, al centro di Main Street, con gli occhi nascosti dagli aviator Randolph Engineering dove il riflesso di Bill Johnson si faceva sempre più vicino.

"Alt," gli intimò OKB. "Qual è la parola d'ordine?"

Bill andò dritto al punto. "Non capisco gli occhiali da sole, OKB."

"BiiJi, sto mettendo sul piatto qualche idea."

"Non sono occhiali d'epoca."

"L'autenticità è roba da femminucce."

"Ti coprono gli occhi."

"L'elmetto mi copre gli occhi. Gli occhiali mi danno un'aura di mistero."

"In Post-produzione dovremo rimuovere i riflessi da ogni inquadratura."

"È una grande produzione, no? Il budget c'è."

"Ma io sto pensando alla Rivelazione: quando Eve ti toglie l'elmetto e vediamo per la prima volta le tue cicatrici e i tuoi occhi, le due finestre sull'anima dell'Incendiario."

OKB non la bevve. "Con gli occhiali avremo una Rivelazione all'ennesima potenza, bello. Prima se ne va l'elmetto, finalmente, giusto? E poi gli occhiali. Così..." OKB si avvicinò a Bill e si sfilò l e n t a m e n t e gli Aviator, rivelando gli occhi scuri e uno sguardo aggrondato davvero formidabile. "Bang. Ecco l'Incendiario. Come in Fireball XL-5."

"È questo il problema. Così vediamo i tuoi occhi solo in questo momento. Per il resto sarai un tizio con degli occhiali da sole."

"Proprio così," disse OKB al suo regista.

"Ne abbiamo già parlato," ribatté Bill. "Quando arrivo fino a qui" – Bill alzò le mani, per incorniciare il volto di OKB in quello che l'attore chiamava PFPSOKB* – "ho bisogno di vedere quelle due gemme nere che hai ricevuto in dono alla nascita, i tuoi fari. Sono gli occhi a dirci che tu *vedi tutto*."

OKB ribatté: "Sì, ma questa è un'affermazione. Cosa c'è di male nel fare una domanda? Chi è questo tizio? È cieco? Può *vedere* tutto, e capire? È gay? È etero? È arrabbiato? È innamorato? Che cosa lo tormenta?"

"Devo dirtelo, non mi torna." Bill fece una pausa prima di ribadire: "Gli occhiali da sole non hanno mai fatto parte del personaggio."

"No, nel tuo copione no. Ma qui dentro, sì, ci sono da sempre," disse OKB indicandosi la tempia. "Perché non provare?"

"Non abbiamo mai parlato di una scelta così precisa."

"Lo so. Mea culpa, BJ."

"Allora... proviamo senza gli aviator."

OKB abbassò lo sguardo sugli scarponi, arricciando le labbra. "Ti dico come ci sono arrivato." Bill Johnson non vedeva l'ora di sentire come OKB ci fosse arrivato. "Io vedo occhiali scuri, fuoco e oscurità, ma mettiamo da parte quello che mi dice l'istinto. Qual è il senso di questa scena? La logica? Mi rendo conto di qualcosa in particolare? C'è un motivo per cui mi trovo in questa cacatina di città oltre al fatto di essere un fantasma inquietante? Non per BJ, il boss. Per lui io sono solo una visione onirica nella testolina vuota di Wren. Un prodotto dell'immaginazione. Una fantasia. Diavolo, mister, i piccioncini non si sono ancora incontrati. Mai. Eve non ha idea di come sono fatto. Per quanto ne sa potrei avere un cappello di paglia e le scarpe da tennis."

"Eve vede quello che vediamo noi. L'Incendiario si definisce

* Primissimo Fottuto Piano Stile O.K. Bailey. Altri nomi comuni sono: Creatore-di-Star, Il Grande Botto, Occhi di Gatto, il Lee Van Cleef, Mangiati 'ste Girelle.

– per tutti noi – in questa scena. E gli occhiali da sole non hanno senso."

"Se decidiamo di darglielo, gli occhiali hanno tutto il senso del mondo!"

"No... non... ce... l'hanno."

Al seguiva lo scambio da lontano, leggeva il linguaggio del corpo. Un'inquadratura – neanche due ciak – ed eccoci qui, lo scontro di ego. Un attore che si rifiuta di dare al regista quello per cui viene pagato. Il regista che non consente modifiche alle battute, al ritmo, alla scena. L'intero film poteva deragliare. Succedeva di rado in un Film di Bill Johnson, a parte *Albatross* (in cui in realtà tre cause si erano fuse in una). Una scena di *Una cantina piena di sound* era andata molto vicina all'autocombustione perché l'attrice Kikki Stalhardt, "cogitando" sul "battito cardiaco della sua anima" (aveva autopubblicato la sua bibbia del personaggio, stampando e distribuendo copie ai reparti Trucco e Parrucco, a Le'Della dei costumi, ai suoi coprotagonisti, a Bill, ad Al e a quelli degli Oggetti di Scena), aveva osato editare il dialogo. Tra una ripresa e l'altra, prima dei suoi PFPSKS, si era avvicinata a Bill seduto con Al e gli aveva chiesto se poteva apportare alcune modifiche alle battute, per farle più sue. Bill aveva dato un'occhiata a quello che aveva scritto a penna sul copione.

"Io voglio che questa scena sia nel film," aveva detto Bill all'attrice, restituendole la riscrittura del dialogo. "Tu no?"

Kikki Stalhardt aveva saputo cogliere al volo che: Se avesse pronunciato le battute modificate, la scena sarebbe stata tagliata, il ritmo avrebbe perso un battito, la sua parte sarebbe stata tagliata.

"La faccio com'è scritta sul copione," aveva detto. "Magari poi possiamo lavorare un po' sui sottintesi?"

"Chissà," aveva ribattuto Bill.*

Lì a Lone Butte, Al rimase a guardare Bill che si faceva a piedi tutta la strada fino al Video Village e alla tenda del DIT,

* Bill le lasciò dire qualcosa in una scena più avanti, quella tra le Ragazze nel Bagno delle Donne. Le concesse due ciak e inserì un frammento di frase nel montato definitivo.

segnalandole con uno sguardo che un accordo sugli occhiali da sole dell'Incendiario era stato raggiunto.

I ciak delle tre telecamere fecero *ciak* e si ricominciò con l'*azione*. All'altra estremità di Main Street, OKB era immobile. Senza occhiali da sole. Secondo le lancette del cronometro di Frances, non si mosse per ventisette secondi. Poi frugò in una tasca dell'uniforme, tirò fuori gli occhiali da sole e li indossò con fare solenne. Dopodiché venne avanti.

Bill chiamò lo *Stop* dalla tenda del DIT, e la parola rimbalzò in tutte le radio, ripetuta a pieni polmoni da molti assistenti alla regia. "Siamo punto e a capo," disse il regista, incamminandosi di nuovo mentre *La rifacciamo* riecheggiava e riecheggiava e riecheggiava.

OKB lo stava aspettando. "Era quello che volevi, giusto? Niente occhiali."

"Te li sei rimessi."

"Sì, ma dopo un bel po', hai un po' di girato senza."

"Te li sei rimessi."

"Se non mi vuoi con gli occhiali allora non usare quel girato."

"È l'ingresso dell'Incendiario. Cammina per la strada e noi lo vediamo per la prima volta dalla testa ai piedi. Ti vengo vicino fino al primissimo piano. Gli occhiali non funzionano."

"Ma svilupperemo tutti e due i ciak, giusto?"

"Stiamo girando in digitale, non ci sono pellicole da sviluppare. Abbiamo tutte le riprese. Non si tratta di scegliere cosa sviluppare, ma cosa girare. Gli occhiali non funzionano."

"Ma mi aiutano. Fammi iniziare con gli occhiali. Non appena avrò carburato, quando avrò la sensazione di essere entrato nel personaggio, ti faccio qualche ciak senza."

Bill Johnson era già in ritardo rispetto alla tabella di marcia. Il primo giorno di riprese gli stava sfuggendo di mano, come aveva temuto, perché OKB stava insistendo per *partire da zero*.

Che fare?

Al sapeva benissimo che cosa avrebbe fatto. Bill avrebbe sprecato un ciak dietro l'altro: nel numero 3 OKB tenne gli occhiali da sole per tutto il tempo, nel numero 4 se li tolse e non li rimise.

Questo era ciò che Bill Johnson voleva, quello che aveva immaginato, ciò che aveva scritto, ciò di cui aveva bisogno per andare avanti, alla prossima scena. Ma poi, prima che "Prossima scena!" fosse trasmesso a canali unificati, OKB chiese il favore di un altro ciak, per lavorare su un'idea che riteneva valida. Quindi... La rifacciamo!

Al e Bill si scambiarono un'occhiata. Lei: *Perché stai perdendo tempo per un altro ciak, capo?* Lui: *Gli do un po' di corda, magari s'impicca.* Lei: *Non vuoi provare con la voce gutturale e lo sguardo gelido?* Lui: *Sto provando la modalità calma e pazienza. Ho già quello che mi serve.* Al si indicò il polso, come se portasse un orologio, ma non lo portava perché esistevano gli iPhone per dirle l'ora. Bill annuì: *Lo so, lo so...*

Ciak 5: OKB va a zigzag da un lato all'altro della strada creando scompiglio tra chi si occupa della messa a fuoco perché, visto che nessuno li ha preavvertiti, non è stata fatta alcuna prova.

Ciak 6: Zigzag dopo aver rifatto il fuoco alle macchine da presa.

Ciak 7: OKB non si rimette gli occhiali da sole, ma l'Incendiario si esibisce in alcuni passi di tip tap in mezzo alla strada, come se lo spettrale Marine Lanciafiamme fosse diventato un bambino di otto anni senza alcun pensiero.

Ciak 8: OKB fa la strada di corsa, come se volesse attaccare Lone Butte da solo.

Ciak 9: OKB rifiuta di indossare l'elmetto, che lascia nelle mani impotenti di Mario mentre percorre Main Street finché STOP!

Stavolta Bill prese un golf cart per andare a parlare con OKB. Non scese neppure dal veicolo.

"Così non funziona," disse Bill. "Devi metterti l'elmetto."

"Ti stavo solo facendo vedere delle alternative. Non svilupparle se non ti piacciono."

"Non è questo. È che non hai il trucco, ti mancano le ustioni in testa."

"Si potrebbero aggiungere, però," ribatté OKB. "In Post. Si possono aggiungere in Post, no?"

"Sì, ma no. È un problema di budget. Qui ci serve l'elmetto. Quando giriamo la Rivelazione ti faremo truccare per intero, ma adesso non possiamo vedere la testa di OKB senza le cicatrici dell'Incendiario"

"Un ultimo ciak. Solo uno, poi sarà soddisfatto. Un ultimo ciak per OKB."

"Ok." Bill fece inversione e, facendo sgommare la golf cart, tornò alla tenda del DIT. Un ultimo ciak a vuoto per accontentare il suo attore, poi avrebbe spostato le macchine da presa. Era il primo giorno e avevano già sprecato tre ore di luce del mattino, il tempo della troupe e gran parte delle risorse di Bill Johnson.

Motore.

Audio.

Pronti.

Azione. AZIONE! AZIONE-AZIONE!

Con l'elmetto in testa, OKB marciò roboticamente lungo Main Street, a passo d'oca come uno Storm Trooper nazista, finché dalla tenda del DIT non venne chiamato lo Stop.

Via radio, Yogi annunciò: "Prossima scena!"

Al disse tra sé e sé: "Otto ciak bruciati."

Quel che restava del primo giorno (di 53) di riprese andò così. Ogni ciak dell'Incendiario si tramutò nell'ennesima versione insensata di quello che avrebbe dovuto essere, di quello che era stato scritto.

Alla fine di una giornata di dodici ore si ritrovarono per le mani un ottimo girato di Eve e solo pochi secondi buoni dell'Incendiario. Bill Johnson non otteneva quello che voleva, quello di cui aveva bisogno.

"Fine riprese," sentenziò alle 18:51. E se è vero che ogni annuncio alla radio non viene certo fatto a bassa voce, quello che tocca picchi di volume inarrivabili è "Fine riprese!"

Yogi aggiunse, sul canale 1: "E grazie a tutti per questo straordinario primo giorno di riprese. Vi vogliamo bene."

* * *

OKB ritornò al Trucco e Parrucco senza l'ombra di una preoccupazione, sorridente, soddisfatto di aver dato un senso alla giornata grazie al suo istinto, alle sue licenze creative, al suo tocco. L'Incendiario era sulla buona strada per diventare un personaggio magnetico, un'icona del cinema unica nel suo genere, che solo OKB poteva incarnare. Si sedette davanti allo specchio per un'ora di trattamenti una volta rimesse tutte le protesi di silicone. Con gli occhi chiusi, mentre la squadra di tre elementi lavorava per togliergli di dosso quella poltiglia appiccicosa, sentì qualcuno entrare nella roulotte. Poi la voce di Al Mac-Teer.

"E il primo giorno è andato," disse Al. "Bravi tutti." Gli altri ricambiarono con "Grazie..." e "Giornata proficua" e "Tutto a meraviglia" eccetera. "OKB, ti va se dopo ci facciamo una chiacchierata con il capo nel tuo camerino, per domani?"

"Certo," rispose l'attore. "Facciamo due chiacchiere."

"A dopo, allora."

"Affermativo, ricevuto."

Per OKB le chiacchiere nel suo camerino sarebbero dovute durare sei minuti nei quali lui avrebbe illustrato il suo metodo di lavoro ai suoi collaboratori in questo suo nuovo film. "Io lavoro così, ragazzi," disse ad Al e Bill, che aveva iniziato a chiamare Bo Jo. "Questo è il mio metodo. Abbiamo parlato un bel po', io e te, no? Io so ascoltare, bello. Ce l'ho tutto chiaro. Tutto archiviato nelle fibre del mio corpo, nella materia grigia del cervello. E ora lasciamo che tutto venga fuori. In libertà. Stile libero dal minuto uno. Io vi do tutto quello che ho, e lì dentro c'è la verità. Qualsiasi cosa faccia la faccio con amore e la approvo. E tu? Be', io sono un ragazzo grande: usami. Quello che vedi qui è quello di cui avete bisogno. Qui l'ego non c'entra. Io ci metto la materia grezza, tu estrai le pepite e le gemme."

"È tutto fantastico," disse Bo Jo all'attore. "E capisco dove vuoi andare, ma alcune cose sono così diverse che non voglio metterti le manette e farti perdere tempo."

"Come sarebbe?" OKB stava leggendo gli ingredienti di una delle alternative al latte vaccino recuperata dal frigorifero.

"Non voglio che tu sia costretto a pensare a così tante alternative. Alla fine dovremo passare alle altre scene."

"Come sarebbe?" ripeté OKB.

"Per esempio sarebbe utile se nei primi ciak ci avvicinassimo all'Incendiario tenendo in mente che, come si dice, meno è meglio è."

"In certi film ho scoperto che meno significa peggio. Nel senso che non basta."

Fu una pernacchia quella che Al sentì risuonare nel cranio: *'Sto ragazzino ha fatto due film! Due!*

Bill intanto insisteva. "Meno riprese alternative ci farebbero risparmiare tempo."

OKB disse: "Per avere abbastanza alternative ci vuole tempo, però. Non posso fare il mio lavoro di fretta, ragazzi."

"Il tuo metodo non ha bisogno di fretta, lo so," spiegò Bill con calma. "Ma non voglio neanche farti perdere tempo. O energie. Portiamoci a casa il risultato, dopodiché mescoliamo le carte e ci divertiamo un po'."

"Ho bisogno di sciogliermi, capisci?" disse l'attore. "Devo lasciare che il personaggio esca da me senza filtri, senza regole. Come abbiamo fatto oggi."

"Siamo già indietro di mezza giornata," fece Al.

"Non stiamo parlando di tabelle di marcia, qui, tesoro." OKB aveva appena chiamato Al Mac-Teer *tesoro*. "Le tabelle di marcia non sono un mio problema. Io devo camminare, parlare, pavoneggiarmi e far paura come il Pompiere dell'Esercito ogni volta che sono davanti all'obiettivo. È quello che so fare. La tabella di marcia è per i burattini della produzione con la radiolina nell'orecchio."

"Bene, allora facciamo così," propose Bill. "Domani un po' prima delle riprese io e te ci facciamo una chiacchierata, così saremo sulla stessa lunghezza d'onda e potremo dirci soddisfatti di quello che faremo."

"Vuoi dire qui, prima che io vada nella stanza delle torture?" Parlava del Laboratorio.

"Quando sei comodo e pronto per andare in scena. Un quarto d'ora di chiacchierata sul set, e facciamo qualche ripresa. Poi possiamo divertirci un po'."

"Io credo che sarebbe meglio se prima facessimo cinque o sei ciak. E vediamo cosa viene fuori. Poi nel caso ci parliamo."

"Ah." Bill non disse altro, solo *ah*.

"Io lavoro meglio così. La verità non è soggetta al tempo, e non c'è niente di male a cercarla in tutti i modi, finché non la si cattura, *n'est-ce pas*? Quello che abbiamo fatto oggi con l'Accendino mi ha dato *grandissime* sensazioni."

"Mi fa piacere," disse Bill alzandosi per raggiungere la porta. "Andiamo avanti."

Asso aveva parcheggiato il Land Rover nei paraggi del camerino ed era pronto a riaccompagnare OKB a casa, dove intanto un falegname del set aveva tappato la finestra rotta con delle assi; l'indomani quelli di Scenografia avrebbero montato un vetro nuovo. I reparti del cinema sanno risolvere qualunque problema.

I giocatori nei ruoli chiave – la squadra di Trucco e Parrucco, Yogi e Aaron, il reparto del Suono, gli operatori di SAM e i pezzi grossi dei soldi – si erano trasferiti nella Sede dell'Associazione Coltivatori di Mandorle per visionare il girato del giorno. Ynez aveva rimediato dei panini. La verità è che dato che oggi i monitor digitali fanno bene il loro lavoro non c'era più bisogno di rivedere i *giornalieri* per una vivisezione post-mortem: tutti avevano già visto tutto in tempo reale. Ma quello era il primissimo giorno di riprese e OKB era stato un osso duro, quindi la sala di proiezione creata ad hoc era piena di spettatori parecchio coinvolti.

Fatta eccezione per l'incandescente Wren, il girato era un disastro. Persino i pezzi grossi dei soldi erano preoccupati, e lo si capiva dal fatto che non si davano il cinque. Armati di panini già morsicati e crudités, si sorbirono OKB che avanzava impettito e ballava e faceva smorfie e cazzeggiava da ogni angolazione, un ciak dopo l'altro, tutto tempo sprecato e dollari di budget andati in fumo.

Alla fine di quell'horror show, nella sala proiezione erano rimasti solo Al, Aaron, Yogi e Bill, che finiva un piatto di insalata di pollo. "Allora," disse Bill, sgranocchiando un cetriolino sottaceto. "Come lo salviamo questo film?"

RIPRESE, GIORNO 2 (DI 53)

Anche il giovedì deragliò come il giorno prima ma, diversamente dal giorno prima, quella mattina OKB si presentò al Campo Base con un'ora e quarantasette minuti di ritardo. Siccome aveva voglia di un frullato con ingredienti diversi, fece fare a Ynez tre viaggi al Catering prima di arrivare con calma al Trucco e Parrucco, dove si addormentò sulla sedia senza aver bevuto neppure un sorso. La sua testa non faceva che cadere in avanti e ogni volta i truccatori dovevano svegliarlo per poter finire il trucco – la texture, il colore, le sfumature, tutto senza traccia di giunture.

Alle 21 della sera prima, Yogi aveva emesso un nuovo Ordine del Giorno: tutti i reparti erano stati avvisati che l'avrebbero ricevuto la sera. Avrebbero iniziato con la scena 4A (parti), da girare in diversi punti del centro, con l'Incendiario che fuoriusciva da un roboante vortice di fiamme e fumo in computer grafica. In realtà un po' del fumo sarebbe stato fumo vero e se ne sarebbero occupati quegli degli Effetti Speciali, il resto sarebbe stato realizzato in Post. Il piano di lavoro del pomeriggio prevedeva che Wren recuperasse la scena 5, avanzata dal giorno prima. Per la chiacchierata con Bo Jo pre-primo ciak, OKB andò sul set alle 10:51. Nel frattempo, pur di portare a casa un po' di materiale, Bill fece girare a SAM degli INSERTI, dei DETTAGLI e delle COPERTURE che non erano previsti dal copione ma che sarebbero stati utili in montaggio.

Poi, finalmente, OKB prese posto davanti alla macchina da presa. Bill gli parlò prima del primo ciak del Giorno 2. L'attore disse solo: *Sì, sì. Tutto chiaro, tutto a posto.* Poi trovò il segno a terra che indicava la sua posizione. La sceneggiatura chiedeva all'Incendiario di fare qualche passo, fermarsi con aria truce, decidere da che parte andare e poi uscire dall'inquadratura con il passo del soldato in prima linea.

Motore. Motore! Stiamo girando! Motore!

Audio.

Partito.

Ciak.

Azione. Azione! L'Incendiario fece un balzo verso la macchina da presa, si tolse l'elmetto, si grattò la testa e poi, per uscire dall'inquadratura, scartò di lato come un bambino che gioca a Ce l'hai. Bill chiamò lo Stop, e a catena lo fecero tutti. La scena prese altre derive assurde, per un totale di diciassette ciak. Ogni volta, per diciassette volte, Bill parlò con OKB prima di girare. E ogni volta l'attore rispose con frasi del tipo *Capito... Mh-hm... Bella idea... Mi invento qualcosa io... Certo certo. Ce l'ho, ce l'ho, ecco.* E poi faceva quello che gli pareva.

Al non era sul set. Era nell'Ufficio Produzione. Metà dei pezzi grossi erano con lei (l'altra metà erano tornati a Los Angeles). A porte chiuse, con Ynez di guardia fuori per non far passare nessuno, Al stava coreografando un intricato balletto di necessità.

"L'attore che abbiamo scritturato è arrivato con due ore di ritardo il secondo giorno di riprese," spiegò alla cerchia ristretta: un tizio della Dynamo e una donna di Hawkeye, entrambi vicepresidenti dei loro sacri ordini. "Non ha minimamente capito il film a cui sta lavorando. Non ha idea di chi è il suo personaggio, a parte venir fuori con l'idea che l'Incendiario è gay e che lui sta una favola con gli occhiali da sole e male con l'elmetto. Nel girato di ieri ci sono quattro secondi buoni. Quattro."

"L'Incendiario è gay? Non l'avevo capito," disse la donna di Hawkeye. "Ci si potrebbe lavorare su, però."

"Vorrebbe dire mettere interamente in discussione la sceneggiatura su cui eravamo tutti d'accordo."

"La Dynamo ha già un supereroe gay, Angelo del Cielo," disse il dirigente della Dynamo in tono monocorde. "Non ce ne serve un altro. E se fosse trans?"

Al lo ignorò. "Se dobbiamo ripensare il piano di lavoro per starc nei giorni di ripresa dovremo fare qualche modifica alla sceneggiatura. Revisioni e tagli."

"Sui tagli ho qualche idea," disse il signor Dynamo.

"Abbiamo discusso le revisioni con i creativi di Hawkeye."

"No, e no," disse Al. "Prima di chiedere al mio capo di rivedere la sua sceneggiatura lasciamo che si faccia il culo provando a cavare dal Numero 2 un'interpretazione decente. Ritoccheremo il programma delle riprese per avere l'Incendiario ed Eve insieme il prima possibile. Ci toccherà passare al green screen prima di quanto avremmo voluto, ma pazienza. Poi giriamo tutto quel che ci serve con OKB e ce ne liberiamo. Ehi, Ynez?" disse Al alla porta.

Ynez fece subito capolino.

"Posso fare qualcosa?"

"Un rifornimento di Java per tutti. Come lo prendete il caffè?" chiese Al.

"Lo so io," disse Ynez, e sparì.

"Se continua con i ritardi," riprese Al, "potremmo minacciare il suo agente facendogli capire che OKB dovrà coprire i costi di tutto il tempo che perdiamo per colpa sua."

"Mi piace," disse Hawkeye. "Diamogli una lezione."

"Sono certa che imparerà," disse Al, ben sapendo che era impossibile insegnargli qualcosa.

Intanto sul set OKB era su di giri per un'idea che gli era venuta lì, su due piedi, gli era sgorgata fuori in quel preciso momento. Chiese al reparto Oggetti di Scena un pacchetto di gomme da masticare Juicy Fruit e se ne ficcò metà in bocca. Così l'Incendiario si tramutò in un cacciatore ciancicatore, una mascella che faceva gli straordinari mentre lui si aggirava sulla scena. "Bravo Johnny!" urlò a Bill Johnson. "Eccolo! È questo qui il personaggio!"

"Non sono così sicuro." In realtà Bill era molto sicuro del contrario. "Facciamone qualcuna senza masticare."

"No, bello!" OKB disse, facendo schioccare le gomme. "Osiamo, proviamola. Farà da contrappunto. Per diventare il signor Marine ho dovuto saltare, dimenarmi, contorcermi, ma così..." Cercò di fare un pallone, ma con le Juicy Fruit è impossibile. "Senti, amico. Posso restare immobile quanto vuoi, ma adesso mi sento come ho sempre voluto sentirmi."

OKB rimase davvero immobile, con l'elmetto, senza occhiali da sole, l'aria cattiva che può avere un attore con la mascella impegnata a masticare una palla di gomma, come Mr. Ed con la bocca piena di burro d'arachidi.*

"Partiamo da zero, rifacciamo la scena di ieri!" OKB era molto preso dall'idea!

"Magari quando siamo più avanti," disse Bill.

"Rifacciamola oggi! Siamo già in ballo. Torniamo su Main Street e rigiriamo il mio arrivo! Due ciak e ce l'abbiamo!" Con la gomma da masticare in bocca, OKB sputava a ogni punto esclamativo.

"C'è troppa attrezzatura da spostare."

"Mica è lontano, neanche un chilometro."

"Ci sono i binari, i dolly, tre macchine da presa," spiegò Bill.

"Va bene, allora a fine giornata. Ehi, Sammy?" Stanley Arthur Ming odiava essere chiamato così.

"Sì?"

"Sfruttiamo la golden hour, facciamo qualche ripresa pazzesca per le scene di ieri, ti va?"

"La golden hour la giriamo qui, oggi, no?" SAM guardava Bill.

"Ma ieri questo non c'era." OKB indicò il grumo di gomme da masticare che aveva in bocca. "Finalmente sono libero!"

"Intanto finiamo qui," disse Bill, tirando fuori dalla tasca quella che sembrava la lista delle inquadrature da fare. Finse di studiarla. "Ancora un paio di scene prima di pranzo, poi riguardiamo il programma."

"Ricevuto!" OKB tornò in posizione. Poi disse a quelli degli Oggetti di Scena: "Avremo bisogno di altre Juicy Fruit!"

Quello che Bill aveva in mano in realtà era un foglietto con uno schema di Jotto, il gioco con cui ogni tanto ingannava il tempo durante le pause. "SAM?"

"Sì?"

"Yogi, anche tu." Bill disse ai due che dopo pranzo voleva le macchine da presa sui tetti di tutti gli edifici attorno al tribunale.

* *Mr. Ed* era un vecchio programma televisivo su un cavallo parlante. A Ed veniva messo in bocca del burro di arachidi. Mentre leccava, sembrava che parlasse. Pare che Ed fosse un cavallo felice a cui piaceva il burro di arachidi.

Con gli obiettivi più lunghi. Voleva un campo lunghissimo, con l'Incendiario piccolo piccolo là in mezzo. E voleva anche il crane e il jimmy jib. Avrebbero messo le camere B e C sulle torri, aspettando la luce giusta. Per una ripresa di spalle dell'Incendiario.

Bisognava avvertire Wren che la sua convocazione per il pomeriggio era annullata.

* * *

Wren non voleva il pomeriggio libero. Aveva voglia di lavorare. Anche se la seconda cosa migliore che un attore può sentirsi dire su un set, dopo "Sono pronti per te", è proprio "Per oggi non avremo bisogno di te". Così si dedicò a una sessione completa di Dray-Cotter, alla sua routine di stretching lungo e lento, rilesse il copione penne alla mano, consumò una cena leggera con i Windermere e Wally, e pensò di passare la serata davanti a un vecchio film. In *L'anima e il volto* del 1946 quella fuoriclasse di Bette Davis interpretava sia Kate che Patricia Bosworth, e Wren voleva scoprire come la leggenda di Fountain Avenue fosse riuscita nell'impresa di fare due ruoli nello stesso film.

Era seduta nella sala proiezione, sulla poltrona reclinabile più comoda che un gigante della tech industry potesse permettersi, e guardava l'enorme schermo led esplorare tutte le tonalità di grigio di quel film in bianco e nero quando l'iPhone squillò sulle note di *Let's Stay Together* di Al Green. Era la suoneria che Wren aveva impostato per Al Mac-Teer.

"Pausa," disse Wren all'impianto multimediale, e sullo schermo grande quanto tutta la sala il vecchio scudo della Warner Bros si immobilizzò. "Pronto?"

"A serenità come andiamo, stasera?" Era Bill Johnson, l'unico essere umano sul set più influente di Al.

"Da paura, come scriverebbero su un vecchio annuario scolastico." Era una citazione di *Una cantina piena di sound*. "Perché chiami dal numero di Al?"

"Ci sono anch'io," fece Al, in vivavoce. Chiamavano dall'Ufficio Produzione.

“Che succede?”

Bill prese la parola. “Niente che ti riguardi personalmente, anche se riguarda tutto e tutti...”

“Non promette bene,” disse Wren, poi aggiunse: “Luci a metà.” Stava parlando alla sala di proiezione, dove le luci si regolarono fino a raggiungere un’intensità media.

“Perdonalo,” disse Al. “Dobbiamo parlare, noi tre.”

“Adesso?”

“Sì,” disse Bill.

IL MASSACRO DEL VENERDÌ SERA

OKB arrivò al Campo Base con più di un’ora di ritardo, ma fu comunque invitato a fare colazione prima di andare al trucco. Mentre Asso accostava, infatti, Yogi accolse il Range Rover per annunciare che c’era una variazione nel piano di lavoro del mattino, dunque non c’era fretta. “Faremo delle scene in cui non c’è bisogno di lei, e comunque non inizieremo prima di un’ora, quindi si metta comodo, signore.”

“Ynez dov’è?” chiese OKB, salutando con favore il cambio di programma.

“Posso chiamarla alla radio,” disse Yogi.

“Un altro frullato tiepido oggi non lo reggo. Ho bisogno di huevos rancheros senza coriandolo ma con del bacon che sembri abbrustolito da un lanciafiamme M2-2, croccantissimo.”

“Nessun problema, signore.”

“Certo, se mi avvertivate di questo ritardo era meglio,” disse OKB mentre chiudeva la porta della sua roulotte da star. “Potevo restare a letto, invece di sbrigarmi senza motivo.” Disse così, l’uomo che si presentava con più di un’ora di ritardo alla Convocazione di mezzogiorno.

Quando Ynez arrivò con la colazione espressa in un involto di stagnola, OKB aprì la porta, prese il piatto e disse: “Grazie tante, zuccherina. E ti prego di notare che non ho usato l’altra parola, quella che finisce sempre per *ina*.”

* * *

L'inno ufficiale della Marina degli Stati Uniti è *Leviamo le ancore* e, quando Al si piazzò accanto alla macchina da presa, stava fischiettando proprio quel motivetto familiare. Bill si girò e le fece un sorriso mesto, a labbra serrate. In tutta risposta lei alzò gli occhi al cielo per commentare le scazzottate tra gladiatori che aveva dovuto affrontare per tutta la mattina. Alla fine però l'aveva spuntata: pollici in su.

Bill lasciò il set e raggiunse a piedi la vicinissima Sede dell'Associazione Coltivatori di Mandorle, dove era stato allestito lo studio di posa per il green screen. C'era anche una saletta riservata agli attori con divani, una grande TV, una macchina per espresso Multiplo e molte prese per i caricabatterie. E proprio lì Ike Clipper aspettava di girare il suo primo ciak. Era pronto per interpretare Mr. Lima. Ynez lo aveva informato che Bill Johnson sarebbe passato per scambiare due parole.

"Molto bene," disse l'attore.

"Posso portarle qualcosa?" si offrì Ynez.

"Niente di niente. Ho appena fatto un pisolino. Il caffè è gratis. E tra un paio d'ore mi spetta il pranzo gratis. Sono a posto, Ynez."

Due minuti più tardi ecco Bill Johnson. Regista e attore rimasero chiusi nella stanza per dodici minuti. Quando la porta si riaprì, Bill tornò dritto al Campo Base. Al camerino di OKB.

Al era nei paraggi, telefono in mano, e teneva d'occhio il capo. Avrebbe aspettato sessanta secondi esatti, poi avrebbe fatto la chiamata di cui erano a conoscenza solo Bill, Wren e i dirigenti della Dynamo e di Hawkeye.

Bill bussò tre volte alla porta di alluminio, poi la aprì e disse: "Sono Bill. Facciamo due chiacchiere."

"Prego," gli rispose OKB dall'interno.

Al fece partire la chiamata.

OKB era sdraiato sul divano e scrollava TikTok mentre la TV in muto trasmetteva una puntata di *Giudice Judy*. "Com'è la situazione, BiiJii? Perché non sono sul set?"

"Sono qui per spiegartelo." Invece di sedersi, Bill si appoggiò al bancone della cucina. "Non stiamo girando perché ho fatto un errore e adesso devo rimediare. Io ho avuto la possibilità – la responsabilità – di stabilire quale direzione doveva prendere il film. Come volevo vedere sullo schermo l'Incendiario. Come dare vita al personaggio."

Soltanto allora OKB chiuse TikTok.

"E quindi?"

"Mentre tu seguivi il tuo istinto, e io te lo lasciavo fare, mi sono perso: ho perso la mia visione. Il ruolo è cambiato, il personaggio si è spinto in una giungla creativa, il film sta cambiando. Quello che avrei dovuto fare – fin dall'inizio, quindi la colpa è mia – sarebbe stato guidarti con mano più ferma, con più intelligenza."

Sullo schermo, la Giudice Judy diceva qualcosa: la donna annuiva come se stesse esprimendo la sua approvazione.

"Con mano più ferma," ripeté OKB. "Okay."

"E il risultato, e lo dico ancora una volta, la responsabilità è solo mia, è che così non funziona. Non c'entra niente con, ehm, te, con il tuo metodo o con una delle tue tante, ehm, proposte."

"Sono d'accordo."

"Servono dei cambiamenti. E sta a me prendere una decisione. Solo a me. Su questo avrei dovuto essere più chiaro da subito."

"Bene!" OKB si mise a sedere sul divano. La Giudice Judy aveva lasciato il posto alla pubblicità di uno studio legale specializzato in lesioni personali. "Secondo me la prima cosa da fare è risolvere la questione dell'elmetto. Dovevo insistere di più. Colpa mia. Questo ci rimetterà subito in carreggiata e io potrò essere l'Incendiatutto al cento per cento. Ti darò una mano lavorando anche qualche sabato, per recuperare. Magari la troupe potrebbe lamentarsi un po', ma io ci sto."

"No," disse Bill. "Non si gira di sabato."

"Se vado subito a farmi mettere le cicatrici in testa, visto che ci siamo finalmente liberati dell'elmetto, possiamo metterci al lavoro come se fosse il primo giorno, no? Partiamo da zero, sul serio!"

"No," disse ancora Bill. "Oggi non giriamo altro."

"Meglio! Al mio team del trucco servirà un po' di tempo in più per sistemarmi la pelata senza l'elmetto. Sarà una figata, Johnny Bello! D'altronde la magia delle riprese in notturna è tutta un'altra cosa, no?"

"Mi dispiace," disse Bill, prendendosi una pausa. Una pausa. Una pausa. "Il cambiamento di cui parlo è che sei libero di andare."

"Per oggi ho già finito? È da ore che sono qui dentro e vuoi dirmi che oggi non mi usate? Cazzo, amico."

"Sei libero di andartene dal film."

OKB non aveva la più pallida idea di cosa significassero quelle parole.

Bill tirò dritto: "Non funziona. Serve un cambiamento."

OKB pensò di aver capito male, ma poi nella sua mente dieci lettere composero una parola: LICENZIATO. "Credi di potermi licenziare?"

"È colpa mia. E la decisione spetta a me. Mi dispiace per come mi sono comportato. Lo ripeto, avrei dovuto fare le cose in modo diverso, fin dalla prima volta che ci siamo parlati."

OKB era seduto sul divano, immobile. I suoi occhi erano fissi su quello stronzo vigliacco che aveva fatto irruzione nel suo camerino come se fosse un pezzo grosso: il regista, Bill "Baciami il Julo" Johnson. "Io ci sono dentro anima e corpo. Le telecamere si accendono perché ci sono io."

"So quanto deve essere difficile. Sei un attore straordinario..."

"Io sono la star di questo film e tu pensi di poter sopravvivere senza di me? Non sai reggere neanche tre giorni di riprese, Johnson. Questo non è uno dei tuoi *Eden* per ragazzine e nerd. Tu hai bisogno di me. Non puoi permetterti di non avermi."

"Non funziona."

"La Dynamo mi ha fatto firmare per altri tre film, bello! Con chi credi di parlare? Io *sono* questo cazzo di franchise, ecco con chi stai parlando. Licenziarmi è come firmare la tua condanna a morte. Vuoi mandare a puttane la tua carriera un'altra volta, con un *Albatross capitolo 2*?"

Proprio in quel momento, mentre la Giudice Judy rientrava nella sua aula televisiva, l'iPhone di OKB vibrò e squillò. Sullo schermo apparve il logo della superagenzia che lo rappresentava. E questo voleva dire che Al aveva fatto la sua parte, con la consueta precisione. Niente TikTok per OKB: solo puro caos.

"Mi sa che è il tuo agente," disse Bill, uscendo. "Saprà spiegarti tutto meglio di me, ok?"

Il colloquio con Ike Clipper era durato dodici minuti, il licenziamento di OKB meno di tre.

* * *

"Che ne pensi di Ike Clipper?" aveva chiesto Bill a Wren, la sera prima.

"Ike chi?" Il nome non le diceva niente.

"Ike Clipper," disse Al. "L'hai già conosciuto."

"Sicura?"

"Sì," annuì Al.

"Quando?"

"Ieri. Per la prima scena."

"Il primo giorno di riprese?"

"È nel cast," disse Bill. "Uno degli Investigatori."

"Oh!" È quello che fa Lima?" Wren aveva capito. "Il barista di *Una cantina piena di sound*!"

"Sì," disse Bill. "Ike Clipper."

"Ike. Clipper," ripeté Wren. "Wow."

"Non ti entusiasma?" chiese Bill.

"No no," disse Wren. "È che stai per correre un bel rischio, boss."

Al guardava Bill a occhi sbarrati. Wren aveva ragione. Wren aveva fiuto.

"Mi sto immaginando il barista, Ike, in uniforme da Marine," aggiunse Wren. "Belle spalle. Alto. Enigmatico, almeno così mi è parso. Begli occhi..." Al telefono si sentì una pausa. "Perché non hai scelto subito lui?"

* * *

Al aspettava il suo capo fuori dalla scatola di metallo che aveva ospitato l'ormai ex Lanciafiamme. Mentre tornavano entrambi all'Ufficio Produzione, Al adattò l'andatura a quella di Bill. Non c'era bisogno di dirsi niente. Cesare era morto. Ora dovevano salvare la Repubblica.

Avevano chiesto ad Asso di restare nei paraggi con la Range Rover accesa. La pausa pranzo era già cominciata. E dato che tutta la troupe stava mangiando nel salone dell'Associazione Coltivatori di Mandorle, al Campo Base non c'era nessuno, quindi OKB poteva salvare la faccia e sgattaiolare via dalla sua roulotte, dalla troupe, dalla produzione, senza nessuno ad assistere alla sua vergognosa ritirata.

Al aveva chiesto a Ynez di parcheggiare il Ford Transit all'ingresso del parcheggio e di sedersi dietro, nascosta dai vetri oscurati, per tenere d'occhio OKB. Ynez era in posizione da pochissimo quando vide passare il Range Rover con Asso al volante e OKB sul sedile passeggero che urlava al telefono, poi il suv si allontanò verso Franzel Meadows. A parte Asso, Ynez fu l'ultimo membro della produzione a vedere OKB a Lone Butte. Più tardi alcuni abitanti videro l'Audi argentata sfrecciare su Old Webster Road ad almeno centoventi all'ora (il limite era settanta), diretta verso l'autostrada. Ma loro non sapevano chi c'era a bordo.

Ynez premette il tasto del walkie-talkie settato sul canale 4 per chiamare Al. "Ehi ehi," disse via etere.

"Allora?" Al era in attesa di un segnale.

"L'ancora è stata levata." Eccolo, il segnale, come da istruzioni. Potevano dire AOKB – Addio OKB.

"Ricevuto. Torna sul set ASAP," gracchiò Al.

Dal fondo del Transit, Ynez passò sul sedile davanti e partì. Svoltò a destra, fece tre isolati, poi prese a destra fino al set. Parcheggiò dietro il camioncino del Catering mentre la troupe stava per rientrare dal pranzo/cena. Lei non aveva mangiato con loro – non aveva mai tempo di sedersi per mangiare – e così si preparò un toast con burro d'arachidi e marmellata. Aveva appena reimpostato la radio sul canale 1 quando Yogi trasmise un annuncio per tutti.

"A tutta la troupe, a tutti i membri della troupe: siete pregati di venire alla Internet principale per un breve annuncio. Tutti. Ogni reparto. Autisti e Camionisti compresi. Lo staff dell'Ufficio Produzione. Tutti sul set per una riunione. Vi vogliamo bene."

Ci volle quasi un quarto d'ora per radunarli tutti quanti. Alcuni Camionisti stavano schiacciando un pisolino e furono svegliati. Vennero anche molti di quelli del Catering, anche se la loro presenza non era richiesta. L'assemblea non era molto diversa da quella convocata due mattine prima – quel lontano mercoledì – per la foto inaugurale di rito, il taglio della bandiera, il primo ciak.

Bill Johnson era in piedi sulla piattaforma – quattro cubi e un foglio di compensato – che Yogi aveva fatto montare dal capoattrezzista. Avendolo messo lassù, tutti riuscivano a vedere il regista nonché sceneggiatore del film. E tutti riuscivano a sentirlo, evitando così l'uso un po' melodrammatico del megafono o della voce ultraterrena dell'assistente di produzione. "Ciao a tutti, ci vorrà un minuto," esordì Bill. "Abbiamo messo in pausa la lavorazione perché c'è stato un cambiamento nel cast. Per il ruolo dell'Incendiario..."

Qualcuno esplose in quello che si sarebbe potuto definire un urlo liberatorio di sollievo.

"L'Incendiario sarà affidato a un nuovo attore. Abbiamo professionalmente, cortesemente, rispettosamente detto *adieu* al talentuoso signor Bailey che, ne sono certo, continuerà ad avere successo. Con i nostri migliori auguri. Nel frattempo, per oggi è tutto. Chiudiamo i primi tre giorni di riprese..."

"Riprese? Ah, stavamo facendo delle riprese?" urlò qualcuno. Molti risero.

"E godetevi un meritato weekend di riposo. Vi sono debitore, e la vostra dedizione non finisce mai di stupirmi. Ci si vede tutti lunedì."

Tutti esultarono – un baccano di applausi e fischi e, rieccolo, un urlo di sollievo. Un fine riprese anticipato fa piacere a tutti, di venerdì. Yogi azionò il microfono del suo walkie-talkie per dire alla troupe di controllare il nuovo Ordine del Giorno per lunedì: sarebbe arrivato via mail entro mezzanotte.

Alcuni della troupe erano già in ansia, però. Anche loro temevano di non sopravvivere al Massacro del Venerdì Sera. In effetti qualcuno al Trucco e Parrucco rischiava, cioè quelli che avevano lavorato solo su OKB, dato che lui era appena stato silurato. Asso Acevido non sapeva se gli avrebbero fatto guidare il furgoncino del Campo Base oppure un golf cart, o se gli avrebbero detto di tornare a casa dai suoi telai e dai suoi cavalli nani adesso che il membro principale del cast che aveva scorrazzato per tre giorni non era più così principale. Persino Ynez prese in considerazione l'eventualità che Al si avvicinasse per dirle professionalmente, cortesemente, rispettosamente *adios*, riconsegnandola al suo PONY e ai suoi doveri di babysitter. Dopotutto fino a quel momento era stata a completa disposizione dell'ormai defunto OKB. A parte il Numero 2 nelle convocazioni, però, l'unica a dover lasciare la produzione fu una contabile: la madre aveva ricevuto una notizia davvero brutta dal medico, e lei dovette quindi tornare a casa per prendersene cura. Durante il finesettimana avrebbero trovato e assunto qualcuno del posto per sostituirla.

Una volta sciolta l'assemblea e sistemata l'attrezzatura, chiusi a chiave i camion, parcheggiati i mezzi e messo tutto al sicuro, iniziò ufficialmente quel Weekend Premio più lungo del solito. Alcuni andarono a Sacramento e a San Francisco, altri in campeggio in montagna, altri ancora in gita in kayak sul fiume Big Iron Bend. Ci fu anche un gruppo di giocatori d'azzardo che partì per i casinò sulle rive del lago Tahoe, Nevada.

IL WEEKEND

Il sabato e la domenica sono giorni di lavoro per le alte sfere, una fatica di proporzioni titaniche, epiche, senza tregua. In un nanosecondo il fugace senso di sollievo che aveva accompagnato la decapitazione di OKB il Terribile lasciò il posto alla consapevolezza che bisognava condurre lo stato-nazione di *Guerriera Insonne: La forgia dell'Incendiario* fuori dal caos. Niente kayak o puntate fallimentari al tavolo da gioco per i capireparto, che fin troppo presto si sarebbero ritrovati davanti ai rispettivi staff.

AL MAC-TEER li torchiò uno dopo l'altro: voleva che controllassero di avere tutto l'occorrente, che facessero i cambi e gli aggiustamenti necessari per rimediare al gigantesco contraccolpo di un avvicendamento nel cast, e nessuno si tirò indietro. Con quelli del casting discusse proprio del sostituto da trovare per il ruolo di Mr. Lima. C'era l'ipotesi di eliminare il personaggio – affidando le sue battute agli Investigatori rimasti, che avrebbero anche risolto le questioni che Lima doveva risolvere – ma Al mise il veto, perché secondo lei scritturare qualcun altro era un'occasione per portare un po' di diversità nella produzione. Aveva a disposizione un link per ogni attore provinato e così iniziò a passare in rassegna i volti per il prossimo Mr. Lima: dopo una sua prima selezione, li avrebbe esaminati insieme a quelli del Casting.

Alle 10:00 di sabato mattina era su Zoom con Polly Kates della Miller Thompson & Kates per stilare l'elenco dei possibili candidati. Alle 13:45 era nel suo ufficio in Produzione a sciogliere qualunque nodo le capitasse tra le mani, tipo la lunga telefonata tutta panico e imprecazioni di uno della Dynamo che aveva dei ripensamenti riguardo all'intera faccenda.

STANLEY ARTHUR MING visionò tutto il girato per decidere cosa mandare a Bill, sempre che ci fosse qualcosa di salvabile, e per immaginare soluzioni alternative. Se quello che c'era negli hard disk era completamente da buttare, e avessero dovuto rigirare tutto, SAM avrebbe cambiato almeno due punti macchina e giocato un po' di più con i riflessi.

LE'DELLA RAWAYE non si fece prendere dal panico. Aveva preso le misure di tutti gli attori e quelle misure le dicevano che ad Ike Clipper il costume dell'Incendiario sarebbe calzato alla perfezione. Lo conosceva dai tempi di *Una cantina piena di sound* e lo ricordava come un tipo poco esigente: aveva peraltro ammesso di non avere gusto in fatto di moda, e si era detto pronto a "inchinarsi di fronte all'esperienza" della costumista. Aveva un solo problema, che aveva confidato a Le'Della: i piedi. Diceva di avere i piedi piccoli. Gli sarebbero piaciuti degli scarponi militari che li facessero sembrare più grandi. Il grattacapo in arrivo per Le'Della sarebbe stato un altro: adattare ASAP i costumi del nuovo Lima all'attore che avrebbero scritturato per la parte.

AARON BLAU e YOGI cercarono di sbrogliare la riorganizzazione dei giorni di riprese dal 4 al 14. Si potevano anticipare delle scene di Wren, ma solo alcune. In più alcuni membri del cast – quelli per le scene nell'emporio Clark's – non erano ancora a Lone Butte. Decisero che di lì a una settimana avrebbero lavorato in split, da mezzogiorno a mezzanotte, dal giorno 10 al 14.

YNEZ GONZALEZ-CRUZ tornò a casa, partendo da Lone Butte qualche minuto prima di mezzanotte, per potersi svegliare e fare colazione con la famiglia per la prima volta in settimane. A tavola tenne il piccolo Francisco in braccio per tutto il tempo, si scattò un selfie con lui e lo mandò ad Al con la scritta Il nuovo Lima?

AMacT: cuore cuore cuore cuore cuore cuore!!!

Poi, pochi secondi dopo.

La prossima settimana sarà un casino. Non puoi fare avanti e indietro. Fatti una borsa e vieni a stare da me che c'è una stanza libera.

La DOTTORESSA PAT JOHNSON aveva già trascorso troppo tempo lontano da Bill per i suoi gusti. Ma invece di prendere un volo e raggiungerlo, il mercoledì mattina – primo giorno di riprese – aveva attaccato la Jayco al gancio della macchina, pronta a guidare e campeggiare per tre giorni per presentarsi a Lone Butte più o meno all'ora in cui il suo uomo si sarebbe svegliato nel primo sabato della lavorazione. Aveva fatto sosta in campeggi prenotati su un sito chiamato Care-a-Van, l'ultimo gestito da buddisti: non ne aveva visti in giro, però aveva sentito il gong. Non riuscì a collegarsi a un Wi-Fi prima di venerdì mattina, quando Bill le diede la notizia del triste eppur doveroso benservito a OKB. Lei gli promise che sarebbe arrivata a Lone Butte entro sabato a mezzogiorno.

BILL JOHNSON si alzò di buon'ora quel sabato, e iniziò il weekend con una massiccia dose di caffeina e l'ennesima rilettura della sceneggiatura. Ora che c'era Ike a interpretare il suo Incendiario, lasciò che il ben noto testo gli scorresse addosso come una pioggia purificatrice. Poi fece una passeggiata per le strade ancora addormentate del Quartiere delle Dimore Storiche, usando la sua mazza da nove, quella presa al mercato delle pulci, come bastone da passeggio. Colpiva le foglie sul marciapiede e i rametti caduti sull'erba mentre nella sua testa si avvicendavano pensieri di ogni tipo. E riguardavano tutti il film. Altro che pioggia: rischiava di finire annegato.

Lo aspettava una mattina di riunioni, e poi riunioni e altre riunioni, e poi una ricognizione delle location che sarebbero state usate prima del previsto. La cosa più importante, però, era il tempo da passare con Ike. Gliene serviva un po'. Era necessario che le idee della nuova star e quelle del regista convergessero, altrimenti – Dio non volesse – l'Incendiario sarebbe rimasto un personaggio da farlo uscire matto, tanto era sbagliato. Bill aveva puntato tutto su Ike Clipper. Se avesse sprecato un solo altro giorno sarebbe stato l'inferno. Avrebbe commesso un terribile errore, che persino l'Istigatore avrebbe fatto fatica a riparare. Fountain Avenue non perdona chi manda all'aria qualcosa che sembrava destinato al successo.

* * *

Quel fatidico venerdì, pochi minuti prima del licenziamento di OKB, Bill aveva scovato Ike nel teatro di posa del green screen. Si allenava nella stanzetta e stava facendo dei burpees quando il regista si chiuse la porta alle spalle.

"Ike," disse il regista. "Ho un problema e mi chiedevo se potessi aiutarmi."

"Cosa posso fare per te?" Ike si asciugò il velo di sudore con la felpa. Ansimava.

"Fammi l'Incendiario."

Ike non era sicuro di aver capito. "Vuoi dire che Lima diventa l'Incendiario?" Si figurò il suo personaggio che affrontava una trasformazione degna di un licantropo, un Investigatore/Agente del Dipartimento della Difesa/della CIA che si tramutava in un

Marine Fantasma per colpa di una maledizione o di chissà quale congiuntura astrale.

"No, Lima lo facciamo fare a qualcun altro."

"Qualcuno che non sono io?" Ike aveva un nodo alla gola.

"Ho bisogno di una mano, Ike. Ho bisogno che tu interpreti l'Incendiario. Chiederò a OKB di farsi da parte. Se ti senti all'altezza, e io non ho dubbi che tu lo sia, ti chiedo di subentrare nel ruolo."

"Dell'Incendiario."

"Sì."

"Io."

"Sì."

"L'Incendiario."

Bill annuì.

"Mi sfugge qualcosa, temo."

"Ti sto chiedendo il favore di *essere* l'Incendiario. Di entrare nel personaggio. Ho passato in rassegna la lista dei papabili, degli attori che potrebbero fare l'Incendiario come lo vedo io, come l'ho scritto, come è nel film. Nessuno è più adatto di te."

Di nuovo Ike non aveva capito una singola parola. Gli ci volle un po'.

"Sei un attore con un grande istinto," proseguì Bill. "Tu riesci a capire. Ascolti. Reagisci. Non devo mai ripeterti quello che devi fare. Trovi da solo le motivazioni del personaggio, e ti comporti come farebbe lui in quella situazione in quel preciso momento. Non vai a caccia di attenzione, la crei. In *Cantina* ti ho chiesto di inventare qualcosa in una scena, tipo una battuta che non avevo scritto o fatto in tempo a pensare, e quando ho dato l'azione tu ti sei messo a strofinare lo specchio dietro il bar. Sei andato da solo a recuperare lo spruzzino di Windex dagli Oggetti di Scena, e hai usato il giornale per strofinare lo specchio, e mentre lo facevi hai fatto cadere l'occhio su un articolo.* Io ti avevo chiesto soltanto un'idea e in cambio tu mi hai permesso di mettermi comodo e godermi lo spettacolo. Tu risolvi i problemi da solo. I tuoi e anche i miei."

* Uno dei migliori stacchi del film, intorno al minuto quarantasette.

"Ok..."

"Anche nel ruolo di Roy il barista sei riuscito a colpire nel segno, a raccontare la tua verità. Il mio errore è stato di non averlo capito tre mesi fa, di non essere andato dai produttori a dire *Ecco il vostro Incendiario, ce l'ho, è Ike Clipper, voglio lui e solo lui*. Mi dispiace, ma adesso sono qui da te. Last minute. Ai tempi supplementari. Hai studiato il copione?"

"Sì. Certo."

"I tuoi dialoghi? Le scene di Lima?"

"Certo, sì."

"Adesso leggiti le parti dell'Incendiario. Leggile cento volte, tutte le volte che puoi. Trovaci la verità, fallo per me."

"E soffiare il ruolo a OKB? Io non voglio togliere il lavoro a nessuno."

"Non glielo porti via. Di' quello che vuoi, lui verrà comunque sostituito. È andato. Nei film succede. Buddy Ebsen era allergico al trucco dell'*Uomo di latta* e così con Toto e gli altri ci è finito Jack Haley. Lo segui il baseball? Lou Gehrig."

"Buddy Ebsen non riusciva a battere le palle curve e allora Gary Cooper si è preso il ruolo?"

"Un giorno che Wally Pipp non ce la faceva a giocare, Gehrig si è messo in prima base e ci è rimasto per più di duemila partite."

"Duemilacentotrenta. L'ho sentito in una finale di Jeopardy. OKB è Wally Pipp e io sono l'orgoglio degli Yankees?"

"Se hai la stoffa."

"Ci proverò."

"Non provarci. Fallo. Per te la sfida più grande sarà tra un anno, quando uscirà il film la tua vita cambierà. Tutta quell'attenzione sarà bollente, caustica. Oppure ti piacerà da perderci la testa. La celebrità non è una condizione naturale per gli esseri umani. E non esiste allenamento. Ma te la caverai, se ci pensi un po' in anticipo. Potresti diventare ricco, se stai attento ai soldi."

Nella testa di Ike: *Foom!*

Bill continuò. "Ci sarà un po' di tira e molla tra i tuoi agenti e l'Ufficio Diritti e Acquisizioni. Hawkeye e la Dynamo ti prenderanno per altri film, e non è un male. Testa a posto e scarpe allacciate. Dobbiamo cambiare un po' i piani, quindi non so dirti quando sarà il tuo primo giorno, ma a un certo punto della prossima settimana sarai l'Incendiario."

Ike tacque per un po' e alla fine disse: "Aspetta." Bill non aveva scelta. Aspettò. "Wren? Lei lo sa?"

"Non te l'avrei chiesto se non avessi avuto la sua piena approvazione."

"Davvero?"

"Parola mia."

Ike ebbe la sensazione che il suo corpo si stesse allungando, come se la sua testa stesse per toccare il soffitto della Sede dell'Associazione Coltivatori di Mandorle. Nelle orecchie aveva un rumore ovattato, tipo il mare in una conchiglia, e non riuscì ad afferrare le parole che Bill Johnson stava pronunciando: "Resta qui per un po', io vado a parlare con OKB. Fatto quello, potrai iniziare." Bill si avviò alla porta. "Stai tranquillo, Ike. Sii l'Incendiario."

IKE CLIPPER provava quel che si prova facendo paracadutismo: ma una cosa è l'euforia del volo, un'altra è la realtà fisica della caduta libera. Era euforico e terrorizzato allo stesso tempo, sicuro delle sue capacità e convinto di essere un impostore. L'unica certezza che aveva nella vita era che il suo ultimo Piano Quinquennale era appena saltato per aria. Le uniche tre parole che gli venivano in mente e che gli salirono alle labbra furono "Sta' a vedere."

* * *

Ike chiamò la moglie su FaceTime. Thea Cloepfer aveva da fare con la bambina, ovviamente. Quando le raccontò tutto, Thea ebbe bisogno di farsi ripetere la storia tre volte, passaggio dopo passaggio, prima di capire bene. Dopodiché scoppiò a ridere. Orientò il telefono per mostrargli Ruby Cloepfer, la loro figlia di dieci mesi, che scalciava su una coperta sul pavimento.

"Aspetta che le dica del suo papà," disse Thea. "Potrebbe fare il ruttino o la cacca, ti avverto. Come reagirai, tesoro, quando avrai preso coscienza della cosa? Come stai?"

"Come sto?" Ike ripeté. "Non so se mi hanno dato un pugno o un bacio."

Anni prima Ike aveva fatto la fila insieme a Thea per il casting di un PROGETTO SENZA TITOLO ANNI '70. Cercavano talenti nei paraggi del set, lei aveva scritto il suo nome su una lista e lui aveva fatto lo stesso. Entrambi fecero un provino di novanta secondi diretti da una voce che proveniva da chissà dove. A Bill piaceva l'aspetto di Ike, e poi gli era piaciuto il tono scherzoso con cui il ragazzo si era rivolto alla voce disincarnata del direttore del casting: "Bello questo ufficio. Dov'è il negozio di souvenir?"

Ike era stato bravo in *Una cantina piena di sound*, ma la sua presenza era stata marginale: uno dei tanti, uno che si presentava puntuale sul set, sapeva le battute e si arrangiava a portare in scena interessanti motivazioni per il personaggio. Era taciturno, ascoltava senza fare commenti, non lasciava mai il set senza avvisare gli assistenti alla regia, e sapeva recitare bene con gli altri, anche con la sopraccitata Kikki Stalhardt. Nelle settimane di riprese, Ike era sempre stato sull'attenti, un giunco nel vento. Nel montaggio finale, Bill finì per staccare spesso su Roy il barista perché Ike era sempre sul pezzo: dava ritmo, strappava risate, commentava la scena. Per questo era stato il primo attore scritturato per *Guerriera Insonne: La forgia dell'Incendiario*: in sceneggiatura, il ruolo di Lima era poco più che un segnaposto, un guascone da fiera, uno schiacciabottoni. Bill sapeva che Ike Clipper avrebbe trasformato quella nullità in un personaggio.

Il sabato di Ike fu zeppo di impegni. Per prima cosa la visita medica per l'assicurazione. Dopodiché dovette andare dal team degli stunt, ai Costumi, al Trucco e Parrucco, agli Effetti Speciali nella fabbrica di lampadine, alla Scenografia e di nuovo ai Costumi. Poi Kenny Sheprock gli chiese se aveva tempo da dedicargli e la pazienza di sopportare un calco in gesso a rapida asciugatura della testa, perciò Ike tornò al reparto Trucco e Parrucco. Cioè in una stanza vuota nel seminterrato della Sede dell'Associazione Coltivatori di Mandorle, munita di lavandino e senza moquette, perché la procedura sarebbe stata un pasticcio.

Avevano preparato un grande secchio d'acqua dove mescolare la poltiglia per il calco. Quando fu appiccicosa al punto giusto, Ike chiuse gli occhi e sentì la fanghiglia grigia e fredda colargli sulla testa, e poi spalmata qui e là, mentre lui respirava da due cannucce, una per narice. Gli coprirono anche le orecchie, e all'improvviso il mondo si fece molto, molto lontano – più o meno come quando Ike si sballava, ma senza psichedelia. In quello stato di deprivazione sensoriale il tempo parve dapprima fermarsi e poi rifluire nel passato.

LA VITA DI IKE

Anche la sua vita, come quella dell'intera umanità, era il risultato di innumerevoli crocevia cosmici. Il suo concepimento avvenne in una bella notte di ebbrezza in cui sua madre voleva restare incinta e suo padre aveva voglia di renderla tale. Larry Schmiddt e Addie Cloepfer non erano né sposati né tantomeno eterosessuali, solo due buoni amici con un legame profondo e longevo. Bastò quel che serviva a un rapporto sessuale, più qualche bicchierino di tequila, per riuscirci al primo tentativo.

"Il frutto della confusione!" urlò Larry quando Addie gli andò incontro sventolando il test della farmacia con una sottile linea rossa.

Nove mesi dopo, l'11 settembre, prima che quella data diventasse sinonimo di crisi e terrore, Irving Cloepfer venne al mondo circondato da un consesso di uomini gay, donne lesbiche, membri etero delle famiglie Schmiddt e Cloepfer: un gran trambusto, più tutto l'armamentario per crescere un bambino secondo l'esperienza e la legge. Larry non viveva lontano da Addie, e lei aveva messo in conto le fatiche di essere una madre single. Irving fu chiamato così in onore di suo nonno, che si era lanciato da un aereo sulla Normandia la notte prima del D-Day, durante la seconda guerra mondiale, e il cui corpo non era mai stato ritrovato. Il bambino aveva molti soprannomi, Irv, Irvy, Piccolo Ving, e tutti gli andavano bene.

Era figlio unico, ma non crebbe solo. Aveva cugini e compagni di gioco, oltre a una sfilza dei migliori babysitter e sorveglianti che avessero mai sfogliato libri sulla pedagogia infantile. Due set di nonni: Noni e la Nonna, Nana e Boxo erano un quartetto delizioso, più un nonno acquisito. Da sempre, e per sempre, ebbe due papà, Larry e Greg, e dopo qualche storia fallimentare due mamme, Addie e Claire, che gli leggevano libri, giocavano a palla e si mettevano a colorare con lui per più ore di quante ne passò mai davanti alla TV. A volte sembrava che gli adulti nella vita di Irving si facessero in quattro esclusivamente per incuriosirlo, coinvolgerlo, dedicargli tempo. Poi, quando alle elementari iniziò ad andare a dormire a casa di altri bambini, scoprì che non tutti vivevano nel suo stesso turbine di identità, idee, gesti e tipologie di famiglia. Spesso si annoiava, però non era mai noioso, a differenza di tanti suoi amici che lo diventavano non appena mettevano le mani su una Xbox, una PlayStation e un telefonino. A scuola le lezioni più barbose erano il momento perfetto per studiare i buchi nel soffitto a pannelli e lavorare di fantasia. Quando una materia lo interessava, invece, per lui era così avvincente che riusciva a ottenere bei voti senza prendere appunti. In matematica era una causa persa, come in chimica, ma che cosa importava? I suoi voti in pagella erano praticamente delle costanti: A. A. A. C. C. C–. Fino al liceo, quando una C diventò motivo per festeggiare.

Fumò la prima canna mentre aspettava l'autobus e passò gli anni seguenti a ridere, liquefacendosi in sghignazzi, ozio, lezioni marinate e giorni in cui non riusciva neppure a trascinarsi a scuola. Gli fu chiesto di lasciare il liceo e lo fece, con una risata. Addie era furiosa, con la scuola e con suo figlio che stava diventando un fattone, ma siccome lei aveva fatto le stesse cose al secondo anno di college tutto ciò che poté fare fu trovargli un'altra scuola: "Spero che questa andrà bene." Larry e Greg erano contro ogni tipo di droga: Irving era sempre il benvenuto, ma a casa loro non poteva fumare.

Finì alla Banning Academy, una scuola superiore privata e progressista in una zona commerciale. Le lezioni erano così condensate che finivano a mezzogiorno, lasciandolo libero per il resto del tempo. Capitava che si facesse una canna appena sveglio e poi andasse a lezione fumato, e poi lo aspettavano i pomeriggi lunghi di un marinaio in licenza. Andava al cinema, girava video, vagava per la città, finché iniziò con i tipici lavori da adolescente: servire palline di gelato e riordinare i magazzini delle librerie. Un amico di Addie aveva un ristorante e gli procurò un lavoro come aiuto cameriere, e poi come cameriere – e lì cominciarono a chiamarlo Serv Irv.

Ormai frequentava un branco di strafatti, amici a cui non importava nulla di lui se non quando si sballavano insieme. Ne nacque un diverbio con alcuni poliziotti, una notte in cella, una manciata di ore che Irving e Co. trovarono esilaranti fintantoché durò l'effetto del THC. Dopodiché la prigionia non ebbe più niente di divertente. Quando Addie andò a prendere il Giovane Ribelle, dopo averlo fatto aspettare di proposito quasi un giorno intero, disse che quella cerchia di amici non le piaceva. Lui bofonchiò: "Cazzi tuoi." D'istinto lei gli diede uno schiaffo, una mano al volante e l'altra pronta a lasciargli un segno rosso sulla faccia.

"Posso accettare *Cavoli tuoi*," disse sua madre. "Ma *Cazzi tuoi* no."

Quella cinquina materna fu un crocevia nella vita di Irving, quando si può solo andare di là o di qua, un momento che lui si era segnato. Era sulla buona strada per diventare uno di quei ragazzi che si credono migliori di quello che hanno attorno: uno sbruffone, uno che la sa sempre più lunga, uno che ha capito tutto, uno che si scaglia contro qualsiasi autorità, che se la ride di tutto e tutti sui social media, che dice "Guarda questo" mostrando un video sul telefonino che nessuno vuole vedere. Prima che la faccia perdesse il rosso dello schiaffo per tornare alla solita carnagione candida, Ike aveva deciso di smettere di fumarsi canne e di accantonare la passione per qualunque droga. Iniziò a fare lunghe passeggiate per schiarirsi le idee, ascoltando musica nuova anche se i pezzi erano vecchi di quarant'anni, e a leggere libri che aveva visto in classe ma non aveva mai preso in mano.

Rielaborò il suo Piano Quinquennale, che non consisteva in più di un solo punto: *Giamaica!* Decise di parlare di meno e di ascoltare di più, di togliere Internet dal telefono, di andare a vivere in uno spazio tutto suo, di sviluppare un po' di sobrietà e di stile.

Quando suo padre e Greg traslocarono in Florida, e sua madre si iscrisse all'Università statale di Moore per diventare assistente legale, a diciannove anni Irv era del tutto indipendente nonché libero di fare qualcosa di affascinante come trasferirsi a Parigi per disegnare a carboncino e scrivere storie su una vecchia macchina da scrivere per l'*International Herald-Tribune*. Sua madre si offrì di pagargli il biglietto di sola andata.

Invece Irving Cloepfer rimase e accettò altri turni al ristorante, frequentò le ragazze e le donne che gli lasciavano il numero sul conto, prese in seria considerazione di arruolarsi nella Guardia Costiera, divenne barista al Café de Tête, si licenziò, poi prese un bloc notes e una penna a sfera per stendere un nuovo Piano Quinquennale.*

In testa alla pagina scrisse la data: da quell'anno ai cinque successivi.

Poi scrisse CERTEZZE:

Esperienza nella ristorazione.

Tempo per me. Troppo?

Dopodiché POSSIBILITÀ:

Gestire un ristorante – Stipendio niente mance

Trovare una Vita, non un Lavoro

Università? Stenografia/autofficina/aerografo/giocoliere/Studi alberghieri?

* Un insegnante della Banning Academy era un grande appassionato di Piani Quinquennali. Usare piani quinquennali è stata forse l'unica cosa che Irving ha imparato nei suoi confusi anni di scuola.

Dopodiché SPERANZE:

Impegnarsi nello studio di qualcosa.

Smettere di essere Serv Irv.

Infine Irving scrisse la sua dichiarazione d'intenti.

La prima riga recitava: *Primo anno: Confesso di essere al bivio tra la Terra Promessa e l'Ignoto.* La penna andò avanti per altre ventidue pagine formato A4, fino a *Quinto anno: Sta' a vedere.*

* * *

L'Università statale di Moore era abbastanza grande da catalizzare tutta la sua attenzione durante il giorno, mentre il ristorante La Teglia lo faceva la sera. Alla USM Irving frequentò Botanica 101, Introduzione a Tolstoj, Salute e Benessere 1A, rugby, Illuminotecnica teatrale/museale e Storia americana I. Nel secondo semestre frequentò il Gruppo di lettura, studiò Biologia umana, Relazioni pubbliche, Salute e Benessere 1B, badminton, Illuminotecnica teatrale/museale e Storia americana II. Quell'estate si propose al nuovo ristorante a tema che presto avrebbe aperto al centro commerciale Kirkwood nel vano tentativo di richiamare un po' di persone e risollevare gli affari del centro.

Il Tetro Emporio di Sangue del Dr. Dolente voleva essere un'esperienza culinaria/teatrale per tutta la famiglia e/o i dipendenti d'azienda con l'obbligo di fare team building fuori sede. Una sorta di cena-spettacolo con un menù di piatti e dessert dal nome inquietante: Dra-Goulash, Pasta all'Impiccata, Caesar Salmad, Panna Cotta al Sangue. Un presentatore/conduttore, il Dr. Dolente (la testa avvolta in bende insanguinate), guidava i clienti in giochi, competizioni e quiz, dopodiché introduceva siparietti musicali per uno spettacolo della durata di un'ora che rendeva possibili due turni ai tavoli ogni sera. Gli artisti imitavano celebrità travestendosi da mostri, fantasmi, spiriti maligni.

Le canzoni e i recitati erano scritti dai mediocri talenti dell'azienda che possedeva l'Emporio e che speravano di aprire sedi in franchise in tutto il paese e nel mondo. La musica era preregistrata. Evil Presley, Aorta Franklin, Ernial Disco, Frank Siimorta o Grace Sick: questi e altri personaggi, marchi depositati, cantavano tremende parodie di canzoni di pubblico dominio e modificate quel tanto che bastava per evitare di pagare i diritti d'autore.

Una versione audace dell'*Ora del Sangue* faceva aumentare le prenotazioni per feste di addio al celibato o nubilato. Il lunedì sera il locale veniva prenotato per intero da aziende, club, riunioni di famiglia e da alcuni gruppi della chiesa grazie a una versione dello spettacolo e dei testi annacquata.

Irving fu assunto per occuparsi delle luci e gestire il palco. Il personale di sala sapeva come far uscire i piatti con la puntualità di un orologio svizzero: i dessert venivano serviti appena prima dell'inizio dello spettacolo, e i tavoli sparecchiati e riapparecchiati entro mezz'ora dalla fine. Avere a che fare con gli artisti era uno spasso, per Irving, e rendeva quel lavoro speciale. Nel cast c'erano alcuni trentenni che si consideravano professionisti. Il Dr. Dolente era anche la voce dei supermercati Food Prince e faceva spot alla radio. Aorta Franklin aveva recitato in una pubblicità per Supreme Burger, interpretando una donna che guarda a bocca aperta un nuovo gigantesco sandwich doppio formaggio e costolette barbecue che fluttua sopra la città: l'ingaggio le aveva fruttato abbastanza da comprarsi una Kia nuova di zecca. E quella donna sapeva cantare!

Così come Grace Sick, alias Thea Hill, che interpretava due pezzi da sola e prendeva parte al finale di gruppo. Lei e Irv iniziarono con un flirt che, lui era sicuro, sarebbe diventato un gioco di coppia non appena avesse chiuso con alcune cameriere e Thea avesse lasciato il suo fidanzato che aveva un lavoro noioso in cui si occupava di cose noiose ed era sempre là ad aspettare che Thea si togliesse il trucco da Grace Sick. Thea detestava il suo modo di guidare, ma non disdegnava la sua Mercedes cabrio.

Stare alla consolle delle luci era facile, grazie alla routine e ai suggerimenti del computer poteva farlo chiunque. Irving sedeva tutte le sere nella cabina luci ridendo alle improvvisazioni che il cast inseriva di nascosto nel copione, battute e frecciate sovversive rivolte ai capetti aziendali. Il pubblico non le coglieva, ma dietro le quinte la troupe rideva, gli attori in scena spesso scoppiavano in una risatina, però tutti la piantavano lì non appena qualcuno dell'azienda si presentava in loco.

* * *

Un sabato a mezzogiorno l'attore che interpretava il Dr. Dolente fece una mossa da dilettante. Chiamò l'Emporio e, in una furia di imprecazioni e parolacce, giurò che non si sarebbe mai più esibito per "quella progenie di allevatori e repubblicani alcolizzati." Si licenziò così, mentre il giorno più impegnativo della settimana incombeva sullo staff. In programma c'erano infatti due feste di compleanno e due spettacoli serali, e di certo Dr. Dolente non poteva mancare. Di solito Frank Siimorta era il sostituto di qualunque interprete maschile, ma il povero attore era alle prese con un'infezione all'orecchio e non poteva farsi carico del ruolo di presentatore del Dr. Dolente. Chi poteva, invece? Ike era stato presente a tutte le repliche fin dall'apertura del locale e conosceva a memoria la parte del Dr. Dolente, e non solo: era in grado di sciorinare qualunque battuta e qualunque canzone di qualunque momento dello spettacolo. E quella sera Irving Cloepfer divenne un attore.

Mostrò come fare le luci a una cameriera di nome Meghan: c'erano una Megan e una Meghan. I pantaloni del costume del Dr. Dolente erano così corti da sembrare alla pescatora, e la giacca gli stava piccola sulle spalle e stretta sui polsi, ma questo non faceva che rendere il personaggio ancora più macabramente comico. Il cast lo aiutò con le cicatrici e con il trucco bianco: ai lati del bocca, Grace Sick / Thea Hill disegnò quelli che sembravano dei punti di sutura per creare un look alla Día de los Muertos. Irving fece da presentatore, un po' intimidito davanti alla progenie di allevatori, ma prima del secondo spettacolo per quei repubblicani inebetiti il Dr. Dolente strappò grandi risate. Più grandi che mai. Il ristorante aveva un nuovo membro del cast. Irving Cloepfer era giunto a un crocevia e aveva saputo cogliere l'occasione.

Poco dopo accadde l'inevitabile: Thea lasciò lo spasimante con la Mercedes proprio mentre la storia tra Irving e Meghan finiva (tra le lacrime). Il gioco di coppia tra il dottor Dolente e Grace Sick ebbe inizio. La prima notte insieme fecero i teneri, fecero delle omelette, fecero l'amore e lei si fermò a dormire da lui. E ben presto l'ultimo Piano Quinquennale di Irving divenne carta straccia.

"Secondo me dovresti cambiare nome." Thea era nuda nel letto accanto a lui.

"Irving non ti piace?" La Internet da letto era buia. Erano quasi le quattro del mattino, ora di pausa tra il primo e il secondo atto del loro *amour*. A Thea piaceva darci dentro, e Irving era un giovane in forze.

"Ai miei agenti no," disse Thea. Una signora che si spacciava per l'agente di Thea si era presentata a Irving dopo lo spettacolo, ma era davvero un'agente? Esistevano veri agenti da quelle parti? Il suo studio organizzava servizi fotografici, minieventi di pubbliche relazioni, produceva pubblicità per piccole radio e TV e, quando una convention arrivava in città e servivano dei presentatori, la signora procurava anche quelli. Questo faceva di lei un'agente? Un finesettimana che aveva fatto da modella per parrucche a un raduno di parrucchieri Thea aveva guadagnato cinquanta dollari, perciò forse sì. E poi l'avevano pagata anche per quello spot con la quadriglia per i farmaci contro il diabete.

"Sono offeso," disse un orgoglioso Irving Cloepfer.

A Thea piaceva quell'uomo: in lui vedeva un riflesso di sé stessa, di ciò che avrebbe voluto essere in una vita libera da ogni omologazione. Gli spiegò: "Se ce la fai il tuo nome finirà su una lista: Clopefer? Irving Clopefer? Klepfer? Cleo-pa-fer? Nessuno sa pronunciarlo bene."

"Si sbagliano spesso. E tu sei fortunata. Thea Hill. È semplice, ma è un nome o un posto? *Hill* come collina. Vorrei proprio scalare... Thea Hill."

"Quando ti troverai a dire Irving Cloepfer per un provino, quelli del casting si chiederanno come si scrive."

"Ma se ti do retta dovrei diventare un Dick Jones, uno Stan Pock, un Jim Town? Nomi facili che suonano come colpi di pistola."

"Qualsiasi cosa, basta che non sia Irving Klopp-feer, e adesso zitto. Dammi un bacio."

"*Sto per scalare... Thea Hill...*"

CASABLANCA

WREN LANE lo chiamò per fargli sapere quant'era felice di averlo come nuovo coprotagonista, e Ike rispose senza avere idea che fosse lei perché il numero veniva visualizzato come TELEFONO PRODUZIONE.

"Sì?"

"Sono io," disse lei. "Wren."

"Ma ciao." Ike non sapeva cosa dire, perciò se ne uscì con "Come va?"

Wren rise. "Volevo solo dirti che non vedo l'ora di lavorare con te."

Gli propose di andare a cena da lei domenica, con Al, e anche Bill se ce la faceva, in modo da affrontare il lunedì con una certa reciproca familiarità. "Togliamo di mezzo la fase conoscenza."

"Va benissimo. Conoscerti sarà un piacere." Aveva detto davvero così? Che idiota.

Dato che Wren Lane alloggiava in una località segreta ai più, fu Ynez ad accompagnarlo domenica sera. Ike non prese posto dietro come qualsiasi cliente di PONY ma, uscito dal motel, salì davanti, accanto a Ynez. E mentre lei guidava chiacchierarono. Non parlarono del film o del piano di lavoro o dell'improvvisa svolta nel destino di lui, parlarono di bambini. Ike le fece vedere foto e video di sua figlia. Ynez gli mostrò le foto dei bambini della sua famiglia: a Francisco stavano crescendo i denti. Tutti i bambini avevano più capelli della bambina di Ike. Gli mostrò l'applicazione sul suo telefono chiamata L.I.S.T.eN. Nella sua nuova vita avrebbe avuto bisogno di organizzazione.

Al cancello, Ynez premette un pulsante e disse all'altoparlante: "Leviamo le ancore!" Il cancello di ferro finto-arrugginito si aprì e, più o meno quattrocento metri dopo, Ynez si fermò davanti a una casa che ricordava il covo di un cattivo di James Bond, con tanto di scagnozzo sulla porta d'ingresso, che era una lastra metallica finto-arrugginita.

"Tom Windermere," disse lo scagnozzo.

"Clipper. Ike Clipper," disse Ike. Si trattenne dall'aggiungere *Agitare, non mescolare.*

Il lavoro di Ynez era finito. "Dopo cena ti riaccompagna Al," disse. "Ci vediamo!" Mentre lei se ne andava, Ike seguì Tom dentro casa.

"Bel posto," disse Ike, osservando la vasta distesa di arredi da titani del tech. "Dov'è il negozio di souvenir?"

"Wren arriva subito." Tom non aveva ancora sorriso. "Qualcosa da bere?"

"Cosa prende la signora?"

"Del tè sicuramente."

"Allora prendo sicuramente del tè anch'io." Ancora nessun sorriso da parte di Tom Windermere.

Dopodiché si udì la voce di Wren. "Ecco l'uomo dell'anno." Ike dovette guardarsi attorno perché la stanza era enorme e non c'era traccia di un corridoio o di un varco che portasse altrove. Ah, eccola lì, che passava davanti a una colonna di legno di sequoia. Portava un maglione nero da uomo di Tom Ford con lo scollo a V, pantaloni dritti verde scuro fino a metà polpaccio e sandali color vinaccia. A un polso portava un costoso orologio da uomo di acciaio inossidabile, all'altro un bracciale piuttosto largo. Niente anelli. I capelli erano raccolti in uno chignon a conchiglia, o almeno così aveva sentito definirlo una volta da Thea. Nel linguaggio della testa di una donna voleva dire *si tratta di affari, però guardami.*

"Vogliamo sederci fuori?"

"Se sai la strada." Ike la seguì fuori dall'enorme stanza lungo un corridoio curvo, fino a una zona della casa che non aveva né porte né pareti né soffitto, solo una vasta assenza di pareti, come un posto macchina. Sotto il cielo cremisi, che presto sarebbe sfumato a ovest lasciando posto al blu e all'indaco, c'erano alcuni complicati mobili di legno.

"Io sono Laurel," disse una signora portando il tè e qualche snack.

"Ciao, Laurie. Ike."

"*Laurel*. Ho sentito parlare molto di te ultimamente."

Wren si sedette. "È da giovedì che non si fa che parlare di te. Salvia va bene?" Si riferiva al tè.

"Salvia va bene."

Laurel gli chiese se voleva qualcos'altro da bere, ma Ike disse di no. "Sei vegetariano?"

"No." Ike guardò Wren, pensando di doversi spiegare. "Mangio comunque molte verdure. Bietole. Bok choy. Pannocchie, o crema di mais. Cavolo nero."

"Ravanelli?" chiese Wren. "Li mangi i ravanelli?"

"Non so dire di no ai ravanelli."

"Patate dolci?"

Piano. Andiamoci piano. "Le patate dolci non mi piacciono," confessò Ike. Si chiese se Wren Lane fosse vegetariana o vegana o una combinazione delle due. In tal caso cosa avrebbe pensato del suo regime alimentare? L'aveva già delusa? Nuova storia in prima pagina: *Il Mio Partner Mangia Carne!* La cena sarebbe stata tutta roba naturale, coltivata nell'orto, cruda? "Perdona la mia avversione per le patate dolci."

"Zucca? Le zucche in generale?"

"Se è una zucchina tagliata sottile e ripassata bene ci sto."

"Be', stasera ci sono hamburger fai da te. Laurel può fare un hamburger di barbabietola se non vuoi il manzo. O di tacchino, come ha chiesto Al."

"Non vedo come le barbabietole possano sostituire la carne."

"Non *possono*, infatti!" Wren disse con una certa enfasi.

Fu allora, proprio in quel momento, che Ike Clipper ebbe la sensazione che il terreno sotto i suoi piedi si fosse fatto più sicuro, che la Terra girasse meno veloce intorno al suo asse. Da venerdì lo avevano infilato in un cannone di attenzioni e frenesia e lo avevano sparato: non appena finiva qualcosa, la sua presenza era già richiesta altrove. Un pezzo grosso di Hawkeye e un altro della Dynamo Nation lo avevano chiamato sull'iPhone della produzione, e tutti e due si erano detti "entusiasti e fiduciosi" di averlo come Incendiario. Ike non ricordava i loro nomi, ma adesso aveva i loro numeri. Quella mattina Bill Johnson e Ike avevano parlato per tre ore di lacrosse, e del fatto che fosse stato il primo vero sport nordamericano perché ben prima che i bianchi arrivassero a Plymouth Rock le tribù dei nativi giocavano partite violente che si trascinavano per giorni; Jacques Cousteau e del suo ruolo fondamentale nell'invenzione del respiratore subacqueo; Stanley Arthur Ming, e della quantità di riprese che avrebbe fatto montando teleobiettivi diottrici; una serie di favolosi incidenti che si erano verificati durante le riprese di *Una cantina piena di sound*; molti altri argomenti che non riguardavano il film in questione o la sceneggiatura. "L'Incendiario è stoico," disse Bill, arrivando finalmente al dunque. "È un Marine che tiene fede al giuramento di non abbandonare mai un fratello sul campo. Sei capace di farlo, dico bene?"

Ike prestò giuramento. Da venerdì, dopo aver scoperto di non essere più Lima e di aver risalito la gerarchia nelle Convocazioni, era diventato un impiegato nervoso ma compiacente, un subalterno ansioso, una mucca da fattoria che fiutava il macello. L'Incendiario? Ok. *Questi scarponi militari calzano bene? Vanno bene. Farsi versare quello schifo sulla testa e tenerselo finché non induriva? Va bene. Ti fa male l'imbragatura, ti va bene se ti tiriamo su fino a qui? Va bene. Qui*, gli era stato detto, *vogliamo che salti nel mare in tempesta e che ti aggrappi a questo siluro finché non si ferma e affonda oppure centra una nave ed esplode. Va bene*, disse Ike, trattenendo già il respiro.

Mercoledì, quando gli toccavano ancora i panni dell'infimo Lima, lo avevano presentato alla star del film. Ora, nei panni dell'Incendiario, stava dicendo a Wren Lane che il tè alla salvia andava bene e che gli piacevano i ravanelli. Nel mondo surreale in cui era finito poteva parlare di cheeseburger con una star del cinema che odiava le barbabietole quanto lui. Così alla fine il mondo di Ike Clipper rallentò un po', passando da uno stato di allarme e luci rosse lampeggianti a uno stato dove tutti i sistemi *roooonzavano* alla perfezione, rassicuranti, solo perché Wren Lane lo aveva fatto ridere.

I due attori parlarono per un po', solo loro due, di svariati argomenti.

Lei: Al liceo non ho fatto che evitare stronzi, poi me ne sono andata.

Lui: Al liceo non ho fatto che sganasciarmi in uno stato di alterazione permanente e mi hanno mandato via.

Lei: La presenza più solida nella mia vita? Mio fratello, Wally. Lo conoscerai.

Lui: Thea, la mia sposa. La conoscerai.

Lei: I film su Turner Classic Movies. Bette Davis.

Lui: *Jeopardy!*, il gioco a premi. Lo registro.

Lei: Musica. Emmylou Harris. Lucinda Williams. Margo Price.

Lui: Esperanza Spalding.

Lei: Chi?

Lui: Non ne ho idea, ma volevo fare il figo.* Nei miei giorni da sballato *Dust in the Wind* è stata un profondo trattato sullo sradicamento, sul tema dell'*ennui*.

Lei: *Ennui*? Giochi la carta dell'*ennui* con me?

Lui: Lista dei luoghi da visitare prima di morire: Vietnam.

Lei: Phuket. Islanda.

Lui: Io faccio i burpees.

Lei: Il metodo Dray-Cotter è un portento.

Lui: Vai in palestra?

Lei: In questa casa ce n'è una.

Lui: Casa? Il quartiere, vuoi dire. L'installazione militare.

* Esperanza Spalding è una vocalist che fa jazz ed è bravissima.

Lei: A volte mi sveglio alle tre del mattino, mi guardo allo specchio e penso *Di chi è questa faccia che mi guarda? Cosa ci fa lei qui?*

Lui: Vuoi quadruplicare questa sensazione? Fatti una moglie e una bambina e poi parti per far finta di usare un lanciafiamme per qualche mese. Perché sono qui?

Lei: Per salvarci!

Lui: Farò del mio meglio. Non sento alcuna pressione.

Lei: Lo 007 migliore?

Lui: Roger Moore. Ha i capelli che non si spostano mai.

Lei: Idris Elba.

Lui: Non è un James Bond.

Lei: Dovrebbe.

***

Al arrivò e subito dopo ecco anche i Johnson, che discesero il viale a bordo di una Dodge Charger rossa. Wally Lank emerse da una dependance e fu il momento degli hamburger. Essendo l'ultimo arrivato nel club, Ike ebbe il suo daffare. Per buona parte della serata gli parve che tutti comunicassero in codice: soprannomi, riferimenti a Fountain Avenue, storie di colleghi che Ike non conosceva. Se alla cena ci fossero state solamente Al e Wren, da sole, al personaggio di OKB sarebbe stato riservato il trattamento dei carboni ardenti di Satana, ma siccome la compagnia era mista tutto ciò che fu detto sull'attore licenziato furono queste parole di Bill Johnson: "Gli auguro di fare cose migliori."

Ike si chiedeva quando il regista, la produttrice o la star avrebbero parlato di quel che sarebbe successo al film, del lavoro che sarebbe ricominciato l'indomani, ma non entrarono mai in argomento. L'unico altro discorso sul cinema fu un aneddoto su Humphrey Bogart e *Casablanca* raccontato da Bill Johnson.

Bill Johnson: Il film esce per la Warner e come tutti i film si deve fare in poche settimane, allora era come lavorare in fabbrica. Il regista è Michael Curtiz, ungherese, quindi parla con l'accento. Sul set fa caldo, a quei tempi si usavano ancora le lampadine ad arco di carbonio e le pellicole richiedevano parecchia luce, in più hanno tutti questi abiti eleganti quando vanno da Rick's per giocare d'azzardo, bere e sfuggire ai nazisti. Era ispirato a una cosa teatrale, sapete? *Everybody Comes to Rick's*. Quattro sceneggiatori. Due Epstein e Howard Koch. Circolano pagine nuove, altre vengono buttate, bisogna provare i dialoghi. Gli attori a contratto vogliono fare bene le loro scene. Ingrid Bergman seduce tutti solo con la sua presenza. Claude Raines è superlativo, perfetto. E Bogart è all'apice della carriera: basta ruoli da teppista, basta fare da spalla a nessuno o roba commerciale. Nel Carnevale di Cartapesta è la stella più brillante di sempre. Fuma ininterrottamente e ha bisogno di bere mentre Curtiz continua a lusingarlo con la sua parlantina ungherese. Un giorno sono a metà programma, Bogart è in smoking bianco ma nessuno sa cosa girare. Le pagine nuove devono ancora essere consegnate, la giornata è stata lunga e il tizio che interpreta Rick vuole andare a casa, bere un paio di whisky e selz e poi andare a cena da Ciro o da Slapsie Maxie. Curtiz deve girare qualcosa, però, altrimenti Jack Warner gli morderà le sue belle chiappone europee. Il set è illuminato a giorno. "Allova ecco coza facciiamo! Boghie. Entva, segno, sì? Fai cenno a zinistva dell'inqvatratura. Un cenno zerio, come ze dici Ho-kay a Sam o a chi vuoi tu." "Devo uscire?" chiede Humphrey Bogart. "Pevché no?" ribatte Curtiz. Campanella per il silenzio. Motore. Partito. Azione. Rick entra, si ferma, serio come un infarto, e fa un cenno. A cosa? A un gatto di passaggio? Poi esce a sinistra dell'inquadratura. Stop! Bene. "Qvesto lo uso da qvalche parte nel film. Bogie ha finito per occi!" Il film va in sala e a chi è che fa il cenno Bogie? Alla band. Gli dà il via e suonano La Marsigliese con Viktor Lazlo che fa incazzare i nazisti andando sopra alla loro imitazione di "Horst Wessel". Nel locale tutti si animano e cantano per la Francia con il cuore in mano, una di quelle cose che ti fa venire i brividi solo una volta ogni dieci anni. Ingrid ha gli occhi innamorati, è radiosa. Il Rick's viene chiuso dai crucchi, Claude riscuote le sue vincite, sconcertato, sconcertato di scoprire che si gioca ancora d'azzardo. Tutto il film ruota attorno a quel cenno di Bogie, un'inquadratura fatta solo per ammazzare il tempo, per continuare a far girare la pellicola.

Al a Wren (sottovoce): La racconta sempre.

Wren ad Al (sottovoce): È la seconda volta che gliela sento raccontare.

Pat alla tavolata: Quanto ti piace questa storia.

Bill alla tavolata: È come si fa il cinema in una manciata di parole.

Ike alla tavolata: Mi hai fatto fare la stessa cosa in *Una cantina*. Mi sono messo dietro il bancone, ho guardato a sinistra, ho scrollato le spalle tipo *boh* ed è venuto fuori che facevo entrare i ragazzi con i documenti falsi e ridono tutti. E io avevo scrollato le spalle a Stanley Arthur Ming.

Bill Johnson: Sì. Dovevo girare qualcosa e tu eri lì. E si gira anche domattina, perciò, Wren, grazie per l'ottimo hamburger. Domani si lavora. Ike, sii puntuale o ti picchio.

Ike: Vaffanculo, brutto stronzo.

Pat: Bravo. Non farti mettere i piedi in testa.

Al: Prima di tutto un brindisi. Alla nostra sopravvivenza, al film. A tutti coloro che schivano le buche di Fountain Avenue.

Ike: Dov'è Fountain Avenue?

* * *

"Sono felice che tu e Wren Lane abbiate passato una bella serata nella tenuta di Wren Lane con Wren Lane," stava dicendo Thea. Il suo volto riempiva tutto lo schermo dell'iPhone di Ike. Lui era nella stanza del motel, lei da sua madre, a letto, in chiamata FaceTime con il marito malgrado la poca lucidità delle pochissime ore di sonno. "La più bella star del cinema ti ha preparato un cheeseburger e ha riso alle tue battute mentre io guardavo le mie cosce grasse diventare ancora più grasse con la bambina che mi vomitava sui pantaloni della tuta."

"Non mi pare di averla sentita ridere a una sola cosa che ho detto."

"Quanto tempo siete rimasti da soli, tu e lei?"

"Mai. C'erano il suo scagnozzo, una cuoca e il fratello. E Al e Bill. E Pat Johnson."

"Ma quando avete bevuto il tè? Eravate solo tu e Wren Lane."

"Sì. Eravamo in un patio, al chiaro di luna, con una lieve fragranza di gelsomino nell'aria. Dalla spiaggia saliva la musica dolce di un'orchestra e sopra di noi è passata una stella cadente. Abbiamo espresso un desiderio: lei ha desiderato di rinegoziare il contratto del suo prossimo film e io di avere le mie ragazze qui con me a Lone Butte."

"Cosa suonava l'orchestra?"

"'Tequila' dei Champs."

"Quanti shot hai bevuto?"

"Nessuno. Lei se n'è fatti quattordici e poi ha vomitato sui pantaloni della tuta. Suo fratello le teneva i capelli."

"Non voleva rovinare lo chignon a conchiglia. Lui le gestisce la società. Lei pilota un aereo tutto suo."

"Non lo sapevo."

"È divorziata. Non ha mai avuto una relazione lunga con un uomo."

"Ha un debole per Idris Elba."

"*Io* ho un debole per Idris Elba."

"A questo ti rispondo con la faccia bloccata di quando non c'è rete." Ike si sforzò di restare immobile il più a lungo possibile, gli occhi aperti, senza sbattere le ciglia.

"Ti ho perso? Ti ho perso? Ti sei bloccato. Niente, ti sei bloccato... Come hai fatto a tornare a casa?" La finta faccia bloccata era uno scherzo ricorrente tra Thea e Ike.

Dopo altri quattro secondi di sguardo freezato, Ike disse: "Al."

"Almeno si ricordano di me in *Una cantina*?"

"Hanno detto: 'Salutaci la Ragazza in Bagno Numero 2.'"* Nei tre minuti seguenti parlarono di questioni logistiche – quando e come sarebbero arrivate a Lone Butte per restarci – e della bambina e della madre, e del fatto che la madre aveva bisogno di camminare di più, e di come lui di passi ne stava già facendo

* Aveva fatto la COMPARSA nelle scene al locale, con una sola battuta in copione.

abbastanza visto che camminava avanti e indietro nella stanza del motel con la speranza di calmare il cuore che gli batteva fortissimo perché proprio non se lo riusciva a immaginare come avrebbe fatto a recitare in un ruolo importante come quello dell'Incendiario. Thea gli disse che era esausta. Disse al marito che lo amava e disse: "Vedrai che trovi il modo, Irving," che era il meglio che poteva fare a quell'ora di notte. Poi concluse la telefonata, posò il telefono sul comodino, chiuse gli occhi e rimase a lungo sveglia, pensando a Wren Lane che prendeva il tè con suo marito.

Nel motel di Lone Butte, Ike posò il telefono sul comodino e prese il copione rimasto sul letto. Lo lesse tutto d'un fiato, stavolta senza più soffermarsi sulle battute di Lima, ma solo sulle pochissime battute dell'Incendiario. Lesse tutti quegli STACCO su: *Gli occhi dell'Incendiario – il suo sguardo rabbioso affilato come un laser*. Andò avanti per un'ora, alzandosi di tanto in tanto per fare due passi con la sceneggiatura in mano. Arrivò alle pagine delle grandi scene d'azione, i combattimenti uno contro uno, la Guerriera contro l'Incendiario con le coreografie di arti marziali, i cavi da trapezista, le imbragature. Il culmine dell'ultimo combattimento era il Bacio, un Grande Bacio da Cinema, un bacio così carico di significato, passione e contatto fisico da imporre a entrambi gli attori una seduta con il Consulente d'Intimità come richiesto dalle Risorse Umane della Dynamo Nation e dal sindacato degli attori. Ike si domandava come avrebbe fatto a dare quel bacio a Wren. A letto, sotto le coperte, si addormentò dopo un sacco di tempo, ascoltando i grandi camion che rombavano sull'autostrada con il loro carico di merci verso nord e verso sud.

A Wren Lane le scene dei baci davano l'ansia. Non le piacevano la realtà igienizzata del set e le emozioni false/forzate, i ciak ripetuti e i continui ritocchi che Kenny doveva farle al viso dopo tutto quello spiaccicar di labbra. Nei film baciare è un processo meccanico. Ma ce l'avrebbe fatta. Quel giorno sarebbe arrivato, le cineprese avrebbero cominciato a registrare, Eve avrebbe baciato l'Incendiario e poi sarebbero passati alla ripresa seguente.

Ancora peggio erano le scene di "sesso bollente", quelle dove un uomo e una donna si strappano i vestiti di dosso nella fretta di arrivare a fare quello che devono fare. Gli sceneggiatori le scrivono sempre. Secondo i registi erano scene ardenti. Invece non avevano senso. A meno che i due amanti non fossero ubriachi, nessuno si strappa i vestiti per buttarsi a capofitto in un bacio così famelico, non senza scheggiarsi un dente e doversi poi rivestire con degli stracci.

Quella domenica sera, dopo che gli ospiti se ne furono andati, Wren e Wally si scambiarono le rispettive opinioni su Ike Clipper. A Wally sembrava uno con la testa a posto, e là dove qualcuno poteva vedere leggerezza altri vedevano spirito: Wally propendeva per la seconda. Quel cambio di cast forse avrebbe salvato il film, come quando a una riunione di famiglia non si invita più il cognato irascibile e ubriacone.

Mentre si metteva a letto, a Wren restavano solo sensazioni positive su Ike, sulla sua personalità, sulla sua presenza fisica, sul poco bisogno di attenzioni. Era sicura che davanti all'obiettivo sarebbero stati ottimi partner al momento di lavorare insieme. Se c'era una minima titubanza, nei suoi confronti, era questa: Perché doveva essere sposato?

RIPRESE, GIORNO 4 (DI 53)

Il primo ciak della settimana fu alle 8:57 del mattino.

```
16 EST. GIORNO - IRON BLUFF - STRADE

Eve è l'unico pedone.

Passa accanto a un portico con alcuni anzia-
ni. Scambio di saluti.

Un adolescente con un tagliaerba. Scambio di
saluti.
```

```
Bambini in una piscina gonfiabile che giocano
a moscacieca.

                 EVE LA GUERRIERA

Qui! A destra!

ANGOLO CON MAIN STREET

Lo riconosciamo dalla Scena d'Apertura...

Eve passa davanti a negozi e botteghe chiuse.

L'Insegna della Banca dice ORA TEMP INTERESSI
DEPOSITO

EVE Attraversa la strada (senza traffico) per
entrare da...

EMPORIO CLARK'S
```

Wren Lane si sentiva *incandescente* anche solo camminando per la strada.

Alle 7:45 Ike Clipper fu portato al Campo Base da Asso Acevido, dopodiché fu alloggiato nella roulotte più grossa che avesse mai visto fuori da una fiera di camper, vicino al camion dei bagni: la settimana prima per cambiarsi aveva dovuto usare uno degli stalli strettissimi. Ma quella mattina aveva a disposizione uno spazio tutto suo più grande del suo primo appartamento, rifornito di cibo e di tutte le bevande possibili e immaginabili, un televisore di chissà quanti pollici sintonizzato su Fox News, che spense, e sul tavolo della cucina un cesto di patate dolci, zucchine e ravanelli con attaccati dei palloncini e un biglietto scritto a mano che diceva: *NON ARRENDERTI ALL'ENNUI! XX WL.*

Ike mangiò una ciotola di cereali con le nocciole e bevve una lattina di V8, un estratto di verdure. Nina bussò alla porta, la aprì e gli disse che al Trucco e Parrucco erano pronti per lui.

Ike attraversò il Campo Base a piedi, si avvicinò per bussare alla porta della roulotte Trucco e Parrucco e mentre saliva i gradini disse "Sto entrando!" per avvertire i truccatori che avrebbe fatto vibrare il pavimento, dando loro il tempo di posare l'eyeliner per un secondo.

Ike fu accolto da tre diverse versioni di sé stesso. Una era negli specchi alla parete: il suo riflesso. Le altre erano calchi in gesso della sua testa ottenuti con la fanghiglia di sabato: espressione tetra, occhi chiusi e bocca serrata. A una delle due teste decollate erano state applicate le cicatrici dell'Incendiario senza elmetto, l'altra invece indossava l'elmetto del Reparto Costumi.

"Siediti, ragazzo," disse Ken Sheprock. "Adesso ti sistemiamo per bene."* Ike chiuse gli occhi e lasciò che i truccatori lo ricoprissero di colla e montassero le applicazioni in lattice che servivano a trasformare quelle spalle, quel collo, quegli avambracci e quel cuoio capelluto nel corpo un tizio pieno di cicatrici e ricucito in qualche modo. Contando un paio di pause per alzarsi e sgranchire le gambe, quella prima sessione di preparazione al test in Internet durò più di cinque ore. Finì giusto giusto per la pausa pranzo delle 13:00.

Per prima cosa, dopo il pollo alla brace con varie insalate (il giorno dopo sarebbe stata la Giornata del Poke), fecero le prove in Internet. Arrivato sul set, truccato e in costume, Ike fu accolto da un applauso. Dal mixer spararono negli altoparlanti *From the Halls of Montezuma* suonata dalla banda dei Marines degli Stati Uniti, una scelta commovente o fuori luogo per chi nella troupe era un ex Marine.

Bill Johnson chiese a Ike di camminare, girare, passeggiare, attraversare la strada con l'elmetto, mentre la macchina da presa si avvicinava e si allontanava sul dolly. Poi tutto daccapo senza l'elmetto. Avvicinandosi per un primo piano, Bill disse a Ike di fare tutto tranne che sorridere: cosa che naturalmente lo fece

* C'erano anche i truccatori di Sean (*Connery*), di Jason (*tipo quello degli Argonauti*) e di Brittany (*tipo la regione della Francia*). Ike ricorreva a questi appellativi in corsivo per ricordarsi i loro nomi. Kenny dovette andare a occuparsi di Wren sul set.

scoppiare a ridere. La prova durò circa venti minuti. Wren arrivò sul set proprio mentre Ike stava finendo. Come tutti quelli che avevano avuto già occasione di osservare il nuovo Incendiario, anche a lei fu evidente la differenza rispetto a prima, soprattutto in termini di contegno e serietà. Questo Incendiario dava peso al film, era una presenza, sapeva occupare il suo posto con la stessa sicurezza con cui reggeva quel lanciafiamme M2-2. Wren disse: "Porca puttana, Ike. Non riesco a toglierti gli occhi di dosso!" A quelle parole Ike si sentì tutto informicolato. Le finte cicatrici mascheravano un autentico rossore.

Fatte le scansioni digitali da tenere come riferimento, ci volle quasi un'ora per rimuovere il trucco, processo che sorprese molto Ike, convinto di potersi semplicemente strappare quei pezzi di gomma dalla faccia. Se lo avesse fatto sarebbero venuti via anche alcuni strati di pelle e sarebbe finito in ospedale, e le cicatrici gli sarebbero rimaste per tutta la vita.

Alle 15:00 Eve girava alcune scene su Main Street con vari cambi di costume e trucco. Ike si fermò al Video Village per dare un'occhiata e rimase così a lungo che Ynez pensò di portargli una Diet Coke.

"Che tipo di ghiaccio preferisci?" gli chiese.

"Tritato," rispose Ike. Era una battuta! Eppure quello che si ritrovò nel bicchiere rosso usa e getta era proprio ghiaccio tritato.

Alle 15:50, finita la sua giornata, Ike iniziava a sentirsi uno dei tanti ruffiani che restavano lì solo per guardare Wren Lane, quindi chiese ad Asso quanto era lontano il suo motel. Pensava di fare un po' di movimento, di provare la marcia militare nel caldo della valle. Calcolando la distanza e il tempo necessari individuarono un punto a circa otto chilometri da lì, lungo Webster Road, dove far scendere l'attore perché avesse davanti un'ora di cammino. Asso insistette per precederlo al motel, così da assicurarsi che arrivasse sano e salvo. Se fosse stato via troppo a lungo, se la stanchezza e il caldo l'avessero sopraffatto il suo autista sarebbe stato a portata di messaggio. Gli ci vollero settantasei minuti per completare la marcia, godendosi le strisce d'ombra degli eucalipti lungo la strada a due corsie. Camminò in linea retta con andatura naturale, a passo sciolto, immaginandosi come un veterano esausto, tormentato e inquieto per le troppe battaglie. Aveva impostato un timer sull'iPhone e ogni dieci minuti si fermava su Webster Road per una serie da sei di burpees. La lunga passeggiata nella calura pomeridiana era una forma di meditazione, un tempo da trascorrere solo con i suoi pensieri, per riflettere sul lavoro che lo attendeva, sulla sua metamorfosi da Irving a Ike, da Lima all'Incendiario.

Mentre attraversava il parcheggio del motel/locanda con un cenno di saluto ad Asso che voleva dire "Ce l'ho fatta", Ike capì che l'avrebbe rifatto ancora e ancora. Avrebbe chiesto uno zaino della seconda guerra mondiale al Reparto Scenografie e un paio di scarponi militari ai Costumi: due talismani nella ricerca del suo Incendiario. Si sarebbe messo gli stivali senza fretta, avrebbe appesantito lo zaino con bottiglie d'acqua, il copione e alcuni grossi sassi, affinché il peso fisico pareggiasse il fardello morale.

Il quarto giorno finì alle 18:58, e tutti i partecipanti alle riprese erano stremati dal caldo.

RIPRESE, GIORNO 5 (DI 53)

Le Signore del Portico – membri del cast Numero 11 e Numero 12 nella Convocazione – avevano un solo compito: sedersi su due sedie uguali, di quelle economiche e pieghevoli, e salutare Eve che passava davanti al loro portico. Si chiamavano Shelley Margold (Signora del Portico 1) e Macaiah Vellis (Signora del Portico 2). Non si conoscevano, ma tutte e due avevano pensato che potesse essere divertente rispondere a quell'annuncio per i Casting di una "Produzione Hollywoodiana in città" da tenersi nella Sede dell'Associazione Coltivatori di Mandorle di Lone Butte. Erano arrivate in macchina, Shelley da Chico e Macaiah da Maxwell, per passare la mattinata a seguire i cartelli con scritto CASTING, mettersi in fila, farsi fotografare, restare sedute nel salone con acqua in bottiglia e snack gratis finché i loro nomi non erano stati chiamati. Ognuna delle due aveva trascorso alcuni minuti con una giovane beneducata di nome Ynez, con cui avevano chiacchierato del caldo e di dove abitavano. Dopodiché entrambe erano state ringraziate e se n'erano tornate una a Chico e l'altra a Maxwell. Una settimana più tardi avevano ricevuto la notizia dell'ingaggio e la data e l'ora dell'appuntamento per la prova costumi, occasione in cui si erano conosciute.

Ed eccole qui, sedute su un portico, circondate da luci, cineprese e *Azione!* C'era addirittura Wren Lane che camminava, splendida e in forma. La star del cinema salutò le Signore del Portico. Shelley e Macaiah ricambiarono. Fu detto loro di non pronunciare una parola, di non dire nulla, di salutare e basta. Poi l'uomo che era il regista del film, il signor Johnson, si avvicinò e si presentò mentre la teleInternet veniva spostata per qualche motivo. Insieme a lui c'era una donna di nome Al. Fu lei a chiedere se Shelley o Macaiah sapevano lavorare a maglia. Sì, entrambe.

Al disse "Fantastico!" Poi chiamò Ynez perché la raggiungesse sul set. "Chiedi agli scenografi dei gomitoli e dei ferri per le nostre Signore del Portico," le disse non appena arrivò.

Poi il signor Johnson chiese alle signore di non limitarsi più a salutare Wren Lane, ma di dire anche "Buongiorno, Eve," (doveva dirlo Shelley) e "Chi si vede!" (la battuta di Macaiah). Il signor Johnson le fece esercitare un paio di volte. Sarebbero andate "benissimo", disse lui.

La ragazza di nome Ynez tornò con un uomo delle scenografie, che diede a ciascuna una borsa con l'occorrente per lavorare a maglia, gomitoli e ferri, e qualche centimetro di una sciarpa già iniziata. Shelley aveva il filo blu. Macaiah il bianco. La donna di nome Al disse di "continuare a lavorare a maglia" per tutta la durata delle riprese, anche mentre dicevano "Buongiorno, Eve," e "Chi si vede!" Eseguirono.

Dopodiché ancora Luci, telecamere, poi il signor Johnson disse *Azione!* Shelley e Macaiah si misero a lavorare a maglia. Wren Lane passò, salutò con la mano e disse: "Ciao!"

"Buongiorno, Eve," disse Shelley.

"Chi si vede!" disse Macaiah.

Il signor Johnson disse *Stop*.

Alcuni membri della troupe si misero a parlottare intorno al signor Johnson. Evidentemente nessuno del Suono era pronto per le battute *Buongiorno, Eve* e *Chi si vede!*

La rifacciamo.

Una donna di nome Betsy, armata di un paio di cuffie e di una lunga asta con in cima una palla pelosa,* parlava con qualcuno che sentiva solo lei e poi chiese alle Signore del Portico di ripetere le battute allo stesso "livello" di prima.

Buongiorno, Eve.

Chi si vede!

Qualcuno gridò: "Ok!"

Stiamo girando! Audio! *Azione*.

Wren Lane passò di nuovo e salutò.

"Buongiorno, Eve... Chi si vede!"

Stop.

Mr. Johnson disse: "Che c'è che non va?"

Dissero a Shelley e Macaiah che dovevano restare più a lungo del previsto, perché era stata aggiunta una nuova inquadratura di Eve che tornava a casa dopo la colazione, dunque le Signore del Portico sarebbero dovute apparire di nuovo. Le accompagnarono nell'area di attesa della Sede dell'Associazione Coltivatori di Mandorle: potevano rilassarsi lì finché ci sarebbe stato di nuovo bisogno di loro, nel pomeriggio, perché serviva quella luce. Ynez chiese se potevano farle il favore di continuare a lavorare a maglia, perché nella prossima scena dovevano vedersi i progressi. Un giovane estremamente, quasi eccessivamente educato di nome Cody si presentò a Shelley e Macaiah con dei documenti da firmare per la loro "promozione", come disse lui. Visto che il regista aveva dato loro delle battute, adesso non erano più com-

* Betsy "Boom" Luntz era una dei due microfonisti e faceva parte dei Tecnici del Suono, una squadra composta dal leggendario mixer Marvin Pritch, dal microfonista numero 2 Kent "Bulldog" Arragones e da Jillian Patterson ai cavi, un'ex ballerina che aveva conosciuto Marvin durante la produzione di un video musicale e che era stata sposata con lui giusto il tempo per chiudere la relazione da buoni amici. Marvin tenne l'ex moglie nella troupe per l'assicurazione sanitaria.

parse ma Figuranti Speciali. E siccome dovevano parlare sarebbero state pagate di più!

"Siete iscritte al sindacato attori?" chiese Cody.

"Sindacato?" chiese Shelley.

"No," rispose Macaiah.

"Posso portarvi qualcosa?" offrì Cody, a cui era stato ordinato di chiederlo a chiunque si trovasse nell'area di attesa, per quanto potesse essere una seccatura.

Ebbene, dopo l'ottimo pranzo offerto a tutta la troupe, Shelley e Macaiah tornarono sul set del portico con ben dieci centimetri di sciarpa. Erano pronte a salutare di nuovo la signorina Lane, ma siccome la produzione doveva fare delle riprese su Main Street, per quel pomeriggio non avrebbero più lavorato. Le invitarono a tornare il giorno dopo, presero ferri, gomitoli e la sciarpa per conservare tutto tra gli Oggetti di Scena.

Tornarono a casa in macchina, rispettivamente a Chico e a Maxwell. Entrambe sarebbero state pagate per un altro giorno di lavoro.

Il quinto giorno si concluse alle 18:56, quando Yogi annunciò che tutti i membri della troupe avevano un posto nel cuore della produzione.

RIPRESE, GIORNO 6 (DI 53)

Alle 4:30 del mattino Asso Acevido era nel parcheggio del motel con due bicchieroni di caffè americano del Pirate: uno per lui, uno per Ike. Asso macchiava il caffè con latte senza lattosio da sempre. Il primo caffè del mattino di Ike era composto da espresso, acqua calda e qualsiasi latte a portata di mano in parti quasi uguali. Per entrare nel ruolo dell'Incendiario però quella mattina lo prese in stile Marine: nero. E anche se lo trovava disgustoso, perseverò perché gli metteva in moto il sistema come cherosene in un carburatore. Alle 4:44 era già diretto al Trucco e Parrucco, e al primo ciak del film, senza aver chiuso occhio. Alle 2 si era alzato per vomitare: l'agitazione. Aveva già fatto 250 burpees.

Non appena gli applicarono il collante sintetico sul collo – la prima volta di quella poltiglia fredda e appiccicosa – Ike trasalì. La sensazione era disgustosa.

Sean (Connery) chiese: "Tutto ok?"

"Sì," disse Ike. "È solo questa roba. La prima passata di colla. Nelle pieghe del collo. Devo fare pace con questa sensazione."

"Già," fece Jason (degli Argonauti). "Ti conviene. Sarà così tutti i giorni."

"Puoi farcela, Ike," lo rassicurò Brittany (una regione della Francia). "A meno che tu non sia uno smidollato."

Ike rise. Il trio gli piaceva.

Lo ricoprirono di questo sciroppo di mais freddo in abbondanza: sul viso, sul collo, sulle spalle, sulle braccia, sul petto e sul cuoio capelluto. E poi, mentre fissavano in posizione le diverse parti di lattice delle protesi premendole contro la sua epidermide ormai gommosa, applicarono altra colla. Ciascuna porzione doveva essere poi colorata, le cicatrici e le bruciature andavano modellate e dipinte. Nel corso delle settimane l'intero processo sarebbe durato qualche minuto in meno, ma per ogni singolo giorno di Ike nei panni dell'Incendiario in Laboratorio ci volevano più di quattro ore. Per non farsi sommergere dal disagio Ike provò una app di meditazione sull'iPhone. Se finiva per appisolarsi, siccome la squadra aveva bisogno di avere la sua testa bella dritta, Brittany era costretta a prendergliela tra le mani con tutta la delicatezza dei suoi polpastrelli per non svegliarlo. Così ogni singolo giorno.*

La troupe si stava preparando – era la seconda volta – per l'apparizione onirica dell'Incendiario. Sistemarono i lunghi binari del dolly al centro di Main Street, piazzarono la Internet da presa all'interno del negozio di antiquariato con le anticaglie in primo piano, e posizionarono un obiettivo lungo a livello del marciapiede per avere un'inquadratura degli scarponi. SAM

* IKE CLIPPER: "Mi faceva paura quella primissima mano di colla al mattino, ogni mattina. Il pensiero del primo *slopp* di collante sintetico, la sensazione sulla pelle e l'odore mi facevano accapponare la pelle. Ma dopo la prima volta ho cominciato ad affrontare la faccenda da uomo. Non sono mica uno smidollato!"

aggiunse una quarta teleInternet su una piattaforma, proprio dietro l'insegna girevole della banca: ogni volta che l'insegna ruotava, ecco un flash dell'Incendiario.

Alle 6:50 Bill Johnson si ritrovò con Al nell'Ufficio Produzione per prendere una decisione su chi scritturare per Lima. Un comico di nome Hang To aveva una bella faccia e nessun altro candidato aveva saputo gestire con lo stesso stile le battute assurde del provino. Le cose stavano così. Gli Investigatori avrebbero incarnato la diversity americana: c'erano attori neri, ispanici, vietnamiti e il molto caucasico Nick Czabo.

"Fate venire Hang To, subito," comunicò Al ai responsabili del Casting, all'Ufficio Diritti e Acquisizioni, a Logistica & Trasporti e all'Accoglienza.

Wren era in attesa di convocazione, dunque Ike era da solo al Trucco e Parrucco. Alle 9:02 si presentò sul set di Main Street: Incendiario dalla testa ai piedi. Siccome il catering stava servendo vassoi di churros però nessuno si accorse di lui.

"Ecco Ike della Fiamma," gli disse Bill. "Vedi quel cono in fondo alla strada?" Gli indicò il punto da cui doveva partire. "All'Azione aspetta un momento e poi vieni verso di noi."

"Uhmm," mormorò Ike. "Azione. Momento. Cammino."

"Sì," disse il regista.

"Sta' a vedere." Ike scese la Main. Emanava un senso di sicurezza, ma era tutta una finta. Nella sua testa stava vivendo un film dell'orrore: dopo aver sentito gridare "Azione", inciampava negli scarponi e cadeva faccia a terra. Quelli degli Oggetti di Scena lo aiutarono a caricarsi sulle spalle il lanciafiamme, poi uscirono dal campo dell'inquadratura lasciando Ike da solo al cospetto del mondo intero.

Azione!

Ike non inciampò. Non cadde di faccia.

E dopo tre ciak passarono alla scena dopo, e riuscirono a completare tutte quelle in programma per il primo giorno dell'Incendiario.

Wren fu chiamata al Trucco e Parrucco dopo pranzo. Entrò nella roulotte mentre stavano ritoccando Ike per le riprese del pomeriggio. Gli mise una mano sulla spalla, lo guardò nello specchio e gli disse "Ike" senza guardarlo dritto negli occhi, anzi sì, ma nel riflesso. "Da quando ci sei tu, dormo meglio..."

Ike si meravigliò di non essere inciampato sui gradini della roulotte Trucco e Parrucco mentre tornava sul set per far marciare di nuovo l'Incendiario. Il tocco di Wren Lane, i suoi occhi e il suo profumo non lasciavano, ehm, indifferenti.

Mentre finivano di preparare Wren, la troupe sistemò due bambini in una piscina gonfiabile che avevano passato tutta la mattina a riempire. Barry Shaw, il ragazzo che tosava l'erba, fu chiamato a giocare a Ce l'hai e sguazzare con i Figli del Vicino. Shelley e Macaiah furono rimesse sul portico.

Quando la luce fu quella giusta, Wren passò davanti al portico e si esibì in un altro saluto. Dopo tre ciak, Yogi annunciò un "Fine Riprese per le nostre favolose Signore del Portico! Devono sapere che gli vogliamo tanto bene!" e scatenò un giro di applausi. Wren, il regista e Al augurarono loro il meglio e lasciarono che si portassero via i lavori a maglia, cosa che non piacque a quelli degli Oggetti di Scena.

Nella casa con la piscina in giardino, Barry Shaw, una bambina e un bambino più piccolo erano a mollo. Barry aveva gli occhi chiusi e gridava: "Ce!" I bambini rispondevano "l'hai" e fuggivano via mentre lui cercava di acchiapparli. Anche Wren si avvicinò al grido di "Ce l'hai!" Sette ciak e alcuni cambi d'obiettivo dopo avevano la scena.

"Al?" disse Bill. "Yogi?" Si stavano per spostare alla Casa della Famiglia di Eve per delle esterne. "Chiediamo agli Effetti Speciali di far fare un tuffetto alla Guerriera mentre va e torna dal primo salvataggio."

"Intendi la scena 9XX." Yogi aveva un cervello capace di memorizzare non solo le pagine della sceneggiatura, ma persino i numeri delle scene. Era il suo dovere di aiuto regista.

"Sì. Tieni il set in caldo."* Bill si rivolse ad Al. "Ehi, andremo

* Un set in caldo, o hot set: un set ancora in uso, per riprese in sospeso. Non deve essere toccato, alterato o cambiato in alcun modo. Anche l'acqua sarebbe rimasta nella piscina.

più veloci grazie a Ike la Fiamma. Facciamo preparare il cast per Clark's, adesso."

"Ricevuto."

Il sesto giorno fu dichiarato concluso alle 19:02, entro i dodici minuti di tolleranza prima degli straordinari. L'ultima ripresa fu quella maledettamente importante di Wren e Ike faccia a faccia nella fantasia di Eve la Guerriera.

RIPRESE, GIORNO 7 (DI 53)

Gli Investigatori erano a Lone Butte, In Attesa, pronti ad apparire davanti all'obiettivo in qualsiasi momento, a patto che non si trattasse delle scene 13 e 14. Nick Czabo (Glasgow) era venuto in auto dalla sua casa in pietra nel Topanga Canyon, dove lui e il marito avevano affrontato in isolamento la guerra contro il COVID-19. Clovalda "Lala" Guerrero (Madrid) era venuta in aereo da Albuquerque, dove la sua famiglia era rimasta a cavarsela da sola visto che lei girava un altro film di Bill Johnson, stavolta un film che sarebbe piaciuto ai bambini. In virtù dei suoi rapporti con la Dynamo, Cassandra Del-Hora (London) venne in aereo dalla sua casa di Nyack e si sistemò in una villetta a schiera a Franzel Meadows.

Con solo settantadue ore di preavviso, Hang To atterrò all'aeroporto di Sacramento e trovò un PONY parcheggiato davanti agli arrivi con la scritta "To" che lampeggiava sul cruscotto. Hang To stava morendo di fame, non aveva fatto colazione, e così l'autista – Ynez *qualcosa-qualcosa* – lo portò a un chiosco sulla Vecchia 99 per un mega-cheeseburger e un boccale di root beer vecchia scuola. La produzione non lo aspettava prima delle 15:00. Ynez lo avrebbe consegnato alle tre in punto direttamente sul set, davanti al tribunale di Lone Butte.

"Stanno tutti aspettando il tuo arrivo," disse Ynez.

"Sì?" rispose Hang, e dovette parlare a voce alta da tanto era lo spazio tra il suo sedile e quello del guidatore. "Ieri ero lì a inventare battute con i miei amici disoccupati e oggi sto per incontrare Wren Lane e avrò una parte in un film degli Agenti del Cambiamento. Posso farle una domanda a bruciapelo, signora?"

"Ynez. Certo."

"Come cazzo mi è successo?" Hang To aveva solo vent'anni. Prima del COVID-19 era uno dei ragazzi più divertenti alle serate Open Mic e faceva cinquanta dollari a serata da Ridi al Forte e da Birreriahah. Invece di usare il suo nome di battesimo, Henry, preferiva giocarsela con il vietnamita. E adesso Hang To era in un film e tutti i suoi amici gli avevano chiesto: Come cazzo ti è successo?

Alle 15 spaccate Hang era nel tendone del Video Village di fronte al tribunale che parlava con Al Mac-Teer, che poi gli presentò Bill Johnson. Faceva un caldo brutale.

"Contento di averti qui," disse il regista. "Lo vedi quel Marine laggiù?" Hang vide l'Incendiario su una sedia all'ombra, con un ventilatore puntato addosso perché il poveraccio aveva addosso un quintale tra costume e trucco. "Era te, ma adesso tu sei quello che era lui. Le cose hanno un loro modo di aggiustarsi, no?"

Al accompagnò Hang all'Ufficio Produzione, dove un flusso incessante di persone venne a fargli domande e dirgli cosa fare. Ore più tardi si ritrovò solo, seduto nella stanza di un motel vicino all'interstatale.

Tirò fuori dalla tasca il telefono personale, aprì la pagina My Saga sull'app BiO e premette il pulsante ORA.* La fotoInternet iniziò a registrare.

"Ehi, oppositori di Facebook. Hang To è tornato. Ecco la novità. Un fast-food qui vicino mi ha preparato questo ottimo piatto di Chal-u-pita proprio come la fanno a sud-del-confine (inquadrò il miscuglio di cibo a ispirazione messicana) e me lo sto godendo nei limiti del possibile in questo spaccato di vita interstatale non lontano da una città chiamata Lone Butte. Mai sentita? Nemmeno io fino a qualche giorno fa... Ve l'avevo detto che qualcosa bolliva in pentola per il Vecchio Hang. Non ho rivelato i dettagli perché avrei corso il rischio di gufarmi contro, mandando

* Anche a Hang era stato assegnato un iPhone di produzione. Doveva tenere entrambi sempre con sé.

all'aria quello che invece *è il momento più bello della mia vita*, secondo solo a questa Chal-u-pita..." Un morso. "Buonissima. Mi piace come ti esplode in bocca il sapore... Volete saperlo perché mi trovo qui, compari? Sono in un film! Yeah baby! Sarò nel prossimo capitolo degli Agenti del Cambiamento. Mi infiltrerò tra gli Ultras! Culo e camicia con Wren Lane. Chi? Lei? Mi prendi in giro, Hang To? No! Oh, sì. È tutto vero, fratelli! Sta succedendo davvero... adesso!" Hang non si preoccupò di riguardarlo. Premette POST e il video fu inviato a chiunque scegliesse di vederlo sull'app BiO. Le conseguenze di questo gesto si sarebbero rivelate terribili. Semplicemente terribili.

Le riprese finirono alle 19 in punto.

RIPRESE, GIORNO 8 (DI 53)

Giovedì non fu affatto una buona giornata per Tom Windermere e Wally Lank, incaricati della sicurezza e della serenità di Wren Lane, ma per Hang To fu una giornata *terribile*.

Non era abituato alla popolarità su BiO. Di regola i suoi post raggiungevano qualche migliaio di YEAH!, ma sganciando l'ultima bomba – il lavoro con Wren Lane in un film a Lone Butte – fece impennare la sua popolarità sui social media. Il suo ORA raggiunse 374.565 YEAH! e la notizia del film, della location e della posizione di Wren Lane si diffuse a velocità supersonica, più veloce di Maggiore Orsa nello spazio. L'informazione fu aggregata da tutto l'etere, sui siti di e-news dello showbiz, dello spettacolo e dei fan. Hang To aveva dato a Internet uno scoop.

Wren non sapeva ciò che stava succedendo sui social media. Era concentrata sul ruolo, impegnata a cercare di essere taciturna e preoccupata come Eve. Hang era entusiasta perché la popolarità è la moneta del regno nel mondo della stand-up. Tom Windermere non desiderava altro che acciuffarlo e scaraventarlo a terra.

Invece Wally Lank voleva scambiare due parole con quel simpaticone. Aveva seguito la diffusione esponenziale delle informazioni in tempo reale, proprio lui che si era premurato di tenere tutto top secret. Quella mattina l'alert su Wren Lane che aveva impostato lampeggiava di rosso, il colore che indicava un volume elevatissimo di menzioni online della famosa sorella.

Dove si trova WL? A LONE BUTTE? Ci so sto andando... tiro dritto fino a Wren Lane!... Quella TROIA rovinerà gli ADC! Maggiore Orsa X sempre... W.Lane mi risponderà mai?... Muori puttana! Muori puttana! Muori puttana! Muori puttana!... Vuoi essere la mia Mammina, Wren?...

Tom scortò Wren al Campo Base per l'inizio della sua giornata mentre Wally scorreva post e commenti. Utilizzava un software di sicurezza che faceva automaticamente lo screenshot di ogni minaccia online, e un database poi li incrociava con altri post del passato e creava una traccia digitale di ogni potenziale predatore. Dopo l'arresto di quel singolo invasore tenere un registro del genere era diventata una procedura standard, indispensabile se in futuro ci fosse stato bisogno di materiale per intentare cause legali. Invece la raccolta di informazioni di Tom, che si avvaleva di altre fonti, non era affatto una procedura standard.

Alle 6:44 di giovedì mattina Wally Lank inviò un messaggio ad Al Mac-Teer.

WLank@SkyPark: Hai tempo?

AMacT: Chiamami.

WLank@SkyPark: In privato di persona.

AMacT: Metto su il caffè. 114 Elm.

Il fratello di Wren era un tipo di classe, posato, e la richiesta di un faccia a faccia alle 7:00 del mattino dell'ottavo giorno di riprese mise Al sull'avviso: poteva esserci un problema difficile da risolvere. Di cosa era scontento Wally, e dunque Wren? Al sperava che non si trattasse di Ike Clipper. Se alla radice del problema c'era lui, lei e il suo capo erano fottuti.

"Bel posticino, ben tenuto," disse Wally entrando dalla porta d'ingresso che dava sul portico. "Quegli alberi devono essere vecchi come l'America."

"Un vantaggio del mio mestiere: posso scegliermi gli alloggi migliori," disse Al. "Più che altro sto in cucina. Per di qua."

Il vecchio tavolo della zona pranzo aveva le sedie in similpelle coordinate con un motivo finto marmo. La macchina del caffè era grande quanto una macchina da cucire industriale. Al tirò fuori l'espresso, lo macchiò con latte e panna e andò dritta al sodo. "Qual è lo scoop?"

"Qual è la politica aziendale sui social?" Wally sembrava davvero interessato.

"Assolutamente vietati." Chiunque lavorasse al film non doveva postare nulla a proposito del film, in nessun modo. Niente social di nessun tipo. Ogni Ordine del Giorno riportava queste parole in un piccolo riquadro nell'angolo in alto a sinistra della prima pagina: VIETATO POSTARE SUI SOCIAL MEDIA QUALUNQUE COSA SUL LAVORO CHE FACCIAMO QUI. La Dynamo Nation e Hawkeye monitoravano furiosamente tutte le notizie e i messaggi in uscita da Lone Butte. Nessun membro del cast o della troupe aveva il permesso di pubblicare un selfie per motivi legali, promozionali e assicurativi, oltre che di sicurezza.

"Uno del vostro cast ha fatto un post dicendo che si trova qui e che lavora con la mia cliente. Ovvero mia sorella."

"Chi?" Al prese il telefono per fare una RICERCA con il nome di Wren Lane e nel tempo necessario a un quark per passare attraverso una trave d'acciaio ecco Miss Lane dovunque nel maledetto Internet. Scrollando un po' più giù con il pollice, Al arrivò a BiO, al video ORA di Hang To. "Non va bene," disse Al. "Goditi il caffè, me ne occupo io."

"Hai dell'Ovomaltina?" Siccome nel copione Eve la Guerriera prendeva il caffè con l'Ovomaltina, Wren aveva iniziato a fare lo stesso. E anche se all'inizio Wally era impallidito per quella sua nuova abitudine, adesso non prendeva mai il caffè senza.

"No, mi dispiace." Al poi gridò: "Ehi, Ynez?"

Ynez rispose da una Internet da letto al piano superiore. "Sì?"

"Puoi andare al motel e portarmi qui Hang To?"

"Quanto in fretta?"

"Adesso."

"Vuoi anche la colazione?"

"No. Solo Hang To."

"Ricevuto!"

Ynez entrò in cucina con una tazza di caffè in mano. "Oh! Buongiorno, signor Lank." Uscì dal portico sul retro facendo sbattere la zanzariera.

"Solo Hang To?" disse Wally. "Suona come una condanna per omicidio."

"Può darsi. Questo è un casino bello grosso. Wren come l'ha presa?"

"Non lo sa, e se ce ne occupiamo noi resterà tranquilla." Al non la smetteva di mandare messaggi.

AMacT: Signor To? È sveglio?

TO2TO: Sì, ma no.

AMacT: Vorrei invitarla a fare due chiacchiere davanti a un caffè adesso.

TO2TO: ? & ?

AMacT: A casa mia. Ynez la aspetta con la macchina appena è pronto.

TO2TO: !

Alacre, Ynes lasciò Hang sotto il portico sul retro del 114 di Elm Street e richiuse la portiera con un colpo secco.

Al lo accolse con "Ecco il nostro uomo da Lima." Dopodiché lo fece accomodare in cucina, gli offrì un caffè, lo presentò a Wally Lank e gli fece una domanda. "Non hai ancora visto l'Ordine del Giorno, vero?"

"Avrei dovuto vedere un Ordine del Giorno?" sbadigliò Hang. Se era sveglio così di buon'ora l'unica ragione era che Cassandra Del-Hora aveva ordinato agli Investigatori di trovarsi da lei per iniziare a memorizzare le nove pagine di dialoghi delle scene 13 e 14.

"Te l'ho stampato," disse Al mettendogli di fronte, accanto al caffè, l'ultimo Ordine del Giorno. "Ecco quello di oggi. Diamogli un'occhiata insieme, ti va?"

"Ok," disse Hang sorseggiando il caffè più forte che avesse mai assaggiato.

"Partiamo dal fondo..." Erano tre sfogli stampati su entrambe le facciate, per un totale di sei pagine. "Queste due sono le norme di sicurezza per l'uso del fuoco da parte degli Effetti Speciali. Roba da assicurazioni... In queste pagine invece ci sono i nomi di tutti i membri della troupe e dei capireparto, insomma, tutti quelli che lavorano in questa produzione. E qui c'è un mucchio di informazioni che nessuno legge mai... In prima pagina invece, qui in basso, c'è il programma di domani, o meglio tutte le cose che dovremo fare oggi per essere pronti domani... Più su, qui, lo vedi? Il numero di cestini di cui avremo bisogno, gli orari della Convocazione Artisti... e quando devono arrivare sul set. Guarda, ci sei anche tu! Numero 9 della Convocazione, ufficialmente IN ATTESA. Oggi hai il giorno libero."

"Lo spero, devo provare insieme a Cassandra, Nick e Lala," disse Hang, aggiungendo così tanto zucchero al caffè che Wally si chiese se il ragazzo fosse stato un eroinomane.

"Qui ci sono le scene da girare oggi... la vedi la data? Giorno 8 di 53... L'ora dell'alba e quella del tramonto. Semplice, ti pare?"

"Signorina Mac-Teer," disse Hang posando il caffè. "Lo so cos'è un Ordine del Giorno. Ho preso la tessera del sindacato attori quando ho fatto il vietcong in quella miniserie ambientata nel 1968."*

"Veramente?" Wally Lank guardava docuserie, perlopiù. "Era ben fatto."

Al riprese: "Allora non ti suoneranno nuove le parole in questo piccolo riquadro, proprio qui sulla prima pagina dell'Ordine del Giorno." Indicò:

VIETATO POSTARE SUI SOCIAL MEDIA
QUALUNQUE COSA SUL LAVORO
CHE FACCIAMO QUI

"Chiaro, no?" chiese ad Hang.

"Sì, chiaro." Hang sapeva leggere. Certo, questo era il primo Ordine del Giorno di *GI:LFDI* su cui posava gli occhi, dato che non avrebbe lavorato fino a... OH, MERDA! "Ho postato un ORA sulla

* *1968*, in streaming su EnterWorks. Non serve che cerchiate Hang To. Non lo si vede mai in faccia. Urlava parolacce da un albero.

mia pagina BiO!" Fino a quel momento Hang si era pavoneggiato del casino suscitato da quel post, i suoi amici non la smettevano di congratularsi e il suo manager era sicuro che quella performance digitale gli avrebbe procurato altri ingaggi.

"Sì," disse Wally. "Per favore, toglilo."

"Subito," aggiunse Al. "Adesso."

Hang si frugò addosso in cerca del telefono. "Volete licenziarmi perché non sapevo che non dovevo postare su BiO?"

Al spiegò: "I tuoi manager avrebbero dovuto saperlo, ma non ho controllato. Colpa mia. Più tardi mi sentiranno anche loro."

Hang trafficò con il telefono finché non ebbe rimosso il post. "È una questione legale?"

Al guardò Wally perché fosse lui a spiegarlo.

"Proviamo a chiarire la situazione," disse Wally in tono amichevole e insieme agghiacciante. "Quello che non vogliamo sono persone che arrivano a Lone Butte fingendosi dei fan. Perché c'è chi non si accontenta di fotografare i camion della produzione e i cartelli di benvenuti in città, e magari di fare la posta fuori dal motel per cercare di scattarsi un selfie con il tizio che interpreta Lima. Insomma, meno gente conosce i nostri segreti, meglio è. Tutto più chiaro?"

"Adesso sì," disse Hang. Questo Wally Lank aveva la lingua biforcuta o il garbo di un assassino. "Per la cronaca tu chi sei? E perché parli con me?"

"Collaboro con Wren Lane fin dal concepimento."

Siccome Tom Windermere teneva un database di Valutazione delle Minacce (se ne registravano dodici, al momento), decise di coinvolgere una squadra di ex poliziotti che avevano intrapreso una seconda carriera nel settore della sicurezza privata. Insieme ad Al stabilì un perimetro attorno alle location e agli uffici della produzione a Lone Butte, e verificò che i badge identificativi della troupe e le tessere sul cruscotto di ogni mezzo fossero validi e aggiornati. Ogni due giorni avrebbe cambiato le auto riservate a Wren perché nessuno potesse riconoscere quella su cui viaggiava. Uno degli ex poliziotti avrebbe sorvegliato il Campo Base e il set vestito in borghese, tenendo d'occhio l'andirivieni senza interferire o creare distrazioni. In più Tom aveva chiesto a Laurel di andare al canile e di scegliere due cani, poi aveva chiamato un addestratore affinché gli animali venissero subito addestrati per abbaiare agli estranei, per il semplice fatto che davanti a un cane che abbaia la maggior parte dei predatori se la fa addosso.

Tutti questi accorgimenti arrivarono a costare alla Dynamo quasi un milione di dollari per la durata delle riprese. Quando Meghan Bachmann-Seritas, dell'Amministrazione della Dynamo, fece notare ad Al che questi costi avrebbero dovuto rientrare nel budget già concordato, Al la informò del contrario e... be', che si fottessero, come dicono di solito gli uomini a proposito di dettagli del genere.

RIPRESE, GIORNO 9 (DI 53)

Il venerdì andò liscio più di quanto la troupe potesse desiderare. Wren e Ike girarono degli EST. GIORNO* nel centro di Lone Butte/Iron Bluff diretti da Bill, dopodiché lavorarono con la Seconda Unità e con gli Effetti Speciali per dei campi lunghi solitari solitari. Gli Investigatori erano stati convocati per l'Arrivo in Macchina da Clark's.

E con minimi aggiustamenti alla macchina da presa gli Investigatori si precipitarono fuori dal SUV ancora una volta e poi rimontarono a bordo e se ne andarono segnando la fine della scena 78.

Sul set venerdì si palesò anche Clancy O'Finley, che interpretava il VECCHIO CLARK. Qualcuno si aspettava un irlandese dai capelli rossi, visto il nome sulla Convocazione. Invece no. Bill lo ricordava nel ruolo del Sergente Adams in *Mordi e fuggi*, una serie poliziesca di decenni prima: quando se l'era ritrovato al provino stentava a credere che fosse ancora vivo.

"Ho bisogno che Clark abbia un volto all'altezza della sua storia," aveva detto Bill affidandogli la parte. "Voglio che il pubblico si chieda: Cosa ci fa quest'uomo a Iron Bluff?"

* Ripresa in ESTERNA, di GIORNO, nel gergo da sceneggiatura.

"Esiste una risposta precisa a questa domanda?" aveva chiesto Clancy.

"Quella che è giusta secondo te," aveva ribattuto Bill. E in quel momento Clancy aveva deciso che Bill Johnson gli piaceva molto.

La prima apparizione di Clancy sul set prevedeva due battute.

```
1A VETRINA DELL'EMPORIO E BAR CLARK'S.

VECCHIO CLARK. . .

Sta guardando fuori dalla vetrina del ne-
gozio. Gli è già capitato di vedere questa
donna comportarsi così.

                VECCHIO CLARK
    (un sussurro)
    Che succede, ragazza?... Che cosa ti
    perseguita?
```

E poi:

```
3 IL MALE NELL'ARIA

Il vortice diventa più grande, più veloce,
sta cambiando colore...
Adesso a vorticare non è solo la polvere
della strada, si vede del... fumo.

                VECCHIO CLARK
     (guardando)
    Quello. . . che diavolo. . . è?
```

Tre setup diversi in trentatré minuti.

Alle 18:58 decretarono la fine delle riprese per la settimana.

"Sono stati cinque giorni carichi di azione, grazie a tutti," disse Yogi alla radio. "Godetevi il finesettimana e ricordate che vi vogliamo bene."

GLI ATTORI

Cassandra Del-Hora aveva interpretato la Signorina London in tutti i capitoli di Ultra/Agenti del Cambiamento. I fan si aspettano sempre di ritrovarla nei film e al Comic-Con. Il capitolo in cui la si vedeva di più era stato *ADC2: Rinascimento*. Da lì in avanti per impersonare il Tenente Colonnello London del Corpo dei Marines (ora in pensione) le erano bastate poche settimane di riprese. Fu richiamata in scena per *GI:LFDI*.

Ne aveva discusso con Bill Johnson; si aspettava di trovarlo sotto pressione costante da parte della Dynamo, che sicuramente avrebbe preteso dal regista ciò che la Dynamo aveva stabilito nel suo piano strategico: e di certo in quel piano l'opzione di mandare all'aria il franchise miliardario della Dynamo non era contemplata. Invece Bill Johnson aveva l'aria di una tranquilla giornata di pesca insieme al nonno sulla riva di un placido ruscello.

"Cosa ne pensa?" le aveva chiesto Bill su Zoom. Lei era nella sua casetta sull'Hudson, lui da qualche parte in Texas o in Arizona su un campo da golf.

"Signor Johnson," aveva risposto lei. "Finora nessuno per questi film mi ha mai chiesto qualcosa di più che mettermi in posizione e spicciarmi."

"Me ne sono accorto." Bill aveva visto tutti i film di Ultra/ADC. "E mi chiami Bill."

Cassandra proseguì. "La Signorina London che ha scritto lei è la più interessante di tutte, non c'è paragone con quelle di prima. Perché non è più nei Marines? Perché quest'attenzione per la sua vita da civile?"

Bill disse: "L'uniforme è una cosa vista e stravista, ho spiegato alla Dynamo che un cambiamento tra un film e l'altro può aprire possibilità creative per i prossimi capitoli. Non le piace?"

"Anzi," disse Cassandra. "Potrò mettermi qualcosa di diverso dal blu e dalla mimetica. Posso farle una domanda diretta?"

"Solo se è pronta ad accettare una risposta altrettanto diretta."

"Si è mai parlato del fatto che io invecchio, e di prendere una più giovane?"

"Qualcuno agli studios ha detto qualcosa del genere, ha detto che i giorni da Milf della London erano contati. Ma per la produzione esecutiva, signorina Del-Hora, lei incarna la continuità nel mondo Ultra. Non posso dire lo stesso del tizio che interpreta Leone Marino. Lei sa cosa fare nel nostro film. Non mi metterò in mezzo purché sia puntuale, conosca il testo e ci dia dentro in scena. Non si arrabbi se le tocca fare l'Ombrello in piena estate."*

Cassandra era la Numero 3 nella Convocazione, il posto più alto mai raggiunto in carriera. London era una componente essenziale in *GI:LFDI*, e sicuro che ci avrebbe dato dentro.

* * *

CASSANDRA DEL-HORA (Agente London): "Di solito cosa faccio durante il weekend? Quando sto lavorando? Dormo. Faccio una passeggiata. Mi riprendo dalla settimana, proprio come voi. Ma questo finesettimana no. Avete dato un'occhiata alle scene 13 e 14? Nove pagine di dialoghi. E tutti quei dati sugli schermi dei computer. Nick, Lala e Hank, cioè Hang, verranno da me, così studieremo insieme le scene.

"La gente mi chiede: *Come fate a ricordare tutte quelle battute?* Le impariamo. Ci mettiamo ore e ore. Ci aiutiamo a vicenda. Ripetiamo la scena più volte se è lunga; e nove pagine sono lunghe. Se ci presentassimo sul set senza conoscere a fondo i dialoghi sarebbe un disastro. Da irresponsabili. Invece di un giorno ce ne vorrebbero due, e una scena per cui ci sono voluti due giorni alla fine potrebbe finire tagliata e la voce si spargerebbe: gli attori non sapevano le battute. Ovvio che quando poi gireremo lavoreremo un po' sul ritmo per adattare il dialogo al

* Il Set Ombrello è il set alternativo, in interno, che si tiene pronto quando c'è il rischio che la pioggia renda impossibile le riprese sul set in esterna.

set. Serve questo per trovare la verità. Avete visto la 13 e la 14? Come mi ha detto una volta una grande signora del teatro, 'non c'è niente come la conoscenza del testo, quindi impara le tue maledette battute.'

"Le riprese ad Atlanta con gli altri ADC sono state come delle reunion per noi che veniamo dai capitoli prima. Secondo me può funzionare se Bill e la produzione discutono delle esigenze specifiche di questo film e intanto la Dynamo protegge l'arco narrativo di tutta la saga Ultra. Quando Wren è arrivata per girare i flashback era come una matricola tra noi veterani. Ma ha fatto il suo, ha indossato i panni del personaggio e ha reclamato il suo posto. Di tutto il cast solo io e lei abbiamo ricevuto la sceneggiatura completa, gli altri avevano solo delle parti. La Dynamo mantiene sempre il massimo riserbo sulle pagine.

"Faccio l'attrice di professione da sempre, sì. Anche teatro. Ho fatto una piccola parte in *Mordi e fuggi* con Clancy O'Finley quando io ero piccola e lui era una leggenda; non che lui se lo ricordi. È stata una grande occasione per me, avevo appena chiuso la mia breve esperienza a Broadway con *La ruota del vento*. Mi ero trasferita a Los Angeles. La California non mi piaceva. Mi chiamano per un film di supereroi e mi ritrovo in uniforme da Marine a correre nel deserto del Marocco! Ho colto l'occasione. Il Maggiore London diventa il Tenente Colonnello London, una degli Agenti del Cambiamento privi di superpoteri. Ed eccola qui, che fa il capo, e le suona di santa ragione a tutti. Io amo London. Lone Butte? Fa caldo. Secco."

CLANCY O'FINLEY (Vecchio Clark): "Lo confesso, non mi ricordavo di Cassandra. Ma non ho molti ricordi di *Mordi e fuggi*. La cocaina. Dio ti regala un po' di dolcezza nella vita e il diavolo ti fa diventare goloso. A un certo punto le storie dei tossici diventano tutte uguali. Tocchi il fondo. Poi ci sono i dodici passi, se sei fortunato.

"Che cosa mi ha salvato? In una parola? Il golf. Non c'è da ridere. Mi sono fatto diciotto buche al giorno per centodue giorni di fila, insieme a un ex spacciatore di eroina, un ventiquattrenne alcolizzato che aveva iniziato a bere a nove anni e un pompiere che aveva sniffato talmente tanto che aveva le narici di pongo. Io ero l'unico attore del gruppo. Come ho fatto a continuare a lavorare è un mistero di Dio.

"Cassandra ha detto che ero una leggenda? Credo che si riferisca all'Amleto, quello che abbiamo messo in scena all'U.P.L. di Philadelphia.* Che produzione: sessanta persone in scena. All'inizio eravamo più di quelli in platea. Poi si è sparsa la voce dell'Amleto Nero. Un Amleto di colore? Stronzate. Ho fatto *Amleto*. Punto. Ho recitato a Broadway. Ho partecipato a molti festival shakespeariani. Otello? Malvolio. Re Enrico. Poi basta. Mi sono stufato di poter tenere in macchina tutti i miei averi. Ho provato a recitare a Los Angeles. Ruoli da pappone e da spacciatore. Un Amleto mai. Poi è arrivato *Mordi e fuggi*. Poi i problemi. Nelle ultime due stagioni mi sono disintossicato. Sono stato Dottor Theo in *Pronto soccorso* per tre anni. Ho rifatto un mucchio di soldi. Ho conosciuto mia moglie. Ho avuto due figli. Ho continuato a beccarmi bei ruoli. Ho fatto film in Romania che in America non ha visto nessuno, forse solo in videocassetta quando c'erano le videoteche. Siamo nel 2525 e sto lavorando di nuovo con Bill Johnson e Cassandra. Eh? Sul serio? Io? Davvero?

"Una cosa che vorrei cambiare se potessi? Il nome del mio personaggio. Vecchio Clark. Vorrei che fosse Clark il Bello.

"Cosa faccio nei finesettimana? Grido *scansatevi* a quelli sul campo da golf, che sennò li centro con la pallina!"

CLOVALDA (Lala) GUERRERO (Agente Madrid): "Io abito ad Albuquerque. Lavoravo nella scuola. Un lavoro d'ufficio. Adesso sono una performer. Faccio pubblicità e sono su un cartellone di un'azienda di vasche idromassaggio. Ho avuto il ruolo della Signorina Madrid perché ho recitato in un film intitolato *Albatross*. Mi ero presentata ai provini per i locali e Bill mi ha scritturato. Ero la centralinista della polizia. La sera che è quasi finita a pugni io c'ero. Una vera scazzottata. Credevo che il film fosse fantastico. Per

* Urban Performance Loft. Ora scomparso, ma all'epoca è un luogo importante.

forza, c'ero dentro anch'io. Poi, Bill mi ha chiamato per lavorare una settimana in *Una cantina piena di sound*: ero l'istruttrice di guida che boccia il bassista. Non so perché Bill continua a darmi queste parti. Non mi fa fare nemmeno il provino.

"Madrid compare in tutte le scene con gli Investigatori. Cassandra è forte, Hang è divertente. Nick ha la faccia di chi è nato per ascoltare. Ci avete fatto caso? E poi dice le battute come se gli fossero appena venute in mente. Bill vuole che io parli come una centralinista della polizia che adesso insegna il codice della strada. Mi fa troppo ridere.

"Se sono nervosa? Di lavorare in un film? No, non proprio. Bill dice sempre che non devo farmi problemi a dire quello che penso, che così non corro il rischio di sbagliare. Lui non inserirebbe mai nel film qualcosa che non funziona, perciò non devo preoccuparmi. Non credo di aver mai avuto una brutta giornata sul set, tranne quando fanno a pugni.

"I finesettimana li passo a parlare con la mia famiglia su Skype. E a provare le scene. Cassandra è impazzita per le scene tredici e quattordici."

NICK CZABO (Agente Glasgow): "Glasgow è il primo lavoro dopo il lockdown. Dovevo fare una miniserie per WinCast ma è stata rimandata di sei mesi e poi l'hanno cancellata. Ho passato un anno a Topanga, nella casa dove vivo con mio marito. È una casa costruita sull'orlo di un canyon da un pazzo negli anni Sessanta, tutta di pietra. Per noi è perfetta. È a prova d'incendio, in pratica. Mentre con le alluvioni ce la caviamo peggio.

"Ho iniziato a recitare al college, ma poi ho imparato ad andare sui pattini facendo il mangiafuoco. Mi sono trasferito a Las Vegas e ho lavorato negli intervalli dei grandi spettacoli. Guadagnavo tramite la AGVA.* Poi sono andato a New York per studiare alla Civic Playhouse e ho fatto uno spot per l'aspirina. Credo che Bill mi abbia dato Glasgow perché peso ancora come durante il lockdown, mentre gli altri sono tutti così in forma."

* American Guild of Variety Artists, la Gilda degli artisti di varietà d'America.

HANG TO (Agente Lima): "Posso parlarci con te? Non è che poi qualcuno mi sgrida un'altra volta? Mi è già bastato lo sguardo assassino di Wally Lank, e non voglio che si rimetta a farmi la predica con quel suo tono da non ti faccio niente. Se hai delle domande per me prima passa da Al Mac-Teer e poi mandamele per iscritto.

"Comunque non ho tempo per te. Cassandra vuole che andiamo da lei per lavorare ancora sui dialoghi. Hai visto le scene, la 13 e la 14? È più facile memorizzare gli ingredienti di una lattina di Diet Mountain Dew."

ELLIOT GUARNERE (Amos il "Nonnino" della Guerriera): "Figliolo, faccio l'attore da prima che tu imparassi a masticare. Se mi metto a raccontare tutto quello che ho passato la faccio talmente lunga che ti cascano le orecchie. Se fai attenzione e non sbatti mai le palpebre mi vedi anche in *Guerre stellari*."

"Oh, della signorina Lane potrei parlare per ore. Mi ha invitato nel suo camerino per un tè, e io sarei rimasto lì. Abbiamo chiacchierato come due vecchi amici. Ho visto i suoi film, sì. La sua interpretazione in *Pervinca* mi ha ricordato, oh, chi era? Come si chiamava...

"In quel film... Oddio. Te lo dico non appena mi viene in mente, roba di un minuto o due...

"La signorina Lane ha voluto sapere del Nonnino, mi ha chiesto chi è e qual è la sua storia, la sua vita. Mi ha fatto tante domande. Del suo personaggio non ha parlato, solo del mio. Unica.

"Questo è il mio quarantasettesimo film. Ovviamente nel conto ci metto anche quelli dove avevo solo una manciata di battute, uno o due giorni. Non mi davano un ruolo importante come il Nonnino dai tempi di... Meryl Streep! In *La scelta di Sophie*!"

AEA KAKAR (Infermiera Sue): "Il signor Johnson mi ha fatto fare il provino via Zoom. Mi aveva visto in *M*A*S*H*Ghanistan*. Ho interpretato la Donna Che Non Voleva Dire Cosa Era Successo. Secondo lui con la faccia riesco a fare più domande di quelle che si fanno con le parole. Ho fatto molte infermiere. Devo essere quel tipo lì. Ho preso lo stesso aereo di Elliot Guarnere da Los Angeles e ci siamo seduti vicino. Non ci conoscevamo, ma quando abbiamo scoperto che tutt'e due lavoravamo a questo film non abbiamo più smesso di parlare. L'ho aiutato ad andare in bagno e l'assistente di volo ha pensato che fossi la sua infermiera. Sì, devo essere proprio quel tipo lì."

RIPRESE, GIORNO 10-14 (DI 53)

Quelli degli Effetti Speciali si sparpagliarono per tutta Lone Butte partendo dal vecchio Trestle Bridge per le riprese aeree con il drone e alcune picchiate: avrebbero poi aggiunto in computer grafica Eve la Guerriera che correva, saltava e svolazzava sfruttando la sua supervelocità. Invece la Internet C girò dettagli e coperture in totale autonomia (tipo Eve che sguazzava nella piscina gonfiabile sul set in caldo), ma restando sempre nei paraggi in modo che Bill potesse arrivare con il golf cart per dare il suo ok alla composizione dell'immagine. Per riuscire a girare il materiale previsto dalla seconda settimana di lavorazione nell'Ordine del Giorno avevano inserito anche Barry Shaw, Clancy O'Finley e molti degli ABITANTI.

Lavorando in Split, la Prima Unità aveva a disposizione solo metà giornata di luce naturale (due magnifici ciak al tramonto), una finestra di tempo limitata, e questo costringeva SAM a fare i salti mortali. Dopo la pausa per la cena, i marciapiedi e gli edifici di pietra cominciarono a perdere un po' del calore accumulato sotto il sole a picco e la sera divenne mite, la temperatura perfetta per stare in maglietta e pantaloncini. Fra una ripresa e l'altra Wren si infilava le infradito. Poi attaccarono con le riprese in notturna: le scene 93 e 93XX, gli elementi del Combattimento Numero 2 Eve/Incendiario, la battaglia nel centro di Iron Bluff con il napalm (effetti speciali) e le fiamme (computer grafica). Erano stati accesi dei fuocherelli che i Vigili del Fuoco venuti da Chico tenevano sotto controllo dai camion. Dovettero portare imbragature e altro equipaggiamento per sospendere a mezz'aria Wren e Ike, che lì appesi a mo' di marionette risero come bambini.

Nelle ultime tre ore di riprese il Catering fece arrivare un camioncino dei gelati. Ynez fece in modo che chiunque per una ragione o per l'altra non poteva allontanarsi dalla sua postazione ricevesse coppette e coni alla vaniglia, al cioccolato o tutti e due. Se qualcuno avesse chiesto di scegliere la cosa più rilevante dei giorni 10-14, tutti avrebbero risposto la chimica tra Wren Lane e Ike Clipper, soprattutto nella 93A, quando l'Incendiario è senza elmetto. Eve gli dava un calcio in testa facendolo volare via e l'Incendiario se ne restava lì ferito e vulnerabile. Non era più un mostro, ma un bimbo spaventato.

Chiamarono la fine delle riprese alle 00:46 di sabato mattina. Poche ore dopo, Asso portò Ike all'aeroporto per il primo di molti voli verso casa, una toccata e fuga per mettere in valigia Thea e la piccola Ruby e portarle finalmente a Lone Butte per il weekend. Non si dava pace che Thea Cloepfer crescesse quella bambina da sola. Per nessuna ragione. Non mentre Ike diventava una star del cinema lavorando fianco a fianco con il Sergente Durello...

RIPRESE, GIORNO 15-19 (DI 53)

Le riprese di lunedì – le scene della famiglia di Eve in veranda – furono a dir poco un sogno. Elliot e Aea trovarono subito una grande intesa, tanto che sembravano una vecchia coppia dello spettacolo con decenni di esperienza nei locali notturni. Il Nonnino e l'Infermiera Sue erano così affiatati che nei primi due allestimenti Eve si sentì come un guanto sinistro spaiato. Si rilassò solo quando Elliot le fece i complimenti.

"Arriccia le battute come Debra Winger, signorina Lane." Debra Winger faceva sciogliere Elliot Guarnere in un fiume di lacrime ogni volta che appariva sullo schermo. Ed essere paragonata a lei (la Bette Davis dei suoi tempi) fece sciogliere Wren in un fiume di gratitudine. Per tutta la mattinata le Brave Cuoche e Kenny ci misero ancora più cura per prepararla ai primi piani.

Tutto filò liscio come su un mare senza vento. Bill riuscì anche a fare delle coperture in più rispetto a quelle programmate, un lusso.

Per martedì servivano solo il Nonnino e l'Infermiera Sue nel cortile sul retro, quindi Wren girò con la Seconda Unità per tutta la mattina, poi andò al teatro di posa con il green screen nella fabbrica di lampadine per le prime sequenze di combattimento con l'imbragatura. Non leggere il nome di Ike nel programma fu una delusione.

Alle 13:44 Asso andò all'aeroporto con un furgone Sprinter per accogliere il clan Cloepfer al gran completo. Ike, Thea e la piccola Ruby. Erano sbarcati dall'aereo sfiniti, nervosi e privi di qualsivoglia senso dell'avventura. Avevano così tante borse e roba per bambini che il primo tentativo di far entrare tutto nello Sprinter fallì. Non fu facile allacciare correttamente il seggiolino di Ruby. In aereo era successa la stessa cosa.

Per di più, dopo aver passato tutto quel tempo sul seggiolino Ruby non era una bambina felice. Nel tragitto per il motel si dimenò, pianse e strillò quasi ininterrottamente. Asso non perse mai il sorriso, contento che i suoi figli avessero più di trent'anni. Thea credeva che le sarebbe esplosa la testa. Ike continuava a scuotere un mazzo di chiavi-giocattolo ma la bimba piagnucolava, e così lui iniziò a farsi un'idea delle fatiche che lo attendevano nel ruolo di attore/padre di famiglia. Non vedeva l'ora di essere convocato e di stare sul set tutto il giorno, o di camminare lungo Webster Road con le pause per i burpees.

Aveva chiesto al motel due camere vicine, due standard collegate da una porta, ciascuna con due letti matrimoniali. Thea diede un'occhiata e scosse la testa, che le pulsava.

"Non c'è la cucina," osservò.

"Ci sono la caffetteria e la piscina," le fece notare Ike. Era vero, la piscina c'era. Dietro l'accettazione del motel, a poche centinaia di metri dai camion che rombavano su e giù lungo l'interstatale. Lì accanto c'era anche un parco giochi: un'altalena di assi di legno scheggiate e un tubo/scivolo di plastica scolorita dal sole: ci si sarebbero potuti cuocere i biscotti, lì dentro, tipo forno ventilato.

Thea non era soddisfatta della sistemazione, e Ike lo sapeva perché la moglie si era fatta silenziosa. Poi un messaggio di Yogi gli fece trillare il telefono: "Da qui a venerdì ti metto Reperibile per il green screen. Tieni d'occhio il foglio con le Convocazioni e bentornato. TVB."* Thea accolse la notizia con un'occhiataccia. "Reperisci anche me, per favore." Poi fece una domanda: "Quanto durano le riprese di questo film?"

* * *

L'indomani Wren era sul set Casa della Famiglia di Eve insieme a Elliot e Aea. E Clancy O'Finley avrebbe dovuto rifare alcune scansioni digitali prima di incontrarsi con Doc Ellis, per provare a capire insieme quali acrobazie si sentiva di affrontare e trovare una controfigura per quelle più impegnative.

"Il Vecchio Clark deve fare i numeri acrobatici?" chiese Clancy. In una delle innumerevoli riletture della sceneggiatura, Bill Johnson aveva stilato una lista di inquadrature per l'incontro notturno tra Eve e l'Incendiario su Main Street: un incontro tutto azione. E nel tentativo di spegnere le fiamme che minacciavano il suo negozio, il Vecchio Clark doveva fare un ruzzolone. Sempre che Clancy ci riuscisse senza farsi male. "No, non ci riesco," disse l'attore. E quando la controfigura si esibì in un ruzzolone, malgrado fosse protetta dalle imbottiture si procurò una lesione alla spalla che altrimenti sarebbe toccata a Clancy.

Ike si presentò alla fabbrica di lampadine dopo essere passato al Campo Base per il trucco, una gloriosa Convocazione alle 6:00 del mattino. Più tardi Asso portò Thea e Ruby al Campo Base per il pranzo nella Sede dell'Associazione Coltivatori di Mandorle, giusto per tirarle fuori dalle due stanze del motel. A scortare le nuove arrivate fu il sempre disponibile Cody. Le ragazze Hill mangiarono in una sala quasi vuota perché la Prima Unità non aveva ancora staccato per pranzo e Casa di Eve distava otto minuti a piedi. Mentre si prendeva una macedonia

* Ti vogliamo bene.

anticipata, Ynez riconobbe Thea e Ruby: Ike le aveva mostrato delle fotografie.

Esordì così: "Questa è la piccola Ruby?" Thea non parve gradire perché immaginava che Irving le avrebbe raggiunte per pranzo. Invece non si trovava neppure nell'edificio.

PONYTEXT Da: YNEZ - Famiglia VIP in Ufficio Produzione.

AMacT: ?

PONYTEXT Da: YNEZ - Famiglia di Ike.

AMacT: ! Portali sul set!

PONYTEXT Da: YNEZ - Anche la bambina?

AMacT: Arrivo.

Al salì da sola a bordo di un furgone enorme e un autista la accompagnò. Voleva salutare la signora Incendiaria ASAP.

"Eccola, la Ragazza in Bagno!" gridò. "Ciao, Thea!"

Thea aveva recitato in *Una cantina piena di sound*, sì. Ricordiamocelo.

Al si sedette insieme alle due VIP e prese a forchettate una specie d'insalata. Al Campo Base, intanto, Nina accennò a Wren che la moglie e la bambina di Ike erano al catering e che non c'era nessuna ragione per cui la Numero 1 delle Convocazioni non dovesse incontrare la Signora del Numero 2. Restarono tutti sorpresi quando insieme alla troupe che si riversava nella sala per il pranzo apparve nientemeno che Eve la Guerriera. Wren si ritirava sempre in camerino durante la paura pranzo, per meditare e farsi un frullato proteico.

"Ciao, Thea," disse la star del cinema. "Sono Wren. È meraviglioso averti qui."

"Wren, finalmente ci incontriamo," disse Thea. Wren era bellissima, ma non era così snella e scolpita come la facevano sembrare. "Sei troppo buona con mio marito. O almeno così mi dice lui."

"Ike mi ha detto che sei un'attrice anche tu."

"Ho cominciato prima di Ike," la informò Thea. "Quindi direi di sì."

"Era la Ragazza in Bagno in *Una cantina*," intervenne Al, per dare peso allo status di Thea lì sul set.

"Ah," disse Wren. E si sedette con loro. Nel brusio della sala, le tre donne chiacchierarono e infilzarono un po' d'insalata. Ynez aveva scovato dei Cheerios e si mise a imboccare la bambina, un cheerio per volta.

"Dove vi siete sistemate?" chiese Wren. Anche Al voleva saperlo, supponendo che Ike si fosse arrangiato a chiedere all'Accoglienza un posto abbastanza grande per la sua nidiata.

"Al motel," disse Thea.

La voce di Al risuonò sopra il baccano della sala: "Cosa?!" Qualcuno si girò.

"Abbiamo due camere vicine. Il ristorante e gli snack nella lobby. Messicano, pizza e roba così al di là del parcheggio. E una piscina. L'ho vista."

"Al motel?" Wren sollevò un sopracciglio perfettamente modellato. "Non potete stare in un motel."

"Sono d'accordo."

Al intervenne: "Parlo io con l'Accoglienza."

"Non vogliamo creare problemi," disse Thea, contenta di aver creato un problema. Il motel non era una discarica, ma lei voleva un posto con delle finestre che si potessero aprire.

"Non è un problema," disse Al, alzandosi. "Perché quel pollo di Ike non ha chiesto alla produzione di trovarvi una sistemazione migliore?"

"Io mi sarei spinta un po' più in là di *pollo*," disse Thea.

Al visualizzò i suoi promemoria mentali.

Primo: la faccia di Ike Clipper e un enorme punto interrogativo. Perché non aveva chiesto aiuto alla produzione per prendersi cura della sua famiglia?

Secondo: un'auto a noleggio con un seggiolino per bambini, tutto a spese della produzione. La piccola Ruby non avrebbe dovuto aspettare un passaggio dai Camionisti.

La terza: Una casa. Un alloggio migliore per la famiglia dell'Incendiario.

La quarta: Una dispensa piena di cibo. Ynez avrebbe fatto la spesa una volta trovato un posto.

La quinta: Un Ordine del Giorno con Thea Hill in un ruolo

DA DEFINIRE, perché la donna potesse prendere parte al film, riporre delle aspettative in qualcosa che non fosse il ritorno del marito da una giornata trascorsa con Wren Lane.

Anche Ynez visualizzò un promemoria mentale: l'immagine di sua cugina Lupe che teneva in braccio la piccola Ruby. Thea aveva bisogno di una babysitter.

Anche Wren aveva un'immagine in testa: le dépendance vuote nella sua tenuta. Una di preciso: quella grande vicino al laghetto.

Tornando sul set della Casa della Famiglia di Eve, Wren trovò Al seduta al Video Village. Era al telefono con l'Accoglienza.

"Ci dovrà pur essere qualcosa di libero in città," diceva Al.

La casa di Franzel Meadows, già residenza di OKB, era stata data a Cassandra Del-Hora. Peccato, perché quel posto sarebbe stato un bel balzo per i Clipper. "Abbiamo la tecnologia e la manodopera per rendere qualsiasi posto a prova di bambino. Ok... Ok. Ma questo problema va in cima alla lista, ok? Risolviamolo subito. Richiamami."

"Ehi, Al," disse Wren. "Ho un'idea."

"Adoro le idee."

"La casa per Ike. Ha bisogno di un posto, no?"

"Lui? No. Sua moglie e sua figlia sì. Ike sarebbe felice anche giù al fiume in una tenda anteguerra."

"Be', io ho una dépendance in più."

"Lo so."

"Tom e Laurel stanno in quella comoda, Wally sta nella yurta. Quella libera ha tre camere da letto e una vasca idromassaggio."

"Ed è una dépendance?"

"Lo so. È imbarazzante."

"Non so se è una buona idea che vengano praticamente a vivere con te. La vicinanza potrebbe provocare... disagio."

"Io pensavo che potresti venirci tu."

"Io?"

"Sì. Io e te siamo sempre al lavoro. Volendo possiamo evitare di incontrarci. Tu potresti fare avanti e indietro e avresti la tua cucina. E lasci la tua casa a Ike, alla sua splendida moglie e alla sua adorabile bambina. Stai da me e la produzione risparmia qualche soldo, no?"

"Sei gentile quanto intelligente," disse Al. "Ma in settimana Ynez si ferma a dormire da me per non guidare tutte le sere fino a Sacto o dormire in macchina, cosa che ha già fatto qualche volta."

"Potrebbe stare in una delle camere da letto."

"A te andrebbe bene?"

"Perché no? Siamo tutte oneste lavoratrici e nessuno fuma."

"Fammici pensare," disse Al. La casa al 114 di Elm Street era a pochi passi dall'Ufficio Produzione, comoda e dotata di tutto quello che serve a un produttore cinematografico in periodo di riprese. Al viveva perlopiù in cucina. E visto che entrambi gli alloggi erano a budget, avrebbero risparmiato le spese extra di una casa per i Clipper. "Dal 114 posso andare sul set a piedi. E questo mi piace."

"Tom mi porta al Campo Base in venti minuti."

"È un tragitto da mezzo podcast. Distrarmi mi farebbe comodo. Ma mi devi promettere che quando non mi vuoi me lo vieni a dire."

"Non vedrò nemmeno la tua macchina. La dépendance è vicino al laghetto."

"Ci penso," disse Al. "Tu vai a recitare."

Quella sera, Al chiamò Tom Windermere per assicurarsi che il trasloco andasse bene al Clan Lane, dopodiché confermò tutto a Wren. Wren era felice che una persona fuori dalla sua squadra venisse a vivere a pochi passi. Con la sensazione di aver fatto una buona azione, l'attrice prese iPad e copione e se ne andò ai campi da pickleball per prepararsi alle riprese di venerdì, la scena 34. Nel film non c'erano scene paragonabili alla 34, un passaggio-chiave nell'evoluzione del legame Eve-Nonnino: una conversazione a cuore aperto dopo una delle sue terrificanti visioni. Usò l'app *ACT-1* che leggeva roboticamente le battute e gli attacchi e poi, memorizzate le battute, solo gli attacchi.

* * *

SAM mise l'intera Casa della Famiglia di Eve sotto un tendone nero, come se una squadra di disinfestatori goth fosse venuta a liberarla dalle termiti. Invece il tendone serviva per girare gli interni notte di giorno. Un enorme impianto di condizionamento pompava aria fredda attraverso tubi gialli di dimensioni mostruose, e funzionava così bene che la troupe dovette mettersi una felpa. Elliot e Aea si prepararono indossando spesse vestaglie di cotone. Il Digital Image Technician, Sepp, accese una stufetta nella sua piccola tenda nera, una tenda nella tenda.

Alcuni spiragli nel tendone rovinavano la luce, secondo SAM, e mentre si davano da fare per risolvere il problema la lista di Bill con le inquadrature da fare si allungò in modo esponenziale con tre movimenti di dolly e piani d'ascolto. Se la Casa della Famiglia di Eve fosse stata in un teatro di posa avrebbero potuto lavorare con pareti mobili, tutto comodo con una macchina da presa su un crane. Impossibile in una casa vera, un set reale.

E poi Elliot faceva fatica a ricordare le battute: imbarazzante, per un vecchio professionista come lui.

"Possiamo scriverti i dialoghi su dei cartoncini," propose Bill. "Tu e Brando avreste una cosa in comune."

"Io non sono Brando," sussurrò Elliot. "Si vedrebbe che leggo." Per aiutare il vecchio veterano a salvare la faccia e dare il meglio Bill girò la scena con calma, lentamente. Se Elliot aveva bisogno di una battuta Frances gliela sussurrava, lui non doveva far altro che fermarsi e poi ripetere le stesse parole ma con la sua cadenza. Wren si dimostrò paziente e comprensiva seduta fuoricampo, accanto alla Internet con cui stavano girando i primi piani di Elliot e i suoi piani d'ascolto. Ormai erano alla fine della settimana e l'attore era esausto, ma attribuiva la stanchezza alla qualità del lavoro richiesto da Bill e al tentativo di essere "alla tua altezza, Wren cara".

Il film era in ritardo sulla tabella di marcia. La scena 67 – INT. NOTTE – INTERNET DA LETTO DI AMOS – fu spostata a lunedì. Per praticità e comodità avrebbero preparato tre gobbi elettronici affinché Elliot potesse tenere sott'occhio il dialogo, una scena di due pagine che era quasi tutta di Amos. La 67 non si poteva fare di fretta. E non si poteva saltare. La 67 spiegava tutto il film.

Venerdì Ynez si occupò di traslocare Al dal 114 di Elm Street alla dépendance sul laghetto nella tenuta di Wren. Sistemò il suo capo nella Internet da letto più grande e prese per sé quella con due letti singoli. Rifornì la dispensa con ciò di cui sapeva che il suo capo non poteva fare a meno. Idem con la cucina dei Cloepfer: quante necessità per una famiglia di due più uno. Al chiese a Trasporti & Logistica di portare un suv ai Cloepfer e di lasciarlo nel vialetto sul retro, vicino agli alberi di susine. Poi Asso e Ynez si occuparono di spostare Thea e Ruby. Basta sibilo dell'autostrada a scandire la giornata, basta colazione nella hall del motel, basta con quei pochi metri quadri di letti doppi. Nel frattempo alla fabbrica di lampadine Ike girava alcune sequenze di combattimento senza Wren.

La settimana si concluse alle 22:17, costando alla produzione parecchi straordinari. Ynez ordinò una ventina di pizze di Big Stork e il Catering mise a disposizione borse frigo di bibite e acque aromatizzate. Improvvisarono una specie di festa dell'isolato nel cortile dietro la Casa della Famiglia di Eve, con buon vino nel rimorchio del Trucco e Parrucco e le birre al fresco nei camion. Wren ed Elliot si misero comodi, con la loro fetta di pizza in mano, a festeggiare la fine di una settimana decisamente buona.

"Cara ragazza, sei una grande artista e una vera professionista," sussurrò Elliot. "Sei un dono per tutti questi qui che fanno il film."

"Elliot," disse Wren, un po' commossa. "Grazie."

"Guardali." Indicò la troupe con la sua fetta di pizza. "Ho lavorato con certe star che facevano venire voglia alla troupe di scappare a gambe levate appena finivano le riprese."

Wren guardò la banda che mangiava, beveva e rideva.

"Grazie alla nostra incantevole protagonista tutti si fermano e stanno bene..."

Yogi ringraziò la troupe per un'altra ottima settimana di riprese e disse a tutti che la produzione gli voleva benissimo.

UN WEEKEND

In confronto al motel, il 114 di Elm Street era il 114 di via Paradiso. C'erano alberi da frutto, susine da cogliere e mangiare quando il sole estivo le maturava al punto giusto. La casa aveva l'aria condizionata ma Thea preferiva la brezza che passava dalle zanzariere, da porte e finestre aperte, rinfrescata dall'ombra degli alberi sul davanti e sospinta attraverso le stanze fino alla veranda sul retro. La casa era vecchia ma per nulla inquietante. Le assi del pavimento scricchiolavano tramutando i passi di ogni membro della famiglia in briciole di cracker che dicevano crocchiando chi era già sveglio. L'unica nota dolente era la zanzariera della veranda sul retro che tendeva a richiudersi sbattendo.

Domenica molto presto Ynez tornò a Sacramento per prendere sua cugina Lupe e il nipote Francisco e portarli a LoneButte. Comprò una piscinetta gonfiabile a forma di tartaruga, che Ike ci mise un po' a gonfiare soffiando mentre Thea e Lupe chiacchieravano davanti a un caffè. Più tardi Karina Druzemann, una delle contabili della produzione assunta perché di zona, si unì alla compagnia con il figlio di quindici mesi per una giornata di svago da bambini. A mollo in meno di tre centimetri d'acqua, i piccoli urlavano, schiamazzavano, facevano ciaf ciaf con le mani in preda all'eccitazione, al sicuro nella piscinetta. Adoravano farsi rovesciare un filo d'acqua sulla testa da una brocca di plastica, scoppiavano a ridere come se gli stessero facendo il solletico, e gli adulti si fecero contagiare dalle risate.

Lì fra donne e bambini Thea si disse che Lone Butte cominciava a promettere bene. Con quattro donne adulte a fare da bagnine, Ike calzò i suoi scarponi militari.

"Vai da qualche parte?" chiese Thea.

"Faccio un giro attorno a Lone Butte."

"Perché?"

"Qui non hai bisogno di me."

"Non hai risposto alla mia domanda." disse Thea. "No?"

No. "Visto che hai chi ti dà una mano con i bambini ho pensato di camminare per riflettere sulle prossime scene. E fare un po' di movimento."

Thea scosse la testa. "Piuttosto che passare un pomeriggio con la tua famiglia? Piuttosto che guardare tua figlia che gioca con altri bambini?"

"Non starò via molto."

"No," disse Thea, e si allontanò. "Ma intanto te ne vai."

La città era quasi del tutto deserta e così, proprio come il suo personaggio, Ike camminò in mezzo alle strade lasciandosi cadere a terra ogni quattrocento metri per fare i suoi burpees. Attraversò il vecchio Trestle Bridge ed esplorò l'altra sponda del fiume Iron Bend, il parco sul Little Iron Bend, costeggiando i cartelli che segnavano i confini della città. Tornò al 114 di Elm Street dopo le tre. Aveva passato tutto quel tempo a meditare sul lavoro della settimana? Certo.

"Quattro ore?" gli chiese Thea al suo ritorno. A quel punto se n'erano andati tutti e Ruby stava facendo un pisolino.

"La scena è una brutta bestia. Io che attacco il vecchio. In pratica è il finale. Voglio essere pronto."

Thea aveva letto la sceneggiatura. Sapeva a cosa il marito si stava preparando: le scene 96, 97 e 98. Undici parole in tutto. Nessun'altra battuta. Naturalmente doveva anche stare tutto il giorno vicino a Wren Lane. Per tre scene. Per undici parole. Sfiancante.

"La cugina di Ynez lavora per noi," disse Thea.

"In che senso?"

"Dà una mano con la bambina. Dalle otto alle quattro. Compreso qualche weekend. Quattrocento a settimana."

Cos'altro poteva rispondere Ike? "Va bene."

RIPRESE, GIORNI 20 E 21 (DI 53)

Ike fu convocato al Trucco e Parrucco di buon'ora perché doveva passare la giornata alla fabbrica di lampadine, imbragato. Quando Wren arrivò lo trovò lì.

"Forse hai salvato il mio matrimonio," disse Ike. "Andarsene dal motel è stato importante."

"Mi fa molto piacere," disse Wren, fiera della sua terapia immobiliare. "Elliot!"

Il Nonnino era entrato nella roulotte. "La mia Carotina," salutò lui. "E tu sei il formidabile Ike. Elliot." Chissà perché i due non si erano ancora incontrati. "Da qualche parte sotto quella maschera orrenda ci dev'essere un bravo ragazzo."

"È un piacere conoscerla," fece Ike.

"È un piacere lavorare insieme," lo corresse Elliot. "Sempre che quello che facciamo si possa definire lavoro."

La trasformazione da Ike nell'Incendiario proseguì mentre Wren e il signor Guarnere se la sbrigavano più in fretta e andavano sul set. La Casa della Famiglia di Eve era ancora sotto il tendone nero, refrigerata, attrezzata, pronta per la scena 67 con Elliot, Wren e Aea. Nella Internet da letto di Amos erano stati posizionati quattro gobbi elettronici governati da un operatore dietro la tenda di Sepp.

"Non mi serviranno!" si vantò Elliot. Era da sabato a mezzogiorno che provava la scena, e ormai aveva le battute impresse nella memoria. Domenica lui e Wren avevano trascorso un bel pomeriggio da lei, a preparare i dialoghi e chiacchierare di quando Elliot lavorava a teatro prima di stabilirsi a Los Angeles e iniziare la sua altra carriera di attore. Lo chiamava "il Mestiere del Cinema". Non volle spettegolare delle sue tante amanti finché Wren gli cavò un nome che la fece gridare: "Ma che mi venga un colpo!"

"Non è stata una gran conquista," confessò Elliot. La donna, un'ATTRICE MOLTO FAMOSA, "era una compagnona".

Dei gobbi Bill disse: "Teniamoli per sicurezza, non ci costa niente." La giornata sarebbe stata molto lunga, con coperture e diversi angoli di ripresa, piani d'ascolto e dettagli che avrebbero prosciugato le risorse di Elliot Guarnere. Nella 67 Elliot aveva un sacco di battute, perché era lì che Nonnino si decideva finalmente a confessare alla nipote il suo segreto, i tempi della guerra, le vecchie fotografie, il suo legame con l'Incendiario...

Al terzo allestimento Elliot si affidava ai gobbi elettronici come guide, ed era sorpreso di poterlo fare. Al era sollevata dal fatto che avesse iniziato a usarli: posava rapido lo sguardo sui monitor e leggeva le parole scritte in grande. "Credevo che fosse un impiccio," disse al suo capo, ai colleghi, all'operatore. "Invece è un lusso!" Il vecchio rise, facendo scivolare le gambe giù dal letto. Si avvolse in un accappatoio per via dell'aria condizionata, poi si riscaldò con una tazza di tè.

La sua energia si spense a poco a poco nel correre delle ore. Ynez si offrì di portargli il pranzo sul set perché potesse mangiare al riparo dalla calura. Elliot se ne restò a letto con una ciotola di zuppa che toccò appena. Si concesse un pisolino, si ritrovò con il torcicollo e con il mal di testa e se la prese con i cuscini. La buona notizia per il veterano degli attori era che sarebbe stato fuori dalle riprese per il resto della giornata. Poteva dare le battute leggendole dal copione mentre Bill e Wren si prendevano tutto il tempo per aggiustare la scena dal punto di vista di Eve.

C'è chi dice che l'interpretazione di Wren che non fa che *ascoltare* il Nonnino descrivere quelle fotografie sia la cosa migliore di tutta la sua carriera.

* * *

Martedì, un'altra giornata in Internet da letto di Amos. Invece Ike doveva tornare alla fabbrica di lampadine nel pomeriggio. Aveva passato la notte in una tenda di tela nel cortile del 114 di Elm Street, proprio come i Marines nei bivacchi, per entrare nella parte.

"Pensavo che l'Incendiario non dormisse mai," disse Thea. "Tu sì? In una tenda?"

"Prima di scomparire, Falls era un Marine come tutti gli altri." Passare la notte in tenda per entrare nel personaggio gli sembrava una cosa che avrebbero fatto anche altri attori.

E un modo per mollarmi con la bambina, si disse Thea.

Di prima mattina, Thea infilò Ruby tra i lembi della tenda con un biberon, salviette detergenti per pulirle il culetto sporco e un cambio di pannolino. Ike non aveva ancora quasi aperto gli occhi.

"Mi porti un caffè?" chiese alla moglie che stava rientrando in casa dalla veranda.

"I Marines se lo facevano da soli," rispose lei, lasciando sbattere la zanzariera.

Ike diede a Ruby il biberon e cercò di mettersi seduto con la figlia in grembo. Aveva dormito sul duro e gli faceva male la schiena.

Sul set della Casa della Famiglia di Eve, appena prima della pausa pranzo e prima della scena 98, Elliot confidò a Yogi che aveva un mal di testa "bruttissimo".

Quelle furono le sue ultime parole.

LA PAUSA

Si sentiva della musica: una melodia vellutata alla Enya, come onde che echeggiano infondendo un'appagante sensazione di calma...

Un montaggio di foto.

Più di settant'anni di vita in momenti colti dalle immagini...

ELLIOT GUARNERE da neonato, in braccio alla mamma, in quello che doveva essere il giorno del suo battesimo...

Poi eccolo da marmocchio, in piedi davanti a un tavolino con quattro adulti, tutti che bevono o fumano mentre Elliot guarda nell'obiettivo con un'espressione così confusa che la si può scambiare per un sorriso...

All'età di cinque anni mentre spinge una carriolina in un cortile...

Nella foto di classe della terza elementare è in piedi su una pedana insieme ai compagni. Sorride scoprendo i denti come un felino...

Nella squadra di atletica del liceo, il primo staffettista, sta passando il testimone. Quindi era un atleta...

... e un attore, ovviamente. Sul palcoscenico, in *Spirito allegro* di Noël Coward, ha gli occhi appesantiti dal trucco e gesticola un po' troppo. Chiunque abbia assistito a una delle due repliche (un venerdì e sabato sera nella primavera del 1964) potrebbe garantirvi che la migliore interpretazione è stata quella di Elliot Guarnere...

Nel montaggio non ci sono foto degli anni universitari perché Elliot non se l'era potuta permettere, l'università...

C'è però uno scatto di lui in una minuscola produzione di *Come vi piace*. Il trucco sugli occhi è meno pesante, i gesti ora sono misurati.

Vista la quantità di fiori e chitarre al suo matrimonio hippie, la foto dà l'impressione di essere stata costruita. La sposa è in abito bianco, radiosa come Madre Natura...

I personaggi che Elliot ha interpretato negli anni si avvicendano dissolvendosi l'uno nell'altro...

Le foto della sua carriera teatrale sono tutte scattate dalla platea, perciò è impossibile scambiarle per scene di vita vera: sono fotogrammi di spettacoli visti da una certa distanza...

Il suo lavoro davanti alla macchina da presa, la Vita in Pellicola, invece è di una chiarezza cristallina...

Oh, guardate! Era nella pubblicità di McDonald's!

Eccolo nel bar di *Guerre Stellari!*

E in un episodio di *M*A*S*H!*

È apparso in tantissime serie televisive...

E film...

E rieccolo sul palcoscenico. Il tour internazionale per la trasposizione di... cos'è, *Sweeney Todd*?

Sei anni da Agente Vance in *Guai in centro* della NBC.

La sua casa nella Valley... Il trasloco sulle scogliere di Palos Verdes... i figli... la seconda moglie...

Ah, adesso ha i capelli grigi, è il vicino di casa nella sit-com di lungo corso *Scommettiamo*. In molti episodi aveva una sola scena, ma di stagioni ne avevano fatte parecchie.

La terza moglie è il vero amore della sua vita: più giovane di dieci anni, con figli suoi, ma l'amore è amore, no?

Guardate! Ha anche girato il mondo: il Big Ben, le piramidi di Tenochtitlán, al mare (uno dei sette), a Masada, nel porto di Sydney...

E alla fine il nostro Elliot. Sul set nei panni di Amos Knight, tra una ripresa e l'altra, una tazza di tè e un sorriso per il fotografo della produzione...

* * *

Erano tutti a pezzi.

I più anziani della troupe, quelli a scivoloni tra i sessanta e i settanta, ebbero l'improvvisa coscienza della propria mortalità. Le Brave Cuoche e Kenny Sheprock bevvero qualche bottiglia di vino in onore di tutti coloro che erano passati dalle sedie del Trucco e Parrucco, ed erano tanti, gente che non "lavorava più", come dicevano loro. I tre veterani navigati si chiesero se forse questo poteva essere, doveva essere, sarebbe stato il loro ultimo andirivieni su Fountain Avenue.

A Ike e Thea non era ancora capitato di affrontare la morte improvvisa e naturale di un amico o di un collega – come lo era Elliot. Quel martedì sera parlarono a lungo. Fecero l'amore.

Wren pianse, momenti di dolore sconfinato. Ormai considerava Elliot il suo vero nonno, perché quando gli artisti lavorano a così stretto contatto, così intimamente, scambiandosi battute enigmatiche eppure cariche di significato come quelle tra Eve e Amos, si stringe un legame. Lei e Wally bevvero, parlarono dei genitori scomparsi da tempo (ma volubili da morti tanto quanto lo erano stati in casa e in vita) e si chiesero che cosa avrebbero fatto delle rispettive esistenze senza quel loro legame molecolare di gemelli. Wren desiderava un compagno, un uomo capace di starle accanto nel lutto, nella perdita di Elliot dagli occhi gentili. Pensò di chiamare Ike per parlare: facevano tutti parte del cast, no? Però non prese il telefono. Invece lei e Heather puntarono dritto al cielo con il Cirrus per sottrarsi alla triste sospensione che aleggiava su Lone Butte.

Dopo la commemorazione del giovedì – l'intera produzione si era radunata nel salone dei Coltivatori di Mandorle* – Ynez

* Erano presenti anche alcuni membri della famiglia Guarnere, alcuni dei quali non si parlavano da anni.

tornò dalla famiglia con l'intenzione di restarci il più a lungo possibile. Suo padre si era slogato una spalla cadendo in uno dei cantieri, ma non si lamentava del dolore. Ynez dormì di nuovo nel letto della sua infanzia e aiutò la madre a prendersi cura della famiglia: cucinare per tutti, fare da babysitter all'occorrenza, occuparsi di cugini e migranti di passaggio. Chissà se il film poteva continuare dopo un fatto così terribile e triste, si chiedeva. Ne avrebbe sentito tanto, tanto la mancanza.

Al Mac-Teer camminava e camminava e camminava nella proprietà che adesso spartiva con Wren Lane e il suo clan. Sì, aveva sempre con sé l'iPhone perché il film non poteva fermarsi. Lo shock e il caos di quel martedì, quando il povero Elliot se n'era andato senza far rumore seduto nel suo letto sul set, i tentativi dei soccorritori e i protocolli aziendali, fino al momento in cui erano stati costretti a passare da "Non voglio crederci!" a "Adesso che facciamo?" – tutto questo aveva spinto Al a prendersi un momento per sé. Ecco perché camminava e meditava sul senso della vita, sul lutto per un uomo caro e dolce. Batté la tenuta in lungo e in largo: la pista d'atterraggio, il campo da baseball, il laghetto, i prati falciati, il perimetro della recinzione, il terrapieno, i campi da pickleball. Camminò per un giorno in silenzio. Dopodiché iniziò con le telefonate che toccano alla produttrice di un film.

Il sabato Al si ritrovò nella cucina della casa grande e insieme a Wally provò a rispondere alla domanda delle domande: cos'avrebbero fatto la settimana che stava per iniziare, come avrebbero portato a termine il film e, be', che cosa li aspettava?

La dottoressa Pat era venuta in aereo per la commemorazione di giovedì e aveva tenuto la mano al suo uomo, il regista, ben sapendo che quella perdita, la morte di un attore scritturato per quello che sarebbe stato per sempre il suo ultimo ruolo, aveva profondamente sconvolto Bill. Ovviamente Bill non era un ragazzino, quindi era impossibile che non avesse pensato *potevo essere io*. Mentre Pat preparava la colazione e sistemava dei fiori al centro del tavolo, Bill uscì con il suo vecchio ferro nove e fece il giro dell'isolato, più e più volte, riflettendo non solo sulla sua mortalità, ma anche su come tenere in piedi il film.

Al settimo giro di marciapiede stava parlando con Al.

* * *

"Ehi..." Wren riconobbe il numero. Aveva ricevuto una manciata di telefonate da quando era arrivata a casa. I dirigenti di Hawkeye e della Dynamo avevano chiamato e lei aveva lasciato partire la segreteria telefonica. Invece era rimasta un'ora al telefono con Micheline Ong, che l'aveva ascoltata e consolata, e Kenny aveva chiamato da Lone Butte per "controllare come stava la sua ragazza". Dio li benedicesse tutti. E adesso ecco Al.

"Oh, Wren." Al sospirò. "Sono così triste. Tu come stai?"

"Sto, direi. Mi stai chiamando per decidere quando ricominciamo?"

"Quando sei pronta."

Gli occhi di Wren si riempirono nuovamente di lacrime. "Come facciamo a girare senza Elliot? Torniamo sul set a guardare il letto dove è morto e facciamo finta che sia ancora lì?"

"No," disse Al. "Niente del genere. Con quella casa abbiamo chiuso. Ne costruiremo un'altra, identica, nella fabbrica di lampadine. E gireremo l'ultima scena l'ultimo giorno. Nessuno rimetterà piede in quella casa se non per smontare il set."

"Grazie al cielo. Come facciamo...?" Wren dovette prendersi un'altra pausa.

"A sostituire un uomo che non può essere sostituito?" disse Al. "Per la scena che spedisce il suo personaggio in paradiso, nel finale del maledetto film?"

"Sì..."

"Ci penseremo." Al sospirò, come si fa quando si deve andare avanti. "Ma solo quando ti senti di poter tornare."

"Dipende da me? E non tipo da Bill o da quelli di Hawkeye o della Dynamo? Mi faranno causa perché cazzo, sono troppo triste per tornare subito sul set e far finta che Elliot non sia morto?"

"No. Mi dirai tu quando sarai pronta e allora torni."

Stavolta fu Wren a sospirare, come si fa quando si dettano termini non negoziabili. "La settimana prossima."

"Ci vediamo la settimana prossima."

RIPRESE, GIORNI 22-26 (DI 53 / DOPO 3 GIORNI DI PAUSA)

Anche se Bill glielo chiedeva con slancio, precisando che avrebbe dovuto lavorare solo un *lunedì*, la dottoressa Pat oppose un fermo rifiuto all'idea di interpretare la guardia forestale semplice e bionda.

"C'è da qualche parte un'attrice semplice e bionda che ha bisogno di un lavoro. Io no," spiegò mentre erano a letto dopo la commemorazione di Elliot. "Serve una professionista con del talento per dare un senso ai tuoi dialoghi, e io non lo sono."

"La guardia forestale deve parlare di geologia, dottoressa," protestò Bill. "E tu sei una geologa. Per te quel dialogo sarebbe un gioco da ragazzi."

"Le tue battute sono lo sproloquio di uno studente al primo anno. Mi dispiace, cowboy."

"Maledizione." Bill si arrese. "Volevo vederti con addosso l'uniforme da guardia forestale..."*

Dopo la tragedia, Hang To si era impegnato per tenere a freno la sua verve comica, perché nessuno sa essere più cinicamente spiritoso di un comico professionista. In onore alle sue origini vietnamite, alla funzione per il signor Guarnere si era presentato con abiti poco colorati e aveva acceso dell'incenso. Ai funerali vietnamiti è vietato ridere. Anche i bambini piccoli piangono come se conoscessero il fardello del dolore. Il martedì già non ce la faceva più, perciò rivisitò in chiave bizzarramente comica le sue battute nelle scene 72, 76 e 78. Quando disse: "Funziona! Ehi!

* A interpretare la guardia forestale fu Riva Osgoode-Bent, un'attrice del teatro sociale di Sacramento. Un mese prima Riva aveva inviato al Casting per i locali il provino che aveva registrato da sola, proponendosi per qualunque ruolo disponibile. La sera prima ricevette un messaggio che la informava di essere stata scelta. Alle 5:45 del mattino dopo memorizzò le battute, indossò il costume da guardia, andò al Trucco e Parrucco e infine andò sul set POZZO DI LAVA, costruito accanto alla scarpata sul fiume nel Little Iron Bend River Park. C'erano delle comparse nel ruolo del GRUPPO DI TURISTI. Il BAMBINO PICCOLO non era nel cast, bastò una battuta fuori campo. Così per tutto quel lunedì Riva Osgoode-Bent fu la star del film. Impossibile confondere la signorina Osgoode-Bent con la dottoressa Pat Johnson, perché la donna era di corporatura robusta e alta un metro e ottanta.

Il mio termospettrometro di massa funziona! Se l'avessi avuto a Cleveland, signorina mia..." aggiungendo sull'onda del momento "signorina mia", la sua interpretazione fu così buffa che persino Cassandra si mise a ridere.

Clancy, nei panni del Vecchio Clark, affrontò le riprese come se fosse il vero proprietario dell'Emporio Clark's. Per tutta la mattina infilò le sue battute in qualunque conversazione, trasformando la roulotte del Trucco e Parrucco in un teatro da prova, poi andò sul set e presentò a tutti l'attore che faceva Carl Mills, un ragazzo di tredici anni con la sindrome di Down, come "la star del nostro spettacolo".

L'anziano Lavapiatti/Aiuto cameriere fu interpretato da Bill Johnson, che nei titoli di coda appare come Lucky Johnson.

Venerdì, mentre i nomi di Wren e Ike latitavano dalle Convocazioni, Bill mandò la troupe nel centro di Lone Butte. Non appena ci furono le condizioni di luce perfette (doveva essere un po' buio), mandò a chiamare gli Investigatori per la scena 98, l'EST. Casa della famiglia di Eve – e da lì, utilizzando dei microfoni laser, ascoltarono il faccia a faccia tra l'Incendiario, Amos ed Eve. Ma quel dialogo lo avrebbero girato in INT. nel nuovo set alla fabbrica di lampadine, gli ultimi giorni di riprese.

***

Ora di sabato in casa Cloepfer regnava l'irrequietudine. Ike aveva avuto la settimana libera e stare a Lone Butte senza lavorare non aveva senso. O almeno così la pensava Thea. Partirono dal 114 di Elm Street per andare a far compere a Chico – qualcosa per la bambina, visto che Ruby stava crescendo – e poi proseguirono verso nord sulla Vecchia 99 fino alla città di Shasta, sull'omonima montagna. Mangiarono al Shasta Inn, dopodiché fecero dietrofront. Ruby dormì per tutto il viaggio di ritorno, e anche Thea, che usò una felpa come cuscino e buttò giù il sedile.

Una volta rincasati, Ike disse che andava a fare una passeggiata nei panni dell'Incendiario, cioè con scarponi militari e zaino.

Chissà se ha intenzione di smontare la tenda e portarsi anche quella per una sessione bivacco sul fiume e farsi rivedere lunedì, si chiese Thea. Non ne poteva più di Ike che tentava di entrare – e abitare – nel personaggio di Robert E-Basta Falls.

Ike era già uscito da dodici minuti e stava facendo la seconda serie di burpees quando, pensando alla sua collega Wren, si chiese come se la stava cavando. Non voleva che fosse triste...

Le mandò un messaggio.

Iklip: Stai bene?

Dopo un nanosecondo il suo telefono trillò. Numero sconosciuto.

"Come stai?"

"Oh, Ike..." La voce di Wren si affievolì. "Come facciamo?"

Ike rallentò l'andatura da Incendiario. D'istinto aveva svoltato sulla Webster, a ovest, e camminava in mezzo alla vecchia strada tra tutti quegli alberi della gomma. "In qualche modo."

Erano solo tre parole, ma era quello che Wren aveva bisogno di sentirsi dire. "Era un uomo meraviglioso..." Stava piangendo. "E non la smetto di piangere... ho parlato di lui con tutti... tranne che con te. Lo so che era vecchio. Lo so che era giunta la sua ora. Lo so. Ma in qualche modo..."

"In qualche modo. Insieme." Quattro parole, stavolta, ispirate dall'inesperienza più che dall'empatia. Una donna in lutto per lui era un territorio inesplorato.

E se la donna in questione era Wren Lane, allora Ike non sapeva bene cosa dire, come dirlo, quando. Ma voleva darle una mano.

"Aiutami, Ike," sussurrò lei. "Aiutami a superarla..."

"Lo farò." Gli era capitato di sentire quella frase in una serie TV.

"A me e a te..." Era come se Wren volesse giustificarsi. "A noi... toccherà andare al Trucco e Parrucco, metterci addosso quegli stupidi costumi e recitare come se Elliot fosse ancora qui. Era il mio Nonnino, Ike! Mica posso parlare con il vuoto che c'è dove fino a qualche giorno fa c'era lui."

"Lo so." Era tutto quello che Ike aveva da dire. "Anch'io." *Anch'io?*

Ci fu un lungo silenzio. "Tu come fai?" chiese poi Wren. Voleva davvero saperlo.

Ike non stava facendo un bel niente. Aveva perso la bussola, si sentiva privo di scopo, stupido. Aspettava che gli dicessero cosa fare e intanto non aveva granché da fare se non occupare spazio al 114 di Elm Street, prendersi cura della bambina, sapendo che Thea era sempre meno entusiasta del suo nuovo status di prim'attore. Al Mac-Teer aveva accennato alla possibilità di darle una parte, un ruolo simile a quello della Ragazza del Bagno: Thea lo aveva apprezzato ma non ci sperava. Dopo la commemorazione Ike non aveva fatto che pensare a Wren, e a cosa poteva fare per lei.

"Tu cosa fai," disse Wren, e si sentiva che era una richiesta vera, "per andare avanti?"

L'unica cosa che aveva fatto era stato prendere carta e penna qualche notte prima, con Ruby in braccio, nella cucina del 114 di Elm Street, dopo averle cambiato il pannolino. "Ho ripensato il mio Piano Quinquennale..."

"Il tuo Piano Quinquennale?" C'era una sfumatura quasi impercettibile di speranza nella voce di Wren: gliel'aveva offerta Ike, e le faceva battere più forte il cuore.

"Vivere è come stare su una nave al largo. Bisogna continuare a correggere la rotta."

"Spesso bisogna farlo anche quando si vola."

"Sì, hai capito, sì. Io comincio dalle Certezze, scrivo tutto quello che di cui sono sicuro. Le cose ovvie."

"Per esempio l'obbligo contrattuale di finire questo film," disse Wren.

"Sì," disse Ike. "Per quanto sia triste."

"Oh, questa è una certezza, senza dubbio. È utile, Ike. Fammi prendere carta e penna." E durante la telefonata prese una montagna di appunti.*

Mentre Ike camminava per un altro chilometro e mezzo, i due non smisero di parlare, dandosi sulla voce da tanta era la voglia di

* Li ha ancora.

parlarsi. Parlarono delle Possibilità, sia bellissime che disastrose. Il film avrebbe potuto concludersi nei tempi previsti. Wren avrebbe potuto farsi male con le imbragature per le scene di combattimento. Il film poteva essere meraviglioso. Il film poteva essere orribile. Poteva succedere qualunque cosa, e sarebbe successa.

"Sul lavoro possono nascere nuove amicizie, o uno stronzo può spezzarti un'altra volta il cuore," provò a buttar lì Ike con nonchalance, ma Wren scrisse: *Innamorarsi???*

Dopodiché Ike passò a spiegarle le Speranze, su cui tutti hanno e non hanno il controllo. I due protagonisti parlarono a lungo delle rispettive speranze.

Infine, e questa fu la parte più lunga, La Dichiarazione d'Intenti. "Il discorso che fai a te stesso," le spiegò Ike. "Il tuo credo, il *perché sono qui*, il tuo giuramento, il *Chi osa vince* che diventa il motto di battaglia. Ho riempito milioni di pagine con le mie Dichiarazioni d'Intenti."

Wren voleva conoscere i suoi Intenti attuali. "Mi prendi in giro?" fece lui. "Arrivare in tempo, non dimenticare le battute e farmi venire qualche idea da mostrare a Bill. I primi due sono facili, il terzo è difficilissimo. La cosa delle idee."

Wren stentava a crederci. "Mi prendi per il culo? Ike! Sei splendido anche solo quando stai in piedi sopra la tua croce sul set."

Ike si fermò su Webster Road. Immobile, muto, senza fiato.

Allora Wren gli elencò i suoi Intenti: *Esserci, con onestà, e sbarazzarsi di qualsiasi aspettativa.* A ispirarle quella Dichiarazione fu il ricordo di una conversazione con Elliot sul set, tra un allestimento e l'altro, durante l'EST. Portico. "Amore mio," le aveva detto Elliot. "Fa' come fanno i grandi. Non ti nascondere e di' la verità senza paura..." Sul bloc-notes Wren scrisse *Sii come Ike.*

I due andarono avanti così finché Ike arrivò oltre la metà del tragitto fino all'interstatale: la facilità di parlare con Wren aveva inghiottito tempo e distanza. Poi girò i tacchi e puntò verso Lone Butte e il 114 di Elm Street.

Wren non voleva chiudere la telefonata. E nemmeno Ike. Non prima di arrivare in vista dello State Theater. Allora i due dovettero porre fine a quello scambio professionale e personale.

"È una fortuna che tu mi abbia chiamata, Ike," disse Wren. "Ho bisogno... avevo bisogno che tu mettessi un po' di ordine in testa."

"Sono felice," disse Ike, pensando *Merda, sono stato fuori troppo! Cosa dico a Thea?*

"Salutami Thea e quella batuffolina di Ruby."

"Lo farò."

"Ehi, sai cosa sarebbe bello fare un finesettimana? Volare. Ti porto a volare." Adesso la voce di Wren era parecchio più vivace.

"Con il tuo aereo?"

"No, Ike. Con la mia Pontiac del '62."

"Sarebbe divertente. Sarebbe la seconda volta che Ruby sale su un aereo."

Nell'idea di Wren la figlia di Ike non c'era. E nemmeno la moglie. "Ti lascio la cloche."

"Non ho mai pilotato un aereo in vita mia."

"Nemmeno io finché non l'ho fatto. E la prima volta lassù ho pensato il mondo è mio."

Cantarono insieme l'omonima canzone Disney. E risero. Per la prima volta da una settimana si sentivano tutti e due rilassati e liberi.

"Ci vediamo sul set," disse Wren.

"Sicuro."

"Grazie ancora."

"Quando vuoi."

"Contaci."

"Non vedo l'ora."

"Anch'io." Wren toccò lo schermo del telefono e chiuse la chiamata. *Anch'io?* L'aveva detto davvero?

Quando tornò a casa, Ike non fece parola della telefonata con Wren.

* * *

Domenica Bill era insieme a Clancy sulla seconda buca di un campo da golf lungo la strada per Chico. Facevano una partita allo Strambo Gioco Che Se Lo Giochi Ti Svuota La Testa. La seconda buca era un par 5, una dogleg per cui serviva il suo driver Big Bertha Mega-Wood. Gli squillò il telefono.

Era Al. "Dimmi," rispose.

"Dobbiamo parlare," disse Al. Con la tragedia era impensabile chiudere il film in cinquantatré giorni; nessuno aveva mai dato per scontato che l'avrebbero chiuso come da programma, sia chiaro.

"Lo so. Siamo Foxtrot.* Soluzioni?"

"Troviamoci con Aaron e Yogi quando lui torna dalla chiesa." Per rendere omaggio alla morte di Elliot, Yogi era salito in macchina ed andato a Redding, alla chiesa ortodossa, per riflettere un altro po' sul perché le cose brutte succedono alla brava gente, come avrebbe fatto qualunque bravo ragazzo greco.

"Dammi un secondo..." disse Bill. In quella pausa si sentì un *wuuuush* e poi un *cloc*.

In sottofondo Clancy urlò: "Cadi nella tana, Alice!"

"Mio Dio." Bill suonava avvilito. "La palla di Clancy è appena filata via per chilometri senza svirgolare, dritta come Bud Abbott. Ci vediamo alla Produzione fra sei buche..."

Al lo stava chiamando da una panchina vicino al laghetto. Era sola nella tenuta, a parte i rinforzi di Tom, ossia i ragazzi della sicurezza che vivevano in una roulotte Airstream vicino al cancello d'ingresso, dietro il terrapieno. I cani che scorrazzavano nella tenuta non erano cani da guardia addestrati, solo un paio di cagnoloni autorizzati ad abbaiare agli estranei, categoria in cui Al non rientrava più. Teneva a portata di mano un tubo di palline da tennis e una vera palla per cani nel caso che venissero ad annusarla, ma quella mattina niente.

Al mandò un messaggio.

AMacT: Y?

Pochi istanti dopo, Ynez la chiamò da Sacramento. "Posso esserti d'aiuto, capo?"

* Negli ultimi tempi al posto di dire parolacce Bill aveva iniziato a usare parole d'ordine in codice militare. *Fottuti* era Foxtrot. *Stronzo* era Sierra. *Succhiacazzi*? Sierra Uniform Charlie Charlie Hotel India Alfa Charlie Alfa Zulu Zulu India.

"Vuoi imparare qualcosa del mestiere?"

"Sì."

"Tra poco ci troviamo a risolvere qualche problema. Vieni anche tu."

"Oggi?" chiese lei.

"In Produzione, tra poco. Pensa a cosa possiamo tagliare o far girare ad altre Unità o spezzettare per girare in meno giorni."

"Vuoi che sia io a fare queste cose?"

"Perché no?"

Ynez si sentì pervasa da quel calorino che si prova quando qualcuno ti passa la fiducia che ha ricevuto a sua volta. Dopo la scomparsa del signor Guarnere si era convinta che il film fosse sospeso a tempo indefinito. Invece no. Ne faceva ancora parte, e aveva l'incarico di aiutare la produzione. Ma che cosa doveva fare con suo padre, che non era neppure in grado di andare dal letto alla poltrona in salotto? Negli occhi di sua madre, per quanto lei si sforzasse di nasconderle, si leggevano paura e preoccupazione. Antonio, uno dei cugini, era stato arrestato per guida in stato di ebbrezza e siccome i turni di lavoro della famiglia nel weekend non erano cambiati quella domenica toccava a Ynez e alla sorella fare da babysitter a tre delle bambine, e a Francisco, ovviamente.

Visualizzò i promemoria mentali del sistema *L.I.S.T.eN.* e le si presentò la soluzione più ovvia: cinque bambini in una piscinetta sotto un albero di susine. Anzi, quattro bambine, tutte femmine. "Se porto Francisco ti va bene?" chiese ad Al.

"Il mio amore? Il mio angelo?" Al pensiero del piccolo Francisco e di quei suoi occhi marroni, della zazzera di capelli neri e del suo profumo di muffin, Al sorrise per la prima volta in una settimana. "Se non lo fai non mi riprenderò più!"

Alle 14:10 Ynez era nel cortile del 114 di Elm Street e presentò sua sorella e le sue nipoti a Thea e alla piccola Ruby. La piscinetta si stava riempiendo, cinque centimetri d'acqua che sgorgavano dal tubo da giardino, e tutto attorno erano sparsi giocattoli, asciugamani, coperte, merendine, succhi di frutta, comode sdraio pieghevoli per i grandi. Ike non c'era. Per dirla con Thea, era fuori per un'altra Passeggiata-Da-Attore-Che-Si-Prepara-Col-

Passeggio. "Di solito torna prima che faccia buio," disse bevendo una lattina di Hamm's Special Light. "Ma non si sa mai."

In compagnia di bambine poco più grandi di lei, Ruby batteva le mani e rideva, e il piano era che la festa in piscina durasse un paio d'ore. Ynez mise Francisco nel passeggino e lo spinse lungo i marciapiedi ombreggiati di Lone Butte fino alla Sede dell'Associazione Coltivatori di Mandorle.

La riunione si tenne nell'ufficio spartano di Bill, a porte chiuse.

Al fu la prima a tenere Francisco sulle gambe, e per parecchio tempo i suoi occhi non guardarono altri che lui. Dopodiché lo prese Yogi, per un po', e anche Bill, che ricordava di avere fatto lo stesso con alcuni dei figli acquisiti. Al insistette perché anche Aaron Blau tenesse Francisco, e Aaron lo fece, e maneggiò il bambinetto seduto sulle sue ginocchia come una creatura dei boschi, un castoro o una martora. Strano, quindi, che Francisco si addormentasse proprio in braccio a lui.

Erano tanti i problemi da risolvere quella domenica. Con ordine...

Primo: la perdita di un attore fondamentale.

Bill Johnson: "Amos è nelle scene 97 e 98. Troviamo qualcuno da infilare nel letto, e gli segniamo la faccia per il tracciamento, così poi lo trasformiamo in computer grafica: abbiamo le scansioni digitali di Amos da cui partire. E se ci servono due giorni per la scena ce li prendiamo. L'Incendiario, Eve, l'Infermiera Sue e Amos sono tutti insieme, e che cavolo, il film è questo."

Secondo: lo stato emotivo della Numero 1 sulla Convocazione. Di tutti quelli convocati, d'accordo. Però, insomma. Wren.

Al Mac-Teer: "Chiederle di recitare insieme a un tizio con dei puntini in faccia? Farle dire addio al suo Nonnino così? E allora perché non piazziamo un cavalletto con sopra una palla da tennis e le facciamo guardare quella? È da mercenari. Se però spingiamo la 97 e la 98 più in là, fino all'ultimo giorno, chiudiamo il film allora. E per allora scommetto che Wren saprà sfruttare tutto il suo fardello emotivo e ce la farà."

Terzo: comprimere a forza nel programma tutto quello che rimaneva da fare.

Yogi: "Abbiamo ancora Eve da Clark's, Eve che salva il cane, Eve che salva la famiglia rapita, Eve che incontra l'Incendiario alla Segheria. I tre grandi combattimenti. Tutte le scene degli Investigatori tranne quella con Clancy. Dalla scena 11 alla 14 sono tredici pagine. Mi sa che gireremo anche di sabato."

Ynez: "Aaron, vuoi che ti prenda Francisco? Ti sta sbavando sulla camicia."

Aaron: "No. Non svegliamolo..."

Yogi: "Ci sono la Guerriera e gli Investigatori quando lei ribalta l'auto, e quando si scontrano sull'autostrada, più il Salvataggio dal Rapimento delle scene 8 e 9."

Al Mac-Teer: "Gli esterni di Baton Rouge e Cleveland. Gli interni di Baton Rouge e Cleveland. E resta la cosa di cui non abbiamo ancora parlato: devo proprio dirla? È una grana..."

Bill Johnson: "Piantala con la suspence."

Al Mac-Teer: "La Scena nei Campi da girare durante la golden hour? 101 e 102. La location è a un'ora da qui, per quelle scene ci vorrà un giorno intero."

Aaron: "Senza contare che sia Ike che Wren devono arrivarci. Emotivamente."

Bill Johnson: "Abbiamo bisogno di una mente fresca, che non abbia mai pensato a questa grana."

Nell'ufficio scese il silenzio.

Bill Johnson: "Tu che ne pensi, Y-no?"

Ynez: "Io?"

Bill Johnson: "Vai, spara. Dacci una soluzione."

Ynez: "Davvero?"

Bill Johnson: "Perché no, Y-no?"

Al le aveva fatto leggere la sceneggiatura appena assunta, e da allora Ynez l'aveva riletta più volte, solo per il piacere di vedersi il film in testa e di immaginare le scene sempre in modo diverso. Ma da quanto era riuscita a sbirciare – nel girato e sull'iPad di Al – il risultato creativo le era sembrato parecchio migliore di quello che aveva in testa lei.

Bill Johnson: "Dobbiamo omettere delle scene. Quali secondo te?"

Ynez: "Nessuna."

Tutti nell'ufficio alzarono un sopracciglio, tranne Francisco.

Ynez: "Quando eravamo su Main Street vi ho visto girare scene diverse simultaneamente, una cinepresa qui e un'altra di là."

Bill Johnson: "Erano per la stessa scena. Coperture. Dettagli aggiuntivi."

Ynez: "Complicato, però. So che gli Interni di Baton Rouge e Cleveland dovevano essere in location. Si dice così? In location?"

Aaron: "Sì, non come i set di posa che costruiamo alla fabbrica di lampadine."

Ynez: "Giusto. Stanze vere in case vere. E se allestiamo alcune stanze al piano di sopra qui nell'Associazione Coltivatori? Allestire è la parola giusta? Allestiamo qui la Internet da letto e la Casa di Riposo. E così potremmo girarle mentre giriamo anche Eve all'Emporio Clark's. Così dovete solo attraversare la strada."

A parte Francisco che dormiva, tutti i presenti guardarono Ynez come se fosse appena tornata indietro nel tempo e avesse ucciso Hitler.

RIPRESE, GIORNI 27-31 (DI 53 PIÙ O MENO X GIORNI)

Dopo essersi dedicato un altro po' al budget, alle tempistiche e alle esigenze della produzione, Bill dette il via per girare il Salvataggio sull'Autostrada nella fabbrica di lampadine: una superficie grande quanto un campo da football, con il soffitto abbastanza alto per montarci dentro un circo. Wren e Ike ci erano già stati per girare i combattimenti, ma solo singole inquadrature, un lavoro frammentario in confronto a ciò che li aspettava quella settimana.

Avrebbero girato in sequenza, per ridurre al minimo la confusione e consentire al team della computer grafica di fare la Post-produzione nell'ordine giusto. Durante la notte i trasportatori avevano spostato il Campo Base nel parcheggio di ghiaia della fabbrica. La Swing Gang, quelli delle Luci e quelli delle Costruzioni avevano lavorato per diciotto ore filate.

Lunedì sul presto la troupe si radunò al centro dell'immenso set del green screen. Gli stuntmen di Doc Ellis erano pronti a entrare in azione. Wren era contenta all'idea di girare una scena tutta fisicità e rabbia, senza battute di dialogo e con gente nuova. Il resto del cast per le scene dalla 7XX alla 9, attori scelti settimane prima, fu convocato durante la notte. I CATTIVI erano due stuntmen, invece la MAMMA SINGLE era un'attrice di San Francisco che avrebbe usato quel lunedì, il suo giorno libero dalla produzione di *Il giardino dei ciliegi* di Čechov all'American Conservatory Theater, per fare più soldi con due giorni nel film che in ventotto nei panni di Varya. I bambini erano fratello e sorella scritturati a Los Angeles.

Passarono tutti una bella giornata, ci furono risate e applausi quando quel teppistello del rapitore si schiantò contro il parabrezza dell'auto rubata.

* * *

Al fece un salto al 114 di Elm Street. Non cercava Ike, ma Thea. La signora Cloepfer era in veranda, seduta su una sdraio che aveva spostato davanti a casa per starsene da sola.

"Ike sta facendo i suoi burpees sul retro," disse, pensando che Al fosse lì per lui. "Oppure fa le prove da militare nella buca che ha scavato con quel Ka-Bar. Qualunque cosa sia un Ka-Bar."

Oh-oh. Nel linguaggio del corpo e nel tono di voce Al riusciva a leggere una moglie tutt'altro che felice, una donna bloccata in una location noiosa con un marito che lavorava notte e giorno a un grande film del cazzo con Lady *Pervinca*. Per tutto il giorno Thea aveva una bimba da accudire e solo Lupe con cui parlare: le sue uniche distrazioni. Non era difficile immaginare come sarebbe andata a finire. Quando tutto il clamore iniziale si tramuta in una routine che finirà solo con le riprese, allora l'amante/partner fissa/o del produttore/produttrice/caporeparto/membro del cast ha l'illuminazione: il tempo sul set è come una lunghissima lentissima marcia sul tratto roccioso di una strada monotona. Quel che capitava fin troppo spesso era che l'attore/attrice di turno tornasse a casa la sera e trovasse un/una partner annoiato/a e/o incazzato/a. Ecco allora che nel porto sicuro del lavoro sbocciava una storia d'amore, uno *showmance* tra due piccioncini dagli occhi a cuore che mandava a rotoli l'altra relazione. E così molte vite – e produzioni – deragliavano. Al rivolse una preghiera al cielo: fa' che Ike non abbia gli occhi a cuore per Wren (ma quale uomo non li avrebbe avuti?).

Al intuì – capì – che Thea Hill Cloepfer ne aveva abbastanza delle stronzate da attore del marito. "Devo parlarti," le disse. Appena in tempo.

"Vuoi un caffè?" chiese Thea. "Una tazza di joe, come dicono i Marines?"

"Sono già abbastanza caffeinata, grazie. Sono qui nelle vesti di produttrice."

"Ah sì?"

"Ti va di recitare in una scena questa settimana?"

"E fare cosa?"

"Il ruolo-chiave della DONNA DELLE CONSEGNE. Giriamo tipo domani e abbiamo bisogno di te."

"In una scena con Ike?"

"No."

"Con la favolosa Wren Lane?"

"No. Con Cassandra e Lala."

Thea sputò due parole. "Ci sto."

***

Il set di mercoledì fu allestito nell'ex ufficio di direzione della fabbrica di lampadine. La scena era quella della prima apparizione di London nel film, cioè quando nel suo ufficio pulcioso viene convocata da Madrid.

Mentre Bill girava la scena come se stesse girando un poliziesco del 1966, Thea andò al Guardaroba, poi al Trucco e Parrucco, e infine fu piazzata nel camerino di Ike per aspettare la chiamata sul set. Da sola nella roulotte, con indosso la divisa da corriere espresso, frugò in ogni anta, ogni cassetto. E così trovò una pila di vecchie pagine di copione e Ordini del Giorno tra cui si nascondeva un biglietto scritto da una grafia femminile su carta blu monogrammata con due lettere graziate: WL.

NON ARRENDERTI ALL'ENNUI! XX WL

Thea lesse il biglietto ad alta voce. "Non arrenderti all'ennui punto esclamativo. Bacio bacio. Doppia-blah Elle." Nel cassetto c'era anche un pennarello nero. Thea tolse il cappuccio e scrisse CHE CARINO! sotto le XX. Buttò il biglietto nel cassetto e lo ricoprì con i vecchi Ordini del Giorno. Nina, l'assistente alla regia del Campo Base, bussò alla porta proprio in quel momento, e dopo tre secondi aprì.

"Signorina Hill?" chiese.

"Sì?"

"Abbiamo il piacere di invitarla sul set."

"Accetto volentieri l'invito."

Sbrigarono le scene 12 e 12A velocemente, quelle di London e Madrid cha passano attraverso porte di sicurezza ed entrano in un ascensore.

La macchina da presa era piazzata in un corridoio e per arrivarci Thea dovette attraversare le finte porte dell'ascensore.

"Ma buongiorno," disse Bill salutandola. "Pronta per il tuo primo piano?"

"So le battute, quindi sì."

"Adesso che ti guardo mi viene una domanda."

"Spara."

"Non ti sembra di essere un po' troppo... in ordine? Troppo composta?"

"Mi sono messa quello che mi hanno dato."

"Non sto parlando dei vestiti. Intendo l'atteggiamento. Tu sei una donna che fa consegne per sbarcare il lunario, e sei esausta. A casa hai un figlio malato. Tuo marito beve troppo ed è stato licenziato. I conti di tutte le tue carte di credito sono in rosso e consegnare pizze è solo uno dei lavori che fai. Gli altri sono pulire le case della gente e nei finesettimana servi ai tavoli di un bar."

Thea ci pensò su. "Mia madre me l'aveva detto di non sposare questo ragazzo e di aspettare ad avere figli. L'affitto è troppo alto ma non c'è modo di sciogliere il contratto. Adesso ho altre sei consegne da fare e poi devo tornare a casa e badare al bambino, visto che probabilmente mio marito andrà fuori con quegli idioti dei suoi amici. Sono sfinita, amareggiata, riesco a stento a sopravvivere alla giornata. Va bene se ci metto dentro tutto questo?"

"In sette ottavi di pagina, sì." Bill si allontanò contento che Thea fosse di nuovo in uno dei suoi film.

L'ultima espressione che gli regalò fu un'occhiata rabbiosa a Madrid che contava le banconote di mancia: troppo poche, una miseria. Mentre le porte dell'ascensore si chiudevano, Thea scosse la testa e mormorò un'imprecazione.

Bill rise di gusto e Yogi chiese di fare un applauso a Thea Hill, che aveva finito le sue riprese in *Guerriera Insonne: La forgia dell'Incendiario*, e le volevano tutti bene.

SCENA 13

Per la scena avevano previsto due giorni di riprese, ma il cast si era preparato così bene con tutte quelle prove che la portarono a casa in tredici ore e mezza. Ci furono degli straordinari da pagare alla troupe, ma almeno il programma aveva recuperato un giorno.

Cassandra, Lala, Nick e Hang si erano presentati puntuali, sapevano le battute e avevano avuto buone idee. Erano dei professionisti affidabili. E degli eroi.

OOPS

Nella casa al 114 di Elm Street erano le 5:32 del mattino, la bimba piagnucolava e Ike era sotto la doccia. Per l'ennesima volta, dunque, Thea era sveglia nel letto. L'iPhone della produzione di Ike, in carica sul comodino, vibrò e si illuminò. Aveva ricevuto un messaggio.

TELEFONO PRODUZIONE: INCE, ho sentito che oggi sei appeso a un filo mentre io salvo un cagnolino. CVATEP.

CVATEP. Ci vediamo al Trucco e Parrucco. Facile leggere quel messaggio, e altrettanto facile scrollare tutta la conversazione: uno scambio lunghissimo, iniziato almeno da una settimana, anzi, prima.

Thea controllò le chiamate recenti, effettuate e ricevute. Ce n'erano diverse da e verso THEA.

Ce n'erano anche moltissime da e verso TELEFONO PRODUZIONE.

Allora Thea controllò la segreteria telefonica. Lì non c'erano messaggi lasciati da TELEFONO PRODUZIONE, solo tutte quelle CHIAMATE RECENTI...

Fu facile anche curiosare tra le FOTO. Una dopo l'altra:

Ike e Wren al Trucco e Parrucco che bevono caffelatte.

Ike e Wren che fanno i pagliacci al Campo Base.

Ike e Wren che si fanno i selfie vestiti da Eve e da Incendiario, e che sorrisi!

Ike e Wren.

Ike e Wren.

Ike e Wren.

Mentre Ike era ancora sotto la doccia, sua moglie si sporse, prese il cavo di ricarica e ricollegò l'iPhone.

Poi lanciò il telefono sul pavimento tra il letto e il comodino. Lo raccolse tirando il cavo di ricarica, controllò se lo schermo si era rotto e lo sbatté di nuovo sul pavimento. Dovette ripetere l'azione tre volte prima che un'incrinatura si allargasse sullo schermo, quanto bastava per rendere il telefono inutilizzabile.

"Oops," disse, prima di rigirarsi tra le coperte e dormire un altro po'.

L'UOMO AL CANCELLO

Il Reparto Scenografia, i Costruttori e la Swing Gang avevano trasformato gli ambienti della Sede dell'Associazione Coltivatori di Mandorle in set attivi. Gli attori con contratto a giornata erano stati convocati per il finesettimana. Stanley Arthur Ming aveva deciso che per loro poteva bastare la Internet B, mentre la Internet A e la C erano piazzate nell'Emporio Clark's per le scene cruciali d'apertura, cioè il setting della storia. Le lavorazioni iniziarono alla Sede dei Coltivatori, scene ambientate nel corridoio o nella stanza di un hospice, con Ike e Cassandra che comparivano all'occorrenza. Il piano di Sam era di girare il corridoio, poi spostarsi da Clark's e ritornare al set con la Internet da letto allestita alla Sede dei Coltivatori. Questo significava una giornata di gran viavai al Trucco e Parrucco. Wren e Ike si sarebbero incrociati al Campo Base.

TELEFONO PRODUZIONE: Lavoriamo insieme oggi? Caffè?

TELEFONO PRODUZIONE: Arrivo alle 9. Penso io ai caffè...

TELEFONO PRODUZIONE: Mi sa che ti stai facendo riempire di colla. Ci vediamo dopo...

TELEFONO PRODUZIONE: Se finisci prima di pranzo arrivo con una granita.

TELEFONO PRODUZIONE: Ehi, Ince! Mi stai ghostando????

Ike non stava visualizzando i messaggi perché il telefono gli era caduto dal comodino e lo aveva dato a Ynez per fargli sostituire lo schermo o se necessario sostituirlo con un altro. Spiegò così il suo silenzio quando Wren si presentò in Laboratorio.

Il programma delle riprese era ormai oltre la metà e, ora che sembrava tutta in discesa, le prospettive si facevano più rosee. L'umore della troupe era allegro. Come disse Kenny Sheprock a Wren: "Il grosso è fatto."

Per Bill fare avanti e indietro tra due set era sfiancante, anche se si trattava di fare solo quattro passi. Andò così per tutta la settimana, un lavoraccio per Bill, ma fatto con un'alacrità tale che le riprese rimasero nei tempi previsti.

* * *

Giovedì, nella tarda mattinata, Wren telefonò alle due squatter che avevano occupato la sua dependance, Al e Ynez, e le invitò a cena per quella sera. Avrebbero mangiato qualcosa di leggero, compatibile con quella settimana intensa. Al preparò dei margarita, Ynez cercò più volte di spiegare le alternative per la cena, Wren le ripeté più volte di sedersi. Al gruppo si unirono anche Laurel e Tom Windermere, ma non Wally, che era a Los Angeles.* Wren aveva pensato di invitare anche Ike e Thea, ma aveva lasciato stare. Però imitò Ike che faceva le sue serie da sei di burpees e grugnì come lui quando teneva il conto: *Hun... Hue... Hre... Hattr... Hinq...* Tutti risero.

Tom si congedò non appena ricevette una chiamata sul suo onnipresente walkie-talkie: era Craig, uno degli ex poliziotti assunti per aumentare la sorveglianza. Tom percorse in auto i quattrocento metri di vialetto che lo separavano dal cancello d'ingresso, oltre il quale era parcheggiata una vecchia Honda. Craig era accanto al finestrino lato guidatore abbassato. Non volendo aprire il cancello, Tom raggiunse Craig attraverso il passaggio pedonale lì accanto e chiese se gli serviva aiuto.

Al volante della Honda c'era un tizio pelato.

Tom lo riconobbe subito. Gli aveva dato persino un nome in codice: Lama.

Lama era una delle dodici Potenziali Minacce presenti nel suo database.

Si era visto anche ad Atlanta, subito dopo che Wren aveva girato le prime scene nei panni di Eve la Guerriera. Lama si era accodato a un tour organizzato degli studios della Dynamo ma al momento opportuno era sgattaiolato via per vagare nel complesso. Cercava Wren, naturalmente. Ma poi la Sicurezza l'aveva beccato, aveva preso nota delle sue generalità e l'aveva scortato fuori.

Lama cercava di contattare Wren dall'epoca di *Sergente Duro*.

Grazie a un software di sicurezza e a particolari procedure che non è disposto a rivelare, Tom aveva a disposizione un file su

* Il ragazzo doveva gestire tre imprese assai diverse: la propria vita, la situazione finanziaria della società della sorella e gli investimenti a beneficio dei due bambini Lank. Wally usava spesso l'aereo e il pilota di Wren, Heather (lui non aveva la licenza di volo), per andare a Los Angeles per affari e per incontri amorosi.

Lama che, come per le altre undici Potenziali Minacce, veniva aggiornato di continuo.

E adesso eccolo a Lone Butte, Lama, grazie alle informazioni che ormai circolavano in rete. Voleva parlare con Wren Lane.

Una videoInternet di sicurezza lo stava registrando.

"Questo tizio," disse Lama indicando Craig, "mi crede un idiota."

"Sono sicuro che non è così," disse Tom con gentilezza. "Vero?" Tom guardò Craig.

La voce con cui Craig rispose fu così neutrale da sembrare generata da un'intelligenza artificiale. "Ho informato il signore che qui non c'è nessuno che corrisponda alla sua descrizione."

"Ragazzi," disse Lama. "Lo sanno tutti che Wren vive qui. Il tizio del minimarket. La signora del distributore di benzina. Quelli del chiosco dei tacos. Dicono tutti che vive qui. Vedete..." Lama sollevò il telefono. "Questo posto è su Google Earth. Wren è sicuramente nella villa principale, *proprio qui.*" Aveva uno screenshot dell'intera tenuta e indicò l'edificio giusto.

"Signore," disse Tom. "Noi le stiamo dicendo che qui non abita nessuno con quel nome. Quindi le chiediamo di girare la macchina e andarsene. Può farci questo favore?"

"Cristo santo. Non capite proprio un cazzo," borbottò Lama, allungando la mano sul sedile passeggero per recuperare una cartella piena di fogli e sventolarla. "Wren deve parlare con me. Subito. Altrimenti sono guai."

"Glielo ripeto, signore," disse Tom, senza alzare minimamente la voce. "Le chiediamo di fare inversione e andarsene."

"Senti..." Lama era esasperato. "Sono un parente, ok? Il nome da nubile di mia madre è Lane, ok? Ho già inviato a Wren lettere e documenti che attestano il nostro legame. Sono il cosceneggiatore di due dei suoi prossimi film. Se continua a ignorare tutto il lavoro che ho fatto si ritroverà con una barca di problemi legali che le costeranno denaro e credibilità. Nella vita e nella carriera, ok? Deve parlare con me, e prima lo fa meglio è. Per il suo bene, ragazzi."

Tom era impassibile. "Glielo ripeto, signore: le chiediamo di girare la macchina e andarsene."

"Faresti bene a darle questi, e ditele di leggerli." Lama allungò la cartella fuori dal finestrino.

"Signore, non abbiamo motivo di accettare una consegna del genere. Le chiediamo di fare inversione e andarsene. È inutile alzare i toni."

Lama lanciò un'occhiata affilata. "Va bene, stronzi. Avete fatto un errore." Poi inserì la retromarcia, fece inversione e se ne andò. Tom tornò alla sua auto, mise in moto, attraversò il cancello e uscì dalla proprietà per seguire Lama sulla Honda usata.

* * *

Wren e le altre erano sedute fuori, nel patio. Stavano finendo i drink e si ripromettevano di fare un torneo di pickleball nei campi della tenuta nel finesettimana. Ynez chiese quali sono le regole del pickleball. L'umore della troupe aveva contagiato anche loro, come se fossero le ultime settimane dell'anno scolastico: restavano soltanto alcuni esami parecchio difficili, per esempio tornare sul set della Casa della Famiglia di Eve per la scena con Amos e l'Incendiario, dopodiché il Carnevale di Cartapesta sarebbe stato smontato.

"Ci siamo messi gran parte del film alle spalle, mia bella PONY," disse Al a Ynez. Si stavano godendo un bel margarita. "Ti sei fatta strada nella nebbia fino a qui. Sei sopravvissuta alla Bolgia, anche se sembrava eterna."

"Avessi anch'io questa sensazione," disse Wren. "Io questo lusso non ce l'ho." Wren intendeva dire che le restavano degli obblighi emotivi da onorare. Doveva ancora farci i conti ogni giorno.

"Certo," disse Al. "Io non parlo da artista, ma in qualità di addetta alle spedizioni."

"Mi sento un po' triste," confessò Ynez. "Tutti a lamentarsi che fare film è roba da matti, ma perché? Soprattutto dopo che abbiamo iniziato a girare? Dovunque ho guardato, qualunque parola ho sentito, tutto mi ha insegnato qualcosa che non sapevo. È un lavoro duro, ma è divertente."

"Fare cinema è così." Al sorrise.

Laurel aveva una domanda. "Chi è che lavora più sodo, secondo voi?"

"Lei!" Ynez indicò Wren. "Ci chiediamo tutti come fa!"

Wren fece un'espressione tipo *non fatemi arrossire* e levò il polso destro, quello con il bracciale di cuoio con scritto SERENITY.

"Bill Johnson esploderà primo o poi," disse Laurel.

Al intervenne. "Una volta gli succedeva. Ma ormai ne ha viste troppe. Riesce sempre a portare a casa il film."

"Stanno tutti lavorando più sodo," disse Ynez. "Ha senso quello che dico? A un certo punto, e non c'è modo di capire quando, la responsabilità dell'intero film ricade su qualcuno. Magari sono gli Oggetti di Scena che non hanno l'Ovomaltina. Magari è un generatore che si guasta. Magari è un moschettone dell'imbragatura di sicurezza che viene agganciato male e allora Wren cade. Tutti devono fare bene il loro lavoro, perché se non lo fanno è un problema. Devono lavorare sodo. E mantenere la parola data. Ognuno ha il compito più importante nel film. Oh, forse sto dicendo delle sciocchezze..."

Al sorrise tra sé e sé. Ynez aveva capito.

In quel momento sentirono un uomo urlare.

Erano urla lontane, confuse, perlopiù incomprensibili, tranne "Wren!" Quel nome risuonò più e più volte nel buio, insieme a qualche altra parola indecifrabile. Il tono era rabbioso. Spaventoso.

Wren impallidì. Le era già capitato di sentire urla del genere: pazzi che pretendevano di vederla anche solo per un momento, fan aggressivi dall'altro lato delle transenne, o fuori da casa sua alle due di notte. Paparazzi che la provocavano. Sentire quelle urla a Lone Butte la fece sprofondare immediatamente in un umore nero. Non si sentiva al sicuro. E nemmeno Al e Ynez.

* * *

Nei filmati delle videocamere di sicurezza a visione notturna installate sul perimetro a spese della Dynamo si vede Lama che scende dalla Honda dopo averla fermata in curva sulla strada che costeggia la tenuta. Dopodiché lo si vede urlare e lanciare un grosso pacco oltre la recinzione. Poi si vede Tom Windermere che ferma la sua auto con i quattro lampeggianti inseriti, e i fari tingono la scena di una cruda luce grigia. Tom scende dall'auto e si avvicina a Lama, che ovviamente sfoga la sua rabbia su di lui. Grida, gesticola, gli punta il dito contro. Tom non si muove. Lama torna alla sua Honda, sbatte la portiera e si allontana guidando come un pazzo nella notte. Tom torna alla sua auto e lo segue. Fino all'autostrada.

La mattina dopo sul set ricominciarono le riprese. Ma con una leggera modifica al programma. Gli Investigatori furono convocati alla fabbrica di lampadine per degli interni in auto. A Wren fu dato il giorno libero. Al chiamò il numero di Thea e le disse cos'era successo a casa di Wren. Non dovevano stupirsi se la trovavano scossa. Thea era spaventata.

Anche se l'incursione dell'uomo al cancello era stata tenuta segreta, quando Yogi chiamò la fine delle riprese per quella settimana, il suo "Vi vogliamo bene" era tutto per Wren.

L'UOMO CON IL BASTONE

Il primo assegno della Dynamo colse Robby Andersen davvero di sorpresa, eppure era proprio lì ad aspettarlo infilato nella vecchia caffettiera inchiodata all'albero che fungeva da cassetta della posta. E se aveva deciso di battezzare Casa Caffettiera l'edificio malconcio comprato anni prima a Martha's Vineyard era proprio perché aveva trovato un'enorme caffettiera arrugginita nel fienile. Ora il suo indirizzo era Casa Caffettiera, Chilmark, MV, MA. Gli impiegati delle poste conoscevano la casa degli Andersen-Maddio.

In realtà la Dynamo l'aveva già pagato per opzionare l'opera nota come *La leggenda dell'Incendiario* pubblicata da Kool Kats Komics e firmata da *TREV-VORR*/Robert Andersen, ma poi lo pagò di nuovo quando il film noto come *Guerriera Insonne: La leggenda dell'Incendiario* andò in produzione. Messi insieme, i due assegni facevano un bel gruzzolo. Robby fu contento di tornare ad aver un bel po' di soldi. Non che fosse messo male.

I suoi lavori vendevano ancora ed era ancora osannato in molti ambienti: le Vedute fluviali di TREV-VORR avevano fatto scalpore sulla scena artistica degli anni Novanta, il periodo d'oro. Aveva comprato Casa Caffettiera per la famosa luce soffusa di Martha's Vineyard, viveva in quello che un tempo era il fienile e continuava a dipingere, ma cose diverse dalle Vedute fluviali. In quei giorni dipingeva qualsiasi cosa gli passasse per la testa.

Non ripensava all'Incendiario dal 1989. Da quando lo Zio Bobby era morto.

* * *

Nel 1977-78 aveva progettato le scenografie per un allestimento estivo di Shakespeare poco fuori San Luis Obispo, poi era andato a svernare a Los Angeles dove la scena artistica era parecchio vivace, con Lady Ofelia a fargli compagnia. Quando lei l'aveva mollato, in modo amichevole ma deciso, lui si era messo in viaggio verso est e dipingeva ovunque andava. Aveva ancora parecchi dei suoi quadri sull'Iron Bend, tutti quegli studi sul fiume della sua città natale, e così aveva iniziato a rimetterci mano per realizzare le Vedute fluviali. Il pickup Ford usato e una roulotte ancora più vecchia (il propano non funzionava, quindi niente fornello, e alla ghiacciaia mancava il ghiaccio) per lui erano sia casa che studio. Robby si fermava in un punto, tirava fuori un grande tavolo pieghevole che gli arrivava fino al petto, e poi disponeva i materiali e gli strumenti: carta, tele, colori, pennelli, matite e un temperamatite a manovella montato sul portellone della Ford.

Quando arrivò in New Mexico, vicino ad Albuquerque, aveva già un bel portfolio. E varcando la soglia del ristorante Gold Dragon su Central Avenue, sulla vecchia Route 66, si presentò ad Angel Falls dicendo: "Se tu sei Angel, io sono tuo nipote." Lo Zio Bob era in cucina. Ci fu un momento di confusione ma poi, a distanza di trent'anni, lo Zio Bob riconobbe il bambino nell'uomo che gli stava davanti. Angel rise di gusto.

***

Robby rimase per una settimana. Diede una mano in cucina, andò in chiesa la domenica e mostrò i suoi lavori agli zii. Ne realizzò anche di nuovi, prendendo posto sotto i pioppi del Rio Grande, e Bob gli lasciò guidare la sua moto, una cosa grossa e costosa, lungo le strade sterrate. I due si sedettero sotto il cielo sconfinato e davanti al fuoco cominciarono a parlare, a raccontarsi pezzi del rispettivo passato ma soprattutto le lezioni che la vita aveva impartito a entrambi: tutto quello a cui avevano rinunciato, e quello che era rimasto e che portavano con sé. Robby scoprì la libera essenzialità dello Zio Bob. Bob Falls scoprì lo spirito vagabondo del nipote.

Quando ripartì verso est, Robby lasciò agli zii alcuni suoi bozzetti, più un quadro finito del vecchio Trestle Bridge sopra l'Iron Bend, con minuscole figure umane che si tuffavano nel fiume. Nell'82 approdò a Manhattan. Nell'87 le sue opere cominciarono a farsi notare. Invece di mandare ad Angel e Bob delle lettere, Robby dipingeva delle cartoline con gli acquerelli che talvolta venivano recapitate agli zii in blocchi per tanti giorni di fila: quelle cartoline oggi valgono parecchio. Angel le regalò a uno dei suoi nipoti.

Sette anni dopo, Bob si ammalò. O meglio, scoprì di avere un cancro al quarto stadio che non gli era mai stato diagnosticato e peggiorò rapidamente. Robby salì su un volo per Albuquerque appena in tempo per raggiungere lo zio finché era ancora in grado di parlare. Al funerale venne un bel po' di gente a piangerlo: il ramo Lum della famiglia, abitanti dei dintorni, centauri, ex Marines. Robby era l'unico della famiglia a essere rimasto in contatto con lo zio, quindi era l'unico Andersen presente.

Dopo il sermone e alcuni canti gospel, il pastore intonò un semplice ritornello sulla tomba dove poi fu sepolto.

Tutto andrà bene.
Tutto andrà bene.
Tutto andrà bene.

Aspetta domani.
Tutto andrà bene.

Robby Andersen pianse senza vergogna.

* * *

Casa Caffettiera si ingrandì nel 2002, quando Stella Andersen Maddio comprò il terreno accanto, sfoltì gli alberi e costruì una casa tutta per sé con i soldi del divorzio. Mantenne il cognome da sposata per i ragazzi e usò Casa Caffettiera come indirizzo postale. Il vialetto di ghiaia adesso collegava la strada con lo studio/ex fienile di Robby e la casa di Stella – due piani e un bel tetto spiovente, moderna. Due dei quattro figli di Stella, Gregory e Kely, erano di ritorno a Vineyard per lavorare d'estate quando gli assegni della Dynamo arrivarono come fuochi d'artificio.

Robby andava in giro con il bastone perché aveva un'anca malandata, e mangiava quasi sempre da loro. Stella, che aveva quattordici anni meno del fratello ed era molto più vispa, era ormai una maestra del robot da cucina Instant Pot e dell'orto biologico, ed era pronta ad affrontare qualunque cena improvvisata.

"L'hai scritto tu?" chiese Keli. Cercando con il telefono aveva trovato il fumetto Kool Katz Komix di cinquant'anni prima in rete.

"Scritto e disegnato." Robby pescava cucchiaiate di fagioli neri dall'Instant Pot e le sistemava su un letto di riso integrale cotto nella vaporiera. "E adesso incasso."

Gregory stava succhiando un ghiacciolo e guardava lo schermo del telefono da dietro le spalle della sorella. "*La leggenda dell'Incendiario*. Si sente puzza d'erba da qui. Dove l'hai trovata l'ispirazione per quest'opera geniale?"

"Mi sono ricordato di un nostro zio che era stato in guerra e ho buttato giù la storia come una specie di tributo delirante."

"Avevate uno zio che è stato in Vietnam?"

"Non in Vietnam," intervenne Stella. Lei aveva già mangiato. "Il fratello di nostra madre ha combattuto nella seconda guerra mondiale. Era nei Marines. Io non l'ho conosciuto." Salì di sopra per recuperare uno dei vecchissimi album di foto che conservava in un ripostiglio. Li aveva ereditati da sua madre e se li era portati da Lone Butte molti anni prima.

"Usava il lanciafiamme, se non ricordo male," disse Robby.

"È morto in guerra?" chiese Keli, che aveva quasi finito di sfogliare il fumetto sul telefono.

"No. Una volta è piombato in città con una moto enorme e poi è sparito. Finché ho ricevuto una sua lettera dal nulla. Era una bella lettera. Che mi ha spinto a creare quello lì." Robby indicò il telefono di Keli. "L'ho rintracciato qualche anno dopo. Sono andato a trovarlo, sono rimasto da lui e dalla moglie per una settimana. Ci siamo tenuti in contatto. Sono stato al suo funerale."

"Ok," disse Keli, che finito di leggere stava approfondendo con qualche ricerca su Internet. "Tuo zio è un personaggio di un film con Wren Lane."

"Ma che cosa dici?" Gregory stava tirando fuori dal freezer un altro ghiacciolo al limone. "Parli della futura signora Lane-Maddio!"

Keli gli riferì tutto quel che veniva fuori da una rapida ricerca *incendiario dynamo film* su Google. Wren Lane. Dynamo Nation. *Guerriera Insonne: La forgia dell'Incendiario.* Bill Johnson.

Stella tornò in cucina con un album di fotografie tutto grinze e crepe. L'aveva aperto, più o meno a metà, dove erano infilate alcune strane lettere, minuscole e vecchie, contrassegnate come V-Mail. C'era anche una foto ancora incollata alla pagina.

"Eccolo," disse Stella, e posò l'album sul tavolo.

Quello ritratto nella piccola istantanea in bianco e nero datata 1942 era il Marine Robert A. Falls nella sua uniforme blu.

"Mi hanno chiamato come lui," disse Robby.

"A Lone Butte?" chiese Keli, con un'impennata nella voce.

"Sì," rispose Robby chinandosi sull'album per cercare di riconoscere lo zio Bob nella foto di un bambino con un cappellino bianco e una casacca nera dai bottoni lucidi. Stava in piedi dritto come un tronco.

"Wow," fece Keli in tono piatto.

"Cosa?"

"È lì che stanno girando il film. A Lone Butte," disse. "Almeno così dice Internet."

Robby guardò la nipote, poi la sorella. "Se Internet dice Lone Butte," disse, "allora dev'essere vero."

* * *

Per i ragazzi il viaggio da San Francisco fu uno spasso, per Robby Andersen e la sorella Stella fu un'allucinazione ai limiti della distopia. Nei loro ricordi la California del nord era un paesaggio meno urbanizzato. E l'auto a noleggio era un vero catorcio, ma era l'unica disponibile.

La conformazione geografica di quel pezzo di California che si allunga da Oakland fino a Lone Butte era la stessa di decenni prima, eppure la si riconosceva a stento. Solo risalire lungo la Vecchia 99 trasmetteva un qualche senso di familiarità: esistevano ancora vecchi punti di riferimento capaci di riconnettere Robby e Stella al paesaggio della loro giovinezza. Per prendersi una pausa dal catorcio che li costringeva a stare accartocciati si erano fermati a bere root beer ghiacciata in un chiosco a nord di Sacramento, poi dritti fino a Lone Butte che, se si arrivava da sud, si presentava spaventosamente immutata o quasi. CERAMICHE si leggeva ancora. Main Street. Lo State Theater. La scuola San Filippo Neri. L'emporio di Clark's. Gli unici segni riconducibili al ventunesimo secolo erano i camion e i rimorchi vicino alla Sede dell'Associazione Coltivatori di Mandorle. Stella disse che persino gli alberi sembravano alti uguali.

Robby avrebbe potuto attraversare la città a occhi chiusi. Avrebbe potuto fermarsi davanti a casa seguendo il puro istinto. Malgrado gli anni, l'unica cosa veramente diversa per lui era il bastone di cui aveva bisogno per scendere dall'auto.

Reggendosi in piedi davanti al 114 di Elm Street, Robby vide un bell'uomo che si allenava in veranda: l'attuale inquilino non arrivava ai trent'anni e stava facendo delle strane flessioni.

Ike finì la quarta serie di burpees prima di notare il tizio sorretto da un bastone sul marciapiede che scrutava la casa con evidente interesse: probabile che fosse un fan venuto per avvicinare una star del cinema.

"Buongiorno," lo salutò Ike anche se aveva ancora il fiatone.

"Buongiorno a lei," rispose l'uomo con il bastone.

"Posso esserle d'aiuto?" Se lo sconosciuto avesse osato pronunciare il nome di Wren, Ike avrebbe subito chiamato Wally. Tom si sarebbe catapultato.

"No no. Stavo solo dando un'occhiata a casa mia."

"Questa è casa sua?"

"Non più. È dove sono cresciuto. Sul retro c'erano gli alberi di susine, un filare di quattro quando ero bambino. Se la veranda è ancora come una volta, potrebbe esserci un temperamatite a manovella infilato a circa un metro d'altezza vicino alla porta della cucina."

Ike sgranò gli occhi. In effetti c'era un pezzo di ferramenta arrugginito a un metro di altezza dal pavimento, e forse si trattava di un temperamatite. "Sembra proprio che fosse casa sua."

"Adesso è sua?" chiese Robby.

"No. Sono in affitto." Ike diede un'occhiata all'auto, vide la donna alla guida e due ragazzi dietro. "Anche loro vivevano qui?"

"Mia sorella, sì. I ragazzi, Keli e Greg, no. È la prima volta per loro a Lone Butte. Non sono molto colpiti. Rob Andersen."

"Ike Clipper."

"Ike Clipper?" La voce di Rob salì di un'ottava. "L'Incendiario nel film. Sei tu."

Il riferimento al film fece irrigidire Ike. Perché non si era presentato come Irving Cloepfer? Un temperamatite vicino alla porta della cucina non escludeva che quel vecchio stramboide fosse un intruso desideroso di un contatto ravvicinato con una celebrità, anche se si trattava di una celebrità nuova di zecca come Ike. Nei primi giorni di riprese Wren, Bill, Al e persino Ken Sheprock gli avevano detto di tenersi pronto per quel genere di sempliciotti.

"A quale film si riferisce?"

"Quello di cui parlano su Internet. Da quanto ho letto, il nome per la parte dell'Incendiario suona proprio come il suo."

"E lei come ha detto che si chiama?" Ike era pronto a saltare giù dalla veranda e assumere una posa difensiva.

"Rob Andersen. Robby. Ma forse mi conosce con un altro nome: *TREV-VORR*."

Ike rimase dov'era. "*TREV-VORR*?"

In casa, sia nel portatile che nella sua copia della sceneggiatura rilegata, c'erano le scansioni digitali di due fumetti d'epoca. E le pagine di quei fumetti erano appese anche negli uffici del reparto Scenografia e dei Costumi. Uno dei due fumetti risaliva alla seconda guerra mondiale. L'altro era di cinquant'anni prima, scritto da un artista che rispondeva al nome di *TREV-VORR*. "Tu sei *TREV-VORR*?"

Robby guardava il profilo del tetto della sua casa d'infanzia. "Già."

UNA RIMPATRIATA

Al ricevette un messaggio dal nuovo telefono di Ike, una richiesta strana per una domenica mattina.

Iklip: Come si chiama l'artista che ha disegnato quel vecchio fumetto hippie da cui Bill ha preso INCE?

AMacT: Amico, è domenica...

Al aprì il portatile e ridiscese l'infinità di mail fino a ritrovare la corrispondenza con la Dynamo Nation su diritti d'autore e pagamenti delle royalties, roba che non apriva dai tempi della Prep.

AMacT: Trev-vorr. Kool Katz Komix. Pagato $$.

Iklip: Lo so. Qual è il vero nome di Trev-vorr.

AMacT: Amico!!! È domenica!!! Frugando tra i documenti con il cursore, lo trovò. Robert Andersen. C!!!O VUOI??

Iklip: Trev-vorr è seduto nella mia cucina in questo momento.

AMacT: CA!!O DICI?!

Dopo neanche mezz'ora Al accostò davanti al 114 di Elm Street. Nel frattempo il clan Andersen-Maddio aveva fatto il giro della casa, con Stella e Robby che raccontavano una storia dietro l'altra, un aneddoto dopo l'altro sulla vita tra quelle vecchie mura. Thea e Stella si confrontarono sulle stranezze di quella casa. Venne fatto il caffè e fu trovato dell'olio lubrificante 3-in-uno che applicato al temperamatite conficcato nella veranda lo fece funzionare di nuovo, più o meno. Robby aveva sempre con sé un piccolo album per gli schizzi e una matita, che infilò nel temperamatite finché, trafficando, non ottenne una punta. Si mise a disegnare un Incendiario per Ike Clipper. Un Incendiario per l'Incendiario.

"Che piacere conoscervi!" disse Al, unendosi a loro al tavolo della cucina. "Lei è nato qui in questa casa?"

"No," disse Robby, strappando una pagina dell'album per darla a Ike. "Ci siamo trasferiti qui dopo che mio padre è tornato dalla guerra. E ci ho vissuto finché me ne sono andato a Oakland per frequentare la scuola d'arte."

"Io invece sì," disse Stella. "E ci sono cresciuta finché ci siamo trasferiti nelle case che hanno tirato su a Franzel Meadows. È buffo, il tavolo da cucina qui sta sempre bene."

"Lui è un artista dalla nascita," disse Ike, versando altro caffè nero e poi mostrando lo schizzo dell'Incendiario. "Questo è suo zio."

"Sì." Adesso Robby Andersen stava facendo uno schizzo di Thea, che entrò in cucina e si sedette. "Lo zio Bob è arrivato a sorpresa un giorno che ero piccolo."

"Io non ero ancora nata," disse Stella.

"Sono andato a trovarlo ad Albuquerque."

"Io non l'ho mai conosciuto," disse Stella. "Lui e la mamma si scrivevano. Era davvero un cuoco così bravo?"

"Sì. Lui e sua moglie avevano un ristorante cinese sulla Route 66. Aveva imparato tutte le ricette segrete. Mi sono fermato lì una settimana. Sua moglie Angel mi faceva lavare i piatti al ristorante per ripagarmi i pasti, ma era per scherzo. Così dava a me e a Zio Bob un po' di tempo insieme in cucina. È lì che mi ha raccontato certe storie folli di quando era ragazzo, di quando era un Marine, di quando era un centauro. Aveva trovato la fede, in qualche modo. Diceva di essere guidato dalla santa trinità: sua moglie, la sua Harley e il suo Potere Superiore."

"Senti questa," disse Ike. "Quell'uomo non aveva idea di essere l'Incendiario."

"No?" chiese Al.

"Mi ero dimenticato di aver fatto quel fumetto." Anche Keli arrivò in cucina, e depose Ruby in braccio a Stella. Robby iniziò a disegnare la bambina. "Ne ho disegnati un milione, di fumetti, poi sono passato alle mie Vedute fluviali."*

"Dipinge fiumi," spiegò Stella. "Volete sapere come si fa a spendere tutti i risparmi di una vita e vivere alla giornata? Vedute fluviali."

"Ci andava ancora in motocicletta?" Ike la trovava una cosa fantastica.

"La prima volta che sono salito su una moto era la sua, mi ha portato da Clark's"

"L'emporio Clark's?" chiese Al. "Su Main Street?"

"Sì. Mi ha comprato una Coca e dei fumetti."

"Perché non ci fai fare un tour guidato di questa città?" propose Al.

"Da Clark's possiamo entrarci?"

"Oh sì!"

* * *

Al fece aprire il set per una ricognizione domenicale e Ynez si presentò con vassoi di cibo messicano preso al fast food. Al chiamò Bill e gli disse di portare quel suo culo da golfista sul set per incontrare l'ideatore del suo film. Poi scrisse un messaggio a Wren: Da Clark's c'è un VVIP. Penso che tu voglia conoscerlo.

TELEFONO DELLA PRODUZIONE: ?

AMacT: Il nipote dell'Incendiario.

Anche se non era ufficialmente un Set in Caldo, l'emporio Clark's era sempre pronto all'uso nel caso ci fosse bisogno di

* Nel mercato dell'arte alcune Vedute fluviali valgono cifre a sei zeri, di sicuro grazie all'uscita del film che ha presentato al mondo l'Incendiario.

riprese straordinarie. Quella mattina le uniche auto presenti sulla Main erano quelle di Ike e famiglia, il catorcio a noleggio degli Andersen, il Ford Transit di Ynez, la Mustang di Al e la Charger rossa di Bill.

"Wow," disse Stella. "L'avete ricostruito benissimo. Almeno la tavola calda."

Robby era d'accordo. "Il bancone con gli sgabelli e le sedie imbottite sono gli stessi, incredibile che non li abbiano mai cambiati. E laggiù," disse indicando un punto, "c'erano gli scaffali tutto a un dollaro. Lì dietro c'era la farmacia. E questa era l'edicola." Intendeva l'angolo accanto all'ingresso dove si trovavano in quel momento.

Tom Windermere arrivò con l'ultima auto messa a disposizione da Trasporti & Logistica. Wren era sul sedile passeggero e scese con in mano una scatoletta chiusa da un nastro rosa. Non appena entrò da Clark's, Gregory Maddio si accorse di avere la gola secca: Wren Lane era lì. Wren Lane si stava presentando. Wren Lane gli stava stringendo la mano. Wren Lane.

Cibo e bibite furono disposti sul bancone. Wren porse a Thea la scatoletta con il nastro. "Per la festeggiata," disse. Dentro c'erano un cupcake e una candelina, con un bigliettino azzurro indirizzato a Ruby che diceva: *Non invecchiare mai! Baci, WL.* Quella settimana Ruby avrebbe compiuto un anno. Molto tempo prima Ike aveva accennato al compleanno e Wren si era fatta un punto d'onore di ricordarlo.

"Grazie," disse Thea.

Apprezzò il gesto, e le disse che sperava davvero che stesse bene dopo la cosa dell'uomo al cancello. Wren la abbracciò sussurrandole: "Grazie." Thea non era sicura che fosse sincera, ma quando Wren aggiunse: "Ho avuto così tanta... paura..." Thea le diede tregua. Chi non avrebbe avuto paura? Lei sarebbe stata terrorizzata.

"Mi sono seduto proprio qui," disse Robby, prendendo posto sullo stesso sgabello che una volta era troppo alto. "Qui c'era lo Zio Bob. Leggevamo i fumetti. Lui fumava. La sua moto era parcheggiata dove c'è la macchina di Ynez. A un certo punto si è stufato ed è uscito dicendo che aveva una cosa da fare. Non è più tornato."

"E tu sei tornato a casa da solo a piedi?" Era la prima volta che Stella sentiva questa storia.

"Mi ha accompagnato quello dell'edicola." Seduto nello stesso identico posto di allora, Robby si allontanò da tutti loro per un istante. "Nelle mie scene da Clark's mi sono seduta proprio dove sei tu adesso," disse Wren. "Proprio su questo sgabello qui." Bill, come a voler chiudere il cerchio, chiese a tutti di stringersi insieme nel séparé dove aveva ripreso gli Investigatori quando sono sulle tracce dell'Incendiario e si siedono per la prima volta. Lo fecero: Ike, Thea con Ruby, Wren accanto a Robby, Stella nell'angolo. Keli e Gregory strizzati in mezzo.

Ynez si rese conto con estrema lucidità che quello da Clark's era uno di quei momenti di casuale fortuna che la vita ti offre. Disse ad Al: "Scommetto che non succede spesso in un film." Al le rispose con uno sguardo di meraviglia e stupore che voleva dire *No, non succede.*

"Abbiamo la Guerriera Insonne e l'Incendiario del film, e l'Incendiario vero," disse Ynez. "Se solo avessimo la Eve vera."

"Ce l'abbiamo," disse Wren. Poi allungò il braccio per afferrare il piedino di Ruby al di là del tavolo. "Ecco la nostra Agente del Cambiamento!"

Risero tutti, compresa Thea, che la perdonò ancora un po'.

Come spesso accade nei bar e nelle riproduzioni allestite apposta per un film, l'emporio Clark's invogliò il gruppo a restare ancora un po'. I thermos di caffè caldo aiutavano. Le donne rimasero a parlare sulle panche imbottite del séparé. Bill e Ike si sedettero con Robby ad ascoltare i suoi racconti dell'infanzia a Lone Butte.

"Raccontami di tuo zio," disse Bill a Robby. "Perché l'hai trasformato nell'Incendiario?"

"Era un ragazzo. Gli hanno messo in spalla un lanciafiamme. L'hanno mandato in guerra. Ha fatto cose orribili. È tornato a casa e poi è sparito," disse Robby. "E un giorno è arrivato qui. Come uno spettro. Un fantasma." Per l'ora a seguire, lì al bancone, Bill e Ike scoprirono tutto quello che c'era da sapere su Bob Falls. "Quell'uomo era un dio per me," disse il nipote ultraottantenne.

La domenica si srotolò con un tour dei set alla fabbrica di lampadine, una capatina all'indirizzo della vecchia tipografia di famiglia che solo di recente era stata convertita in un Tutto per un dollaro, un'occhiata all'ormai defunta Union High School, un giro in auto sul ponte Old Trestle, e si concluse al 114 di Elm Street. Scattarono una foto con il telefono di Bill, con l'autoscatto: tutti in posa nel cortile con gli alberi di susine alle spalle. Ynez stampò una copia della sceneggiatura appositamente per TREV-VORR, con il suo nome, e tutti firmarono con una matita. Il vecchio temperino fu svitato dalla veranda perché Robby Andersen potesse portarselo via. Quando i VVIP dovettero rimettersi in macchina per tornare a Oakland, tutti si abbracciarono. Keli si offrì di tenere Ruby per una settimana. Il cuore di Gregory si fermò quando Wren lo strinse e gli disse che se ci provava avrebbe potuto fare l'attore. Robby Andersen salutò dal sedile passeggero mentre l'auto si allontanava dal 114 di Elm Street. Fu un addio.

IL RESTO

Nina (assistente alla regia al Campo Base): La gestione del Campo Base è indipendente dai progressi del set. Lì il tempo si ferma, io no. Una regola non scritta per l'assistente alla regia del Campo Base è che non ci si siede mai, da nessuna parte, tranne che nella roulotte della Produzione, e quindi io sto tutto il giorno in piedi con l'orecchio attaccato al walkie-talkie. Se le cose vanno bene, o se ci sono tensioni che potrebbero ricadere nella mia area di competenza, io me ne accorgo. Ho delle persone a cui dare istruzioni, da informare, da spostare, da monitorare e da far stare felici. Io prevedo quel che può succedere, do avvertimenti, faccio portare il cast al Trucco e Parrucco, li mando sul set e ce li faccio tornare dopo pranzo. Chiedo ai Talent di farmi sapere se pensano di riposare, così quando vado a bussare busso pianino. Ci sono parole e numeri in codice per ogni situazione. *Leviamo* *le ancore* significa "tutto bene". Il peggiore è *Falcon 109*. Vuol dire "è-un-cazzo-di-disastro".

Ynez: Ho fatto tutto quel che potevo per rendere più carino il Campo Base, ma alla fabbrica di lampadine c'era solo un grande parcheggio di ghiaia. E non c'è ombra, come alla Sede dei Coltivatori di Mandorle. Ho fatto piazzare un tavolo da picnic e delle sedie da campeggio davanti alla porta del camerino di Ike, che era di fianco a quello di Wren. Quelli di Scenografia ci hanno dato l'erba artificiale e be', altre cose per bambini tipo un box e un'altra piscinetta che i Trasportatori hanno gonfiato con l'aria compressa. Spesso Thea, Ruby e mia cugina Lupe arrivavano a metà mattina, così facevo portare al reparto Costumi degli ombrelli per dopo, per il pomeriggio, quando la tettoia della roulotte non bastava più per bloccare il sole.

Yogi: La cosa fantastica delle ultime settimane di riprese di un film è che ogni giorno ti lasci sempre più lavoro alle spalle. Non devi stare lì a pianificare, fare riunioni, programmare un milione di riprese. Ogni giorno si cancella qualcosa dalla lista, e una volta girata una scena resta girata. Non è che ci si possa rilassare perché c'è ancora da fare, e naturalmente non ci spetta mai un giorno di pausa, però il carico di lavoro diminuisce.

Al: Trasferirsi alla fabbrica di lampadine è stato un compromesso. Certo, si sta al chiuso con l'aria condizionata e si può girare senza dover badare al clima o all'ora del giorno, ma a costo di perdere un po' di slancio, un po' di spirito. E per risolvere tutti i problemi tecnici ci vuole più tempo, quindi... Qual è la parola che usa Wren per dire quanto sono noiose alcune giornate in teatro? *Ennui*. Proprio così. Si diffonde un certo *ennui*.

Wren: Il lavoro in scena è fatto di inquadrature: questo sguardo, quella mossa, un obiettivo che mi si avvicina, un crane che si solleva. Ma io devo comunque *stare* nel personaggio. Non posso dirvi come faccio. Non ve lo voglio dire. Il processo è un segreto. Almeno il mio.

Ike: Abbiamo fatto tre scene di combattimento. Alla Segheria, di giorno. Su Main Street, di notte. E alla Casa di Eve. Tutte con le imbragature. Siamo stati appesi un mucchio di tempo.

Wren: Combattimento Numero Uno, voglio fermare l'Incendiario a tutti i costi. Combattimento Numero 2, voglio ucciderlo. Combattimento Numero Tre, me la prendo con il Fato, sola e distrutta. Sono tutti diversi.

Ike: È strano, ogni combattimento ha un ritmo diverso, una diversa posta emotiva. È speciale. Per ogni combattimento bisogna aggiungere un nuovo elemento alla recitazione e alla performance e per questo, ehm, non ero pronto. Lavorare a stretto contatto con Wren? Non ho potuto fare a meno di essere, ehm, preso. Lei fa questo effetto, ecco. Anche con le imbragature, i cavi, gli effetti speciali e le squadre di stuntmen che ti stanno addosso. Wren, be', non si limita a guardarti, ti *fruga con gli occhi*. Sì, avere quasi sempre la mia famiglia accanto è stato, ehm, un bene. Mi ha tenuto con i piedi per terra, chiaro?

Aaron Blau: La Seconda Unità era in giro per Lone Butte mentre la Prima era sul green screen. Nelle ultime settimane contava solo portare a casa le scene. Bill ha una lista lunga così di tutto quel che vuole, inquadrature per dare il ritmo che serve al film. Non c'era un momento da perdere e ogni ciak che giravamo in Seconda Unità doveva essere come voleva Bill, lo Sceneggiatore-Regista Johnson.

Cassandra: I sabati erano riservati alle scene degli Investigatori, solo alle nostre pagine.

Hang To: Chi è che vuole lavorare di sabato? Io no. E manco la troupe. Tutto per gli interni in auto e quella cazzo di scena sull'autostrada. Non eravamo manco sull'autostrada, eravamo sulla colata d'asfalto che hanno steso in quel grande teatro buio. Wren era su di giri per quella scena. Io ho pensato che mi odiava, proprio me, intendo. Ti ha detto qualcosa?

Nick Czabo: Quel sabato Ike è venuto a vedere. Il ragazzo si è fatto tutta la strada da Lone Butte alla fabbrica di lampadine a piedi e ritorno. È stato divertente vedere Eve e London che si ringhiavano contro.

Hector Chew e Marilyn Cakebread (Montatori): Abbiamo montato tutti i santi giorni, e fin dalla prima scena con Eve e l'Incendiario era chiaro che tra quei due stava nascendo qualcosa… Tra i personaggi, sì... Nel girato quei due fanno scintille, si vede. Presi singolarmente, Eve è notevole e l'Incendiario è criptico; sono tutti e due così soli... Gli si leggeva la solitudine negli occhi... Quando finalmente si incontrano sembra amore a prima vista... Dopo l'odio a prima vista. Secondo me Eve aspettava un Incendiario da tutta la vita, lui invece è colto di sorpresa... C'è un'inquadratura nel combattimento alla Segheria in cui Ike è tipo *Oh oh sono nei guai*, ma non perché Eve lo sta prendendo a calci. Perché lei gli fa mancare il fiato... Abbiamo messo insieme un video di tre minuti dei loro momenti migliori insieme, solo per far vedere agli altri la tensione che abbiamo visto noi in Sala di Montaggio, e l'abbiamo proiettata nell'Ufficio Produzione la sera dopo la fine riprese.

Ynez: Io avevo preso il frozen yogurt per tutti, ma una volta iniziata la proiezione nessuno ha più mosso un solo cucchiaio. Abbiamo guardato la clip quattro volte di seguito.

Al: Senza nulla togliere al mio capo o a SAM o a Yogi o a tutta la troupe. Ma. Wren e Ike! Quei due erano come amanti in un'Audi a due posti.

Dottoressa Pat Johnson: Bill ha scelto una musica che stesse bene con i sentimenti in scena. L'ha definito un trucco da quattro soldi, ma Dio, se ha funzionato. Io lo so come si fanno i film, e quanto è delicato il processo. Lo so da anni. Bill dice sempre che se ha fatto carriera è solo perché ha avuto fortuna. Ma in quelle scene non c'era nulla che fosse frutto della fortuna. Wren e Ike erano, perdonate la battuta, di fuoco.

Al: Se andando al cinema i confini del tuo mondo si allargano, se sei uno di noi, uno che ha bisogno di un film per dare ancora più spazio alla vita, per renderla più completa, un grande film ha lo stesso potere trasformativo di una musica che ti riempie l'anima o, per dire, di un grande oratore che ti incanta con un discorso. I tre minuti di clip ti facevano sentire felice di essere vivo e molto fortunato di lavorare a Fountain Avenue. Grazie a Wren e Ike. A Ike e Wren.

Yogi: Combattimenti. Qualche dialogo. Primi piani. Eppure nulla ci aveva preparato ai loro sguardi, all'espressione negli occhi. La rivelazione di Ike. La reazione di Wren.

Le'Della Rawaye: Combattimento Numero 2, nel centro della città in fiamme. Il primo sguardo di Ike quando Wren gli ha tolto l'elmetto? Ci siamo immersi negli occhi di quell'uomo. E Wren? Quando vede il suo volto per la prima volta. Quando lo guarda negli occhi. Era come se volesse piangere. Aveva qualcosa, era come se fosse andata altrove. Mi è uscito un "Sì!" a voce alta.

SAM: Li abbiamo ripresi in controluce, avevamo piani d'ascolto e primissimi piani, e in un'unica lunga inquadratura con la Pogo-Cam. Ha funzionato bene.

Ynez: E tutto girato prima dello scontro finale, dopo che Amos è morto ed Eve è rimasta sola per sempre.

Al: Avevamo ancora il Bacio da girare. Se Wren e Ike erano così *ammalianti* e *connessi* mentre si affrontavano senza B A C I A R S I, che cosa poteva succedere quando sarebbe arrivato il momento? L'abbiamo scoperto il giorno dopo. Oh, cavolo. Cavolo, cavolo, cavolo. Wow.

Thea Hill: Quando Ike ha girato il Combattimento Numero 3 io sono rimasta a casa. Ero stufa del Campo Base.

Ynez: Lì in mezzo a quello spazio enorme, con tutta la troupe che preparava e allestiva, sembrava che fossero da soli, solo loro due. Nel copione c'era scritto "un bacio epocale". Tra una ripresa e l'altra Ike e Wren parlavano piano. Non era un sussurro, ma una voce bassa e intima. Le teste vicine. Molti sorrisi.

Hector Chew e Marilyn Cakebread: Quei giornalieri erano straordinari. Ike e Wren non si sono mai staccati gli occhi di dosso, neanche una volta... Anche quando aspettavano il ciak, erano già nel momento... Molto spesso le scene di bacio sono meccaniche... O plateali. I baci sono esagerati e si vede che gli attori fanno finta... Ma la Guerriera un attimo prima di baciare l'Incendiario, e la reazione di lui? Bill e Al sono venuti in montaggio e hanno rivisto il girato un'infinità di volte... Com'è che ha detto Al?

Al: Mi piacerebbe baciare un uomo così.

BARRY SHAW

Il giorno di riprese numero 49 (di 53) fu convocata una riunione nell'ufficio seminudo di Bill Johnson. La porta era chiusa.

Lunedì mattina. Ore 7:06. Secondo l'Ordine del Giorno, restavano da fare le ultime cose: roba per gli Effetti Speciali, fegatelli, riprese degli Investigatori in suv e berlina, uno stunt di Eve che ribalta la berlina degli Investigatori dopo aver strappato la portiera del suv e averla lanciata via come un giornale. C'era da rimboccarsi le maniche, insomma. Ike fu prelevato dal Trucco e Parrucco proprio mentre Wren arrivava al Campo Base. Aea Kakar era stata Reperibile per così tanto tempo che era tornata a casa a Los Angeles, ma adesso rieccola alla fabbrica di lampadine, sul set del green screen. Ynez aveva già pensato alla colazione e tutti si bevvero il caffè che avevano ordinato. Wren bevve un bicchiere di liquido verde probiotico. Al era presente. Bill era serio.

"Come lo chiudiamo questo film, gente?" chiese.

Tutti sapevano a cosa si riferiva.

Scena 97. Il finale. La fine della caccia all'Incendiario. La scomparsa del Nonnino. La conclusione della storia. L'infermiera Sue. Eve. L'Incendiario. E Amos. Come si gira una scena con un attore che ha abbandonato le sue spoglie mortali? Come si può girare una scena con lui senza di lui?

"Se non abbiamo la 97 non abbiamo il film. Mi vengono in mente solo due possibilità," disse il regista. "Dobbiamo decidere."

"Dipende da noi?" chiese Wren.

Bill non ci girò attorno. "Siamo anime gemelle. Ne abbiamo passate così tante insieme che nessuno di noi può dettare le condizioni da solo. Tecnicamente è facile. Qualche set-up con Frances che legge le battute di Amos. Voi tre che guardate il letto vuoto. Con tutto l'audio di Elliot che abbiamo negli hard disk possiamo fare un reverse-engineering in Post-produzione con un doppiatore. E quelli degli Effetti Speciali possono fare un'animazione di Amos in computer grafica e fargli fare tutto quello che ci serve. Possiamo portare a casa tutte le inquadrature di cui abbiamo bisogno, tecnicamente. Fisicamente."

Accanto al set del green screen, in un ambiente separato, era stata costruita una replica esatta della Internet da letto di Amos, un set così autentico che Wren non aveva ancora voluto visitarlo perché il ricordo del caro, dolce, magico Elliot Guarnere era troppo vivido nel suo cuore.

"So che voi ragazzi non vi risparmierete," proseguì Bill. "Ma non posso fare a meno di chiedermi se non c'è un elemento mistico in questa sfida. Sono settimane che io e Al ne parliamo in gran segreto. Questo incontro è il risultato."

Ike ascoltava. Aea era stupita dalle capacità che Bill dimostrava in un momento del genere, al cospetto di un incubo produttivo. Wren si sentì come molto tempo prima a Socorro, quando Bill Johnson aveva fatto appello alla sua *Serenità*.

"Ecco cosa ho pensato..."

Dopo averlo ascoltato, il voto fu unanime.

* * *

Gli Investigatori avevano finito tutti i dialoghi il Giorno di Riprese numero 50 (di 53). Dopodiché girarono le esterne a Lone Butte e finirono la giornata di quattordici ore alla fabbrica di lampadine. Hang To continuava a iniettare comicità nelle sue battute. Nick Czabo e Lala si diedero amorevolmente da fare sul sedile di dietro della berlina per alcuni inserti. Cassandra fu perfetta con le parole e superba nei modi, ben sapendo che quel nuovo capitolo degli ADC avrebbe ridefinito e perfezionato l'Universo Ultra. Alla Dynamo, riferì Al, erano rimasti sorpresi dalla chimica tra gli investigatori. Aveva avuto parecchie conversazioni con i pezzi grossi, che avevano gradito, e volle metterne a parte gli altri.

"Non roviniamo tutto l'ultimo giorno," li avvertì Cassandra. Mancava una scena, l'ultima pagina di sceneggiatura, senza dialoghi ma con una tonnellata di pressione. "Potrebbero tenerci nel prossimo film tutti insieme."

"*Agenti del Cambiamento 6: La vendetta di Lima?*" chiese Hang. "Per avermi dovranno sborsare."

Per il giorno 51 erano In Attesa. Secondo l'Ordine del Giorno: scena 97.

Bill aveva richiesto una giornata da dieci ore senza pausa pranzo, per mantenere altissimi la concentrazione e lo slancio. Lui e SAM avevano già discusso tutti i movimenti di macchina e ogni centimetro delle coperture necessarie, perché non avrebbero lavorato con le solite inquadrature spezzettate da montare insieme: avrebbero lasciato fluire la scena dall'inizio alla fine, riprendendola da ogni angolazione. I colloqui con gli Effetti Speciali avevano messo tutti al corrente.

Ike fu chiamato al Trucco e Parrucco alle 5 del mattino per la prima spalmata di poltiglia fredda e collosa tra le pieghe del collo. Per farla prendere meglio, Kenny Sheprock gli aveva suggerito di radersi con tre rasoi elettrici diversi e sembrava che avesse funzionato.* Sarebbe stato pronto alle 9:00. Wren e Aea lo raggiunsero nella roulotte alle 7:30. Lavoravano tutti in silenzio ma, per spezzare l'atmosfera innaturale e molto tesa, considerata la performance che li aspettava, Wren chiese se potevano ripetere le battute a bassa voce, senza recitare, senza intenzioni. Nella scena l'Infermiera Sue stava praticamente muta, perciò Aea cercò di rendere monotone le battute di Amos.

* * *

In un'altra stanza della fabbrica di lampadine era nascosto Barry Shaw, il ragazzo che molte riprese prima aveva tagliato l'erba e giocato a Ce l'hai in piscina mentre Eve andava a fare colazione da Clark's.

Barry aveva compiuto diciotto anni nel corso della lavorazione, il 10 luglio, ma sembrava ancora troppo giovane per votare. Abitava fuori Redding, nella casa in cui era cresciuto. Si era diplomato a giugno ma non aveva grandi progetti per l'università: avrebbe frequentato l'università pubblica di Shasta e si sarebbe

* La dose quotidiana di colla era l'unica parte del film con cui Ike non vedeva l'ora di farla finita. Anche se Sean, Jason e Brittany erano persone fantastiche da rivedere ogni stramaledetta mattina. Però basta. Basta!

trovato un lavoro part-time tipo autista FedEx/Amazon. La sua speranza era di diventare paramedico e di farsi ammettere all'Accademia di polizia. Era venuto a sapere del film che avrebbero girato a Lone Butte, aveva già partecipato alla produzione di *Rent* al liceo, conosceva tutti i testi rap di *Hamilton* e ne diede prova durante il breve incontro con i responsabili del casting. Il ragazzo era piaciuto.

Dopo la scena di Ce l'hai era stato chiamato a lavorare sul set di Main Street nel ruolo di abitante del paese quando l'Incendiario e la Guerriera si scontrano di notte e riducono Iron Bluff in cenere o quasi. Sullo schermo aveva portamento, una fisicità naturale, era come se non stesse recitando: si comportava in base a quello che richiedeva il momento. Un primo piano in particolare – davanti alla scuola San Filippo Neri, alias Madonna Addolorata, mentre guardava fuori campo verso fiamme immaginarie – aveva colpito Bill Johnson dritto al cuore. Quella sera Bill aveva aggiunto l'inquadratura dell'elmetto dell'Incendiario che saltava via durante il Combattimento Numero 2 rotolando verso il canale di scolo. Il ragazzo Ce l'hai lo raccoglieva. In Barry c'era qualcosa che trasmetteva gioia. Hector e Marilyn gli avevano segnalato la clip non appena l'avevano visionata.

E così qualche giorno prima dell'ultimo, il telefono di Barry si mise a squillare mentre il ragazzo stava lavando il Ford F-150 di suo padre, che sarebbe diventato suo una volta iniziati i corsi all'università di Shasta.

"Signor Shaw, sono Al Mac-Teer della produzione. Come va?" chiese la donna in tono formale.

Barry l'aveva conosciuta durante le Riprese in Notturna. "Tutto ok. Lei come sta?"

"Hai un minuto per parlare con il capo?"

"Adesso?" Barry non aveva idea di chi potesse essere il capo. "Sì." All'altro capo della linea ecco Bill Johnson.

"Barry! Come stai, giovanotto?"

"Sto bene, credo."

"Ti siamo mancati?" Era passato un po' di tempo dalle Riprese in Notturna.

La mattina dopo l'ultima notte di riprese, il primo aiuto regista aveva riunito tutti gli Abitanti di fronte all'emporio Clark's, li aveva ringraziati per aver lavorato sodo e per il contributo di ciascuno, aveva detto che la produzione li aveva nel cuore e li apprezzava, dopodiché li aveva congedati con precise istruzioni su come restituire gli Oggetti di Scena e i costumi. Per Barry partecipare a quel film era stato divertente, proprio come si immaginava che fosse fare un film, anche se aveva lavorato tutta la notte.

"Sì, più o meno."

"Ah, *più o meno*, eh? Mi chiedevo se avessi voglia di tornare da noi per un altro po' di riprese..."

Barry era confuso. All'inizio doveva lavorare solo un giorno con dei bambini in una piscina e invece poi era stato chiamato per fare da testimone a una sequenza pazzesca, e poi gli era stata assegnata una posa più lunga con un elmetto che rotolava. E un paio di volte al catering si era ritrovato di fianco a Wren Lane. Chi è che non avrebbe voluto rifarlo?

"Certo, sì," disse Barry. "Mi piacerebbe molto, credo."

"Perfetto. Vieni oggi, così ci facciamo una chiacchierata. Prima dimmi una cosa, però," disse Bill Johnson. "Ce la fai a tenerlo per te? È un segreto."

"Sì," disse Barry. "Certo." Non gli chiese perché.

"Mi fido. Al ti dirà quando venire all'Ufficio Produzione."

La signorina Mac-Teer riprese il telefono. "Barry?"

"Sì?"

"Vieni subito."

Barry si prese il tempo per risciacquare il Ford F-150, poi guidò il pick-up ancora gocciolante fino a Lone Butte.

* * *

La giovane età era il motivo per cui Barry si trovava in una stanza segreta della fabbrica di lampadine alle 7:47 del mattino con la squadra degli Effetti Speciali a ronzargli attorno.

Due giorni prima Bill lo aveva spiegato alle sue due anime gemelle: "I Marines che hanno combattuto in guerra erano quasi tutti dei ragazzini appena usciti dalle superiori. A ventiquattro anni già ti chiamavano Nonno, o Vecchio. Niente college. E nessuna carriera, non ancora, non con una guerra mondiale che scoppia mentre tu sei ancora lì a copiare le verifiche di algebra e latino alla Union High. Robert E-Basta Falls era un bambino, Ike. E secondo te, Wren, quanti anni aveva Amos quando è andato in guerra?"

Lei ci aveva riflettuto tempo prima, a quella parte della retrostoria. Aveva discusso con Elliot della storia di Amos nei primi giorni di riprese. "Pearl Harbor è stata attaccata quando il Nonnino aveva diciannove anni. Il giorno dopo si è arruolato. Aveva intenzione di entrare in Marina, ma un ragazzo in fila con lui lo ha convinto ad arruolarsi nei Marines."

"Perfetto," disse Bill. "Amos e Robert, due ragazzi spediti all'inferno. E soltanto uno di loro è tornato a casa. Perciò. Se per la scena 97 invece di tuo nonno così com'è, un vecchio, nel letto ci mettessimo..."

Bill tacque. Ike, Wren e Aea gli si avvicinarono. Ynez trattenne il fiato.

"Vedrete tutti Amos come *era*. Il giorno in cui ha incontrato Robert Falls per la prima volta." Erano tutti in silenzio. "Prima che andassero all'inferno." Wren levò lo sguardo al cielo, immaginando la scena. Ike chinò il capo, immaginando il momento. Aea annuì. Al aspettava una risposta. Lei e Bill avevano discusso per ore di questa rivoluzione, chiedendosi se il cast ci avrebbe visto la stessa opportunità che ci vedevano loro.

Come già detto, il voto fu unanime. Tre a favore. Anzi, quattro. Fu conteggiato anche il voto di Ynez.

Le Brave Cuoche fecero a Barry un taglio di capelli da Marine. Il team degli Effetti Speciali gli applicò sulla faccia i punti di tracciamento, affinché in Post-produzione potessero poi sovrapporre al suo viso le scansioni digitali del fu Elliot Guarnere. Gli avevano anche dato le tracce audio di Amos, perché Barry cercasse di avvicinarsi al timbro e alla cadenza del vecchio attore.*

Il Giorno delle Riprese Barry si infilò nel letto della stanza di Nonnino mezz'ora prima che Wren, Ike e Aea fossero chiamati sul set.

* Ogni notte, a bordo della sua F-150, si aggirava per Redding ascoltando le tracce audio e ripetendo i dialoghi per la 97 per ore e ore.

* * *

Yogi: Il set era calmo, silenzioso. Non volava una mosca, si sentivano solo le indicazioni per la troupe. E siccome tutti avevano i walkie-talkie con le cuffiette, era un brusio basso basso. Barry non si è mai alzato dal letto. Si limitava a chiudere gli occhi tra i ciak e i riallestimenti. Gli attori non lo hanno visto entrare o uscire. Di solito io tengo sotto controllo il monitor per fare eventuali aggiustamenti, per accorgermi subito di un problema che posso aiutare a risolvere. Ma nella 97, oh mamma, ogni singolo istante voleva dire assistere a qualcosa di grandioso. Non riuscivo a staccare gli occhi.

SAM: Più semplice è meglio è, ci siamo detti io e Bill, quindi niente movimenti di macchina, solo inquadrature fisse. Avevamo già fatto di tutto, carrelli e soggettive, piani sequenza, sempre addosso agli attori, inquadrature elaborate. Sempre. Ma per la 97 non abbiamo giocato con gli obiettivi. Abbiamo usato una testa remotata da controllare a distanza, per non avere l'operatore e il fuochista sul set. In Internet da letto c'erano solo Wren, Ike, Aea e il ragazzo. Esatto. Barry.

Frances: Gli occhi. Ascoltavano con gli occhi. Aea aveva una battuta microscopica, "Sì, Amos?", eppure l'ha detta con tanto amore. Wren ha chiesto di fare i suoi piani di ascolto alla fine. Così Aea è dovuta andare per prima e ha messo l'asticella molto in alto.

Yogi: Abbiamo cominciato con i primi piani subito dopo una prova pro forma, giusto per le posizioni e i movimenti. Aea aveva solo due inquadrature. Dopo toccava a Ike, e nei primi ciak era uno straccio.

Frances: Bill voleva che Ike non uscisse mai dal personaggio per tutta la scena: stoico, no? In modalità Missione, come ha detto Bill. Ha avuto un paio di crolli, Ike, ma Bill non ha mai stoppato, lasciando che andasse ovunque lo portava la scena. Certe volte credevo che avesse saltato una battuta, ma il fatto è che Ike non riusciva a parlare. Le parole le pronunciava ma non aveva voce.

SAM: Wren era altrove. Ormai ero abituato alla sua cura estrema per i dettagli, in ogni singola scelta, questa era la sua specificità. Ma nella 97 era proprio in un'altra dimensione. Niente fronzoli. Parlava con la faccia. Senza mai ricamare sulle emozioni. Senza "recitare". Le battute erano poche, ma le venivano fuori con quest'urgenza, quest'intenzione. Pochi attori ci riescono. Ci provano tutti.

Frances: E proprio in quel momento mi sono accorta che Ike e Barry Shaw avevano gli occhi dello stesso colore. Non azzurri azzurri, un misto di azzurro e grigio. La somiglianza era sconcertante. Barry non diceva le battute, era come se le pensasse ad alta voce. Gli è venuto in mente di rifare la battuta su uova e bistecca: la colazione uova e bistecca era un dettaglio delle colazioni pre-sbarco dei Marines che aveva letto da qualche parte. Ha chiesto a Bill se poteva provarci. Che ragazzo audace! Bill gli ha detto di sì, se non funzionava avrebbero tagliato. È un momento impagabile, cazzo.

SAM: Barry sarebbe stato sostituito in Post, sì. Ma si era studiato la voce di Elliot. Accidenti, parlava proprio come lui. Era Amos. Quando ha aperto bocca per poco Wren non è svenuta.

Marvin Pritch (Tecnico del suono): Ho un piccolo monitor per vedere cosa stanno riprendendo, ma se anche fossi stato cieco quello che ho sentito sarebbe bastato: sapevo già che la 97 era il culmine del film.

Donnie Marcus (Tecnico delle luci): Abbiamo allestito tutto il giorno prima, per avere solo le ultime finiture da fare la mattina, in attesa del cast. Avendo ricostruito la Internet da letto potevamo spostare facilmente le pareti, e così SAM ha lavorato con tutta la libertà di cui aveva bisogno. Ma se poi è andata com'è andata il merito è del cast. Mi era già capitato di stare su set difficili in giornate difficili, quando la tensione si taglia con il coltello e tutta la troupe lavora in punta di piedi per non peggiorare la situazione. Invece sul set regnava la calma anche se non avrebbe dovuto.

Ted Truman (Fuochista): Avevo il terrore di commuovermi, ricordo solo questo.

Yogi: Non c'è stato bisogno di tutte le dieci ore. Dopo aver girato Barry, Bill voleva un totalone di tutta la scena dall'inizio alla fine, più un'inquadratura finale da fuori, attraverso la finestra. Solo Wren e Ike che guardano il letto. Barry era ancora steso lì ma si vedevano solo le mani.

Hector e Marilyn: Quell'unico rapido sguardo, quello che si scambiano Eve e l'Incendiario? In realtà l'hanno fatto dopo che hanno chiamato lo stop, non faceva parte della scena... Wren e Ike si erano appena *trovati*. Erano diventati Eve e Bob Falls... C'era amore lì.

VI VOGLIAMO BENE

Nel giorno 52 delle riprese (di 53) solo inquadrature veloci: Eve sotto la doccia. Eve nel capanno che recupera dei chiodi. Eve sull'interstatale (in green screen) che lancia dei chiodi. Inserti per gli Effetti Speciali.

Infine arrivò l'ultimo Ordine del Giorno. Riprese, giorno 53 (di 53).

La Troupe fu felice di radunarsi fuori dalla fabbrica di lampadine in una splendida giornata di tarda estate per concludere le riprese con l'ultima scena del film. Quante probabilità c'erano che andasse così? Girare la prima scena per prima e l'ultima scena per ultima? La location era una fattoria a nord-est di Lone Butte, con il Campo Base allestito vicino al fiume. Nella roulotte del Trucco e Parrucco si chiacchierava, tutti di buonumore: era la prima volta che Wren, Ike e gli Investigatori si ritrovavano tutti insieme lì, la prima volta che facevano una scena tutti insieme. Qualcuno aveva messo della musica e tutti parlavano ed era un'unica conversazione che scivolava come un torrente sui sassi.

Ken Sheprock raccontò l'ultimo giorno di riprese di un film che aveva girato in Argentina dove un fulmine aveva colpito il generatore provocando un'esplosione. Il regista aveva chiamato la Fine Riprese e nel giro di poche ore tutti gli americani erano stati imbarcati su un aereo per casa. Le Brave Cuoche raccontarono di un ultimo giorno di riprese durato ventisette ore, in Marocco, sotto una tenda che il vento aveva quasi spazzato via. Wren disse che il solo ricordo che aveva dell'ultimo giorno di un film era *Pervinca*, quando era dovuta cadere in una pozzanghera di fango che le era entrato nell'occhio facendole venire un'infezione. Al suo racconto seguì una serie di aneddoti modello "Per poco non ci rimanevo". Hang raccontò che in *1968* era stato morso da un ragno. Una volta Cassandra non era riuscita a mettersi in posizione davanti alla macchina da presa perché c'era un mucchio di altre attrezzature e così era inciampata. Ike chiese a tutti di stare zitti, per favore: stava cercando di dormire mentre gli applicavano le cicatrici. Wren alzò il volume della musica e tutti cantarono *Get the Party Started* di Pink a squarciagola.

Quando Nina invitò Ike e Wren sul set l'ultimo giorno di riprese ebbe inizio. Thea portò Ruby a giocare nell'erba alta, e poi a pranzo. La tenda del catering era stata aperta su tutti i lati per far passare l'aria fresca e diede alla pausa pranzo l'atmosfera di un matrimonio in campagna.

Non c'era bisogno di correre. La lista delle inquadrature prevedeva quasi solo eleganti movimenti di macchina e zoom-out per rivelare facce e dettagli. Avrebbero aspettato il tramonto per le immagini finali dell'Incendiario e degli Investigatori che scompaiono tra gli alberi nella golden hour.

99 ALBA

100 EST. IRON BLUFF - CAMPO DI ERBA ALTA.

GUERRIERA INSONNE e L'INCENDIARIO sono distesi, abbracciati a cucchiaio.

Sono entrambi ADDORMENTATI.

Non abbiamo mai visto due creature godersi una bella dormita così.

Eve si sveglia per prima. Ha il sonno negli occhi. Sta cercando di riprendere coscienza di sé, di dove si trova.

È ancora stordita.

Ricorda la perdita del nonno.

Stringe il braccio di Robert E-Basta Falls intorno a sé. Più stretto.

Lui si sveglia. Anche lui è segnato dal sonno. Si mette a sedere. Anche lei. Si guardano.

EVE LA GUERRIERA
Sarai lì con lui?

L'INCENDIARIO
Sì.

Lei si alza in piedi.

Oltre l'erba alta si scorge Iron Bluff. Sì, c'è un po' di fumo.

Sembrano passati anni, però.

Lei guarda l'orizzonte riflettendo su quello che è successo...

Sul suo volto c'è tutto: esperienza, saggezza, accettazione.

È in pace.

Si accorge di un soffio d'aria leggero, un vento polveroso...

Si volta verso Robert Falls. Il suo volto ustionato, la testa sfregiata senza elmetto.

I suoi occhi.

Lui si alza in piedi. Si carica il lanciafiamme M2-2 sulle spalle.

Attorno a lui si crea un turbine di sabbia e polvere.

Sabbia e polvere si tramutano in fumo, vorticano sempre più veloci, finché Robert Falls non si vede più.

Sta girando su sé stesso sempre più veloce, Eve non può fare altro che guardare.

Un momento dopo lui non c'è più.

Eve è in mezzo al campo.

Sola... completamente sola.

Sente qualcuno... la voce di un giovane... "Eve!"...

Guarda il filare di alberi davanti a lei.

101 EST. IRON BLUFF - FILARE DI ALBERI

Una squadra di MARINES sta marciando lentamente verso la battaglia sotto la guida del giovane sergente Amos.*

A chiudere la fila, senza elmetto, c'è un uomo con il lanciafiamme.

* Interpretato da Barry Shaw.

Il Sergente fa un segnale con la mano. La squadra cambia direzione e scompare tra gli alberi.
L'uomo con il lanciafiamme si lancia un'occhiata alle spalle, verso il punto in cui stava prima, e saluta.

Eve ricambia il saluto.

102 - EST. IRON BLUFF - STRADA

London ha seguito tutta la scena... dietro le lenti dei suoi occhiali speciali... La squadra di Investigatori ha registrato tutto con videocamere, radar, dispositivi...

London dà un colpetto agli occhiali per...

SOGGETTIVA di EVE

Eve si volta. . . e guarda London dritto negli occhi.

CUT TO:

NERO

E poi...

"Eve Knight farà ritorno in *Agenti del Cambiamento 6*: *La Rovina.*"

TITOLI DI CODA

7. POST-PRODUZIONE

DUE CHIACCHIERE CON LA DOTTORESSA PAT JOHNSON

"Negli ultimi giorni di riprese c'ero, e anche per il party finale dai Coltivatori di Mandorle. Ho un debole per la musica mariachi e la band degli amici di Ynez è stata formidabile! Alla fine delle riprese tutti vogliono qualcosa da Bill, che perciò non vuole mai restare a lungo, neanche alle feste che dà lui. Io però l'ho fatto mettere seduto e gli ho detto di prendere la serata come un appuntamento io e lui, non come una cosa di lavoro. Le mogli della Troupe vengono sempre, vestite da festa. Wren era tutta garbo. Ike sembrava un po' traumatizzato all'idea che il film fosse finito. Thea era felicissima. Mi hanno detto che c'era molta gente del posto, e che sono andati avanti tutta la notte. La piccola Lone Butte non sarà più la stessa.*

"La Post è quando mi riprendo il mio uomo. Dopo la frenesia delle riprese se riesco stacco un po' dal lavoro e ci facciamo due settimane in giro. Siamo stati in Portogallo, in Grecia, e una volta in Antartide, ma era per una mia ricerca. Stavolta Bill è andato in Vietnam da solo. Si è fatto da Hanoi a Hue in bicicletta. Con una guida. Voleva godersela, senza fretta. Io dovevo insegnare.

* Nell'atrio fu sistemata una grande foto in memoria di Elliot Guarnere. Le persone lasciavano dei fiori. Alla fine qualcuno un po' bevuto ci ha attaccato sopra con lo scotch una foto stampata di OKB con scritto RIP.

"Ha bisogno di decomprimere, di non pensare per niente al film. Deve liberare la mente e il corpo. Io voglio solo che stia lontano dai campi da golf. A quello può giocarci attraversando la strada.

"Una volta tornato, Bill rifà il film da capo. La Prep è la Diplomazia. Le Riprese sono la Guerra. La Post è l'Occupazione Militare. Me lo ha spiegato tempo fa, quando ero curiosa di sapere come si fanno i film. Adesso ho visto come si fa. Non posso dire di essere innamorata del cinema. Non ho mai voluto un posto nel tempio glamour dello showbusiness. Ma Bill mi ha fatto vedere che questo lavoro ha una sua nobiltà e proprio come il mio amore per la scienza e l'insegnamento è la curiosità che ti carica e la passione che ti fa andare avanti. Se una delle due viene meno sei finito. Se ti limiti alla routine o ti accontenti di qualcosa che 'non è male' sei già fuori. Io lo trovo bravissimo perché è capace di ammettere quello che non sa, ha fiducia che sia il film a dirgli come fare e così con un po' di fortuna se la caverà. È un ladro, e i ladri hanno un codice d'onore.

"Che tipo di ladro? Un truffatore. Un imbroglione. Un giostraio. Chiama il cinema il Carnevale di Cartapesta. Quando uno spettatore compra un biglietto, lui per pochi dollari lo distrae dalla vita vera.

"Se mi piacciono i suoi film? Cosa dovrei rispondere? Alcuni non hanno trovato una forma compiuta, ma Bill lo sa. Non sarebbe l'uomo per me se fosse uno che mi chiede di adorare, di amare, di venerare i suoi film. Non è mai sicuro del prodotto finale, però, ed è una cosa che ammiro. Non sa se funziona o meno. Sono gli altri a dirglielo.

"Lui comincia a fare il film quando scrive la sceneggiatura. È la sua immaginazione che si manifesta grazie a quella vecchia macchina da scrivere. La prima bozza tutta post-it e segni a matita: è quello il film che vuole fare, dice. Quando fanno la Prep ci vediamo ancora, ma quando poi si rimette sul film per la seconda volta allora lo perdo. Le Riprese sono sempre un inferno. Non c'è limite a quello che le Riprese possono pretendere da te. Un'intera colonia di formiche brulica sulla tua creazione. Bill è costretto a rinunciare ad alcune delle sue visioni più audaci, altre volte deve amputarle pur di salvarle, altre ancora le mette via per farle diventare vino o aceto. Non c'è molto su cui abbia il controllo. Il meteo no. E neppure lo stato emotivo di chi lavora per lui, a parte il Team Johnson. E neppure i protocolli COVID.* La sola decisione che può prendere da solo è se alzarsi dal letto o no. Le riprese sono l'impresa più difficile, la più lunga, la più crudele. Le riprese sono il film che Bill è costretto a fare. Un miliardo di frammenti di vetro che vanno rimessi insieme uno dopo l'altro per fare uno specchio.

"Lo fa in Post. È lì che fa il film per la terza volta. Il *suo* film.

"Inizia mettendo in fila tutto quello che ha portato a casa, ogni giornaliero, qualunque ripresa. Ogni scena ha un inizio, una parte centrale, una fine. Di *Albatross* esiste un montato di oltre cinque ore. Quello di *Guerriera Insonne* durava la metà ma era comunque troppo lungo.

"No, quando monta io non voglio vedere niente. Aspetto che me lo chieda lui, se ha bisogno di occhi freschi. Lo so già che dopo alcuni mesi di Post mi farà vedere una versione del film, oppure la mostrerà a un corriere della FedEx, a qualche studente universitario, al parcheggiatore del palazzo della Capitol Records, a chiunque firmi un accordo di riservatezza. Magari a uno dei membri del cast che sa già come funziona il gioco, senza preavviso, come Clancy O'Finley e sua moglie. Quei due sanno di cosa non preoccuparsi. Se mi annoio glielo dico.

* Una nota sul COVID-19. Non mi sono mai preso la briga di raccontare i test al cast e all'intera troupe due volte la settimana, gli ambienti di sicurezza dove la troupe lavorava in piccoli gruppi, l'installazione di divisori e la necessità di tenere una distanza di sicurezza: avrebbero richiesto molte pagine e sarebbero stati letti come un blablablablabla e bla. I protocolli sono diventati un'abitudine, comunque, e le interruzioni delle riprese sono state pochissime, malgrado alcuni casi positivi e i relativi isolamenti. Ho omesso i pannelli trasparenti con cui ogni sedia al Trucco e Parrucco diventava un mondo a parte, mantenendo però l'illusione che si lavorasse l'uno accanto all'altro. In realtà, per motivi assicurativi e dietro richiesta del sindacato, sono state necessarie mascherine, plexiglass, orari di convocazione sfalsati. Il COVID ha fatto salire i costi di 2,6 milioni. E un membro della troupe risultato positivo se l'è vista brutta, è stato ricoverato in ospedale e non ha potuto finire il film.

"Bill potrebbe avere una sala di montaggio a Socorro, ma vorrebbe dire far vivere qui tutta la squadra, e Socorro non è una città per tutti. Ha una sala di montaggio alla Optional Enterprises e gli piace fare su e giù con Hollywood dal suo appartamento da scapolo sul Wilshire. Nella Valley fa anche tutto il mixaggio e il doppiaggio. Ditemi voi che differenza c'è tra mixaggio e doppiaggio: io non l'ho ancora capito. Bill dice che non importa com'è il film: ogni singolo giorno di Post lo migliora.

"Io vado e vengo. Preferisco raggiungerlo nei weekend. Il sabato mattina mi fa vedere una clip con il lavoro fatto in settimana, e subito dopo andiamo a farci un'escursione oppure io mi metto a leggere mentre lui prende un cesto di palline da golf e va al campo pratica degli Studios. Domenica mi prepara la colazione e passiamo la giornata a non fare niente o, be', avete capito. Poi io torno ad Albuquerque con uno dei voli non cancellati.

"Visti da chi non prende parte alle ostilità, i mesi di Post sono una noia. I progressi sono così infinitesimali che arrivi a chiederti se stanno davvero combinando qualcosa. Il tempo lo dedicano tutto a discussioni esoteriche del tipo: il picco del sottofondo della stanza pareggia il loop dell'equalizzatore? Oppure: perché non teniamo qualche altro fotogramma dello sguardo arrabbiato dell'Infermiera Sue su Amos? Possono andare avanti all'infinito. Una follia. Avanti così per mesi, giuro. Gli attori devono registrare di nuovo alcune battute doppiandosi da soli, una cosa che si chiama looping, o ADR. Gli fanno vedere solo le scene su cui devono lavorare, mai tutto il film. E alcune sessioni in sala di registrazione possono andare per le lunghe e diventare spiacevoli, ma non con questo cast. Almeno così ha detto Bill.

"Alla fine una sera Bill fa una proiezione riservata alla cerchia più ristretta di amici. Quella per me è la seconda volta che vedo il film e succede sempre che lo trovi diversissimo rispetto alla prima. Una quindicina di persone in tutto, compari di altri suoi film. Più Al, naturalmente. E l'Istigatore. Stavolta c'era anche Ynez, che si è trasferita a Los Angeles. Ma nessuno del cast, non ancora: per loro c'è una proiezione apposta. E nessuno della Dynamo o di Hawkeye. Solo noi. C'era già qualche effetto speciale, ma perlopiù si trattava ancora di soluzioni temporanee e di *composite*. Però dava l'impressione generale.

"Quando le luci si riaccendono, Bill chiede: 'Allora, cosa ne pensate?' Poi ascolta ogni parola, ogni commento, pensiero, suggerimento, idea, dopodiché fa domande per essere sicuro di aver capito.

"Se usa gli appunti presi quella sera? No, ma dice che queste proiezioni mettono il film alla prova. Se c'è una scena che tutti trovano confusa o recitata male, interviene.

"Monta un altro po', mixa un altro po', fa finalizzare gli effetti speciali e poi mostra il film ai pezzi grossi della produzione. A Wren l'ha fatto vedere in privato, in una sala di proiezione. Lo sapevano solo loro due e Al. Top secret. Poi lei e Bill ne hanno parlato a lungo. Qualche giorno dopo Bill ha chiuso il montato. E questo, da quanto mi hanno detto, è roba grossa. Dopodiché il montato definitivo viene lucidato e ritoccato un altro po'.

"Le proiezioni per il cast cerca di trasformarle in una festa. A Los Angeles c'erano Wren e Wally, di nuovo Clancy. Hang e Nick e i loro accompagnatori. Aea ha portato la sua grande famiglia. Poi Bill, Al e Ynez sono volati a New York per far vedere il film a Ike e Thea, Cassandra e alcuni giornalisti di lungo corso. Ynez non era mai stata a New York e voleva trasferirsi lì.

"Non fanno focus group o test sul pubblico. La politica della Dynamo per i film di supereroi è non lasciar trapelare alcuna informazione. Internet è alla finestra, non aspetta altro, e credo che avessero già avuto delle ripercussioni all'uscita di uno dei primi capitoli della saga: c'entrava un costume di Maggiore Orsa o roba simile. Hanno un apparato di sicurezza a prova di bomba. In ogni caso Bill detesta le proiezioni con il pubblico selezionato. Ha smesso di farle quando è tornato a produrre successi. Al pubblico chiedono: 'Cosa ti è piaciuto? Cosa non ha funzionato? Qual è la tua scena preferita? Quale personaggio ti è piaciuto/non piaciuto? Come definiresti il film: da vedere/da vedere se capita/da non vedere? Quante persone sono uscite dalla sala?' Bill dice che questo genere di proiezioni sono roba per gente del marketing. Lui se ne frega delle risposte e dei risultati perché nel suo contratto ha una clausola che dice: Final Cut.*

"La Dynamo gli ha rovesciato addosso una marea di proposte, pagine e pagine. Al è dovuta restare al telefono per ore, a sorbirsi tutte le modifiche che volevano apportare alla versione definitiva di Bill. Al ha riferito tutto a Bill, e lui ha letto le pagine. Può essere che abbia preso in considerazione una o due proposte. Ma solo se secondo lui miglioravano un pochino il film. E questa è una delle ragioni per cui è il mio uomo."

* * *

Poco dopo la proiezione riservata alla troupe, Kenny Sheprock mandò alcuni messaggi a Wren, ma la lady era troppo impegnata a pilotare il suo aereo, a valutare nuove opportunità per la sua carriera e a essere tanto speciale. Gli rispondeva con emoji di baci e occhiolini, un orologio o un punto interrogativo. Lui avrebbe voluto parlarle, ma non c'era fretta. Non appena Wren trovò un attimo di tempo, lo chiamò mentre lui avanzava a passo d'uomo nel traffico sulla 405.

"Kenny!" strillò, come un'adolescente innamorata di un idolo pop. "Mi manchi tantissimo! Come stai?"

"Lady Wren," rispose lui, bloccato sul Sepulveda Pass dietro il camion di un giardiniere diretto a sud. "Mai stato meglio in vita mia. E volevo dirti perché."

"Spara!"

"Ho finito, tesoro. E intendo dire che ho *finito* finito."

"Ti..." Wren voleva essere sicura. "Ti ritiri?"

"Lascio il set. Ho chiuso per sempre. Basta chiamate alle cinque e mezza del mattino. Era da più di un anno che ci pensavo,

* Una rarità. Anche per alcuni registi di serie A che controllano il budget. Il Final Cut è *il* diritto contrattuale a cui aspira ogni regista. Chi non ce l'ha non ha nulla con cui difendersi quando gli studios decidono di usare la mannaia. Invece i registi che hanno diritto al Final Cut mandano produttori e dirigenti a fare in culo. Nessuno può più toccare il film quando Bill decide che è finito.

ma non sapevo quale fosse il modo migliore per farlo. Ma quando mi hai chiamato per *Guerriera Insonne* mi sono detto: ecco. Uscirò di scena con Wren in questo film, è il momento giusto. Non potrei essere più felice."

"Oh, Kenny," sussurrò Wren. "La mia roccia. Come faccio ad andare avanti senza di te?"

"Mia cara, te la caverai una meraviglia."

Wren adorava sentirlo dire parole come "una meraviglia" e sentirsi chiamare "mia cara". Avrebbe dovuto trovare un altro genio del trucco se voleva fare *La canzone di Jane* in Sudafrica e poi *Agenti del Cambiamento: il prossimo film sugli Agenti del Cambiamento.*

"Kenny," disse. "Ti auguro tutta la felicità che meriti, perché ti voglio bene e te ne vorrò sempre."

"Anch'io, bambina."

Aveva portato Wally a Cupertino in aereo perché il fratello doveva incontrare alcuni investitori di venture capital nella Silicon Valley ed era tornata indietro. Era diretta alla pista d'atterraggio del suo segretissimo ranch a nord di Los Angeles e sapeva che era iniziata una nuova era per lei. Si era presa *La canzone di Jane* senza che Micheline Ong dovesse quasi muovere un dito: volevano proprio Wren, prima e unica scelta, senza di lei nel ruolo della protagonista non avrebbero fatto il film (certo, come no). Si concesse un fugace attimo di gioia al pensiero di tutte le donne che si erano proposte per il ruolo solo per non ottenerlo. Eh, eh. Wren si sentiva come Bette Davis in *Eva contro Eva* o in *Figlia del vento.* Chi altri avrebbe potuto interpretare quei ruoli? Nessuno. Avrebbe imparato ad andare a cavallo, avrebbe vissuto in Sudafrica per quattro mesi, forse cinque, e sarebbe stata oltreoceano all'uscita di *Guerriera Insonne: La forgia dell'Incendiario* su Hawkeye in contemporanea mondiale. Sarebbe stata un'ottima cosa, essere impegnata durante il lancio.

Il fatto che il teaser del film, svelato per la prima volta al Comic-Con, avesse mandato Internet in tilt era da leggersi come un segno foriero di buone notizie. Come se non bastasse, poco dopo si registrarono quasi 2 milioni di nuovi abbonati a Hawkeye, e tutti iniziarono a pagare $7,77 al mese. Si fa presto a fare i conti: moltiplicando 2 milioni per $7,77 e poi per 12, si arriva a un totale di $186.400.000: soldi che si riversavano nelle casse di Hawkeye. In virtù di quei profitti mostruosi alla Dynamo si consideravano dei geni per aver inserito Eve la Guerriera nei ranghi degli Agenti del Cambiamento.* Nel frattempo Wren aveva capito due cose importanti. Primo, che il film era veramente bello, così diverso dagli altri film Ultra: più leggero e più veloce (durata: 107 minuti), eppure ricco di tutti quegli effetti speciali che il franchise richiedeva. E secondo, capì che nei prossimi cinque anni avrebbe dovuto dettare le sue condizioni guardando avanti. Così, non appena fosse stata troppo vecchia per il ruolo di Eve e la Dynamo l'avesse fatta fuori, avrebbe avuto altre possibilità. Da qualche parte, in un corso di teatro di qualche scuola media, c'era una ragazzina pronta per diventare la prossima Guerriera Insonne, la prossima Wendy Lank.

Quando tornò a casa nel suo ranch immerso nella vegetazione mandò un messaggio a Ike ad Atlanta. Adesso aveva un nomignolo nuovo.

E.Flintstone: Ken Sheprock si ritira!

Ike era tra una scena e l'altra e rispose immediatamente. Anche lui aveva un nuovo nomignolo.

UOMOBURPEE: Fountain Ave non sarà più la stessa. Stai bene?

E.Flintstone: Sì. Thea?

UOMOBURPEE: Meglio. La mattina vomita meno.

E.Flintstone: Baci a tutti da parte mia. Atlanta?

UOMOBURPEE: No, sono a Lone Butte. Ecco una foto: tienila per te o la Dynamo ci fa causa!

Sullo schermo del telefono di Wren, ecco Ike di nuovo nei panni dell'Incendiario. Era stato inserito in fretta e furia nelle scene della prossima produzione Ultra, *Leone Marino: Il Mondo di Silenzio,* che sarebbe confluita nel nuovo capitolo di ADC che, chissà, avrebbe forse riunito lui e Wren. Ike ci sperava. Qualcuno stava lavorando a una sceneggiatura su cui puntare un altro miliardo di dollari.

* Attualmente Hawkeye vanta più di 114 milioni di abbonati in tutto il mondo. A $7,77 l'uno, la cifra è di 885.780.000 dollari l'anno. Niente male.

* * *

Thea era incinta. Una sorpresa, non dal punto di vista biologico, perché avevano fatto quel che avevano fatto. Allargare la famiglia non era nei suoi piani, però, né in quelli di Ike. Avevano appena versato un acconto per un appartamento a Hoboken, una casa nuova di zecca in un complesso con palestra e asilo da cui si arrivava facilmente in città (Thea stava facendo dei provini e frequentava corsi di improvvisazione), ma poi Thea si era ritrovata con l'improvvisa sensazione "dentro di me sta succedendo qualcosa". Le linee colorate del test di gravidanza fatto in casa l'avevano confermato: la zuppa era in pentola. I Cloepfer sarebbero diventati quattro e l'appartamento a Hoboken sarebbe risultato un po' piccolo.

E se Irving/Ike avesse ottenuto la parte in *Foxx per l'Accusa* non avrebbe dovuto affrontare quattro ore di trucco e diventare irriconoscibile, come per l'Incendiario. Nel nuovo film avrebbe recitato con la sua faccia e sarebbe potuto diventare davvero famoso. Irving Cloepfer poteva vivere in un condominio di Hoboken, ma Ike Clipper? Stavano prendendo in considerazione di trasferirsi a nord.

Thea si trovava all'hotel di Buckhead e non si sentiva affatto bene, mentre Ruby camminava in giro sotto gli occhi della giovane babysitter che si occupava di lei, Cassidy. Thea aveva ordinato il servizio in Internet e stava aspettando un panino al formaggio grigliato. La TV era sintonizzata su un canale via cavo. Alle quattro del pomeriggio passarono *Sergente Duro* con Wren Lane. Wren era bellissima. Thea stava ingrassando. Era questa la sua vita: un bambino in arrivo, una bambina ai piedi, lì a Buckhead mentre Ike se ne stava sul set a lungo, diretto da un regista che non era Bill Johnson, e il Sergente Durello risolveva un crimine seduta al computer in mutandine e reggiseno.

Thea aveva avuto un po' di fortuna. Era stata scritturata per una settimana di lavoro in *Ms. & Mr. Downtown*, girato a Manhattan per KosMos. Sperava che il personaggio si trasformasse in un ruolo stabile della serie. Ma se fosse andata così da futura madre di due figli come se la sarebbe cavata? Se Ike fosse diventato Foxx – un altro dei suoi ruoli del ca...o – sarebbe rimasto lontano per mesi, a girare tra Baton Rouge, Pittsburgh o Budapest a seconda delle agevolazioni fiscali. Che cosa avrebbe voluto dire per i quattro Cloepfer? Ce l'avrebbero fatta? I soldi avrebbero reso la vita più facile? La fama sarebbe diventata una spina nel fianco? Sarebbero sopravvissuti? Una parte di Thea, una parte segretissima, desiderava di non essere incinta, di poter lavorare con una parte fissa in *Ms. & Mr. Downtown*, di innamorarsi del suo partner sul set o del fuochista della Internet A. Lei e Ike sarebbero rimasti amici, genitori affettuosi, avrebbero vissuto vite separate in due appartamenti diversi. Gli adulti fanno accordi di questo tipo, no?

Thea confidò questi pensieri a sua madre, e la donna annuì con fare comprensivo. Anche lei aveva avuto una vita complicata. "Thea, in questo momento sei *nella merda*. Non opporti. Fai crescere il bambino che porti dentro. Fai in modo che Ruby sia più autonoma che si può. Prenditi cinque anni. Solo cinque. Allora sarà tutto chiaro e farai quel che devi fare."

Un Piano Quinquennale era proprio quello di cui Thea aveva bisogno. Ecco perché ci mise solo un nanosecondo per farsi una mappa mentale dei prossimi cinque anni ed elaborare una strategia del tutto indipendente da Ike.

Lui aveva un piano quinquennale tutto suo. Era legato alla Dynamo per tre film Ultra.* E la sua nuova agenzia, la TRUK, lo stava facendo lavorare con due registi-autori ad alcuni progetti in fase di sviluppo. Tenere quel ritmo forsennato lo avrebbe sfiancato, ora che aveva ventotto anni? C'era chi si dava da fare per tramutarlo in un nome di spicco. Stava per diventare padre per la seconda volta. Iniziava ad avere troppe cose in ballo. Il suo Piano Quinquennale nella sua forma più pura, nella sua essenza, prevedeva che Ike ritrovasse quella sensazione di avere uno scopo, quella meraviglia che era stata l'esperienza a Lone Butte nei panni dell'Incendiario. Era possibile? Sarebbe riuscito

* Alla fine ottenne *Foxx per l'Accusa*, che diventò un franchise.

a riprendersi quel senso di destino che si avvera provato in ciascuno dei cinquantatré giorni a Lone Butte? Avrebbe mai baciato di nuovo Wren Lane? Sarebbe scivolato in un *ennui* consolatorio e appagante, attorniato dai segni tangibili del successo e dell'età, ma sempre senza perdere lo slancio, sempre passando da una dannata cosa all'altra senza mai una pausa? Per caso gli si stavano diradando i capelli?

La prima mossa sarebbe stata chiedere a Ynez Gonzalez-Cruz di fargli da assistente, una posizione stipendiata che la sua agenzia aveva già inserito nei negoziati come parte dei benefit riconosciuti nel contratto. Con Ynez al suo fianco il prossimo film avrebbe potuto essere speciale come *GI:LFDI*. Con Ynez a prendersi cura di tutti anche Thea avrebbe potuto rilassarsi un po'.

* * *

Ynez declinò l'offerta senza pensarci due volte.

Era stata lei l'ultima della troupe ad andarsene da Lone Butte, al volante del suo Ford Transit stracarico di tutto ciò che era avanzato dalle Riprese. Aveva imboccato la Vecchia 9 in direzione sud e si era già fatta tre viaggi fino all'aeroporto di Sacramento, andata e ritorno, per dare una mano a chi smontava e ai membri dello staff. Al quarto e ultimo viaggio non le era rimasto che portare via da Lone Butte solamente sé stessa e i ricordi di testimone e complice della realizzazione di un film. Dopo la Proiezione in Esclusiva per la cittadinanza allo State Theater (era stata a cena con Karina Druzemann), non sarebbe mai più tornata a Lone Butte, per nessuna ragione, a meno che non la invitassero per una rimpatriata di ex alunni o semmai di veterani – tipo una nuova Robby Andersen/*TREV-VORR*. Andandosene aveva fatto il giro di tutta la città: la fabbrica di lampadine, l'emporio Clark's sulla Main, l'Associazione dei Coltivatori di Mandorle, il tribunale, il 114 di Elm Street. A Lone Butte sarebbero rimasti solo i fantasmi di quelli che erano stati il Campo Base, le location, l'Ufficio Produzione. Mere ombre di un carnevale fatto di cartapesta.

A casa, ficcò nel Transit tutto ciò che le sarebbe servito a Los Angeles, dopodiché cenò con la famiglia – una cena chiassosa come tutte le altre, per salutarla. Aveva un lavoro a Hollywood...

Trovi un lavoro anche a me, vero?

Hai detto che dovrai fare di tutto per questo lavoro. Ma tutto cosa?

Se l'anno prossimo vado a scuola lì posso venire a vivere con te?

Fai un altro film?

Quanto è vicino a Disneyland, Tia?

Ynes non era nella posizione di assumere nessuno.

Il suo lavoro era rendere più facile il lavoro di Al Mac-Teer, risolverle i problemi.

Avrebbe potuto mettere a disposizione il suo divano per una settimana, sì, ma l'appartamento non sarebbe stato così grande.

La Optional Enterprises stava sviluppando diversi progetti che potevano diventare dei film.

Viveva così vicino a Disneyland che ci poteva portare le sue nipotine e Francisco tutte le volte che volevano!

Al aveva chiesto all'Accoglienza di trovarle un monolocale in un condominio tirato su da una decina d'anni nel Valley Village, quel quartiere sospeso sul viadotto di cemento che chiamavano LA River. Il monolocale aveva il soppalco ed era perfetto per Ynez perché era la sua prima stanza tutta per sé, un posto tutto suo. Trasporti & Logistica le aveva rimediato un affare, una Mini Cooper rossa con doppie portiere invece del portellone. E affidandosi al GPS del telefono aziendale (il suo nomignolo nei messaggi: Y-NO) aveva presto imparato a orientarsi tra il palazzo della Capitol Records, le sale di proiezione ed editing nel quartiere degli artisti a NoHo, l'appartamentino sul Wilshire dove si rifugiava Bill Johnson, la veranda di sequoia di Al vicino all'oceano e ogni tanto anche la vera Fountain Avenue.

Il suo stipendio era così sostanzioso da sembrarle uno scherzo. Avrebbe mandato dei soldi ai genitori ogni settimana grazie all'app della banca.

Aveva un ufficio tutto suo nel palazzo della Capitol, una piccola fetta della grande torta – la fetta che un tempo era stata di

Al. La signorina Mac-Teer era nell'ufficio accanto, con la scrivania a semicerchio che seguiva la parete curva dell'edificio. Ynes aveva sempre in mente di saltare in macchina e guidare fino a Sacramento, dalla famiglia, per cantare tutti insieme attorno al pianoforte dopo cena, ma con il nuovo lavoro era così oberata che non ci era ancora riuscita. Però aveva organizzato una lunghissima domenica a Disneyland con bambini al seguito.

La signorina Gonzalez-Cruz sorrideva sempre e arrivava sempre in orario, a meno che non fosse già lì. Non le dispiaceva richiamare neppure quando doveva dire le cose più banali o penose, e aveva un modo di comunicare le brutte notizie che ispirava gratitudine nei suoi interlocutori. Quando telefonava per sentenziare "non succederà" (per esempio a uno sceneggiatore che sperava di presentare un'idea che alla Optional Enterprises non sarebbe mai andata da nessuna parte), Ynez la metteva giù in termini così garbati che alla fine la ringraziavano della chiamata. Faceva amicizia con tutti, a Fountain Avenue. E quando Al le portò un mucchietto di biglietti da visita – OPTIONAL ENTERPRISES in cima, e sotto YNEZ GONZALEZ-CRUZ – tutte e due si lasciarono scappare un sonoro *oops*.

* * *

Al Mac-Teer aveva la reputazione di una che si muove con intelligenza, un'invidiabile lista di scelte giuste, decisioni lungimiranti, intuizioni affidabili. La più recente riguardava proprio il coinvolgimento di Ynez nella produzione del film. Ynez aveva imparato i trucchi del mestiere in fretta, senza scomporsi davanti agli ostacoli, e di conseguenza la vita di Al si era fatta più tranquilla, meno frenetica. Si era limitata a osservare Bill che tramutava *Guerriera Insonne: La forgia dell'Incendiario* in un film grandioso, prima sbozzandolo grossolanamente con l'accetta, poi lavorando di fino con strumenti da orologiaio e limette. Le animazioni e la computer grafica sulle scene d'azione – le scene pretese dalla Dynamo – erano avanguardia pura. E Barry Shaw nel ruolo del vecchio Amos aveva fatto un vero e proprio miracolo. Nessuno si sarebbe mai accorto della sostituzione, a meno che non fosse uno dell'ambiente, perché chi lavorava negli effetti speciali non faceva che parlarne.* La Dynamo aveva dato il via libera alle proiezioni riservate ai trend-setter, personalità di grande cinismo dello showbiz che di solito si scontravano con Al, sfidandola in vere e proprie zuffe di parole. Adesso invece la chiamavano per chiederle com'era possibile che un film tratto da un fumetto li facesse piangere così.

Cosa dava al film tutta quella solennità? Bill Johnson? Sì. Il COVID-19 che allentava la presa? Sì. Due personaggi feriti e indecifrabili come Eve e l'Incendiario? Cazzo, sì.

Al sapeva che la vera forza del film erano Wren e Ike, però. Non c'erano dubbi. Il desiderio di consumare un *rapporto* che animava entrambi i personaggi, la donna e l'uomo che incarnavano, era palpabile. Gli scontri sembravano scene di sesso. Già le prime battute di dialogo tra i due dicevano tutto, quando Eve avverte la presenza dell'Incendiario alla Segheria abbandonata, lo sguardo che si scambiano, i loro occhi, la postura, la tensione erotica con cui lei dice "Non finisce bene... per te." E poi l'Incendiario che dice "Non parliamo prima della fine." Le donne sarebbero andate in visibilio, gli uomini avrebbero fatto uso della battuta per andare al dunque: quello che sarebbe successo poi, per usare il gergo di Dace, è un francese in una Internet d'albergo in Costa Azzurra.

Al aveva il tempo di starsene con un caffè sotto i vecchi alberi immersi nella nebbia di Santa Monica ad ammirare l'oceano dalla pista ciclabile/pedonale costruita dal comune. Aveva il tempo per passeggiare tutte le mattine fino al molo e di tornare indietro. Per il resto faceva le telefonate prima di mezzogiorno, sferrava qualche colpo ai pezzi grossi della Dynamo e di Hawkeye e teneva Bill Johnson libero da ogni preoccupazione. E spiegava a Ynez tutta la vita e l'ironia della Optional Enterprises.

E così... *Guerriera Insonne: La forgia dell'Incendiario* era finito e pronto per l'uscita. Si era parlato della possibilità che la Dynamo

* Ora Barry Shaw fa parte del gruppo di attori di *Nocciole* su BangTV! È anche un paramedico abilitato dalla contea di Shasta.

affittasse dei cinema nelle città più importanti, per presentare il film su cinque o sei schermi giganti, in sale con impianti audio e video all'avanguardia. E anche se poteva sembrare un'operazione tipo specchietto per le allodole, considerata l'uscita in simultanea su Hawkeye, il film aveva tutto il potenziale. Poteva fare scalpore. I costi per le proiezioni in sala equivalevano a investire nella vox populi dei social media. Ma a dirla tutta l'idea aveva fatto presa proprio per via della passione vulcanica tra Wren e Ike. O tra la Guerriera e l'Incendiario. Anzi, no, tra Wren e Ike.

La Dynamo commissionò un nuovo fumetto/graphic novel basato sul film. E il fatto che neppure le versioni erotiche a fumetti inventate dai fan riuscissero a eguagliare la chimica di Wren Lane e Ike Clipper sullo schermo era di per sé un monumento alla forza del film. Al parlò anche di questo durante il seminario che ebbe il tempo di tenere (finalmente, grazie all'efficienza di Ynez) al Mount Chisolm College of the Arts vicino a Bozeman, Montana. Le avevano permesso di mostrare solo il teaser del film, quello fatto per Internet – gli studenti chiesero di rivederlo sei volte di fila – e la copertina del fumetto. Tutto il resto era top secret, roba DA NON DIVULGARE. Al passò quasi quattro ore a raccontare aneddoti sulla sua esperienza nel mondo dello spettacolo, a commentare e svelare retroscena e raccontò di una proiezione di *Una cantina piena di sound.* Alla fine, quando ci fu lo spazio per le domande, le posero quella inevitabile: "Che consigli può dare a chi vorrebbe lavorare a Hollywood?"

Mi sarei aspettato che dicesse "Prendete Fountain Avenue." E invece parlò della profonda differenza tra risolvere problemi e crearli, e dell'importanza di arrivare in orario.

IL GRAND CINEMA CENTER

Il Grand Cinema Center di Times Square, un tempio del cinema con un'unica sala da 1114 posti, era a stento sopravvissuto ai mesi di lockdown per la pandemia di COVID e la minaccia posta dalle varianti. Era stato accolto con clamore al tempo in cui le sale cinematografiche valevano ancora 11 miliardi di dollari l'anno, ma le mascherine, i vaccini e la paura del virus killer avevano dissuaso chiunque avesse un po' di buonsenso dall'andare a vedere un film tra migliaia di sconosciuti, e questo aveva messo il Grand in ginocchio. Finalmente, dopo un faticoso ritorno alla normalità, i film ricominciarono a uscire al cinema, anche al Grand Cinema Center, ma con soli diciassette giorni di esclusiva prima di essere trasmessi dalle piattaforme di streaming.

La strategia originaria della Dynamo non prevedeva di distribuire in sala il suo prodotto con Wren Lane, ma ci fu un cambio di strategia quando *Guerriera Insonne: La forgia dell'Incendiario* si rivelò innegabilmente "una bomba". Prima che gli abbonati di Hawkeye potessero vedere il film nei loro salotti, nei loro antri, nei loro monolocali, "il capolavoro della cultura io-no!"* di Bill Johnson vendette biglietti nei cinema di tutto il mondo. E chi aspettò di vederlo comodamente in streaming si perse la magnificenza e il volume di Eve, Bob Falls, l'Agente London e gli altri sul grande schermo di una sala cinematografica.

Robby Andersen si rifiutò di vederlo a Casa Caffettiera. Stella aveva fatto l'abbonamento a Hawkeye (i ragazzi le avevano insegnato come fare, passo dopo passo), ma seppe resistere finché il clan Andersen-Maddio non riuscì ad arrivare a Manhattan, al Grand Cinema Center. Impresa ardua, in effetti, perché Robby era caduto e si era fratturato l'anca, una brutta frattura.

"Sono un vecchio con le ossa rotte," disse nel PONY lungo il tragitto dall'aeroporto LaGuardia al Garden Suites Global Hotel di Times Square. Per andare in giro a Vineyard gli bastava un deambulatore, non doveva dipendere da nessuno. Ma un viaggio in città, e poi al cinema, comportava molti spostamenti, motivo per cui Stella aveva affittato una sedia a rotelle. "Ho bisogno dei ragazzi per farmi spingere in giro e farmi prendere le cose a cui non arrivo. Mi sento come il vecchio Potter."

"Il papà di Harry Potter?" chiese Gregory.

"No," disse lo zio Rob. "Lascia stare."**

* M. Dowd, *New York Times*. "Eve contro Eve."

** "Il vecchio Potter" è un riferimento al brontolone in sedia a rotelle interpretato da Lionel Barrymore in *La vita è meravigliosa* di Frank Capra, uscito nel 1946 e diventato un classico dei palinsesti televisivi a Natale. Che ci

* * *

Si stavano facendo largo tra l'orda di turisti che tornava all'incrocio tra la Settima e Broadway, il Crocevia d'America, Father Duffy Square, e le luci bianche dei teatri. I quattro biglietti che avevano comprato sull'app Grand CC li aveva Keli, Gregory spingeva la sedia a rotelle di quel brontolone dello zio e Stella contava il numero delle persone travestite da qualcosa che si contendevano i turisti per una foto a pagamento. Sopra di loro un enorme cartellone pubblicitario luminoso si stagliava contro il cielo mostrando nientemeno che una risoluta Guerriera Insonne faccia a faccia con l'Incendiario e con la sua truce espressione sotto l'elmetto. Le loro teste erano grandi come mongolfiere.

"Ammirate! Due divinità," disse Robby dalla sedia a rotelle. "Atena contro Marte."

"Wren, tesoro mio!" gridò Gregory.

"Attenzione!" Stella strillò addosso a un tizio travestito da Donkey Kong che stava per sbattere contro la sedia a rotelle di Robby. "Ci siamo noi, qui!"

Accanto al megastore della M&M's, più a nord, ecco il Grand Cinema Center. Sopra l'ingresso giganteggiava un'altra immagine di Wren e Ike, a mezzobusto, stavolta, schiena contro schiena, serissimi, come fossero il bene contro il male, la luce contro le tenebre, Pete contro Gladys. Lo sfarzo dell'atrio aveva qualcosa di artefatto, con quella moquette rossa da postribolo e più bordini dorati di un hotel marocchino. C'erano scale mobili che risalivano fino ai posti in balconata, ma Keli aveva prenotato dei posti riservati ai disabili sotto la galleria, dove c'era spazio per la sedia a rotelle di Robby.

Il sipario, largo quanto l'intera parete e di un color vermiglio da bordello, non lasciava presagire le dimensioni dello schermo: mastodontiche. Al centro del palco, un tizio in smoking suonava

crediate o no, a quattro anni i genitori di Robby Andersen lo portarono a vedere il film allo State Theater di Lone Butte e, pur non riuscendo a capire tutta la trama, il bambino rimase affascinato dal film e si innamorò di Donna Reed. Quando pensava a una sala cinematografica degna di questo nome, Robby pensava ancora allo State.

un medley di musica da cinema, dandoci dentro con gusto su un organo con proporzioni da circo. A Robby fece pensare a quando negli anni Cinquanta, allo State Theater di Lone Butte, una signora suonava l'organetto a lato del palco, non al centro, e spegneva la lucina sopra la tastiera non appena cominciava lo spettacolo. Chiudendo con un coretto *New York, New York* ("If I can... make it here I'll make it... anywhere"), la musa in smoking del Grand cominciò a sprofondare nel palco. Applausi e fischi salutarono Mr. Music che scompariva.

Il sipario si alzò e seguirono venti minuti di annunci e pubblicità, durante i quali Gregory andò a prendere bibite e popcorn. Tornò in tempo per i trailer dei film in arrivo, tutti con le stesse esplosioni, le stesse tragedie, gli stessi mostri ed eroi. Ci fu l'anteprima di un film che avrebbe avuto una sola proiezione, un musical storico sulla sventurata nave Andrea Doria affondata da un siluro prima della Grande guerra. Il pubblico fischiò gli spezzoni di ignari passeggeri che cantavano e ballavano, uno dei quali era interpretato da Jessica Kander-Pike, l'attrice che aveva rifiutato il ruolo di Eve la Guerriera.

Infine le luci del Grand Cinema Center si spensero e il sipario si aprì ancora di più, rivelando che lo schermo vero andava da parte a parte. Il borbottio di una nota sismica carica di bassi fece tremare la gabbia toracica e i gioielli delle persone in sala, mentre quella magica finestra prendeva vita con l'immagine di un rapace dalle ali nere che, libratosi in un cielo terso, scendeva in picchiata avvicinandosi sempre di più, finché sullo schermo non rimase che il suo occhio scuro e inanimato.

La clip annunciava che il film era prodotto dai vostri amici di Hawkeye.

Poi la sagoma di una centrale elettrica riversò nel cielo fulmini e vapore e sotto alcune nuvole l'elettricità formò la scritta: DYNAMO.

A seguire pochi fotogrammi graffiati che tremolavano in un semplice riquadro di luce bianca, come emessi da un vecchio proiettore cinematografico difettoso, mentre le parole OPTIONAL ENTERPRISES apparivano e poi si dissolvevano.

Alla fine nove note di una partitura orchestrale risuonarono in sala per presentare quello che sarebbe stato il tema musicale di Eve: BAH, doo-dee-DAH, bah-dit-doodly-daahhh. Dopodiché silenzio, il fruscio leggero del vento. Il pubblico del Grand, e la famiglia Andersen-Maddio, doveva avere l'impressione di trovarsi all'aperto, sotto un cielo nudo, in una caldissima giornata estiva, con il vento che soffiava alle loro spalle. Sulla sommità di un edificio anonimo l'orologio digitale di una banca ruotava su sé stesso, affacciato su un incrocio della strada principale di una piccola città...

ORA 13:02... TEMPERATURA 38,8... ORA 13:02... TEMPERATURA 38,8...

Robby non era più su una sedia a rotelle in un cinema di Manhattan.

Era a Lone Butte.

Aveva cinque anni.

Ecco Eve/Wren... In difficoltà... l'emporio Clark's... il vecchio Clark... "Che cosa succede, ragazza?"... Wren/Eve si volta... Qualcosa di incredibile sta prendendo forma sulla Main...

Una colonna di fumo, di fuoco... una figura... un uomo col lanciafiamme... avanza come se uscisse dalle porte dell'inferno...

Robby Andersen cominciò a piangere senza vergognarsi. E per un tempo lunghissimo non riuscì a smettere.

Zio Bob...

Durante la realizzazione di questo film
nessun animale è stato maltrattato.
Un ringraziamento speciale
agli abitanti
e alla città di
Lone Butte, California.

BASATO SUL FILM DYNAMO DIRETTO DA BILL JOHNSON

UERRIERA INSONNE

LA FORGIA DELL'INCENDIARIO

s.f. FORGIA: apparecchio di cui si serve il fabbro per forgiare mediante pressioni dinamiche o continue.
Iron Bluff, CA.
1:02
Fa un caldo biiip.
102°
Eve alias Guerriera Insonne.
FIRST NATIONAL
È in mezzo alla strada.
Niente auto.
O persone.
Solo il caldo.
I suoi occhi tremolano, come nella fase REM del sonno.
La donna sente - avverte - qualcosa.

Il vecchio Clark.
Che succede, ragazza?... Cosa ti perseguita?
Occhi tremanti...
Pugni chiusi...
Denti stretti...
I piedi... si staccano da terra.
Si solleva dal marciapiede bollente.
Gli occhi adesso sono serrati.
Ha spasmi violenti...

In lontananza... un miraggio nel caldo...
Il corpo scatta a destra, a sinistra...
Si forma un vortice...
Diventa un minitornado...
Che trascina polvere, cartacce, spazzatura, girando sempre più veloce.
La *Guerriera Insonne* avverte quella presenza.
Il suo corpo ruota lentamente...
Gli occhi si spalancano!

Il **vortice** si fa più veloce, più grande – e il colore...
Non è più fatto di polvere, ma di... fumo.
Quello... che diavolo... è?
Il vortice sta cambiando...
E dove c'è fumo c'è sempre... ***fuoco***.
Sta diventando una colonna di ***fiamme***.

Come un pilastro di un tempio *Infernale*.
In quel fuoco satanico...
Emerge una *figura*...
Parrebbe umana...
Una creatura informe.
Fatta di fiamme e carne.
Ma chi è? ***Chi è?***
L'Incendiario!
Lei si prepara - - no, decide - -
- - di concentrarsi, batte le palpebre, si sforza di vedere...

Casa di Eve...
La Guerriera fluttua ancora.
Stava vedendo. Sentiva...
Ma non vuol dire che... stava sognando.
Eve La Guerriera non può dormire... Non ha mai dormito... Colpa delle visioni.
Però sa librarsi... in aria.
Ora è cosciente. Ma ha avuto una visione. Ha visto il futuro. Il suo futuro.
Si aggira per la piccola casa...
Va a vedere...

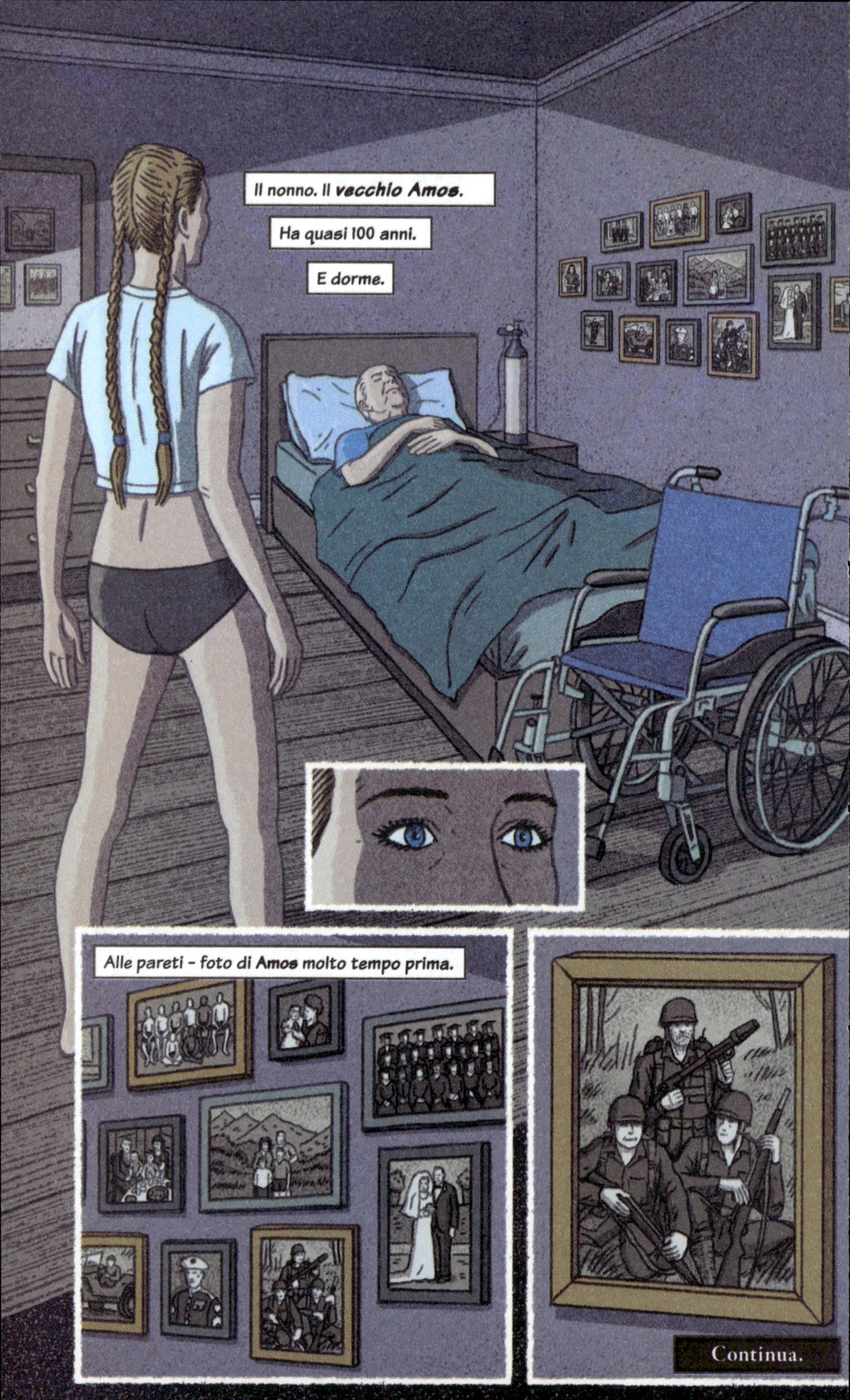
Il nonno. Il vecchio Amos.
Ha quasi 100 anni.
E dorme.
Alle pareti - foto di Amos molto tempo prima.
Continua.

RINGRAZIAMENTI

Peter Gethers ha sempre fatto di tutto per rendere quest'opera migliore, e non ha mai mancato un colpo. Anche gli altri alla Knopf – Morgan Hamilton, Rita Madrigal, John Gall e Anna Knighton – si sono dati un gran daffare.

Applausi, per favore.

I fumetti – i komix – sono frutto del talento e delle capacità di Robert Sikoryak. Sono venuti mille volte meglio di quanto avessi mai potuto immaginare, tutti e tre: mille volte grazie, sono ancora sbalordito.

Esther Newberg è una forza della natura, nonché una grande alleata. Fortunato io.

Un ringraziamento speciale a D. Narasaki per i consigli e la "buona fortuna". E a E.A. Hanks perché è un mirabile esempio di maestria.

Ann Patchett e Ada Calhoun sono due Maestre Insuperabili per me. Sono un grande ammiratore di entrambe, e sarò in debito con entrambe per sempre.

Queste pagine non esisterebbero se non fosse per Nora. Pensiamo tutti a lei. Davvero. Ogni singolo giorno.

INDICE

MISTO
Carta da fonti gestite in maniera responsabile
FSC
www.fsc.org
FSC® C005461

Finito di stampare nel mese di ottobre 2023 presso
Rotolito S.p.A. - Seggiano di Pioltello (MI)

Printed in Italy